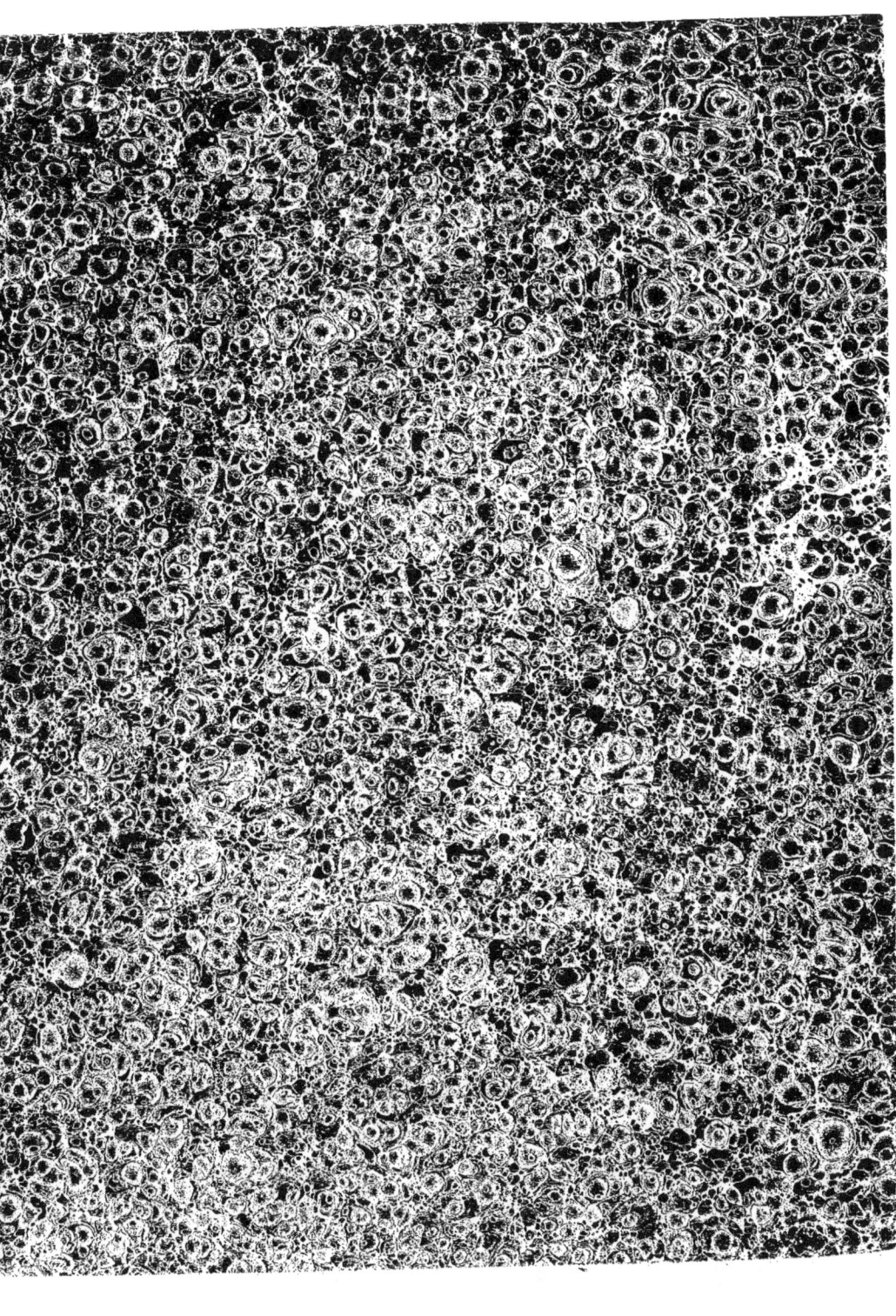

X 1604
A.2.-3

(mq. titre du Tome 2.)

X. 2952 - 2953

PA

☌ ☌, sere herguen.

☌ ☌. pata pata. Bruit que font les fruits en tombant des arbres lorsqu'il souffle un grand vent. Homme ou animal chargé d'un gros fardeau, et qui marche d'un pas mal assuré.

☌. patak. Bruit que fait une chose dure en tombant.

☌ ☌. patar pitir. Bruit que font les poissons dans les filets et les oiseaux dans les cages, lorsque les uns et les autres se débattent pour tâcher de se sauver.

☌. pague. Nom d'une espece de jeu dans lequel on se sert d'un os de cerf, etc. On prend d'abord un petit caillou qu'on jette pour servir de but, ou bien on jette simplement l'os vers un endroit ; celui qui donne vers cet endroit, a gagné.

☌ ☌ ☌. pai sere herguen.

☌. pai. Tablettes ou especes de cartes à jouer. Tablettes sur lesquelles sont écrits les ordres des mandarins, etc. (*Pai* en chinois.)

☌ ☌. pai siao. Espece de jeu de flûtes composé de douze tuyaux joints les uns aux autres. (*Pai siao* en chinois.)

☌ ☌ ☌. par sere herguen.

☌. parpanahapi. Homme petit et fort gras. Homme trapu. Masse de chair vivante.

pan sere herguen.

pan. Nom d'une plaque de fer coulé dont on se sert en guise de cloche.

panse. Damier chinois. (*Ki pan* en chinois.)

pang sere herguen.

panghai. Crabe. On l'appelle également *katouri.* (*Pang hié* en chinois.)

pak sere herguen.

pak. Bruit que fait un tuyau de bambou qu'on met au feu. Bruit que fait une chose dure en tombant.

pak seme. Quelque chose que ce soit qui est extrêmement sec; qui n'a point de substance, qu'on ne sauroit manger; comme la viande qui n'a point de jus, etc.

pak pak. Bruit que fait le bambou, lorsqu'ayant été mis au feu, il commence à éclater.

pam sere herguen.

pambou. Espece de chemisette piquée fort épaisse.

pe sere herguen.

pelertchembi. Cela se dit lorsque le cheval à qui on tire fortement la bride tourne la tête de côté et d'autre.

pei sere herguen.

pei. Cri de compassion ou de tristesse; comme nous disons en françois, hélas! Bruit qu'on fait en crachant. Bruit qu'on fait lorsqu'on désapprouve quelqu'un; comme si on vouloit lui cracher au visage.

ᠪᠠᡳ ᠪᠠᡳ. *pai pai.* Bruit de ceux qui crachent sans cesse.

ᠪᠠᡵ ᠰᡝᡵᡝ ᡥᡝᡵᡤᡝᠨ. *per sere herguen.*

ᠪᠠᡵ ᠪᠠᡵ. *per par.* Bruit que font les ailes des oiseaux, etc., lorsqu'ils volent fort haut, ou qu'ils s'élevent pour voler haut.

ᠪᡝᠩ ᠰᡝᡵᡝ ᡥᡝᡵᡤᡝᠨ. *peng sere herguen.*

ᠪᡝᠩᡨᡠᠸᠠᠨ. *pengtouan.* (Peng touan en chinois.) Nom d'une espece d'étoffe de soie. Étoffe de soie qui vient d'Europe. On l'appelle aussi ᠶᠠᠩᡨᡠᠸᠠᠨ. *yangtoan.*

ᠪᡝᡴ ᠰᡝᡵᡝ ᡥᡝᡵᡤᡝᠨ. *pek sere herguen.*

ᠪᡝᡴᡨᡝ ᠪᠠᡴᡨᠠ. *pekte pakta.* Qui ne sait où donner de la tête, qui va de côté et d'autre, etc. On dit aussi ᠪᡝᡴᡨᡝ ᠪᠠᡴᡨᠠ. *pekte pakta.*

ᠪᡝᠰ ᠰᡝᡵᡝ ᡥᡝᡵᡤᡝᠨ. *pes sere herguen.*

ᠪᡝᠰ ᠪᠠᠰ. *pes pas.* Bruit que fait une étoffe de soie vieille et pleine de trous, etc. Bruit d'un cheval qui s'abat.

ᠪᡝᠰ. *pes.* Cela se dit d'une chose quelconque qui n'a plus de force, qui est pleine de trous, etc., et qui se déchire, ou que les vers ont criblée.

ᠪᡝᠰ ᠰᡝᠮᡝ ᡥᡠᠸᠠᠴᠠᡥᠠ. *pes seme houatchaha.* Quoi que ce soit qui, étant vieux et foible, s'est ouvert et déchiré de soi-même.

ᠪᡝᠰ ᠰᡝᠮᡝ ᡶᠣᠨᡨᠣᠴᡥᠣᡥᠣ. *pes seme fontotchoho.* Quoi que ce soit qui est gâté, déchiré, criblé par les vers ou par les injures de l'air.

pi sere herguen.

pilembi. Se servir du pinceau pour noter ce qu'on juge à propos. Notes qu'on fait à la marge, par exemple.

pitchik pitchak. Bruit qu'on fait en marchant dans la boue.

pitchir seme. Qui ressemble à une multitude prodigieuse de petites choses. Quantité prodigieuse de petites choses.

pitchir pitchar seme. Assemblage de plusieurs petites choses.

piak. Bruit des soufflets qu'on applique à un homme criminel ou accusé.

piatar seme. Qui dit tout ce qu'il sait, tout ce qui lui vient en bouche. On dit de même *piatang seme.*

piata kaimbi. Frapper dans la main de quelqu'un par maniere de badinage.

pitchan. Coffre ou caisse de cuir. Ouvrier qui raccommode les choses faites de peau.

pias seme. Qui a la mine découplée, déliée. Qui paroît hardi, leste, etc.

pias pis seme. Qui marche en sautillant, en se dandinant, sans gravité. Bruit que font les petits-maîtres en crachant d'une maniere efféminée. Ces mots *pias pis seme*, veulent représenter les manieres d'un petit-maître.

ᡦᡳᠨ   PIM   5

ᡦᡳᠨ ᠰᡝᡵᡝ ᡥᡝᡵᡤᡠᠸᡝᠨ, *pin sere herguen.*

ᡦᡳᠨ. *pin.* Femmes au service de l'empereur, qui n'ont aucun titre. Concubines. (*Pin* en chinois.)

ᡦᡳᠩ ᠰᡝᡵᡝ ᡥᡝᡵᡤᡠᠸᡝᠨ, *ping sere herguen.*

ᡦᡳᠩ ᠣᡵᡥᠣ. *ping orho.* Nom d'une herbe aquatique. Ce sont ces petites herbes qui ressemblent aux lentilles, et qui croissent dans les eaux dormantes dont elles couvrent la surface.

ᡦᡳᠩ ᠰᡝᠮᡝ. *ping seme.* Lorsqu'on a le ventre dur comme un tambour, et qu'on n'a envie ni de manger ni de boire. On dit aussi ᡨᠣᠯᠣ ᡦᡳᠩ ᠰᡝᠮᠪᡳ, *tolo ping sembi.*

ᡦᡳᠩᡴᠣ. *pingkouo.* Pomme. Nom d'un fruit. (*Ping kouo* en chinois.)

ᡦᡳᠩᠰᡝ, *pingse.* Balance. (*Tien ping* en chinois.)

ᡦᡳᠩᠰᡝᠯᡝᠮᠪᡳ. *pingselembi.* Peser l'argent dans une balance.

ᡦᡳᠩᠰᡝᠯᡝᠪᡠᠮᠪᡳ. *pingseleboumbi.* Faire peser.

ᡦᡳᠩ ᡨᡟ ᠴᡝᠣ. *ping ty tcheou.* Étoffe unie qui n'a point de fleurs, ni quoi que ce soit. (*Ping tcheou tcheou* en chinois.)

ᡦᡳᠣ ᠰᡝᡵᡝ ᡥᡝᡵᡤᡠᠸᡝᠨ, *piou sere herguen.*

ᡦᡳᠣ ᠰᡝᠮᡝ, *piou seme.* Quoi que ce soit qui est fort léger. Homme sans gravité, léger, etc.

ᡦᡳᠮ ᠰᡝᡵᡝ ᡥᡝᡵᡤᡠᠸᡝᠨ, *pim sere herguen.*

ᡦᡳᠮᡦᡳᠨᠠᡥᠠᡦᡳ. *pimpinahapi.* Homme qui est si gras que la chair qui couvre les os de son visage est de niveau avec son nez.

𖼀 𖼀𖼀 𖼀𖼀, *po sere herguen.*

𖼀𖼀. *potor patar.* Bruit que font les oiseaux attroupés qui volent les uns d'un côté, les autres de l'autre.

𖼀𖼀. *polori.* Grand panier, etc.

𖼀𖼀. *potchok.* Bruit de quelque chose que ce soit qui tombe dans l'eau.

𖼀𖼀 𖼀𖼀. *potchoung seme.* Bruit d'une chose qui tombe dans l'eau.

𖼀𖼀 𖼀𖼀. *porong seme.* Homme plein de droiture, qui dit bonnement tout ce qu'il pense sans s'embarrasser de rien.

𖼀𖼀. *potchan.* Éclat du bambou qu'on brûle.

𖼀𖼀. *pokita.* Bouton qu'on met au bout d'une fleche, et qui n'a pas les trois trous ordinaires qui la font siffler.

𖼀𖼀 𖼀𖼀 𖼀𖼀, *por sere herguen.*

𖼀𖼀. *porbonohopi.* Homme qui est très gras, et que la graisse rend pesant et lourd. On dit aussi 𖼀𖼀. *pongtonohopi.*

𖼀𖼀 𖼀𖼀. *porbon parban.* Homme dont les yeux, la bouche, le nez, etc., coulent sans cesse. Pleurer confusément. Cela doit s'entendre de plusieurs personnes qui pleurent à la fois, etc. (𖼀𖼀 𖼀𖼀. *fourfoun farfin,* 𖼀𖼀 𖼀𖼀. *firfin fiarfin,* 𖼀𖼀 𖼀𖼀 𖼀𖼀. *porboun parban soungoumbi.*)

𖼀𖼀 𖼀𖼀 𖼀𖼀, *pong sere herguen.*

pongtonohopi. Homme extrêmement gras, que la graisse rend lourd et pesant. (*Porbonohopi*, 〰〰〰.)

pongtchoun. Une chose quelconque qui est grosse, épaisse et basse.

pok sere herguen.

pok seme. Bruit d'une fleche qui, ayant touché le but, est renvoyée ou repoussée. Bruit de quelque chose que ce soit qui tombe, qui frotte contre une autre, etc.

poksohon. Enfant qui est plus grand que les autres enfants de son âge, qui est plus fort qu'eux, etc.

poksohori. Lorsque la plupart des enfants sont plus grands et plus forts qu'on ne l'est ordinairement à leur âge.

poktchohon. Homme qui est gros par le corps, et qui, de son naturel, est pesant, grossier, etc.

pos sere herguen.

pos seme. Bruit d'une chose qui en touche une autre légèrement, qui la frise. Dire quelque chose sans y penser. *pous seme kisourehe.*

paou sere herguen.

pao. Canon. (*Pao* en chinois.)

pao chentambi. Tirer le canon. (*Fang pao* en chinois.)

ᠪᠣᠣ *pao y oungala.* Le tuyau du canon dans lequel on met la poudre et le boulet de fer.

ᠪᠣ ᠰᡝᡵᡝ ᡥᡝᡵᡤᡝᠨ, *pou sere herguen.*

ᠪᠣ. *pou.* Bruit qu'on fait lorsqu'on souffle contre quelque chose.

ᠪᠣᠰᠠ. *pousa* (et ᠪᠣᡨᡳᠰᠠᡨᡠ. *potisatou.*) Nom qu'on donne aux idoles. (*Pou sa* en chinois.)

ᠪᠣᠰᡝ ᡴᡠᡵᡠᠮᡝ, *pouse kouroume.* La piece quarrée que portent les mandarins sur le devant et le derriere de leur *koa dze.* Cette piece est en broderie, et varie suivant le degré de mandarinat. (*Pou tsée* en chinois.)

ᠪᠣᠰᡝ ᠨᠣᡥᠣ ᠰᡠᡨᠴᡝ, *pouse noho soutche.* Étoffe de soie avec des tissus de dragons d'or.

ᠪᠣᠰᡝᠯᡳ. *pouseli.* Boutique qui est dans un marché ou une foire, dans un lieu fréquenté.

ᠪᠣᡨᠣᡠ ᡦᠠᡨᠠ, *poutou pata.* Bruit de plusieurs petites choses qui tombent par terre. Apparence ou air empressé de quelqu'un qui va de côté et d'autre.

ᠪᠣᡨᡠᡵ, *poutour.* Bruit ou cri que font les oiseaux en prenant leur essor pour voler.

ᠪᠣᡨᡠᡵ ᠰᡝᠮᡝ, *poutour seme.* Cela se dit des yeux qui coulent goutte à goutte, et de toute chose à laquelle on ajoute toujours quelque peu en la faisant. Peu-à-peu. Ce qu'on met sur le corps ou sur quelque chose.

ᠪᠣᠯᠣ ᡦᠠᠯᠠ, *poulou pala.* Marcher. Aller par des chemins détournés, tantôt à droite, tantôt à gauche.

POUS 9

Dépenser mal-à-propos son argent, l'employer à ceci, à cela, etc., sans besoin. Homme qui est paresseux, grossier, qui fait ou dit tantôt ceci, tantôt cela, etc.

ᓀᑦᕈ. *pourou.* Espece de panne ou de velours fait avec de la laine, etc.

ᓀᕐ ᐱᕆᕝ ᐅᕐᑫᕐᕝ, *pour sere herguen.*

ᓀᕐ. *pour.* Bruit que quelques oiseaux font en prenant leur vol, comme la caille, etc. On dit alors ᓀᕐ ᐱᕝᕝ ᑎᕆᕐᕝ. *pour seme teiche.*

ᓀᕝ ᐱᕆᕝ ᐅᕐᑫᕐᕝ. *poun sere herguen.*

ᓀᕝ. *poun.* Voiles de navires. (*Tchoan pong* en chin.)

ᓀᑦ ᐱᕆᕝ ᐅᕐᑫᕐᕝ. *pouk sere herguen.*

ᓀᑦ ᕅᑦ ᐱᕝᕝ. *pouk pak seme.* Parler grossièrement, pesamment, comme si on avoit la bouche pleine. Marcher grossièrement, sans politesse, etc.

ᓀᔅ ᐱᕆᕝ ᐅᕐᑫᕐᕝ. *pous sere herguen.*

ᓀᔅ ᐱᕝᕝ. *pous seme.* Lorsqu'il est tombé de l'eau bouillante sur la chair, qu'il s'éleve une espece de vessie qui se remplit ensuite de pus et forme un ulcere. Quand on a crevé cet ulcere avec une aiguille, etc., alors on dit ᓀᔅ ᐱᕝᕝ ᖢᕆᕐᕝ. *pous seme fousetchehe.*

ᓀᔅ ᐱᕝᕝ ᕈᕆᕐᕝ. *pous seme intchehe.* Lorsqu'on ne voudroit pas rire, et que le rire sort malgré nous. On dit aussi ᑯᔅ ᐱᕝᕝ. *kous seme.*

SA

⟨⟩. *sere herguen.*

⟨⟩. *sa.* (Impératif de ⟨⟩. *sambi.*) Sache. C'est aussi la particule qui marque le pluriel. Nom d'une piece de bois qui est au-dessus des grosses charrettes des deux côtés. Nom d'une herbe blanche, et dont on fait les dehors des bonnets d'été. On dit aussi ⟨⟩. *teresou.* Les bords d'une chaise. C'est ce qu'on appelle ⟨⟩. *fara.* Brancard.

⟨⟩. *saha.* (Impératif de ⟨⟩. *sahambi.*) Ordonner d'élever, d'arranger. Alors on dit ⟨⟩. *ague saha.* Je sais. Ordonner de plier les matelas et la couverture en plusieurs doubles l'un sur l'autre.

⟨⟩. *sahari.* Lorsqu'on lutte, et qu'au lieu de faire tomber son adversaire on tombe soi-même. Alors on dit ⟨⟩. *sahari touheke.*

⟨⟩. *saka.* Chair de cerf. Poisson qu'on a coupé en petits morceaux, qu'on a salé, et qu'on mange sans le faire cuire. Hachis, chair coupée en petits morceaux. C'est aussi une particule finale pour exprimer le participe : par exemple, ⟨⟩. *kenehesaka.* En m'en allant. Qui tient le milieu entre le bon et le mauvais, ⟨⟩. *netchikesaka.* Qui est au nombre des beaux. Qui est au nombre des grands, ⟨⟩. *hotchikoun saka,* et ⟨⟩. *amban saka.*

⟨⟩. *sahan.* Nom d'un os de cerf ou de mouton

dont on se sert pour jouer. Chaque joueur a une marque pour connoître le sien.

⵿⵿⵿, *sahatambi*. Chasser. Cela se dit de la petite chasse.

⵿⵿⵿, *sahataboumbi*. Ordonner de faire la petite chasse.

⵿⵿⵿. *sahalien*. Le cinquieme des dix *khan*. C'est aussi le nom de la couleur noire. (*He* en chin.)

⵿⵿⵿ ⵿⵿, *sahalien ihan*. Bœuf noir. (*He nieou* en chinois.)

⵿⵿⵿, *sahamha*. Nom d'un poisson de mer qui a un peu plus d'une brasse de long.

⵿⵿⵿. *sahambi*. Élever une muraille, une tour, etc. Mettre plusieurs choses les unes sur les autres. Mettre des herbes, du bois par tas, par monceaux.

⵿⵿⵿. *sahaboumbi*. Ordonner de mettre une chose ou plusieurs choses les unes sur les autres, comme lorsqu'on bâtit, etc.

⵿⵿⵿. *saniashoun*. Extension de quelque chose que ce soit.

⵿⵿⵿. *saniambi*. Différer au lendemain. Étendre la courroie, comme on dit. Étendre, alonger, etc.

⵿⵿⵿. *saniaboumbi*. Ordonner de différer, d'étendre, par exemple. Étendre et raccourcir. On dit ⵿⵿ ⵿⵿, *ikoura saniara*.

⵿⵿⵿. *sakoura*. Trois morceaux ou pieces de bois qu'on pose sur la terre pour soutenir la marmite. On appelle cette machine, dont on se sert en guise de trépied, ᡥᠠᡵᠠ .*lakiakou hatchouhan*.

ᡥᠠᡵᠠ. *Sahalien oula*. Nom d'une riviere appellée en chinois *riviere du Dragon noir*. (*He toung kiang*.)

ᡥᠠᡵᠠ, *sahalien malangou*. Nom d'une plante dont on fait de l'huile. (*He tche ma* en chinois.)

ᡥᠠᡵᠠ, *sahalien touri*. Espece de grains qui ressemblent à des haricots, et qu'on donne aux chevaux en guise d'avoine. (ᡥᠠᡵᠠ. *lio*.)

ᡥᠠᡵᠠ. *saharambi*. Devenir noir. Lorsqu'on fait bouillir quelque chose qui devient noir, ou tirant sur le noir.

ᡥᠠᡵᠠ. *saharaboumbi*. Ordonner de faire noircir quelque chose.

ᡥᠠᡵᠠ. *sahahouri*. Lorsque tout est noir.

ᡥᠠᡵᠠ. *saharaka*. Il a noirci. Quoi que ce soit qui est devenu noir.

ᡥᠠᡵᠠ. *saharakapi*. Il est devenu noir.

ᡥᠠᡵᠠ. *sahaliaka*. Un peu noir.

ᡥᠠᡵᠠ, *sahahoun*. C'est le nom d'un des dix *khan*, du dixieme *khan*. Noir-clair. On dit cela de quelque endroit que ce soit qui est plus obscur qu'un autre.

ᡥᠠᡵᠠ. *sahahoukan*. Un peu obscur, un peu noir.

ᡥᠠᡵᠠ ᡥᠠ. *sahalien faha*. Prunelle des yeux.

sahalien outchounga. Qui n'a pas encore les cheveux blancs. Qui a encore les cheveux noirs.

sahalien tobihi. Peau de renard qui est toute noire, et qui n'a point d'autre couleur.

saharakangue. Qui est noir.

sapi. Chose extraordinaire, qui est de bon augure, et belle à voir.

sabi ferkouotchoun. Chose extraordinaire, qui est belle à voir, qui vient de paroître.

sabou. Pantoufle. (*Hie* en chinois.)

saboumbi. Voir, etc.

sabounambi. Aller voir.

saboutchimbi. Venir voir.

sabouboumbi. Ordonner de voir. Être vu.

saboula. Poil des parties. (*Yn mao* en chin.)

saboutoumbi. Lorsque tout le monde voit. On dit aussi *sabounoumbi.*

sasa. Ensemble, avec, de compagnie, etc.

sasari. Avec, de compagnie, etc.

salambi. Partager entre plusieurs une aumône. Donner à tout le monde.

sasahapi. Enfant d'une année, qui a crû peu-à-peu.

sata. Feuilles des pins. Feuilles de cyprès et d'autres arbres semblables.

sati. Ours mâle. On l'appelle (en chinois) *ta koung tai*. Ours mâle de la grosse espece.

satoun. Alliance. Allié. Ce sont ceux qui, contractant des mariages, allient leur famille à celle d'un autre.

satousa. Alliés.

satoun hala. Parent d'un nom différent.

satoulambi. S'allier, faire une alliance.

sase. Espece de bouillie qu'on fait avec de la farine de bled noir ou autre ; qu'on pétrit un peu moins fin que le vermicelle : on y ajoute de l'herbe appellée *lait de chien*, du miel, du *sesamum* ; on délaie tout cela dans de l'eau, pour le manger en été.

sasoumbi. Jouer aux cartes ou aux tablettes qui sont mêlées. On dit aussi sasambi.

salaboumbi. Ordonner de partager également un don, une aumône qu'on fait.

salanambi. Aller faire l'aumône. Aller partager également un don, etc.

salantchimbi. Venir donner ou partager quelque chose également.

salantoumbi. Lorsque chacun donne ou partage également. (salanoumbi.)

salimbi. Surpasser les autres, et pouvoir faire ce qu'ils ne peuvent pas. Apprécier les choses.

Savoir le prix des choses. Succéder. Hériter de quelqu'un. Gouverner, etc.

ᎠᏔᏣᏲᎮᎨ. *saliboumbi.* Chercher le prix d'une chose. Échanger une chose contre une autre, en ajoutant la valeur de ce qui manque à l'une pour égaler l'autre. Ordonner d'avoir soin de quelque chose, de succéder, de gouverner. Hériter. Changer le supplice, le diminuer, etc.

ᎠᏔᏣᏂᏲᎮᎨ. *salihan ni boumbi.* Donner un peu moins. Voilà le sens des autres paroles qu'on pourroit dire pour expliquer ces mots.

ᎠᏔᏣᎠᎪ. *salihan akou.* Qui n'a point de détermination fixe, de force d'esprit, etc. Qui se décharge de tout sur les autres, n'osant rien faire par lui-même.

ᎠᏔᏣ. *salihan.* Un tant soit peu.

ᎠᏔᏲᏂᎭᎪ. *salimbaharakou.* Qui ne peut rien, qui n'est capable de rien, etc.

ᎠᏔᏂ. *salien.* Quelque chose que ce soit qui tient un juste milieu entre le trop et le trop peu. On dit aussi ᎠᏔᏣᏂ. *saliahan.*

ᎠᏔᎣ. *salou.* Barbe, c'est le poil qui vient au menton. (*Su* en chinois.)

ᎠᏔᎣᏂᎦ. *salounga.* Qui a de la barbe.

ᎠᏔᏄᎮᎨ. *salanoumbi.* Lorsque le commun des gens en place, par exemple, donne du secours dans un temps de misere à ceux qui en ont besoin. Lorsqu'on distribue également à chacun.

ᠰᠠᠮᠠᡵᠠᠪᡠᠮᠪᡳ. *samaraboumbi*. Faire bouillir le thé jusqu'à ce que l'eau ait pris une couleur rouge.

ᠰᠠᠮᠠᠨ ᠴᡝᠴᡳᡴᡝ. *saman tchetchike*. Nom d'une espece d'oiseau appellé *ouo lan tsiao* (en chinois) : il a la tête comme le phénix. Son chant est varié et a tous les sons.

ᠰᠠᠮᠠᠨ. *sama*. Enchanteurs. (*Ou gen* en chinois.)

ᠰᠠᠮᠠᠴᠠᠮᠪᡳ. *samachambi*. Les enchanteurs évoquent les esprits.

ᠰᠠᠮᠠᡵᠠ. *samara*. Grande tasse de bois.

ᠰᠠᠮᠠᡵᠠᠮᠪᡳ. *samarambi*. Cela se dit lorsque le thé a bouilli jusqu'à ce que l'eau soit devenue rouge.

ᠰᠠᠮᠠᠩᡤᠠ ᠨᡳᠶᠠᠯᠮᠠ. *samanga nialma*. Hommes ou femmes qui évoquent les esprits par leurs enchantements. Enchanteur, enchanteresse.

ᠰᠠᠴᠠ. *satcha*. Casque à l'usage des gens de guerre.

ᠰᠠᠴᠠᠯᠠᠮᠪᡳ. *satchalambi*. Porter le casque.

ᠰᠠᠴᠠᠯᠠᠪᡠᠮᠪᡳ. *satchalaboumbi*. Ordonner de porter le casque.

ᠰᠠᠴᠠᠯᠠᡨᡠᠮᠪᡳ. *satchalatoumbi*. Lorsque chacun a le casque, ou porte le casque. On dit encore *satchalanoumbi*, ᠰᠠᠴᠠᠯᠠᠨᡠᠮᠪᡳ.

ᠰᠠᠴᡳ. *satchi*. Si vous savez. Ordonner à quelqu'un de couper avec un couteau ou une hache, etc. (Impératif du verbe suivant.)

ᠰᠠᠴᡳᠮᠪᡳ. *satchimbi*. Faucher les herbes d'un pré. Couper les moissons. Couper, fendre du bois, etc. Abattre ou couper la tête à un criminel, par exemple. Couper la corne du pied aux chevaux. Couper, trancher, tailler, etc.

ᐊᑦᒎᑦᓈ. *satchiboumbi*. Ordonner de couper, de tailler, etc. Être coupé. Avoir la tête tranchée. Ordonner de couper la corne aux chevaux, etc.

ᐊᑦᒋᒪ ᐅᑦᓈ. *satchima ouambi*. Couper la tête à quelqu'un.

ᐊᑦᒋᓐᑐᑦᓈ. *satchintoumbi*. Lorsqu'on s'entretue. Lorsque le commun coupe, tranche, taille, etc. S'être taillé en pièces, etc. On dit aussi ᐊᑦᒋᓄᑦᓈ. *satchinoumbi*. S'entretuer, etc.

ᐊᑦᒋᕋᑦᓈ. *satchirambi*. Couper en pièces, taillader, couper, trancher, tailler de tous côtés. Ne chercher qu'à trancher, etc. Tuer, etc.

ᐊᑦᒋᑯ. *satchikou*. Instrument dont les gens de de la campagne, du côté du nord, se servent pour labourer la terre. Bêche. Hache, instrument d'acier à l'usage des ouvriers.

ᐊᑦᒋᑯ ᐅᒥᐊᕼᐊ. *satchikou oumiaha*. Nom d'un insecte.

ᐊᑦᒋᑯ ᓯᕐᑕᓐ. *satchikou sirtan*. Fleche tranchante, qui a un tranchant au lieu de pointe.

ᐊᑦᒎ. *satchou*. Grains de bled noir concassés. La farine du bled noir s'appelle ᐊᑦᒎ ᐅᖴ. *satchou oufa*.

ᐊᑦᒎᕋᑦᓈ. *satchourambi*. Lorsque la neige tombe par flocons menus comme de la farine, ou en gresil.

Moudre le bled sarrasin.

satchou foungsé i oufa. Farine qu'on met dans l'eau plusieurs jours, pendant lesquels on ôte la pellicule qui se forme sur la superficie: après une dizaine de jours, on mange cette espece de gâteau.

saia. Très petite marmite. On dit de même *kilaktchi.*

sahipa. Qui a une physionomie douce et respectueuse, qui semble honorer tout le monde, mais qui est mauvais et traître.

sara. Parapluie, parasol. Nom général qu'on donne aux pieces de fer qui sont au baudrier pour arrêter l'arc, etc. (On dit encore *songuiha* et *kouyé toulimba sele.*)

sarambi. Cela se dit des chevaux qui, en courant, n'ont pas le cou ferme. Chose qui s'ouvre sans cesse. Chose pliée qui s'ouvre. Ouvrir un parapluie. Les oiseaux qui déploient leurs ailes. Vanner le grain.

saraboumbi. Faire ouvrir un parapluie. Faire déplier une chose. Faire vanner les grains, etc.

saratchi yasa neiboumbi. Le filet est tendu. L'ouverture du filet, ou l'œil du filet est ouvert.

sarachan. Lorsqu'on voit quelque joli spectacle de la nature, avoir le cœur épanoui.

ⵣ, *sarachambi.* Être bien aise. Errer agréablement dans les lieux où il y a des eaux et des collines, et se divertir à les voir. On dit aussi ⵣ, *sarhachambi.*

ⵣ, *sarahoun. Ko pou* fort large et roide. Espece de toile qu'on porte en été, dont le tissu est fort large, etc.

ⵣ, *sarin.* Peau du derriere des chevaux, des mulets, des ânes, qu'on tanne pour en faire des bottes. Repas que donne l'empereur. Repas de cérémonie. (ⵣ, *sarin yngche.*)

ⵣ, *sarilaboumbi.* Être du repas de cérémonie. Ordonner de servir le repas de cérémonie.

ⵣ, *sarilambi.* Donner le repas de cérémonie. Servir le repas de cérémonie.

ⵣ, *see.* Nom d'un petit poids; c'est un des plus petits. (*See* en chinois.)

ⵣ, *sai sere herguen.*

ⵣ, *sai.* Ordonner de mordre.

ⵣ, *saimbi.* Mordre quelqu'un, ou mordre quelque chose. Couper avec les dents. Rompre avec les dents.

ⵣ, *saiboumbi.* Ordonner de mordre. Être mordu.

ⵣ, *sain.* Bon, qui n'est pas mauvais, qui est en bon état, qui n'est point gâté. Qui a de la vertu. Qui est bon. Qui se porte bien. Heureux.

ⵣ, *saikan.* Maniere de parler pour dire que

quelque chose est naturellement bon, qu'un homme est naturellement bon, beau à voir, de bonne physionomie, etc.

𖼀𖼀𖼀 𖼀𖼀𖼀. *sain koutchou.* Bon ami, qui se montre tel par ses paroles et ses actions.

𖼀𖼀𖼀 𖼀𖼀. *sain sabi.* Bon augure, bon pronostic.

𖼀𖼀𖼀 𖼀𖼀𖼀. *sain inengui.* Beau jour. Bon jour. Heureux jour. Jour où il fait beau temps.

𖼀𖼀𖼀. *saiha.* Nom d'un os qui est au bas de la jambe des animaux; c'est celui de la jambe de devant depuis la jointure jusqu'en bas. Il a mordu..

𖼀𖼀𖼀 𖼀 𖼀𖼀. *saiha i toko.* La cheville du pied qui est en dedans.

𖼀𖼀𖼀 𖼀 𖼀𖼀. *saiha y toukou.* Cheville du pied qui est en dehors.

𖼀𖼀𖼀. *saikou.* Petites choses quelles qu'elles soient qu'on mange pour boire un coup.

𖼀𖼀𖼀. *saihoa.* Nom d'un arbre dont les feuilles sont rondes, les fleurs tirant sur le rouge, dont les branches ou rameaux sont en grand nombre. Alors on dit 𖼀𖼀𖼀. *koarguien.* Ses branches sont fort dures, on ne sauroit les rompre; on s'en sert pour faire des coffres et autres choses semblables. La pointe de ces branches, quand même il pleuvroit quelques jours dessus, ne contracte pas d'humidité, et s'enflamme aussi aisément que si elle n'avoit pas reçu d'eau.

𖼀𖼀𖼀. *saipihan.* Marques blanches ou noires que les hommes ont sur le visage ou sur le corps, et qui sont de la grandeur d'une main ouverte. Signe ou marque que quelques enfants à la mamelle ont sur le derriere.

saipihan. Nom d'une espece d'oiseau dont le bec est aussi large que celui du *pei lou*. On l'appelle encore *halpahan.*

saisa. Lettré, homme qui sait bien parler, bien écrire, traiter une affaire comme il faut, etc.

saichambi. Louer, donner des louanges, exalter quelqu'un, donner des éloges à quelqu'un. Récompenser quelqu'un qui a bien mérité.

saichatchouka. Qui mérite des éloges, qui mérite d'être loué.

saichakouchambi. Prier quelqu'un de donner des éloges, de louer.

saichantoumbi. Lorsqu'on s'entre-donne des louanges, etc. On dit encore *saichanoumbi.*

saichaboukou. Louange qu'on donne à quelqu'un sur sa bonne mine. Éloges qu'on donne pour plaire. Louer quelqu'un pour s'attirer des louanges, de l'estime, etc.

saibourou. Petit galop, ou maniere de courir des chevaux, etc., qui est plus lente que le grand galop, et plus vîte que le pas ordinaire.

saichaboumbi. Ordonner de louer. Être loué.

⟨⟩. *saifi*. Il a mordu, etc. Cuiller à manger le riz, etc. On dit aussi ⟨⟩. *kouili*.

⟨⟩. *saifilambi*. Oter du bouillon, par exemple, avec la cuiller, etc.

⟨⟩ ⟨⟩. *saifa oueihe*. Les dents mâchelieres, ou les marteaux des deux côtés.

⟨⟩. *sagnion*. Vous portez-vous bien ? etc.

⟨⟩ ⟨⟩ ⟨⟩. *sar sere herguen*.

⟨⟩ ⟨⟩. *sar seme*. Avoir les yeux pleurants. Qui a les yeux qui lui coulent. Bruit de quelque chose qu'on lave, qui coule doucement, comme une pluie fine. Bruit du riz qu'on lave.

⟨⟩ ⟨⟩ ⟨⟩ ⟨⟩. *sar sar seme kouombi*. Cri des insectes.

⟨⟩ ⟨⟩ ⟨⟩. *sar sar seme*. Bruit des feuilles qui tombent des arbres. Bruit du riz qu'on lave.

⟨⟩ ⟨⟩. *sarha nimaha*. Nom d'un poisson qui ressemble à celui qu'on appelle *pei souoyu* (en chinois), mais il est un peu plus gros.

⟨⟩. *sarhachambi*. Se promener. On dit aussi ⟨⟩. *sarachambi*.

⟨⟩. *sarhan*. Femme, épouse.

⟨⟩ ⟨⟩. *sarhan ku*. Fille. Fille qui ne sépare pas encore ses cheveux, c'est-à-dire qui n'a pas atteint l'âge de quinze ans.

⟨⟩ ⟨⟩. *sarhan tchouse*. Filles.

ᎠᏍᏆᏂᏟ ᏂᎹᎲ. *sarhantchi nimaha.* Nom d'un poisson qui a la bouche longue et mince.

ᎠᏍᎪᎤ. *sarkou.* Je ne sais pas.

ᎠᏍᎰᎤ. *sarhou.* Rayons qu'on place contre une muraille sur lesquels on met la vaisselle. Tablettes sur lesquelles où pose quelque chose que ce soit.

ᎠᏍᏆ. *sarba.* Instrument de bois uni comme la langue, qui ressemble à la navette d'un tisserand, dont on se sert pour faire des filets. On dit aussi ᎠᏍᏊ. *sarfou.*

ᎠᏍᏆᎲᏂ. *sarpahoun.* Cela se dit des herbes, des plantes et des arbres qui poussent beaucoup de branches, mais qui ne pomment point. Cela se dit aussi de ceux qui sont couchés nonchalamment la face en l'air, les pieds et les mains étendues; et de ceux qui dorment les jambes écartées. On dit alors ᎠᏍᏆᎲᏂ ᏔᏲᎮᏈ. *sarpahoun tetouhepi.*

ᎠᏍᏆᏣᎻᏈ. *sarbachambi.* Cela se dit de ceux qui, à la lutte, pensent à se terrasser mutuellement, qui s'empoignent, se secouent, etc., pour tâcher de se culbuter; et de ceux qui, ne pouvant venir à bout de quelque chose, s'impatientent. On dit aussi ᎠᏍᏆᏣᎻᏈ. *sirbachambi.*

ᎠᏍᏆᏣᏂ. *sarbatchan.* C'est le nom d'une piece de fer qui est sur le casque, et qui avance. C'est aussi le nom d'une piece de métal ou d'une autre machine que les femmes mettent autour de leur tête en forme de bonnet d'été pour arrêter leurs cheveux, etc.

𝑠𝑎𝑟𝑝𝑎. Espece de sauterelle ou de grillon. Insectes des herbes.

𝑠𝑎𝑟𝑡𝑎𝑚𝑏𝑖. Différer de faire quelque affaire que ce soit, prolonger, différer, etc.

𝑠𝑎𝑟𝑡𝑎𝑏𝑜𝑢𝑚𝑏𝑖. Consoler quelqu'un qui est dans la tristesse. Porter compassion à quelqu'un qui est affligé, etc. Différer, prolonger, etc.

𝑠𝑎𝑟𝑡𝑎 𝑚𝑜𝑟𝑜. Grande tasse.

𝑠𝑎𝑟𝑡𝑎𝑠ℎ𝑜𝑢𝑛. Qui cherche à différer, etc.

𝑠𝑎𝑟𝑙𝑎. Cheval qui a la peau de couleur de rat ou cendrée.

𝑠𝑎𝑟𝑡𝑐ℎ𝑎 ℎ𝑜𝑢𝑜𝑡𝑐ℎ𝑖ℎ𝑒. Nom d'une partie de l'intérieur du cerf, du bœuf, du mouton, etc., qui est jointe aux intestins.

𝑠𝑎𝑟𝑘𝑖 𝑠𝑎𝑙𝑖𝑏𝑜𝑢𝑟𝑎𝑘𝑜𝑢. Qui ne prend point conseil de ses consorts, mais qui se détermine de soi-même, et traite les affaires à sa façon. On dit encore 𝑠𝑎𝑟𝑘𝑖𝑒𝑛 𝑠𝑎𝑙𝑖𝑏𝑜𝑢𝑟𝑎𝑘𝑜𝑢.

𝑠𝑎𝑟𝑘𝑖𝑎𝑚𝑏𝑖. Mettre au net quelque chose dont on a déja fait le brouillon. Séparer quelque chose que ce soit. Lorsque plusieurs choses sont ensemble, pêle-mêle, les séparer l'une après l'autre, etc. Séparer les épis, par exemple, et les ranger, etc.

𝑠𝑎𝑟𝑘𝑖𝑎𝑏𝑜𝑢𝑚𝑏𝑖. Ordonner de mettre au net quelque chose dont on a déja fait le brouillon. Ordonner de séparer plusieurs choses qui seroient pêle-mêle, etc. Ordonner de ranger séparément les épis, par exemple, etc.

sarkianoumbi. Lorsque chacun range séparément les gerbes, les épis, etc. Lorsque chacun met au net ce dont on avoit déja le brouillon.

sarguia. L'entre-deux des cuisses, l'aine ou les aines; en latin *inguina.* Ce qui joint les deux cuisses.

sarguien. Filet dont les trous sont grands, en quantité et séparés. Trous des filets qui sont en quantité et séparés. Herbes ou bois qui viennent en quantité, mais séparément. Clair-semé. (*sarguien pantchiha.*)

sarguiakan. Qui est un peu séparé, clair-semé.

sarguialakou asou. Étendre le filet avec les deux mains, le jeter en rond.

san sere herguen.

santalambi. Être assis les deux jambes écartées. Alors on dit *santalame tehepi.* Être debout les deux jambes écartées. Alors on dit *santalame ilihapi.*

santalabouka. D'ici là. De cet endroit à cet autre.

santalabouka cheden. Le milieu entre cet endroit et cet autre. Le milieu d'ici là.

santarchambi. Marcher les jambes écartées comme font ceux qui sont gros et qui ont les cuisses fort grosses.

santcha. Nom d'une herbe appellée en chinois *mou eulh.*

santchiha. Anneau de bois attaché à une corde, où il y a un appât par le moyen duquel on prend des oiseaux. Fil de fer qu'on attache à un bambou pour prendre des oiseaux. Petite cheville de bois qu'on passe dans la narine ou à l'entre-deux des narines des chameaux, bœufs, etc., pour pouvoir les gouverner.

tsanse. Périls, danger, extrémité. Chagrin. Instruments avec lesquels on donne la torture. (*Tsan tsee* en chinois.)

tsanselambi. Presser, réduire aux abois, à l'extrémité. Donner la torture.

tsanselaboumbi. Faire donner la torture.

tsan oumiaha. Ver à soie. (*Tsan* en chinois.)

sang sere herguen.

sangka. Celui dont la généalogie remonte fort loin. Très éloigné de son origine. Lieu extrêmement éloigné, qui remonte fort loin.

sangkapi. Qui a fait beaucoup de chemin et est allé fort loin, éloigné de son origine. Chose qui n'est pas courte, qui est longue, etc.

sangapieou. Faites-vous remonter fort loin votre origine?

sangkangue. D'ancienne race, de longue main. Qui est de loin, etc.

sangkakoungue. Qui ne remonte pas fort haut, qui n'est pas d'ancienne race.

sanga. Trou. Ouverture d'un canal, etc.

sanga toumbi. Faire un trou avec une cheville de bois ou telle autre chose.

sangata. Quelque chose que ce soit qui a des trous.

sangatanambi. Quelque endroit que ce soit où il y a des trous.

sangatanga. Qui a des trous.

sangouchambi. Avoir le cœur épanoui. Être bien aise, comme lorsque l'on voit un méchant homme puni, etc. Être bien aise du mal d'autrui.

sangouchaboumbi. Ordonner de se réjouir, d'être bien aise, de se conformer à ce que veulent les autres, etc.

sangsé. Menottes qu'on met aux criminels qu'on conduit. Chaînes ou cordes dont on garrote les criminels.

sangselambi. Emmenotter, garrotter quelqu'un.

sangselaboumbi. Ordonner d'emmenotter, de garrotter quelqu'un.

sangsarambi. Vieille chambre, maison, etc., qui tombe en ruine peu-à-peu.

sangsaraboumbi. Ordonner de détruire, d'abattre, etc.

sangsarakapi. Maison, chambre, etc., qui est tombée en ruine.

tsang. Grenier. (*Tsang* en chinois.)

tsang tchahin. Grenier d'abondance. (*Tsang ling* en chinois.)

tsang mi. Grenier pour les petits grains. (*Tsang siao mi* en chinois.)

sak sere herguen.

saksaha. Pie, oiseau. (*Hi tsiao* en chin.)

saksan tchouhe. Lorsqu'il s'est fait un amas de glaçons, et que tous, tant ceux qui sont dans les lieux hauts, que ceux qui sont dans les lieux bas, se prennent ensemble, et font comme un seul corps.

saksaha tamin. Nom d'un oiseau qui est appelé (en chinois) *hou pan*, dès qu'il a un ou deux ans. Ses plumes servent à mettre au bout des fleches.

saksari. Tomber la face tournée en haut. Alors on dit *saksari toukehe.*

saksahoun. Vuide qui est dans l'endroit où sont les morceaux de bois sur lesquels on éleve quelque chose : ce vuide se prend depuis la terre ou le sol jusqu'aux choses appuyées sur les morceaux de bois.

saksalaboumbi. Cela se dit, lorsqu'ayant lancé un trait, il se fiche dans un arbre où il demeure.

saksaliboumbi. Mettre des herbes ou des bûches les unes contre les autres de façon qu'elles se soutiennent mutuellement, étant écartées par le bas, et se touchant par le haut, etc.

saksan. Espece de gâteau de la forme d'une pomme de pin, au haut duquel il y a une figure de moineau qui est aussi de pâte. On offre ce gâteau pendant les sacrifices. On plante aussi un arbre qui a des branches sur lesquelles on met ce que l'on veut offrir. On appelle aussi de ce mot le bois transversal ou les branches d'un arbre auxquelles on peut suspendre une cage.

sakgen. Espece de pin ou de sapin qui vient fort haut, dont les branches ne sont pas entrelacées, qui a beaucoup de feuilles fort épaisses, mais courtes, et qui sont comme par étage. Arbres qui ressemblent aux pins, et qu'on met pour servir d'ornement aux sépultures.

saksou. Espece de panier fait de branches de *king* dans lequel on renferme les grains : il y en a de grands et de petits. Espece de panier fait de bamboux dans lequel on met le thé, etc.

sakta. Vieillard. Vieux. C'est aussi le nom qu'on donne à une laie de quatre ans.

saktambi. Vieillir, devenir vieux.

saktasa. Vieillards, hommes vieux. Pluriel de *sakta*.

saktaka. Il est déja vieux. Il a vieilli.

saktantala. Jusqu'à un âge avancé.

ᠰᠠᡣᡨᠠᠨᡨᠠᠮᠪᡳ, [me, ra.] *saktantambi*, (*me, ra*). Qui avance du côté de la vieillesse. Qui se fait vieux.

ᠰᠠᡣᡨᠠᠪᡠᠮᠪᡳ. *saktaboumbi*. Faire vieillir une chose.

ᠰᠠᠫ ᠰᡝᡵᡝ ᠬᡝᡵᡤᡠᠸᡝᠨ. *sap sere herguen.*

ᠰᠠᡦᡴᠠ. *sapka*. Bâtonnets dont les Chinois se servent pour manger. Manifester.

ᠰᠠᡦᡴᠠᠯᠠᠮᠪᡳ. *sapkalambi*. Se servir des bâtonnets en mangeant. Élever les bâtonnets par politesse, comme pour les présenter aux hôtes.

ᠰᠠᡦᡴᠠ ᠰᡝᠯᡝ. *sapka sele*. On appelle ainsi les morceaux de fer battu qu'on met des deux côtés à l'aissieu des charrettes, etc.

ᠰᠠᡦᠴᡝᠮᠪᡳ. *sapchembi*. Coudre à petits points les bottes ou les pendants de la selle. Couper les crins aux chevaux. Alors on dit ᡨᡠᠯᡠᠨ ᠰᠠᡦᠴᡝᠮᠪᡳ. *touloun sapchembi*. Marquer les criminels au visage en leur faisant quantité de points dans lesquels on insere quelque chose de noir, etc. Ces marques ne disparoissent jamais. Marquer les criminels avec des caracteres noirs.

ᠰᠠᡦᠴᡝᠪᡠᠮᠪᡳ. *sapcheboumbi*. Ordonner de couper le crin aux chevaux, de coudre à petits points les habits, bottes, etc. Ordonner de marquer les criminels au visage ou aux mains, etc., de graver des lettres noires.

ᠰᠠᡦᡨᠠ. *sapta*. Bâton dont on se sert pour prendre la colle avec laquelle on colle les plumes des fleches. Os qui joint l'épaule au bras.

ᠰᠠᡦᡨᠠ ᡴᡳᡵᠠᠩᡤᡳ. *sapta kirangui*. Petits os des jambes de derriere des animaux ; c'est celui qui est au jarret, ou qui joint le jarret à la jambe. (ᔕᐧᐧᑊᑯ. *kanto.*)

ᐊᐧᑊᑕᕆᐅᐧᐊᑦᐦᐁᑲ. *saptari ouacheka.* Maladie que les chevaux ont aux jarrets lorsque le sang ne circule pas dans cette partie ou qu'il s'est mis en grumeaux ; alors ils boitent.

ᐊᐧᑊᑕᓐ. *saptan.* Goutte d'eau ou de pluie. Eau ou pluie qui tombe goutte à goutte. On dit alors ᐁᒨ ᐊᐧᑊᑕᓐ. *emou saptan.* Une goutte, etc.

ᐊᐧᑊᑕᒥ. *saptambi.* Lorsqu'il tombe une pluie fine semblable à la rosée. Lorsqu'après une pluie il tombe de l'eau du plancher. L'eau tombe par gouttes du plancher. Lorsque les ustensiles ou vases à contenir de l'eau coulent. Couler, dégoutter. Lorsqu'il tombe quelques gouttes de pluie.

ᐊᐧᑊᑕᓐ ᐊᐧᑊᑕᓐ. *saptan saptan.* Goutte à goutte. Peu-à-peu.

ᐊᐧᑊᑦᒋᕋᒥ, *saptchirambi.* Cela se dit des chevaux ou autres bêtes qui, après s'être dressées, jettent les pieds de devant contre terre avec force.

ᐊᐧᑊᑕᕋᒥ. *saptarambi.* Se servir de la hache pour couper du bois d'une maniere unie, après l'avoir auparavant marqué par intervalles en travers, pour ne pas en couper plus qu'il ne faut.

ᐊᓪ ᓭᕆ ᐦᐁᕈᐧᐁᓐ. *sal sere herguen.*

ᐊᓪᐦᐊᐴᓐ. *salhaboun.* Destin. Destinée que le ciel a donnée à chacun. Nombre d'années que chacun doit vivre. Faveur à laquelle on ne s'attendoit pas, et qui est accordée sans qu'on y ait même pensé. Cause. Bonheur que le ciel nous accorde. Présent du ciel. Mariage déterminé par le ciel; comme on dit chez nous que les mariages sont écrits dans le ciel. Toute cette explication annonce que le mot ⵀⵀⵀ, *salhaboun*, répond au *fatum* des Latins. On dit aussi ⵀⵀⵀ, *heseboun*.

ⵀⵀⵀ, *salhaboumbi*. Le ciel l'a déterminé ainsi. Le ciel lui a accordé cette destinée.

ⵀⵀⵀ, *salhabouhangue*. Il méritoit ce sort, cette destinée, etc. De la destinée.

ⵀⵀⵀ ⵀⵀ, *salhabouha pabi*. Tel étoit son destin. Il a rempli sa destinée.

ⵀⵀⵀ, *salhou*. Les fils de la toile ou de la piece de soie qui sont rangés en attendant qu'on mette les fils transversaux. La machine ou le cadre dans lequel sont ces fils s'appelle ⵀⵀⵀ, *ouatan*. Le bout de la charrue. C'est le bout de fer qui s'appelle ainsi.

ⵀⵀⵀ, *saltcha*. Chemin qui est partagé en plusieurs branches. Chemins qui aboutissent tous au même endroit. Chemin *tripartite*.

ⵀⵀⵀ ⵀⵀⵀ ⵀⵀⵀ, *sam sere herguen*.

ⵀⵀⵀ, *sambi*. Étendre quelque chose que ce soit. Savoir.

ⵀⵀⵀ, *sambirchame*. Étendre. Expliquer, etc. Ouvrir comme les fleurs ou les feuilles qui s'étendent, qui s'ouvrent, qui s'épanouissent.

ⵀⵀⵀ, *samha*. Taches qui sont sur le corps ou sur le visage. C'est le mot général. Il y en a de rouges, de noires, etc.

ᛞ. *sampa*. Chevrette d'eau. Petit animal qui ressemble à l'écrevisse. (*Hia mi* en chinois.)

ᛞ. *samtambi*. Cela se dit de ces enchanteurs qui portent à la ceinture quantité de grelots et un tambour sur lequel ils frappent, et qu'ils accompagnent du son de leurs grelots, en remuant le corps ou en marchant. Battre la caisse pour évoquer les esprits.

ᛞ. *sampi*. Qui est séparé. Qui est loin. On dit aussi ᛞ. *sangka*.

ᛞ. *samchembi*. Être séparé. Être éloigné. S'éloigner d'un endroit. Quitter un endroit. Être exilé.

ᛞ. *samcheboumbi*. Ordonner de s'éloigner. Exiler.

ᛞ. *samsou*. Toile bleue.

ᛞ. *samsoulambi*. Graver des fleurs sur l'or ou sur l'argent, etc.

ᛞ. *samsoulaboumbi*. Ordonner de graver.

ᛞ. *samtame tarimbi*. Semer différents grains dans un même sillon qu'on fait fort large: au milieu on seme des grains différents de ceux qu'on seme aux côtés.

ᛞ. *se sere herguen*.

ᛞ. *se*. Soie crue. On l'appelle aussi ᛞ. *se sirgue*. Dents du cheval auxquelles on connoît son âge. Tige latérale du *genseng* qui vient de la racine même. Année, âge, etc.

𐒀𐒋 𐒌𐒎𐒋. *se paha.* Il a quelques années. Il compte bien des années.

𐒀𐒈𐒋. *sepihe.* Être remis promptement de ses fatigues. On dit aussi 𐒀𐒈𐒋 𐒀𐒋, *sebire sain,* ou 𐒀𐒈𐒋 𐒀𐒋. *sepire sain.*

𐒀𐒋 𐒌𐒎 𐒂𐒋. *se pirou oho.* Il est vieux. Il a vieilli.

𐒀𐒈𐒋. *senembi.* Faire de gros traits en écrivant. Cela arrive lorsque le pinceau est émoussé, et qu'on a pris beaucoup d'encre. Lorsque les endroits humides s'entr'ouvrent peu-à-peu.

𐒀𐒈𐒋. *senihoun.* Qui est encore un peu crud. Qui n'est ni crud ni cuit. Cela se dit de la viande et des autres choses, etc.

𐒀𐒈𐒋. *seperi.* Nom d'une espece de cheval ou de mulet dont les pieds sont d'un blanc d'argent.

𐒀𐒈𐒋 𐒀𐒈𐒋 𐒂𐒋. *sebe sapa ahambi.* Lorsqu'il pleut seulement quelques gouttes.

𐒀𐒋. *sese.* Filet d'or qu'on emploie pour attacher à la queue des oiseaux de proie le petit tuyau de métal dans lequel on met une plume blanche.

𐒀𐒋 𐒂𐒋. *sese taboumbi.* Dorer un filet. Faire des filets d'or.

𐒀𐒋 𐒀𐒋. *sese-sasa.* Qui n'a point de gravité, léger, volage, qui est toujours en mouvement, etc.

𐒀𐒋. *seseme.* Un peu, tant soit peu.

𐒀𐒋. *seche.* Espece de gâteau fait avec de la farine

de millet et d'autres grains qu'on mêle ensemble, dont on forme une pâte qu'on arrondit et qu'on fait cuire dans l'huile. (〰〰, *seche efen.*)

〰〰. *segelehe.* Troupeaux de cerfs qu'on trouve en été, parceque c'est le temps où ils ont mis bas. On dit aussi 〰〰. *hiantchilaha.*

〰〰. *sesoulambi.* Avoir des palpitations de cœur. Craindre, être dans de grandes transes, trembler de peur, ressauter de crainte.

〰〰. *sesoulaboumbi.* Ordonner d'avoir peur, de craindre, etc.

〰〰. *sesoukiembi.* Trembler de froid, etc. Lorsque la tête et tout le corps tremble après avoir été saisi de froid.

〰〰. *seteheri.* Enfant qui n'est pas trop spirituel, qui est peu intelligent, etc.

〰〰. *se te oho.* Il est âgé. Cela se dit d'un homme qui a déja une partie de ses cheveux qui sont blancs.

〰〰. *seterinehepi.* Lorsqu'au printemps il commence a dégeler, et qu'il y a par-tout des creux ou des trous dans les endroits où il y avoit de la glace.

〰〰. *setehengue.* Injure, comme si on disoit à quelqu'un, pendard, etc. On dit de même 〰〰. *ouahangue,* et 〰〰. *ouaha setehe.*

〰〰. *setou.* Farine de *teou tsee* qu'on mêle avec celle du millet pour en faire des especes de gâteaux qu'on fait cuire dans l'huile. (〰〰, *seche.*)

ᎠᎴᏓᎶᏂ. *selambi.* Être dans la joie de son cœur.

ᎠᎴᏓᏳᏲᏂ. *selaboumbi.* Ordonner de se réjouir.

ᎠᎴᏓᎭ. *selaha.* Avoir été bien aise.

ᎠᎴ. *sele.* Fer. (*Tié* en chinois.)

ᎠᎴ ᎢᎰᏐᎴ. *sele i hosori.* Éclats du fer rouge qu'on bat à coups de marteaux, et qui sautent de côté et d'autre.

ᎠᎴ ᏊᏚ. *sele fouta.* Chaîne de fer.

ᎠᎴ ᎢᏍᎫ. *sele i sirgue.* Corde de fer. (*Tié sée* en chinois.)

ᎠᎴ ᎧᎻ. *sele karma.* Nom d'une espece de fleche dont on se sert pour tuer le petit gibier, comme lievres et faisans, etc. Cette fleche a quatre pointes et quatre trous qui font un petit sifflement. Il y en a aussi qui n'ont pas ces quatre trous.

ᎠᎴᎻ. *seleme.* Espece de couteau de chasse plus petit que le sabre, et qu'on porte en long devant soi; il est plus grand que celui qu'on appelle ᏔᏈᏥᎳᎫ. *taptchilakou.*

ᎠᎴ ᎨᏧᎯᎴ. *sese ketchouheri.* Espece de dragon ou de serpent qui a des dents et des griffes.

ᎠᎴᎩᏂ. *selekten.* Eau rougeâtre qui est au bas des monceaux de terre ou des collines. On dit alors ᎠᎴᎩᏂ ᎼᎫ. *selekten mouke.* Cette eau est ainsi rougeâtre parcequ'elle est croupissante.

ᎠᎻ. *seme.* Dire. Mot qu'on emploie pour terminer le membre d'une phrase et le lier avec l'autre. C'est pourquoi, etc.

SEME

semetchen. Graisse qui environne les intestins, ou bien particule graisseuse qui soutient les intestins. On l'appelle communément en chinois *ouang yeou.* C'est aussi la pellicule graisseuse qui environne les intestins des animaux. Alors on dit *semetchen nimengui,* ou bien *semsou nimengui.*

semehoun. Étoffe grossiere, soit qu'elle soit de soie ou d'autre matiere.

semehouken. Qui est un peu grossier, en parlant des étoffes.

sememe. Qui est mouillé un peu ici, un peu là; comme la terre, les habits, etc. Alors on dit *sememe ouchehihe.*

semerhen. Espece de tente qu'on met devant les chaises, les charrettes, etc. Espece de couverture qu'on met sur les berceaux des enfants, etc., et qui est d'une espece de gaze. C'est le nom général des tentes qui servent à garantir du soleil, des insectes. Les rideaux et tout le reste de l'attirail du lit s'appelle aussi de ce nom.

semerhen ni iaboumbi. Faire une chose qu'on regarde comme essentielle, la faire de cœur, etc.

semeou. Cela est ainsi? C'est une finale d'interrogation, comme si on disoit, par exemple, vous dites que cela est ainsi? *outou semeou,* etc.

ⵏⵙⵎⴽⵓ. *semikou.* Frotter entre les doigts le bout du fil lorsqu'il est trop gros pour être passé dans une aiguille.

ⵏⵙⵎⵎⴱⵉ. *semimbi.* Passer le fil dans une aiguille.

ⵏⵙⵎⴱⵓⵎⴱⵉ. *semiboumbi.* Ordonner de passer le fil dans une aiguille.

ⵏⵙⵜⵛⵉ. *setchi.* Si je dis, si vous dites, etc.

ⵏⵙⵜⵛⵉⴱⴻ. *setchibe.* Quoi qu'il ait dit.

ⵏⵙⵜⵛⵉⵏⴰ. *setchina.* Vous dites donc, etc.

ⵏⵙⵜⵛⵉⵎⴱⵉ. *setchimbi.* Employer un petit couteau, un petit instrument tranchant pour couper, pour ouvrir quelque chose que ce soit. Faire un sillon, un canal.

ⵏⵙⵜⵛⵉⴱⵓⵎⴱⵉ. *setchiboumbi.* Ordonner de couper quelque chose avec un petit instrument tranchant, de faire un sillon, un canal, etc.

ⵏⵙⵜⵛⵉⵏⵜⵓⵎⴱⵉ. *setchintoumbi.* Lorsque chacun fait un canal, des sillons, etc. Lorsque chacun emploie un petit instrument tranchant pour couper ou ouvrir quelque chose que ce soit, etc. On dit aussi ⵏⵙⵜⵛⵉⵏⵓⵎⴱⵉ, *setchinoumbi.*

ⵏⵙⵜⵛⵉⵔⵎⴱⵉ. *setchirembi.* Fendre, couper, ouvrir, creuser avec une pointe, etc.

ⵏⵙⵜⵛⵏ. *setchen.* Raie que les femmes ont sur la tête après avoir séparé leurs cheveux en deux.

ⵏⵙⵜⵛⵓ. *setchou.* Nom d'une espece de poisson qui a les écailles fort fines, la tête et le corps ronds, beaucoup d'arêtes, et qui est très fort : il est long d'une brasse ; sa bouche est pointue et fine. On l'appelle *houang kia yu* en chinois.

ᓀᑦᑫᓐ, *setchen*. Chaise, charrette, etc. (*Tché* en chinois.)

ᓀᑦᑫᓐ ᑐᕉᐁᖏᒨ, *setchen tohoro enguemou*. Petite selle qu'on met aux chevaux, etc., qui traînent la charrette, la chaise, etc.

ᓀᑦᒋᓚᒻᐱ, *setchilembi*. Soupirer, tirer un long soupir, etc.

ᓀᑦᒋᓚᓐᑑᒻᐱ, *setchilentoumbi*. Lorsque le commun tire du fond du cœur un long soupir. On dit encore ᓀᑦᒋᓚᓅᒻᐱ, *setchilenoumbi*.

ᓀᑦᑫᓐ ᒐᕙᒻᐱ, *setchen tchafambi*. Conduire la charrette, la chaise.

ᓀᑦᒍᓚᓐ, *setchoulen*. Nom d'une plante sauvage qu'on fait saler et qu'on mange : on la mange aussi lorsqu'elle est fraîche. Ses feuilles ressemblent à celles du *tribule* ou du roseau aquatique. Sa tige est petite comme celle de l'ail, elle est plus haute. Son odeur est comme celle du *siao ken tsai*. (ᓲᑑᒥ, *soutoumi*.)

ᓭᔭᒻᐱ, *seïembi*. Haïr.

ᓭᔭᐴᒻᐱ, *seïeboumbi*. Ordonner de haïr. Être haï.

ᓭᑫ, *seke*. Martre zibeline. (*Tiao chou* en chin.)

ᓭᔭᓐᑑᒻᐱ, *seïentoumbi*. Lorsque le commun hait. On dit encore ᓭᔭᓅᒻᐱ, *seïenoumbi*.

ᓭᑫᒻᐱ, *sekembi*. Lorsque le poisson se prend à l'hameçon, lorsqu'il mange l'appât.

ᓭᑫᒋᒻᐱ, *seketchembi*. Lorsque les habits se déchirent de tous cotés.

sehe. J'ai dit, etc.

sehe mangui. Après avoir dit; on ajoute quelque chose après ces mots.

sehengue. De ce que j'ai dit, de ce qu'il a dit, etc.

sehepi. C'est ainsi qu'il a dit, et autre façon de parler qui ne se met qu'à la fin; comme, après avoir rapporté le discours de quelqu'un, on ajoute: C'est ainsi qu'il a dit, etc.

seherchembi. Haïr à mort; ne chercher qu'à donner des marques de sa haine à celui qui en est l'objet.

sehertchembi. Vouloir se battre; trousser déja ses manches pour en venir aux mains, etc.

seherembi. Qui est animé de colere. Lorsque les sourcils se dressent, ainsi que la barbe, et qu'on cherche à se battre. Être transporté de fureur, etc.

sehehoun. Quelque chose que ce soit qui est droit; comme le sourcil, la barbe, etc.

sehehouri. Cela se dit des parties des montagnes qui, dans un grouppe, surpassent les autres en hauteur. Grouppe, amas de montagnes.

sehehoun ilihapi. Lorsque la barbe et les sourcils se dressent. Lorsqu'un homme est en colere et que sa barbe et ses cheveux se dressent. Alors on dit *salou founiehe sehehoun ilihapi.*

sehehouri ilitchahapi. Qui a

bonne contenance. Cela se dit de plusieurs personnes qui paroissent intrépides, qui ont les yeux fixes sans paroître rien craindre.

sehehoun ilifi ainambi. Lorsqu'on dit à quelqu'un : Pourquoi êtes vous ainsi droit, ayant la barbe et les sourcils hérissés ?

seheri hata. Lorsque plusieurs pics de montagnes sont d'égale hauteur.

seheri sahari. Lorsque plusieurs montagnes qui sont de différentes hauteurs, paroissent de loin n'en former qu'une ou deux.

seheri sahari saboumbi. Voir de loin s'il y en a un ou deux seulement.

sekiekou. Bonnet d'été fait avec des roseaux ou avec des rotins ou d'autres gramens.

sekie. Ordonner de presser les grains dont on fait le vin. Ordonner d'égoutter quelque chose. Ordonner de couler la lessive.

sekiembi. Presser le vin. Presser les grains pourris dont on fait le *teou-fou*. Faire sécher les habits qu'on a lavés, les faire égoutter. Couler la lessive, etc.

sekieboumbi. Ordonner de presser le vin, par exemple, de faire égoutter.

sekin. Source d'où l'eau coule.

sehouleme. Lorsque l'armée est rangée en bataille, et qu'au milieu il y a l'élite des troupes. Alors on dit *sehouleme iliboumbi.*

𝑠𝑒𝑟𝑒. Nom d'une espece d'insecte qui s'appelle *pei tcha* en chinois. D'abord, il est ver pendant quelque temps, et devient ensuite mouche. Ce mot veut encore dire : De cette sorte, de cette façon. Lorsqu'on rapporte les paroles de quelqu'un, lorsqu'on loue quelqu'un, etc., on se sert de cette particule.

sereme. Poils roux qui ressemblent à des filets d'or, et qui sont longs de cinq à six pouces. On s'en sert pour mettre aux bords des bottes ou des pantoufles. Ces poils sont à la queue des gros cerfs.

serembi. Être formé de bonne heure à la doctrine. Savoir, être éclairé, être instruit, etc. Savoir déja.

serehepi. Avoir su auparavant.

serebe. Homme attentif, qui sait la science des détails. Qui sait éviter les embûches des méchants. Qui sait prévoir tout.

serehoun. Avoir sa présence d'esprit même en dormant. Cela s'entend lorsqu'on ne dort pas profondément. S'éveiller.

sereboumbi. Faire paroître à l'extérieur ce qui se passe au dedans de soi. Ordonner à quelqu'un de s'instruire. Être instruit.

seremchembi. Préparer, disposer, etc.

seremcheboumbi. Ordonner de préparer. Être préparé. Être disposé, etc.

seremcheme tenere. Corps-de-garde. Redoute. (*Tchou fang* en chinois.)

ሰቶ SEI 43

ሰትችՐՕጎ. *serengue.* De ce qui est dit. De cette parole. Cela se dit, etc.

ሰትችO. *seri.* Rare, clair-semé, qui n'est pas épais; comme les herbes, les arbres qui sont clair-semés; l'un ici, l'autre là. Lorsqu'il paroît une étoile ici, l'autre là, etc.

ሰትችOሃ. *seriken.* Un peu clair-semé. Un peu rare. On dit encore ሰትችÖO'ሃ, *serouken.*

ሰትቺችሃ. *severe.* Un paquet, une poignée. Lorsqu'on a douze morceaux de viande liés ensemble, etc.

ሰትቺችfӨo. *severembi.* Prendre une poignée. Fermer la main.

ሰትቺችሃ ችቶO. *severe ienli.* Lorsqu'on a mis ensemble douze morceaux de viande, on appelle cela un paquet de viande, ou une poignée de viande. Présent qu'on fait à quelqu'un de côtes de mouton, etc. Il faut qu'il y en ait dix.

ሰትቺችችfӨo. *severechembi.* Prendre quelque chose que ce soit à poignée. Serrer quelque chose dans sa main.

ሰትርO. *sefi.* Il a dit. On ajoute d'autres paroles après celle-ci, et c'est encore une particule pour lier un membre de phrase avec un autre.

ሰትር6. *sefou.* Maître dont on reçoit des leçons, etc.

ሰት̂ዮ̂ችO ችሃ, *sehehouri ten.* Le sommet des montagnes.

ሰቶ ሰትችሃ ӦችO'ሃ, *sei sere herguen.*

sei. (Génitif de *se.*) Des années. De l'âge qu'on connoît par les dents; comme aux chevaux, etc.

seibeni. Autrefois. Auparavant. Au temps passé, etc.

seire. Épine du dos, qui descend depuis la tête jusqu'en bas.

seilembi. Faire des incisions sur la piece de viande pour qu'elle cuise mieux et plus aisément.

seileboumbi. Ordonner de faire des incisions sur la piece de viande que l'on veut faire cuire.

ser sere herguen.

ser sere. Fin, menu, petit, très petit, etc. Petitement, etc.

ser seme atchike. Très petit.

ser seme ahambi. Lorsqu'il tombe une pluie fine comme des cheveux.

ser seme tambi. Lorsqu'il fait un très petit vent.

sersen seme. Quoi que ce soit qui a un petit mouvement, un petit ébranlement. On dit encore *sersen sarsan.*

serben sarban. Lorsqu'il y a une grande quantité d'insectes attroupés, etc.

serki. Courier qui apporte des nouvelles de l'armée. Homme qui court la poste pour aller annoncer quelque nouvelle. Courier.

serki fekcheboumbi. Venir en poste annoncer la victoire.

ⵏⵜⵜ SEN 45

ⵏⵜⵜⵅⵓⵓⵜⵞ, *serkoun.* Frais. Lorsque le temps est frais.

ⵏⵜⵜⵅⵓⵓⵜⵞ ⵞⵓⵜⵞ, *serkoun edoun.* Vent frais.

ⵏⵜⵜⵅⵓⵓⵜⵞⵜⵜⴼⵐ, *serkounchembi.* Prendre le frais.

ⵏⵜⵜⵅⵓⵓⵜⵞⵜⴼⵐ, *serkouncheboumbi.* Ordonner de prendre le frais.

ⵏⵜⵜ ⵏⵜⵜⵅⵜⵞ ⵓⵅⵓⵜⵞ, *sen sere herguen.*

ⵏⵜⵜ, *sen.* Le trou d'une aiguille. Le trou qu'on fait au bout de l'oreille pour mettre les pendants. Alors on dit ⵓⵜⵞ ⵐ ⵏⵜⵜ, *chan ni sen.*

ⵏⵜⵜⵓⵓⵐ, *sentehe.* Homme à qui il manque des dents. Homme, ouvrier à qui il manque des instruments.

ⵏⵜⵜⵓⵜⵜⴼⵐ, *sentelembi.* Creuser un canal pour que l'eau coule dans un même endroit. Saigner une riviere. Ouvrir. Faire une ouverture, etc.

ⵏⵜⵜⵓⵜⴼⵐ, *senteleboumbi.* Ordonner de creuser, de faire un canal.

ⵏⵜⵜⵓⵜⵓⵐ. [ⵜⴼⵐ] *sentetchehe*, *(mbi).* Lorsque les digues ou les bords sont rompus, et que l'eau coule. Lorsqu'un couteau, par exemple, a une breche, est ébreché. Lorsqu'un pan de muraille, etc., s'est écroulé, etc.

ⵏⵜⵜⵓⵓⵜⵞ, *sentehen.* Petite planche ou espece d'autel sur lequel on met une idole.

ⵏⵜⵜⵅⵓⵐ, *sentchehe.* Le menton. La cheville qu'on met aux narines des bœufs, chameaux, etc., pour les conduire, etc. Morceaux de bambou qu'on attache avec des cordes pour pouvoir prendre les oiseaux.

sentchehelekou. La partie de la bride ou la corde qui environne la bouche du cheval, etc.

sentchikou. Espece d'attache qui prend derriere le talon, et vient jusqu'au coudepied, pour tenir les pantoufles ou les bottes.

sentchehe sipchehoun. Menton pointu.

seng sere herguen.

sengsekepi. Lorsque la terre ne fait que de sécher.

sengsembi. Lorsque quelque chose qui étoit humide commence à sécher.

sengseboumbi. Faire sécher quelque chose.

sengserembi. Éternuer. Lorsqu'en buvant, ou en mangeant, il passe une goutte d'eau ou un grain de riz par le nez. Avoir quelque chose dans le nez qui ait de la peine à sortir.

sengsereboumbi. Faire mourir les poissons dans une eau peu profonde.

sengsereboume ouaha. Faire mourir les ennemis en les engageant dans des eaux ou dans de la boue dont ils ne sauroient se tirer.

sengserekepi. Lorsque l'eau est bourbeuse, et que les poisssons meurent.

sengserchembi. Aimer beaucoup quelque chose que ce soit.

𝑠𝑒𝑛𝑔𝑠é. Femme paresseuse. On dit de même 𝑎ℎ𝑎 𝑠𝑒𝑛𝑔𝑠é. C'est une injure.

sengsou. Pierres inutiles et dont on ne peut faire usage, qui sont confusément dispersées sur le haut des montagnes.

sengue. Vieillard qui sait beaucoup de choses. Nom d'un animal qui est couvert d'épines : il met sa tête entre ses jambes et devient comme une boule. C'est le hérisson.

senguete. Nom d'une plante qu'on appelle en chinois *tsangeulh tsée.* Ses feuilles sont rondes ; ses graines ou ses fruits ressemblent aux jujubes : ils ont des épines. Nom d'une herbe appellée en chinois *kiuen eulh.* Vieillard qui a les cheveux presque tout blancs.

senguele. Crête de coq. Les deux extrémités de l'arc. Le dedans d'un cadenas. Languettes qui sont dans les tuyaux du *cheng.* Chair qui est dans les ouies des poissons.

senga. Ouverture qui est au haut des cloches chinoises. Anneau qui est aux boutons qu'on met aux habits. Anse ou manivelle d'un panier, etc., d'un outil ; commémoration qu'on fait pour les morts.

sengui. Sang. C'est le second principe de la vie. (*Hiué* en chin.)

sengui tchoun. Chemin du sang. C'est l'artere.

sengui touha. Boudin. C'est le sang qu'on met dans les tripes ou boyaux de cochon, etc.

sengui kakchembi. Cracher le sang.

sénguiri hien. Bâtons d'odeur dont on se sert dans les sacrifices : il y en a de deux sortes. On les appelle aussi *aïen hien.*

sengui melmenembi. Lorsque le sang se coagule dans le ventre et se met en grumeaux : c'est une maladie.

sengui tchatchoume. Lorsque le sang coule, ou de lui-même, ou lorsqu'on presse quelque partie pour le faire sortir.

sengui tchouhoun. Veines; chemin du sang.

sengui piltchaka. Lorsqu'après avoir fait un grand carnage, le sang coule de tous côtés.

senguileme afambi. Saigner. Boucherie. Faire un grand carnage, répandre beaucoup de sang. Lorsqu'on tue beaucoup de monde. Alors on dit *sengui tchouhoun arame ouame iaboumbi.*

senguime. Aimer tendrement ses proches, ses parents, amis, etc. Union, concorde, amitié, tendresse. Ce mot va seul et fait un sens complet.

sengouembi. Craindre, avoir peur. Être paresseux. On dit aussi *pantambi.*

sengoule. Nom d'une plante ; c'est une espece d'ail.

sengouotchouke. Qui est à craindre, à redouter.

sengouotoumbi. Lorsque tout le monde a peur. On dit aussi *sengouonoumbi.*

sengouotchoumbi. Avoir la peur dans le ventre, comme on dit.

sengouoterakou. Qui n'a pas peur.

sek sere herguen.

seksen. Cela se dit des animaux qui, faisant leur demeure sur les bords de l'eau, sont gelés avec l'eau dans les grands froids. (*seksen i yenli.*)

seksen ni yenli. Chair gelée, telle que celle des cerfs et autres animaux qui, s'étant enfoncés dans la glace, sont pris de façon à ne pouvoir plus se retirer. Ceux qui les voient ainsi pris par les pieds sont bien aises, et les enlevent avec avantage. Ces animaux meurent et gelent ensuite. (*sengsen pantchihapi.*

seksen pantchihapi. Avoir de l'avantage, quel qu'il soit.

sek seme. S'éveiller en sursaut, comme lorsqu'on dort profondément. Alors on dit *sek seme hetehe.*

sekseri. Lorsque la fleche a percé, on dit *sekseri kataha.*

seksehe. Le crâne des hommes ou bien l'occiput. L'os de la tête des animaux qui est plus haut que les autres entre les deux oreilles.

seksehoun. Lorsqu'un homme est devenu maigre, et qu'il a changé de couleur. En hiver, lorsqu'on pâlit de froid.

sekse saksa. On dit cela d'un homme qu'on peut employer à de petites choses. Hommes ou choses parmi lesquels il y en a de hauts et de bas, etc. Qui ne se ressemblent pas.

sekse saksa tekgen akou. Où il y a du haut et du bas, etc.

sekte. Ordonner d'étendre le coussin, l'attirail du lit, etc.

sektembi. Étendre un tapis, un coussin, l'attirail du lit, etc.

sekteboumbi. Ordonner d'étendre quelque chose que ce soit.

sektefoun. Coussin, carreau, tapis sur lesquels on s'assied.

sektou. Enfant qui a de l'esprit. Homme qui a beaucoup d'esprit, qui est éclairé, etc.

sektouken. Qui a un peu d'esprit, etc.

sektchi. Nom qu'on donne aux herbes qu'on étend sur le lit d'une femme qui accouche. C'est une superstition par laquelle on croit faire fuir le diable. Herbes que les animaux et les oiseaux étendent dans leurs tanières ou dans leurs nids. Herbes qu'on met dans les matelas, ou sous le tapis sur lequel on couche. Herbes sur lesquelles on étend les peaux des bêtes qu'on a écorchées, etc.

sektchingue. Cela se dit d'un homme qui, sans être riche, a de quoi vivre.

SES

ለትሃ ለትሒ ሰሥሑ. *ses sere herguen.*

ለትሢ. *seshe.* Ordonner de secouer la poussiere, par exemple, etc.

ለትሤምቢ. *seshembi.* Avoir de l'aversion pour quelque chose. Avoir du dégoût d'une chose dont on a mangé trop ou trop souvent. Saler quelque chose. Assaisonner quelque chose pour y donner du goût. Lorsque les chevaux ou autres animaux tournent la tête, ou secouent la tête en courant, par exemple. Faire tomber la poussiere de quelque chose en secouant. Saupoudrer ou répandre de la farine sur la pâte qu'on veut travailler, afin qu'elle ne s'attache point aux instruments qu'on emploie. Trembler comme lorsque le froid nous saisit. Répandre du sucre sur quelque chose.

ለሠሤቦምቢ. *sesheboumbi.* Abhorrer quelque chose. Avoir de l'aversion, par exemple, pour un habit qu'on a porté long-temps et dont on est dégoûté. Ordonner de secouer, de répandre ou de saupoudrer quelque chose, etc.

ለትሤጠምቢ. *seshetembi.* Tourner ses mains l'une dans l'autre. Trousser ses manches. Culbuter quelqu'un, et lui enlever de force ce qu'il a. Lorsque les chevaux, etc., tournent la tête de côté et d'autre, tournent le corps. Lorsque les chevaux, etc., galoppent d'une maniere inégale, et qu'ils veulent s'arrêter, leur corps va de côté et d'autre.

ለትሤጠቦምቢ. *sesheteboumbi.* Être volé de force par quelqu'un.

ለትሤጦቹ. *seshetchouke.* Qui ne sait rien distinguer. Qui ne sait rien, et qui cependant veut faire l'entendu.

seshoun. Qui mérite d'être fui, d'être évité. Homme d'un mauvais caractere, dont il faut éviter l'entretien, la compagnie, etc.

sep sere herguen.

sepsehe. Sauterelles.

sepche. Ordonner à quelqu'un de relever un homme qui est tombé de cheval, et de le secouer.

sepchembi. Lorsque quelqu'un est tombé de cheval et qu'il est comme évanoui, le prendre entre ses bras, le secouer un peu.

sepcheboumbi. Ordonner de secouer quelqu'un qui seroit tombé, par exemple. Ordonner d'exciter.

sepchehin. Homme qui est d'accord avec tout le monde, qui aime quelqu'un en le voyant. Homme qui fait bonne mine à tout le monde : aussi le proverbe dit d'un homme de cette espece, qu'il est l'ami de tout le monde. Sympathie qu'on a pour quelqu'un en le voyant.

sepchengue. Qui aime tout le monde. Qui est facilement d'accord sur tout ce que l'on veut, etc.

septeri. Ombre d'un arbre. Ombre.

septeri pa. Endroit qui est à l'ombre.

septembi (ke.) Lorsque la rouille se met sur une lame, etc. Rouiller, etc.

septen. Rouille. (*Sieou* en chinois.)

septerilembi. Se mettre à l'ombre.

SEOU

ᴧ⸺. *septerileboumbi.* Ordonner de se mettre à l'ombre.

ᴧ⸺. *septchen.* Joie.

ᴧ⸺. *septchelembi.* Aimer quelque chose. Être bien aise.

ᴧ⸺. *septcheleboumbi.* Ordonner d'être bien aise.

ᴧ⸺. *septchelentoumbi.* Lorsque tout le monde est bien aise de quelque chose. On dit aussi ᴧ⸺. *septchelenoumbi.*

ᴧ⸺. *sepken.* Pour la premiere fois; comme lorsque quelqu'un vient dans un lieu où il n'avoit pas encore paru. On dit aussi ᴧ⸺. *sepke saka.* D'abord, en peu de temps, dans le moment, actuellement.

ᴧ⸺. *sepke saka.* Voyez le mot ci-dessus.

ᴧ⸺. *sepken tchihe.* Il ne fait que d'arriver.

ᴧ⸺. *sepkembi.* Lorsque les tigres, etc., sautent en badinant d'un endroit à l'autre.

ᴧ⸺. *sepkelembi.* Manger de quelque chose chaque jour et à chaque repas.

ᴧ⸺. *sepkire sain.* Lorsque quelqu'un, après être fatigué, se trouve tout d'un coup délassé et en bon état. On dit aussi ᴧ⸺. *sepire sain,* ou ᴧ⸺. *sepihe saïn.*

ᴧ⸺. *sephirakou.* Vieillard qui est foible, et qui ne se remet pas aisément de ses fatigues, par exemple, etc.

ᴧ⸺. *septeri eïe.* Endroit qui est à l'ombre, et qui est gelé. On appelle aussi de ce nom une glaciere.

ᴧ⸺. *seou sere herguen.*

seoule. Ordonner de penser mûrement à quelque chose.

seoulembi. Penser attentivement, mûrement à quelque chose. Soupçonner sans fondement. Être soupçonneux. Penser souvent à la même chose.

seouleboumbi. Ordonner de penser attentivement et murement à quelque chose.

seoulen. Sollicitude : c'est un substantif.

seoulekou. Homme qui a le cœur petit, qui se fait des monstres des moindres choses, et qui ne cherche qu'à se venger quand il croit avoir été insulté.

seoulen be koromila. Qui fait de grands projets pour l'avenir. Qui bâtit des châteaux en Espagne.

seoultei. Nom d'une bête fauve qui ressemble à la chevre jaune, et qui a la queue fort longue.

sel sere herguen.

selpi. Les rames qui sont des deux côtés des barques. Rames de petites embarquations. Rame.

selpimbi. Ramer. Fendre les eaux avec les pieds et les mains, c'est-à-dire nager.

selpiboumbi. Ordonner de ramer, etc.

selpin koro. Cheval qui va le grand trot, qui fait de grandes enjambées.

selmin. Ce qui donne le mouvement à quelque chose. Artifice d'une fleche qu'on accommode, et qui se tire toute seule lorsque les bêtes ont touché l'apât ou le bâton qui est attaché à une corde, etc. On dit aussi *selmin ni peri.* Attrape faite avec une pierre pour prendre le gibier. On l'appelle encore ⵎⵎ ⵎⵎⵎ. *ouehe selmin.*

ⵎⵎⵎ. *selhe.* C'est la peau que les bœufs ont sous le cou, et qui est pendante. On l'appelle aussi ⵎⵎⵎ, *oulhoun,* et ⵎⵎⵎ. *kanta.*

ⵎⵎⵎ. *selhen.* Cangue, supplice auquel on applique certains criminels. (*Kia* en chinois.)

ⵎⵎⵎ ⵎⵎⵎ, *selhen etouboumbi.* Mettre à la cangue.

ⵎⵎⵎ. *selguin.* Édit ou ordre que publient les tribunaux ou les mandarins particuliers. Déclaration des magistrats, etc. On dit aussi ⵎⵎⵎ ⵎⵎⵎ. *fafoun selguin.*

ⵎⵎⵎ. *selguie.* Ordonner de publier un édit, de faire une ordonnance, etc.

ⵎⵎⵎ. *selguiembi.* Faire une déclaration. Avertir le public comme font les magistrats, etc. Publier quelques ordres, quelques défenses, etc.

ⵎⵎⵎ. *selguieboumbi.* Ordonner de publier un ordre, un avertissement, d'envoyer quelqu'un pour intimer des ordres, des avertissements, etc.

ⵎⵎⵎ. *selfen.* Les quatre fentes qui sont aux quatre côtés de l'habit de l'empereur. On dit alors ⵎⵎⵎ ⵎⵎⵎ. *touin selfen.* Fente, ouverture qui est dans le devant ou sur le derriere de l'habit.

ⵎⵎⵎ ⵎⵎⵎ ⵎⵎⵎ, *sem sere herguen.*

ⵎⵎⵎ, *sembi.* On emploie ce mot pour finir une phrase, par exemple. Dire, parler ; c'est le même sens que celui de ⵎⵎⵎ, *hentoumbi.* Rapporter les paroles de quelqu'un. Il a dit ainsi, par exemple.

SIKA

ᯔᯮᯱ, *semsou*. Pellicule graisseuse, ou graisse qui environne les instestins. On l'appelle aussi ᯔᯮᯱ ᯅᯱᯊᯥ, *semsou nimengui*, et ᯔᯥᯱ, *semetchen*.

ᯔᯱ, *semken*. Bracelet. (*Cheou chouo* en chin.)

ᯔᯱᯊ, *semkimbi*. Cela se dit de ceux qui craignent qu'on ne voie ce qu'ils font, qu'on n'entende ce qu'ils disent, et qu'on ne le publie, etc. Cela se dit aussi de ceux qui s'imaginent que ce qu'ils ont dit et fait, pour ainsi dire, à la vue de tout le monde, a été rapporté par quelqu'un. Être défiant, soupçonneux, etc.

ᯘ ᯔᯱ ᯒᯱ, *si sere herguen*.

ᯘ. *si*. Qui n'approche pas de ceux qui ont de la force, de la valeur. On dit aussi ᯘᯱ, *sitan*. Tu, vous. Ordonner de boucher un trou. Conduit, trou qui est bouché. Rang de soldats composé de cinq. On dit aussi ᯙ. *tchi*. Ordonner de mettre de la terre dans un creux, etc. Point qu'on met en écrivant pour séparer les phrases ou les membres des phrases. On dit aussi ᯙᯱ. *tchik*.

ᯘᯱ. *sinahan*. Temps du deuil. Habits de deuil.

ᯘᯱᯊ, *sinahalambi*. Ne vaquer à aucune affaire publique. Garder les usages du deuil. Porter le deuil, etc.

ᯘᯊ. *sinahi*. Habit de deuil. C'est un habit blanc, et une ceinture de chanvre.

ᯘᯊᯱ. *sinahilambi*. Porter les habits de deuil.

ᯘᯰ. *sini*. De toi, de vous. (Génitif de ᯘ. *si*, toi.)

ᯘᯰᯊ. *siningue*. De vous, etc.

ᯘᯱ. *sika*. Les poils que les bêtes ont au cou et à la queue. C'est des poils que certains bœufs ont au cou et à la queue qu'on fait les *yng tsee* des bonnets.

⸺ *⸺*, *sika sorson*. *Yng tsee* de poil qui sert également pour la pluie et le beau temps.

⸺ *⸺*. *sika foïo*. Nom d'une plante qui est de couleur rouge, qui vient sur les élévations de terre. On met cette herbe dans les bottes pour se garantir de la fatigue, et pour être plus à l'aise.

⸺ *⸺*, *sika hatahan*. C'est ainsi qu'on appelle les deux bâtons qui ressemblent à des cornes et qu'on met sur les brancards des charrettes pour contenir la charge.

⸺. *sihan*. Instrument à vent. C'est un petit instrument de musique. Nom d'une boîte ou petit pot dans lequel on met ce qu'on veut. On dit aussi *⸺*, *sihan*. Boîte ou pot qu'on appelle en chinois *toung tsee*: il y en a de gros et de petits. Il y en a qui ont une piece transversale, et d'autres qui n'en ont point, etc. Tube, tuyau, etc.

⸺ *⸺*, *sihan tembi*. Cela se dit lorsque le *ki* du ciel descend, et que le *ki* de la terre ne monte point. Alors il se forme une espece de *brume* qui brûle les herbes, et qui n'est point humide.

⸺. *sihambi*. Devenir chauve. C'est lorsque les cheveux et les poils tombent. Cela se dit aussi des magistrats, par exemple, qui font porter la peine en entier, qui font subir les châtiments dans toute la rigueur. Augmenter la peine, le châtiment d'un criminel. Lorsque l'ennemi s'est sauvé, le poursuivre l'épée dans le dos. Lorsque les feuilles des herbes et des arbres tombent peu-à-peu, etc. Lorsque les fleurs se flétrissent et tombent.

ᠰᡳᡥᠠᠪᡠᠮᠪᡳ, *sihaboumbi*. Ordonner aux soldats de poursuivre l'ennemi l'épée dans les reins.

ᠰᡳᡥᠠᠯᡳ, *sihali*. L'os du derriere. Les deux côtés des reins.

ᠰᡳᠪᡝ, *sibe*. Herbe dont la tige ressemble à une lime; elle est menue et courte. On s'en sert pour polir les ouvrages d'os ou de bois. (*Tsouo tsao* en chinois.)

ᠰᡳᠪᡝᡨᡝᠮᠪᡳ, *sibetembi*. Polir quelque chose avec la tige de la plante appellée *tsouo tsao* en chinois.

ᠰᡳᠪᡝᡵᡝ, *sibere*. Ordonner de frotter entre ses doigts de la soie ou du fil. Ordonner de pêtrir, etc.

ᠰᡳᠪᡝᡵᡝᠮᠪᡳ, *siberembi*. Frotter entre ses doigts de la soie, etc. Pêtrir pour faire du pain, des *pouo pouo*, etc. Frotter des fils de coton entre ses doigts pour faire une meche.

ᠰᡳᠪᡝᡵᡝᠪᡠᠮᠪᡳ, *sibereboumbi*. Ordonner de pêtrir, de frotter entre ses doigts du fil, de la soie, etc.

ᠰᡳᠪᡝᡥᡝ, *sibehe*. Nom d'un petit os qui joint les deux côtés de la poitrine.

ᠰᡳᠪᡝᡵᡳ, *siberi*. Sueur des mains et des pieds.

ᠰᡳᠪᡝᡵᡳ ᡨᠠᡥᠠ, *siberi taha*. Homme qui est toujours employé. Chose dont on se sert continuellement, qu'on a sans cesse à la main, etc.

ᠰᡳᠪᡳᠮᠪᡳ, *sibimbi*. Prendre quelque chose que ce soit entre ses doigts. Battre de l'or, de l'argent, etc., pour le rendre mince. Passer entre ses mains le bâton des fleches et autres choses, etc. Passer à la filiere, ou tirer le morceau d'or, d'argent, de cuivre ou de fer, la boucle d'oreille que les femmes portent. Passer dans le trou d'une aiguille un fil de fer, d'or ou d'argent, etc.

SIPI

sibiboumbi. Ordonner de battre un fil ou une feuille d'or ou d'argent, etc., de passer à la filiere, etc.

si pi seme ilharakou. Sans distinction du mien et du tien.

sipia. Planche ou tablette sur laquelle on écrit des lettres chez l'empereur, chez les mandarins. Piece qu'on ajoute aux habits depuis l'aisselle jusqu'en-bas lorsque la piece de toile ou de soie est trop étroite. Nom d'une herbe ou d'une plante dont on se sert pour la divination ; elle a toujours soixante-quatre tiges qui répondent aux soixante-quatre *koa.* C'est aussi avec cette plante qu'on entreprend de deviner avec les *koa.* Tablettes qui sont dans une boîte devant laquelle on allume des bâtons d'odeur; sur chaque tablette il y a des caracteres qui désignent le bonheur ou le malheur : celui qui veut savoir sa bonne ou sa mauvaise fortune bat de la tête, brûle du papier, etc., et vient prendre une de ces tablettes sur laquelle il lit ce qu'il y trouve : il y en a cent six ou soixante-quatre. Morceaux de bois qu'on met dans les fentes d'une colonne, par exemple. Tablettes qu'on donne pendant la nuit, d'un corps-de-garde à l'autre.

sisa. Nom d'une espece de feves ou de haricots dont les uns sont rouges et les autres blancs.

sipia tatambi. Tirer au sort. Cela se fait de la maniere suivante. On va au tribunal où les noms de ceux qui doivent monter sont écrits sur des tablettes enfermées dans une boîte ; on tire une tablette, et l'on monte suivant la tablette qu'on a tirée.

ᠠᡳᠰᡳᡳ ᠠᠯᡳᠪᠣᡠᠮᠪᡳ. *sipia aliboumbi.* Donner les tablettes aux soldats qui gardent quelque endroit, ou à ceux qui battent les veilles pour se relever.

ᠰᡳᠪᡳᠠᠯᠠᠮᠪᡳ. *sibialambi.* Donner à chacun la tablette sur laquelle est écrite la part qu'il doit avoir ou de l'argent ou de toute autre chose.

ᠰᡳᠪᡳᠴᠠᠮᠪᡳ. *sibichambi.* Frotter avec la main les bâtons des fleches, etc., pour les rendre unis et luisants. Regarder avec des yeux de concupiscence, etc.

ᠰᡳᡳᠠ ᠨᠠᠰᠠᠨ. *sipita nasan.* Tige d'une plante ou herbe appelée *pei tsai*, dont on a ôté les feuilles, et dont on a salé la tige.

ᠰᡳᠪᠣᡠᠮᠪᡳ. *siboumbi.* Ordonner de boucher un trou, etc. Être bouché. Boucher un trou, une ouverture, un canal, etc. Lorsqu'on a le gosier bouché, qu'on ne peut ni avaler, ni rejeter, etc.

ᠰᡳᠪᠣᡠᠰᡥᠣᡠᠨ. *siboushoun.* Qui a les conduits bouchés, comme ceux qui ont le nez bouché, quand la respiration ne peut se faire par ce conduit, etc.

ᠰᡳᠰᠠ ᠣᡠᡝᡥᡝ. *sisa ouehe.* Pierre molle, qui n'a pas de consistance, etc.

ᠰᡳᠰᠠ ᡨᠣᡠ. *sisa tou.* Viandes qu'on met dans les *pouo pouo*.

ᠰᡳᠰᠠ ᠣᡠᡳᠠ. *sisa oufa.* Pâte dont on se sert pour se décrasser le visage.

SICHE 61

ᎦᎦᏛᎬᏂ. *sisambi.* Répandre l'eau d'un vase, par exemple, en le remuant, etc.

ᎦᎦᎶᏛᎬᏂ. *sisaboumbi.* Ordonner de répandre, de verser de l'eau d'un vase, par exemple, etc.

ᎦᎦᎯᏯ. *sisekou.* Instrument à passer la farine, la terre, etc. Crible ou sas, etc.

ᎦᎦᏛᎬᏂ. *sisembi.* Tamiser, passer par le crible ou tamis, etc. Faufiler, lorsqu'on coud les habits à grands points, etc.

ᎦᎦᏛᏛᎬᏂ. *sisetembi.* Faire d'abord l'esquisse des choses. Faire en général avant que d'en venir dans le détail; comme lorsqu'on écrit le brouillon, etc.

ᎦᎦᏛᏯ ᎠᏛᎬᏂ. *siseme arambi.* Écrire le brouillon.

ᎦᎦᏛᏛᏯ ᏓᎯᏛᎬᏂ. *siseteme kisourembi.* Dire d'abord les choses en général, etc.

ᎦᎦᎶᏛᎬᏂ. *siseboumbi.* Ordonner de faufiler avant que de coudre à petits points. Ordonner de tamiser quelque chose.

ᎦᏛᏯ. *siche.* Noisettes ou avelines. (*Tchen tsée* en chinois.)

ᎦᏛᏯ ᎯᏯ. *siche mekou.* Espece de petits champignons qui sont seulement jaunes; ils viennent dans les lieux où il y a des noisettiers: c'est la plus petite espece des champignons.

ᎦᏛᎬᏂ. *sichembi.* Fourrer une chose dans une autre. Mettre la fleche dans le carquois. On dit d'un homme qui mange beaucoup, ᎦᏛᏯ ᏓᏯ, *sicheha kese,* comme qui diroit: Il se bourre, etc.

sicheboumbi. Ordonner de mettre une chose dans une autre.

siche chacha. Tremblement, lorsqu'on a extrêmement froid.

siche tchan. Espece de bouton percé de trois trous, qu'on met aux fleches qui servent à l'exercice. Ce bouton est un peu plus gros qu'une noisette.

sigen. Homme qui mange beaucoup. Grand mangeur. On dit *sigen amba,* ou *sigenken.* Goulu, gourmand.

sicha. Tuyaux dans lesquels on met les plumes que certains mandarins portent à leurs bonnets. Grelots que les charlatans ou enchanteurs portent à leur ceinture.

sicha arki. La derniere eau-de-vie qu'on tire du vin. Cette eau-de-vie est la moins forte.

sicha sele. Crochet de cuivre ou monture des flocons que les chevaux des mandarins ont pendus à leur cou.

sichanambi. Lorsqu'il a gelé et que les morceaux de glace sont suspendus aux toits.

sichanahapi. Il a gelé. La glace pend aux toits, à la barbe, etc.

sichambi. On dit cela lorsqu'une chose s'est gâtée, et que les vers s'y sont mis, comme dans la viande, etc.

sicharaha. Oiseau qui se nomme encore

SITA 63

𖼀𖼀𖼀, *fiapkou.* Il a la poitrine bleue, le dos tirant sur le noir, des raies sur les plumes. Ces sortes d'oiseaux ne vont que par bandes.

𖼀𖼀𖼀, *sichari.* Chanvre qu'on recueille après un temps nébuleux, après la brume ou la rosée : il est alors meilleur pour faire des habits. Espece de plante qui a le même usage que le chanvre.

𖼀𖼀𖼀, *sichantoumbi.* Aller à la sépulture, ou faire les grandes funérailles : elles se font deux fois au lieu de la sépulture. Le troisieme jour, qu'on appelle le jour des petites funérailles, il n'y va que les gens de la famille. Les Chinois appellent ces petites funérailles *fou fen*, c'est-à-dire, supplément aux funérailles. On dit aussi 𖼀𖼀𖼀, *pohalambi.*

𖼀𖼀𖼀, *sita.* Affaire. (𖼀𖼀𖼀, *paita*). Le mari et la femme se disent mutuellement ce mot, 𖼀𖼀𖼀, *sita*, (ou 𖼀𖼀𖼀, *si toua*, vois-tu?)

𖼀𖼀𖼀, *sitaboumbi.* Être le dernier dans quelque occasion ou affaire que ce soit.

𖼀𖼀𖼀, *sitambi.* Être à la queue des autres. Être le dernier dans quelque affaire que ce soit.

𖼀𖼀𖼀, *sitahoun.* Peu vertueux : c'est le titre que les anciens rois se donnoient autrefois par humilité. Qui a très peu de choses. Qui n'a presque rien. Qui passe sa vie à l'étroit, n'ayant à manger que les choses les plus communes, etc.

𖼀𖼀𖼀 𖼀𖼀𖼀, *sitahoun nialma.* Titre d'humilité que se donnoient les anciens rois ; comme qui diroit : Moi, homme sans vertu, etc.

〰〰. *sitashoun.* Qui ne peut pas atteindre au mandarinat d'un autre. Qui ne sauroit monter. Qui passe ses jours à l'étroit, dans l'amertume, la misere et la pauvreté, etc.

〰〰. *sitarambi.* Faire une longue route. On dit aussi 〰〰. *sankapi.* Ouvrir un paquet, un rouleau de papier, etc. Lorsque le cœur s'épanouit, s'ouvre, etc.

〰〰. *sitarakapi.* Il a fait une longue route. Son cœur s'est épanoui, etc.

〰〰. *sitaramboumbi.* Ordonner d'ouvrir, de déployer, etc. On dit encore 〰〰. *sitaraboumbi.*

〰〰. *sitan.* Benin, qui est bon, qui n'est pas ɛncore homme formé. On dit aussi 〰. *si.* Petit arbɾe, arbrisseau. Alors on dit 〰 〰. *sitan mo.*

〰〰 〰. *sitan tchekou.* Les grains qui restent après qu'on a battu le bled et ramassé les gerbes.

〰〰. *sitahiambi.* Retrousser ses habits, ses manches pour se disposer à se battre.

〰〰, *sitembi.* Pisser. On dit aussi 〰〰 〰〰. *narhoun edoun touambi,* qui veut dire à la lettre : Je vais voir quel vent il fait, pour ne pas dire : Je vais pisser.

〰. *site.* Ordonner de pisser.

〰. *sitekou.* Pissat, urine ; comme lorsque les enfants ont pissé dans le lit, etc.

〰 〰. *sitekou oumiaha.* Nom d'un insecte noir, qui a la peau dure, et des ailes. Lorsqu'il pisse sur le corps ou sur la main de quelqu'un, il y vient une enflure.

siteri. Chaîne de fer qu'on met aux pieds des criminels. Anneau d'or ou d'argent que les femmes portent à leurs pieds. Entraves qu'on met aux chevaux.

siterembi. Lier, garrotter, mettre les fers aux pieds. Enchaîner, mettre des entraves aux chevaux, etc.

sitereboumbi. Ordonner de lier, de garrotter, de mettre des entraves.

sitehoun. Le fer qui sert à fermer les portes. Bois transversal qu'on met aux fenêtres. Le bois droit qu'on met aux fenêtres s'appelle *touohe*, c'est justement l'endroit où se joignent les bois transversaux avec ceux qui sont droits. Bois transversal qui est au bas des chaises roulantes, des litieres, etc. Bois transversal qui est dans les chambres, etc.

sitehountchembi. Séparer d'une multitude ceux dont on veut se servir. Choisir parmi bien des choses celles que l'on veut employer. Mettre quelque chose que ce soit dans un lieu qui étoit vuide. Séparer, choisir une chose pour la donner à quelqu'un.

sitehoulembi. Laisser un trou, une ouverture quelque part que ce soit, comme on laisse du vuide entre les barreaux d'une barriere, entre les battants d'une porte.

sitehouleboumbi. Ordonner de laisser une place, un vuide entre les battants d'une porte, etc.

sitersahoun. Qui n'a pas les pieds droits, qui les a recourbés, comme lorsqu'ils sont gelés, et qu'on ne peut marcher qu'avec peine.

siterekou. Morceau de fer qui est de chaque côté du mors de la bride, et qui ne sert que pour l'agrément.

cheden. Le milieu de deux choses. L'entre-deux de deux choses, de deux endroits. Le milieu d'un livre, d'une affaire. Entremetteur d'une affaire : qui dit devant les mandarins le vrai, le bon, et le mauvais de deux personnes, par exemple, qui s'entr'accuseroient. Une personne tierce. Témoin. Le milieu entre le ciel et la terre, etc.

cheden ni peita. Affaire d'état.

cheden ni nialma. Personne tierce qui dit devant les magistrats le tort et le droit de deux personnes qui seroient en litige ; témoin, etc.

cheden temkete. Gages, contrat, signe par lequel on notifie dans la suite la vérité de ce qu'on avance. Preuve. On dit aussi *temketou.*

sitoume kenembi. Cela se dit d'un enfant qui croît peu-à-peu. On dit aussi *choutouhapi.*

sitouhapi. Cela se dit des chevaux et autres bêtes qui ont crû jusqu'au point de leurs forces.

ⵣⴰⴰ. [ⵏⴰ.] *sitouma, (pi.)* Cheval et telle autre bête qui a acquis sa grosseur et ses forces naturelles.

ⵣⴰⴰⵏⴰ. *sitoumbi.* Couper la corne des pieds aux chevaux. On dit aussi ⵛⵓⴰⵏⴰ. *chotoumbi.*

ⵣⴰⴰ ⵣⴰⴰⵏ. *sitou oueihe.* Les dents du milieu, ou les dents qui sont entre les marteaux.

ⵙⵏ ⵓⵓⵣ. *si toua.* C'est une phrase qui est sans cesse dans la bouche des gens du commun entre mari et femme, qui signifie *tiens, regarde; regarde, toi.* On dit aussi ⵣⴰⵣ. *sita.*

ⵣⴰⴰⵣ. *silan.* Toile fine de couleur bleue.

ⵣⴰⴰⵣ. *sile.* Bouillon de viande.

ⵣⴰⴰⴰⵣ. *silemin.* Quelque chose que ce soit qui a été entraîné au loin, et qu'on ne sauroit rattraper aisément. Chose molle qu'on ne sauroit rompre aisément. Quelque affaire que ce soit qui est fort ennuyeuse et qu'on a de la peine à entreprendre. Homme qui est d'une bonne constitution, qui n'est fatigué de rien, qui ne se fatigue point à l'exercice de la lutte. Cheval qui marche long-temps sans être fatigué. Chair desséchée qui est fort dure, et qu'on ne sauroit mâcher ni rompre avec les dents.

ⵣⴰⴰⴰⵣⵜⵏⴰ. *silemitembi.* Cela se dit d'un paresseux qui marche nonchalamment, etc.

ⵣⴰⴰⵣⵏⵏⴰ. *silengui.* Rosée, eau qui tombe pendant la nuit, et qui est fort menue. Eau qui coule de la bouche de certaines personnes en dormant ou en parlant.

ሰለንጒ ዋሽካ, *silengui ouacheka.* Il est tombé de la rosée.

ሰለንጒ ቶክቶሆፒን. *silengui toktohopi.* La rosée est attachée par gouttes sur les herbes.

ሰለንጒ ከፕከልትቸምቢን. *silengui kepkeltchembi.* La rosée est dissipée par les rayons du soleil.

ሰለንጒ ፎሐቸምቢን. *silengui fouhechembi.* La rosée coule ou glisse de dessus les herbes, etc.

ሰለንጒቸምቢን. *silenguichembi.* Lorsque l'eau vient à la bouche en voyant, par exemple, quelqu'un qui mange quelque chose de bon ; quand l'eau nous coule par l'envie que nous avons d'en manger nous-mêmes.

ሰሊን. *silin.* L'élite des troupes, ceux des gens de guerre qui sont les plus vaillants, les plus alertes, etc.

ሰሊሀ ጮሐ. *siliha tchouoha.* Choisir les meilleurs d'entre les soldats.

ሰመን. *simen,* on prononce *chemen.* Morve, crachat : c'est cette eau qui se forme lorsqu'on a mangé et que la digestion est faite : excréments, urine, sueur, etc. On dit aussi ኦሪ ሰመን. *ori simen.*

ሰልምቢን. *silimbi.* Prendre l'élite des troupes ; choisir les troupes les plus lestes, les meilleures, et les plus aguerries. On dit aussi ሰልሀምቢን. *silhambi.*

ሰመን አራምቢን. *simen,* on dit *chemen, arambi.* Faire l'étranger, etc. C'est-à-dire recevoir les étrangers comme ses amis. (ኰጮ አራምቢን. *koutchou arambi.*)

ሰመን ፒን. *simen pi.* Lieu de la terre qui est humide ; c'est l'endroit, par exemple, qu'on a creusé.

አሎጽ. *siloun.* Nom d'une bête fauve dans l'oreille de laquelle il y a des poils très longs.

አሲመን ነዮሎትሹካ, *simen niolotchouka.* Sueur, transpiration, etc. Tout ce qui sort de la chair ou des os, etc. Tout ce qui appartient à la graisse.

አሲመን ኵትሺምቡሃ, *simen koutchimbouha.* Homme qui ne peut supporter le froid.

አሲምቢ.[ሲ፡] *simembi,(he).* Tacher. Lorsque la tache passe de part en part. Lorsque l'eau humecte la terre assez considérablement. Eau qui pénetre. Huile, graisse qui tache et qui pénetre de part en part. Tache qui s'étend. Combler quelqu'un de bienfaits. On dit ከሸ አሲመከ. *keche simeke.*

አሸማትሹካ. *chematchouka.* Qui n'a pas de quoi se divertir. Qui est dans la misere, etc.

አሲምቡምቢ. *simeboumbi.* Ordonner de tacher, de pénétrer. Être taché, humecté, etc. Lorsque la pluie a pénétré.

አሲመሊ. *simeli.* Homme qui est dans la pauvreté, dans la misere, dans les peines, etc.; qui ne sait où donner de la tête.

አሲመን አኵ. *simen akou.* Qui n'a rien du tout, ni femmes ni enfants, ni feu ni lieu, ni de quoi se réjouir ou former des projets. Lorsqu'on est peu de monde dans un repas où l'on avoit invité plusieurs personnes, etc.

አሲመንጉ. *simengue.* Joie, alégresse; comme lorsqu'on a beaucoup de filles dans la maison. On dit aussi *simengue koumoungue.* Comme dans les festins, dans les sacrifices, ou chez les marchands où il y a beaucoup d'appareil, etc.

simimbi. On dit cela d'un enfant qui tire le lait de sa nourrice. Tetter, sucer.

simiboumbi. Ordonner de sucer. Être sucé; et en parlant d'une nourrice, être tettée.

sitchambi. Gros bruit qui fait siffler ou corner les oreilles. Cela se dit aussi du bruit que fait un vase ou telle autre chose lorsqu'il casse de lui-même, ou qu'il se fend. Se fendre, etc.

sitchaka. Fente qui se fait dans une porcelaine, dans une pierre précieuse, ou telle autre chose.

cheta, (je lis *chetcha.*) Viande qui a cuit dans la premiere eau dans laquelle on l'a mise, et qui s'est réduite comme en charpie. On dit aussi *chenta,* (je lis *chentcha.*)

sitchihoun ilihapi. Qui demeure oisif, sans faire quoi que ce soit.

sitchin. Soie. Fils de soie séparés les uns des autres. Cordon avec lequel on attache l'oiseau de proie avant que de le lâcher, afin de pouvoir le retirer à soi quand on veut. Cordon qu'on met au bout d'un bâton quand on veut pêcher, ligne. Cordon long de cinq pieds avec lequel on attache l'oiseau de proie quand on ne le lâche point; mais quand on veut le lâcher, on en attache un plus long. Petits grains qu'on a mis sur un endroit chaud pour les monder plus aisément. Alors on dit *sitchin pele.*

SIHE

ᠰᡳᡮᡳᠮᠪᡳ, *sitchimbi.* Coudre un habit à petits points. Coudre à petits points, de maniere cependant qu'on voie le fil.

ᠰᡳᡮᡳᠪᡠᠮᠪᡳ, *sitchiboumbi.* Faire coudre à petits points.

ᠰᡳᡮᡳᡥᡡᠨ, *sitchihoun.* Droiture, bonhommie. Qui n'a aucun détour dans le cœur. Qui va tout bonnement et sans finesse. Cela se dit d'un cheval qui, après avoir pris une certaine maladie, n'a plus les reins flexibles.

ᠰᡳᡮᡳᡴᡳᠶᠠᠨ, *sitchikien.* Habit long que les Chinois appellent *pao dzee.*

ᠰᡳᡮᡳᡵᡥᡡᠨ, *sitchirhoun.* Qui agit toujours avec droiture, qui n'use jamais d'aucun détour.

ᠰᡳᠶᠠᠨᠴᡝᠣ, *sientcheou.* Nom d'une étoffe de soie. (*Sien tcheou* en chinois.)

ᠰᡳᠶᠠᠨ, *sien.* Qui est fait à petits points qu'on a peine à distinguer.

ᠰᡳᠣ, *siao.* Nitre. (*Siao* en chinois.)

ᠰᡳᡴᡝ, *sike.* Petit côté, c'est-à-dire l'endroit par où l'on pisse. Verge. (*Soui* en chinois.)

ᠰᡳᡴᡝ ᡶᡠᠯᡥᡡ, *sike foulhou.* Vessie. (*Soui pao* en chinois.)

ᠰᡳᡥᡝᠯᡝᠮᠪᡳ, *sihelembi.* Porter envie à quelqu'un sur quoi que ce soit qu'il fasse. Empêcher par jalousie que le prince ne voie quelqu'un à qui il pourroit accorder des faveurs. Empêcher par jalousie que les gens d'honneur ne soient employés.

ᠰᡳᡥᡝᠯᡝᠪᡠᠮᠪᡳ, *siheleboumbi.* Ordonner à quelqu'un de détourner un autre de faire quelque bonne action, etc. Être empêché de faire une bonne action.

𐰋. *sihete.* Petit troupeau. Petit haras, etc.

𐰋 𐰋. *siheri eptchi.* Côtes qui sont près des reins, et qui sont courtes. Fausses côtes.

𐰋. *sihin.* La partie du toit qui excede, qui sort au dehors. Gouttieres. Tige d'un arbre qui va un peu de côté, à laquelle pendent les branches, feuilles, etc.

𐰋 ᠊ 𐰋. *sihin ni sele.* Anneau de fer où est attachée la courroie des étriers. Crochet de fer pour fermer les portes.

𐰋. *sihiakou.* Petit trou qui est au bois du seuil de la porte, dans lequel entre un bout de fer sur quoi la porte tourne comme sur ses gonds. Bois transversal qui soutient l'espece de pilon dont on se sert pour broyer ou piler, etc.

𐰋. *sihia.* Racines et bouts des herbes, etc., que les chevaux et autres animaux ont laissés, n'ont pas mangés.

𐰋 𐰋. *sihin ten.* Cime d'un arbre, ou tige d'un arbre qui est fort haute.

𐰋 𐰋. *sihin fankala.* Tige d'un arbre qui est fort basse.

𐰋. *sira.* Os qui est dessus le dos des hommes et des bêtes.

𐰋. *siratcha.* Nom d'un arbrisseau qui vient dans les forêts, et dont le fruit est appellé *keou nai tsee* en chinois, et en tartare 𐰋. *maishan.* C'est aussi le nom d'un arbre dont l'écorce est jaune, et sert à teindre la laine que les domestiques des *lamas* portent à leur tête. Cet arbre est fort beau ; il est couvert d'épines ; mais les auteurs ne sont pas d'accord entre eux sur celui qu'on appelloit anciennement de ce nom.

𐌀𐌀𐌀 𐌀𐌀, *sira mo*. Nom qu'on donne à l'arbre ou à l'arbrisseau appelé en chinois *keou nai tsee chou*. Lorsqu'il vient au milieu des bois, il est plus beau que les *keou nai tsee* ordinaires. On fait des bâtons avec les branches : ces bâtons sont un peu plus épais que l'anneau qu'on met au pouce pour tirer de la fleche. Son écorce et sa racine sont jaunes.

𐌀𐌀𐌀 𐌀𐌀𐌀, *sirara hafan*. Mandarinat hèréditaire.

𐌀𐌀𐌀 𐌀𐌀, *sira ten*. Quoi que ce soit qui est monté fort haut.

𐌀𐌀𐌀𐌀𐌀, *sirambi*. Succéder à ses ancêtres dans la charge dont ils étoient revêtus. Prendre la place de son pere dans les emplois. Rejoindre ou nouer deux morceaux d'une corde, ou d'un cordon, etc., qui est rompu.

𐌀𐌀𐌀𐌀𐌀𐌀, *siraboumbi*. Ordonner de remplacer, de succéder; d'occuper les emplois de ses ancêtres.

𐌀𐌀𐌀𐌀𐌀𐌀, *siramengue*. D'héritage. Qui a une charge qui lui est venue par succession.

𐌀𐌀𐌀𐌀𐌀, *sirakou*. Perruque ou cheveux postiches.

𐌀𐌀𐌀𐌀 𐌀𐌀𐌀, *sirameenie*. Marâtre. (*Ki mou* en chin.)

𐌀𐌀𐌀 𐌀𐌀𐌀 𐌀, *siran siran ni*. De pere en fils, charge qui appartient à la famille, qui se transmet de pere en fils sans qu'on la perde, etc.

⁂, *sirantouhai.* Qui a remplacé ses ancêtres dans une charge dont ils étoient revêtus. Alors on dit ⁂, *sirantouhai igentchiha*, ou ⁂, *tanhantouhai.*

⁂, *siremi.* Tourner plusieurs fils de chanvre pour faire une corde. Faire des cordes.

⁂ [⁂] *sirere (mbi.)* Faire du fil, des cordons, des cordes, avec du coton, du chanvre ou de la soie, etc.

⁂, *sirenembi.* Cela se dit d'un bruit ou d'un son persévérant, qui est continuel. S'entrelacer comme le lierre qui s'entrelace dans les branches d'un arbre, etc. Cela se dit aussi des oiseaux lorsqu'ils chantent continuellement, etc.

⁂, *sireboumbi.* Ordonner à quelqu'un de faire des cordes, des cordons, etc.

⁂, *siren*, prononcez *cheren.* Cordon ou fil tors. Homme de même nom, parenté, ou, pour mieux dire, file de parents. Petit nerf qui est sous la veine et près du pouls. Nom d'une plante qui s'étend comme le lierre, etc. Espece de filaments qu'ont les vignes et autres plantes par le moyen desquels elles s'attachent, etc. On appelle encore ces filaments ⁂, *koubourhen.*

⁂ ⁂, *siren*, prononcez *cheren faitambi.* Lorsqu'on évoque l'esprit appelé *Lao hou chen* pour obtenir la guérison d'un malade, et que l'esprit a coupé la corde qui lioit la maladie avec le malade. Couper le fil de la maladie.

sirentoumbi. Tramer secrètement une affaire, par exemple. Lorsque ceux qui approchent l'empereur sont priés d'intercéder, etc.

siren, on dit *cheren soutala.* Artere ou nerf qui est près du pouls.

siri. Nom qu'on donne aux petits du *ly ya,* [c'est la carpe.] Ordonner à quelqu'un de presser, de serrer, d'écraser entre ses doigts, etc.

si akou. Qui n'est pas bouché, qui est ouvert. Cela se dit d'un trou, d'un canal, etc.

sirimbi. Presser ou tordre, par exemple, un linge mouillé pour en faire sortir l'eau. Presser le nez pour se moucher. Alors on dit *niaki sirimbi.* Presser les mamelles pour en faire sortir du lait. Après qu'on a lavé des habits, par exemple, les presser pour en exprimer l'eau. Presser avec la main un furoncle pour en faire sortir le pus, etc.

siriboumbi. Ordonner de presser quelque chose, de se moucher. Presser quelqu'un, le tourner de toutes façons pour lui faire dire ce qu'il nous cache.

sirin. Cuivre crud, qui n'a point passé par le feu. (*Cheng toung* en chinois.)

sirin saifi. Cuiller de cuivre. C'est ainsi qu'on appelloit une cuiller dans le royaume de *Tchao Sien Kouo.*

sirin moro. Tasse de cuivre. C'est ainsi qu'on appelloit une tasse dans le royaume de *Tchao Sien Kouo.*

SIFI

sireneme kouombi. Cela se dit des oiseaux qui chantent sans cesse.

siren oualiame asou arambi. Cela se dit des toiles que les araignées font en rond.

sirenehe mailan. Nom d'une herbe ou plante médicinale qui a des filaments jaunes, par le moyen desquels elle s'attache aux arbres, etc.

cheren fouta. Superstition par laquelle on demande du bonheur à l'esprit. Elle se pratique de la maniere suivante. L'enchanteur prend des bandes de papier de toutes les couleurs, qu'il attache à une corde : il prend ensuite une bande de toile qui est aussi de toutes les couleurs, et qui porte d'un côté sur les bandes de papier dont nous venons de parler, et de l'autre sur la tablette ou étagere où l'on conserve les restes des sacrifices. C'est aussi la corde dont on se sert pour les attrapes des oiseaux, etc.

sihechembi. Lorsque les tigres, les chiens, etc., remuent la queue en se divertissant. Faire le chien couchant. Cela se dit de ceux qui s'humilient pour attraper quelque chose, etc. Cela se dit encore des chiens qui branlent la queue pour caresser leur maître quand ils le voient.

sifikou. Aiguille ou espece d'aiguille d'argent ou d'or que les femmes portent à leurs têtes, et qu'elles plantent dans leurs cheveux. Autre espece d'aiguille pour le même usage.

sifimbi. Mettre à la tête l'aiguille, etc. S'attifer. Lorsque les femmes mettent à leurs têtes les fleurs, les aiguilles, etc.

sifiboumbi. Ordonner de mettre les aiguilles et autres ornements de tête.

sifa matcha. Nom d'une plante sauvage qu'on appelle aussi *soumba matcha.*

sifoulou. Vessie où est l'urine. On dit aussi *cheke foulhou.* (*Soui pao* en chin.)

sinahi hoaitambi. Prendre les habits de deuil après la mort de quelque parent. On dit *sinahi etoumbi, chenahan etoumbi,* et *chenahan kouaitambi,* etc.

si akou talkiambi. Éclairs, ou espèce d'éclairs sans tonnerre qui se voient lorsque le temps n'est que très peu couvert.

siran siran. Sans discontinuer.

si sintame ïaboumbi. Aller en ordre de bataille de dix en dix.

sikou. Le dedans du carquois fait de peau et de feutre, etc., et qui est divisé par étages, etc.

si mini founde tangnatchi otchorakou. Vous ne sauriez tenir ma place pour faire cela, etc.

sisehen. Fil de soie qui n'a presque point de fin. (*To* en chinois.)

sir sere herguen.

ᠰᡳᠷ ᠰᡳᠶᠠᡵ. *sir siar.* Bruit que font les feuilles des arbres et les branches, etc., lorsqu'elles sont agitées par le vent. Lorsque le cœur bat à quelqu'un et qu'on distingue ses battements.

ᠰᡳᠷ ᠰᡝᠮᡝ. *sir seme.* Lorsqu'on a les pieds et les mains engourdis. Lorsque le pied ou la main fourmille. On dit encore ᠰᡳᠷ ᠰᡝᠮᡝ ᡶᡠᠩᡴᡝ. *sir seme foungke.*

ᠰᡳᡵᡥᠠ. *sirha.* Daim, espece de cerf. (*Tchang tsée* en chin.) Nom d'une espece de cheval qui est d'un rouge obscur, c'est-à-dire cheval couleur de bois de sandal.

ᠰᡳᡵᡥᠠ ᡳ ᠰᠣᡴᠣ. *sirha i sokou.* Peau de daim.

ᠰᡳᡵᡥᠠ ᡴᡠᠸᠠᡵᠠᠨ. *sirha kouaran.* Parc où sont les bêtes fauves. Enclos où sont les bêtes.

ᠰᡳᡵᡥᠠἂᠴᡳᠨ. *sirhatchin.* Brebis jaune, ou chevre jaune.

ᠰᡳᡵᠪᠠᠴᠠᠮᠪᡳ. *sirbachambi.* S'impatienter lorsqu'on ne sauroit faire quelque chose. On dit aussi ᠰᠠᡵᠪᠠᠴᠠᠮᠪᡳ. *sarbachambi.* Cela se dit de même des animaux qui branlent la queue, et d'un chien qui flatte ceux qu'il voit en branlant la queue.

ᠰᡳᡵᡨᠠᠨ. *sirtan.* Espece de fleche qui est pointue comme une aiguille.

ᠰᡳᡵᡨᠠᠨ ᠰᡝᠯᡝ. *sirtan sele.* Garniture des fourreaux de sabre, et en particulier celle qui s'étend d'un bout à l'autre, dans laquelle sont des trous où l'on passe un cordon par le moyen duquel il est attaché au ceinturon.

ᠰᡳᡵᡨᠠᠨ ᠴᡠᡥᡝ. *sirtan tchouhe.* Lorsqu'au printemps la glace fond, et qu'elle paroît criblée; c'est-à-dire, lorsqu'elle est presque fondue, mais pas encore entièrement.

⟨⟩. *sirke.* Vieille maladie. Qui est depuis longtemps malade. Maladie qui ne finit point.

⟨⟩. *sirketembi.* Être toujours malade, incommodé, etc.

⟨⟩. *sirketeme ahambi.* Lorsqu'il a plu plusieurs jours de suite. Lorsqu'il a plu bien longtemps sans discontinuer.

⟨⟩. *sirkelembi.* Couper l'une après l'autre les côtes d'une bête morte, etc.

⟨⟩. *sirgue.* Corde faite avec de la soie qu'on tire du coucon même. Corde des instruments, comme du *pipa*, du *kin*, du *ché*, etc. Lambeaux ou pieces de chair qu'on fait sécher. Une côte, une côtelette, etc.

⟨⟩. *sin sere herguen.*

⟨⟩. Nom d'une mesure qui contient un boisseau et huit *cheng*. Il faut dix *cheng* pour faire un boisseau. On appelle aussi de ce mot un boisseau.

⟨⟩. *sintambi.* Élever au mandarinat. Mettre quelque chose dans un endroit. Poser un outil, un instrument quelque part, etc. Faire sortir de prison un criminel, le délivrer, lui ôter les chaines. Tendre les filets pour prendre les bêtes, etc. Créer un mandarinat, ou placer un mandarin quelque part où il n'y en avoit point ci-devant. Tirer promptement de la fleche. On dit alors ⟨⟩, *chendara polho.* Enterrer.

chenda. Ordonner de laisser, de poser, d'enterrer, etc.

chendaboumbi. Ordonner de poser, de laisser, d'enterrer, etc. Être posé, laissé, etc.

sinde. A vous. Avec vous, etc. Datif de *si*, vous.

sintchi. L'ablatif de *si*, par vous, plus que vous, etc.

sing sere herguen.

singuetei. Chose qu'on a donnée, qu'on a reçue et qu'on a toujours; comme du feu, de l'eau, etc.

singueri. Nom d'une heure chinoise; c'est la premiere, appellée *tsee* ou l'heure du rat. Rat.(*Chou* en chinois.)

singueri yo. Écrouelles. (*Chou tchoang* en chinois.)

singuembi. Qui a toujours sur soi quelque chose. Humecter, imbiber. Digérer les choses qu'on a mangées. Cela se dit aussi de l'eau, de l'huile, etc., qui est tombée, et qui a humecté la terre. Imbiber. Retenir ceux qui se sont sauvés de chez une puissance étrangere, les admettre au nombre des siens, etc.

singueri chan. Nom d'une plante qui vient parmi les bleds, etc.; elle vient avant les autres herbes : elle a les feuilles comme celles du tabac. On en fait une eau amere.

SIT

ᠰᡳᠩᡤᡝᡵᡳ ᡥᠣᡠᡥᡠᠨ. *singueri houhoun.* Goître.

ᠰᡳᠩᡤᡝᠪᡠᠮᠪᡳ. *singueboumbi.* Ordonner de broyer, de briser. Ordonner de délayer. Être délayé. Être entièrement occupé de la littérature. Être versé dans les livres.

ᠰᡳᠩᡤᡠᡳᠶᠠᠮᠪᡳ. *singuiambi.* Cela se dit lorsque les pieds ou les mains nous fourmillent et nous font un mal qu'on ne sauroit appeler douleur; lorsque les nerfs et les os nous font une espece de douleur; c'est-à-dire, avoir la crampe.

ᠰᡳᠩᡤᡠᡳᠨ. *singuin.* Grand froid qu'on sent pendant un temps humide.

ᠰᡳᠩᡤᡠᡳᡵᠠᠮᠪᡳ. *singuirambi.* Avoir de la jalousie contre quelqu'un, et penser toujours en mal de ses actions quelles qu'elles soient, etc.

ᠰᡳᠩᡤᡠᡳᠶᠠᠮᡝ ᠠᠰᡥᠠᠮᠪᡳ. *singuiame ashambi.* Mettre les fleches dans le carquois.

ᠰᡳᡴ ᠰᡝᡵᡝ ᡥᡝᡵᡤᡠᡝᠨ. *sik sere herguen.*

ᠰᡳᡴᠰᡝ. *sikse.* Hier.

ᠰᡳᡴᠰᡝᡵᡳ. *sikseri.* Un peu avant le soir.

ᠰᡳᡴᡨᠠᠨ. *siktan.* Remede de l'immortalité, qu'on appelle aussi ᠨᡳᡴᡨᠠᠨ ᠰᡳᡴᡨᠠᠨ. *niktan siktan,* et ᠯᡳᠩᡨᠠᠨ. *lingtan.* (*Ling tan* en chinois.)

ᠰᡳᠰ ᠰᡝᡵᡝ ᡥᡝᡵᡤᡠᡝᠨ. *sis sere herguen.*

ᠰᡳᠰᡥᡝ. *sishe.* Matelas de lit.

ᠰᡳᡨ ᠰᡝᡵᡝ ᡥᡝᡵᡤᡠᡝᠨ. *sit sere herguen.*

ᠰᡳᡨᡥᠣᡠᠮᠪᡳ. *sithoumbi.* S'appliquer. Faire tous ses

efforts. Avoir le cœur à quelque chose. Être tout entier à quelque chose.

𑀫𑀫𑀫, *sithoume teribouhe*. Faire tous ses efforts pour parvenir à son but.

𑀫𑀫 𑀫𑀫 𑀫𑀫, *sip sere herguen*.

𑀫𑀫, *sipkari*. Cheveux courts et en petite quantité. Chauve.

𑀫𑀫, *sipkouri*. Embrasures qui sont sur le haut des murailles d'une ville, dans lesquelles on met les canons. (Meurtrieres.) Ouvertures par lesquelles l'eau s'écoule de dessus les remparts. (Gouttieres.)

𑀫𑀫, *sipcheka*. Bâton qui n'a point de branches, ou bâton nud dont on se sert pour punir les coupables, etc.

𑀫𑀫, *sipchehoun*. Quoi que ce soit dont le haut est large et le bas étroit. Le visage d'un homme qui est large par le haut du côté où sont les os des joues, immédiatement sous les yeux, et qui a le menton pointu.

𑀫𑀫. *sipcha*. Quoi que ce soit qui finit d'abord, qui disparoît sur-le-champ, dans l'instant. Il n'y a qu'un moment qu'il s'en est allé. 𑀫𑀫 𑀫𑀫, *sipcha kenehe*.

𑀫𑀫 𑀫𑀫, *sipcha toutaha*. Être à la queue des autres. Être le dernier dans tout ce qu'on fait.

𑀫𑀫 𑀫𑀫, *sipcha ebereke*. Quelque chose que ce soit qui, de très cher qu'il étoit, est devenue à vil prix.

ᎰᏏ **SIP** 83

ᎰᏏᏇᏫ. *sipke.* Morceau de fer ou d'autre métal long et percé qu'on cloue à une porte, par exemple, à une fenêtre, etc., que l'on place pour tenir le cadenas.

ᎰᏏᏇ ᏏᎴᎥ. *sipke sele.* Petit bout de bois fixé dans la machine ou le tour dont on se sert pour dévider la soie ou le coton; c'est sur ce bout de bois que la soie ou le coton se dévide.

ᎰᏏᏣᎳᎻᏏ. *sipchalambi.* Exclure quelqu'un d'une affaire.

ᎰᏏᎨᎴ. *sipkele.* Ordonner de porter quelque chose.

ᎰᏏᎨᎴᎻᏏ. *sipkelembi.* Porter quelque chose, comme lorsque deux hommes emploient une barre pour porter quelque chose.

ᎰᏏᎨᎴᏲᎻᏏ. *sipkeleboumbi.* Ordonner de porter.

ᎰᏏᎨᎴᎮᏈ. *sipkelehepi.* Lorsque deux hommes portent quelque chose.

ᎰᏏᏣᎻᏏ. *siptchambi.* Retourner sur ses pas lorsqu'on voit quelqu'un faire ce qu'on alloit faire soi-même.

ᎰᏏᏣᎭᏈᏏ. *siptchahapi.* Lorsqu'on est allé quelque part pour faire quelque chose, et qu'on s'en retourne parcequ'on voit d'autres personnes occupées de ce qu'on alloit faire.

ᎰᏏᏂ. *sipki.* Ordonner de chercher en détail, exactement, de s'informer scrupuleusement de tout.

ᎰᏏᎻᏏ. *sipkimbi.* S'informer exactement, scrupuleusement, etc. Chercher avec la derniere attention. Demander en détail, etc.

sipkiboumbi. Ordonner de s'informer exactement, scrupuleusement, de chercher avec la derniere attention, de demander, etc.

siptcharahou. Craindre que les chausses des enfants ne leur tombent sur les pieds. Alors on dit *pouia tchousei fakouri siptcharahou.*

siu sere herguen.

siuen. Nom d'un instrument de musique fait de terre et qui a cinq trous. C'est un des huit sons qu'on reconnoît dans la nature [c'est celui de la terre.] Ces huit sons sont le métal, la pierre, la corde, la terre, la peau de bête, le bois sur lequel on frappe, et le bois dans lequel on souffle.

sil sere herguen.

silkan. Qui est extrêmement sur ses gardes. Qui se prépare beaucoup d'avance pour des richesses, des honneurs, etc., qu'il espere obtenir. Qui est extrêmement prévoyant et plus qu'il ne faut. C'est aussi le nom d'un arbre qui s'éleve fort haut, qui n'a que peu de branches, dont le tronc est fort droit, et qui a le bois fort dur : on s'en sert pour faire des bâtons de fleches, le milieu des arcs, et les jantes des roues des charrettes. Alors on dit *silkan mo.*

silkanboumbi. Faire en sorte qu'un homme se prépare, se dispose à des honneurs, à des biens qu'il espere obtenir, etc.

silhambi. Séparer le bon d'avec le mau-

SIL

vais. Distinguer, séparer plusieurs choses. On dit aussi ⵉⵍⵉⵎⴱⵉ, *silimbi*.

ⵉⵍⵂⴰⵜⴰ, *silhata*. Qui n'a ni amis, ni camarades, ni gens de sa sorte. Homme qui est seul. On appelle quelquefois de ce nom les eunuques.

ⵉⵍⵒⴰ, *silpa*. Deux personnes de même nom. On dit aussi ⵜⵛⵉⵍⵒⴰ, *tchilpa*.

ⵉⵍⵜⴰⵎⴱⵉ, *siltambi*. Changer le nom de quelque chose avec l'autorité requise pour cela. Renvoyer ou rebuter quelqu'un, etc.

ⵉⵍⵜⴰⵏ, *siltan*. Mât de vaisseau. Trous fort hauts qui sont devant les portes des *miao*. Mât de quelque embarquation que ce soit.

ⵉⵍⵜⴰ ⵢⵉⵏⵍⵉ, *silta yenli*. Chair du cou de cochon et d'autres bêtes.

ⵉⵍⵎⵍⵂⵓ, *silmelehe*. Faire sécher à l'ombre. Quelque chose que ce soit qui est séchée à l'ombre. Alors on dit ⵉⵍⵎⵍⵂⵓ ⵢⵉⵏⵍⵉ, *silmelehe yenli*.

ⵉⵍⵎⵉⵏ, *silmen*. Espece de poule sauvage qui est oiseau de proie. Cet oiseau est compris sous le nom général d'épervier ou d'oiseau de proie. C'est aussi l'oiseau de proie qu'on appelle *tchen foung tchen* en chin. Endroit où le soleil ne donne jamais. Lieu obscur. Alors on dit ⵉⵍⵎⵉⵏ ⵒⴰ, *silmen pa*.

ⵉⵍⵜⵛⴰ, *siltcha*. Viande qu'on a fait cuire à petit feu dans son premier bouillon, jusqu'à ce qu'elle soit fort tendre. On dit aussi ⵙⵉⵜⵛⴰ, *sitcha*.

ⵉⵍⴳⵉⵎⴱⵉ, *silguimbi*. Cela se dit des mouches qui s'introduisent par les plus petites ouvertures pour aller manger, etc. Cela se dit aussi des poissons qui, pris aux filets, s'échappent par quelque ouverture.

ሰልጓምቢ. *silguiambi*. Se rincer la bouche avec de l'eau. Laver quelque chose que ce soit dans une cuvette ou dans tel autre ustensile, en versant de l'eau dessus. Pêcher à la ligne.

ሰልሒ. *silhi*. Fiel, ce qui est joint au foie: c'est une petite vessie dans laquelle il y a une liqueur fort amere.

ሰልጓ. *silguia*. Ordonner de laver quelque chose dans un bassin, par exemple, dans lequel on verse de l'eau, et qu'on remue de côté et d'autre pour que les saletés se détachent de ce que l'on veut rendre propre.

ሰልጓቦምቢ. *silguiaboumbi*. Ordonner de laver, de rendre propre, etc.

ሰልሒምቢ. *silhimbi*. Cela se dit des troupes qui entrent par la breche dans une ville qu'elles prennent d'assaut. Cela se dit encore des insectes qui percent les fleurs avec leurs aiguillons. Mettre le bout de fer à une fleche. Armer une fleche. Attacher le fer ou le bout d'une fleche.

ሰልሒታምቢ. *silhitambi*. Quelque bien que fasse quelqu'un, le trouver toujours mal, parcequ'il ne s'accorde pas avec nos idées; le détruire dans l'esprit des autres; lui porter envie.

ሰልሒታቦምቢ. *silhitaboumbi*. Être l'objet de l'envie, de la jalousie de quelqu'un. Être en butte aux traits malins des envieux.

ㅅㅣㅁ. *chelhinga.* **Envieux. Jaloux.** Qui porte envie à quelqu'un, et qui ne voit pas volontiers le bien de son rival, etc.

ㅅㅣㅁ ㅅㅓ ㅎㅓㄴ. *sim sere herguen.*

ㅅㅣㅁㄴ. *simne.* Ordonner d'examiner; comme lorsque les mandarins des tribunaux s'informent de la conduite de quelqu'un, de son savoir-faire, etc., de ses actions, etc.

ㅅㅣㅁㄴㅁㅂㅣ. *simnembi,* on dit *chemnembi.* Examiner ; comme lorsqu'on examine les lettrés; comme lorsque les tribunaux examinent un homme qui doit être ou qui est déja mandarin.

ㅅㅣㅁㄴㄴㅁㅂㅣ. *simnenembi,* on dit *chemnenembi.* Aller examiner.

ㅅㅣㅁㄴㅊㅁㅂㅣ. *simnetchimbi.* Venir examiner.

ㅅㅣㅁㄴㅂㅗㅁㅂㅣ. *simneboumbi.* Ordonner d'examiner. Être examiné. Ordonner de s'informer de la conduite d'un mandarin, etc.

ㅅㅣㅁㄴㅌㅗㅁㅂㅣ. *simnetoumbi.* Lorsque le commun examine. On dit encore ㅅㅣㅁㄴㄴㅗㅁㅂㅣ. *simnenoumbi.*

ㅅㅣㅁㅂ. *simbe.* L'accusatif de ㅅㅣ. *si,* vous.

ㅅㅣㅁㅂㅣ. *simbi.* Boucher un trou. Substituer un homme à la place d'un autre qui manque. Aller tenir la place d'un autre.

ㅅㅣㅁㅌㄴ. *simten.* Qui a du goût. Qui est fort bon au goût. On dit aussi ㅏㅁㅌㄴ. *amtan,* et ㅏㅁㅌㄴ ㅅㅣㅁㅌㄴ. *amtan simten.* On lit *chemten.*

simtou. Grosse marmite de fer.

simhoun. Doigts des mains et des pieds.

so sere herguen.

so. Chose répandue, dispersée; comme des grains de millet qu'on répandroit, et qui se disperseroient çà et là.

sonambi. Cela se dit des endroits ou des parties du corps, comme les mains, les pieds et le dessus de l'épaule de ceux qui travaillent et qui font métier de porter, dont la peau s'est durcie.

sonahapi. La peau de ses mains ou de ses pieds, etc., par exemple, s'est extrêmement durcie; parcequ'il a travaillé, ou il a porté, etc.

sonieou tchourou, ou *sonieou.* Seul. Cela se dit d'une chose qui est seule, qui n'est pas par paire. (*Choang* en chinois.) Une paire.

sonihoun. Seulement. On dit de même *karhan,* et *sonieou.* Une chose qui ne va pas par paire.

sonieou. Seulement, qui est simple. On dit aussi *karhan sonihoun,* qui ne va pas par paire.

sonombi. Qui a le dos courbé. Qui tourne le dos et releve le derriere. On dit (au prétérit) *sonahopi,* .

sonokton. Espece de flocon de soie qui est au-dessus du casque. Panache. C'est aussi le nom qu'on donne aux ornements qui sont au bas du casque ; comme une peau de zibeline, garnie de pieces de cuivre doré, etc.

soko. Esprit de la terre, ou esprits des ancêtres.

soho. Nom d'une plante sauvage qui a les feuilles blanches et longues, les fleurs jaunes, et dont le goût est doux.

sohohori. Qui est d'une couleur très jaune, jaune foncé.

sokotchou. Poisson de mer qui ressemble au *hoang kia*.

sohokon. Qui est un peu jaune ; jaune foible, jaune clair. (On dit aussi *sohokolien*.)

sohon. Qui n'est que jaune clair ou jaune foible. Nom d'un des dix *kan* : il répond au *ki*.

soboro. Couleur de fleurs de pins : c'est une couleur qui est entre le verd et le jaune.

sotambi. Répandre les grains pêle-mêle, les uns avec les autres.

sosambi. Faire prisonnier. Lorsqu'on fait des prisonniers dans les pays ennemis.

sosantoumbi. Lorsque chacun fait des prisonniers. On dit encore *sosanoumbi*.

sosombi. Cela se dit des chevaux qui ont

la foire, qui jettent une matiere claire comme de l'eau.

sosorombi. Gratter la terre avec un rateau. Ramasser avec un rateau les herbes en un monceau. On dit encore *heterembi.* Cela se dit aussi des hommes et chevaux qui reculent. Reculer.

sosoroboumbi. Ordonner de rassembler les herbes avec un rateau.

sosortchombi. Reculer. Marcher à reculons.

solimbi. Inviter; comme lorsqu'on invite un maître. Appeler quelqu'un de vive voix. Envoyer chez quelqu'un pour lui faire un présent, pour lui demander des nouvelles de sa santé. Inviter un étranger à venir chez soi, etc.

soliboumbi. Ordonner d'inviter, de faire venir un maître, par exemple. Être invité par un messager. Recevoir des présents, etc.

solinambi. Aller inviter. Aller demander par un envoyé des nouvelles de la santé de quelqu'un.

solintchimbi. Venir inviter. Venir par député s'informer de la santé. Venir offrir des présents, etc.

solinoumbi. S'inviter mutuellement. Lorsque le commun invite. Se visiter mutuellement par députés. On dit aussi *solintoumbi.*

soli. Ordonner d'inviter. (Invite.)

solo. Filaments de la racine du *gens-eng.*

sosorokopi. Cela se dit des vieillards qui ne veulent plus rien faire, qui sont devenus paresseux, qui ont beaucoup changé sur la route.

solohi. Nom d'une bête fauve qui a le corps menu, et qui est de couleur jaune [c'est la fouine.] On l'appelle aussi *sai chou* (en chinois.) La peau de cet animal sert à faire des bonnets.

solon tchan. Nom d'une espece de fleche plus petite que celle qu'on appelle *kolmin tchan.* Le haut est rond et le bas est quarré : il y a quatre petits trous.

solambi. S'informer si une personne qu'on veut demander en mariage y consentira.

some kaptambi. Ne pas donner au but lorsqu'on tire de la fleche. Manquer le but. Viser tout au travers sans savoir où donnera la fleche.

somi. Ordonner de cacher, de dérober à la vue de quelqu'un, etc.

somimbi. Cacher quelque chose; dérober à la vue de quelqu'un. Enterrer, etc. On dit *oumboumbi*, *pourkimbi*, et *oukamboumbi.*

somiboumbi. Ordonner de cacher, d'enterrer.

somitambi. Cacher quelque chose de peur qu'on ne le voie.

somintoumbi. Lorsque le commun cache

quelque chose. On dit aussi ᠰᠣᠮᡳᠨᡠᠮᠪᡳ, *sominoumbi.*

ᠰᠣᠮᡳᠰᡥᡡᠨ, *somishoun.* Qui est caché, en embuscade. Qui est dans un lieu caché, etc.

ᠰᠣᠮᡳᠰᡥᡡᠨ ᠴᠣᠣᡥᠠ, *somishoun tchouoha.* Soldats en embuscade.

ᠰᠣᠮᡳᡥᠠ ᠰᠠᡳᠰᠠ, *somiha saisa.* Savant ou docteur qui cache sa science, qui veut demeurer inconnu : c'est un sage qui s'est retiré dans un lieu inconnu.

ᠰᠣᠮᠣ. *somo.* Espece de perche que les Mantchoux mettent à leurs portes pour avertir les passants qu'ils offrent à l'esprit.

ᠰᠣᠴᠠ. *sotcha.* Grains qu'on répand dans le temps qu'on offre aux esprits. Alors on dit ᠰᠣᠴᠠ ᡦᡝᠯᡝ, *sotcha pele.*

ᠰᠣᠴᡳᠯᡳ ᠨᡳᠶᡝᡥᡝ, *sotchili niehe.* Nom d'un canard sauvage dont la queue est pointue; au-dessus il y a des raies de plusieurs couleurs. Il est un peu plus gros que celui qu'on appelle *yuen yang.*

ᠰᠣᠶᠣ. *soïo.* Ordonner à quelqu'un de faire passer la sueur à un cheval ou à telle autre bête, de l'attacher haut jusqu'à ce que la sueur soit seche.

ᠰᠣᠶᠣᠮᠪᡳ. *soïombi.* Attacher un cheval, etc., assez haut pour l'empêcher de remuer, jusqu'à ce que la sueur soit séchée.

ᠰᠣᠶᠣᠨ. *soïon.* C'est ainsi qu'on appelle les chevaux qu'on nourrit et qu'on monte ordinairement, qui ne craignent ni fatigue ni défaut de nourriture; qui sont forts, robustes, et qui font beaucoup de chemin. On les appelle aussi ⵙⵓⵢⵓⵏ ⵡⵜⵛⴰⴱⵓⵀⴰ. *soïon atchabouha*.

ⵙⵓⵢⵓⵏ ⵡⵜⵛⴰⵀⴰ. *soïon atchaha*. Ce cheval est devenu fort vigoureux et infatigable.

ⵙⵓⵜⵛ ⵓⵔⵀⵓ. *sotcho orho*. Nom d'une plante qui vient sur les montagnes incultes : on en coupe pour nourrir les chevaux, etc.

ⵙⵓ ⵜⵛⵓⵔⵉⵀⴰ. *so tchoriha*. Deviner les choses à venir, prédire.

ⵙⵓⴽⵉ. *soki*. Nom général des herbes comestibles.

ⵙⵓⴽⵉⴰ. *sokia*. Petite vérole. Maladie que les enfants ont ou doivent avoir une fois.

ⵙⵓⵀⵉⵏ. *sohin*. Glace fondue qui coule. Glace à demi fondue qui se détache dans le printemps et qui coule.

ⵙⵓⵀⵉⵏ ⴽⵓⵍⵀⴰ. *sohin koulha*. Nom des bottes dont le bout du pied est rond.

ⵙⵓⵔⵉ ⵢⵏⵍⵉ. *sori yenli*. Chair coupée par tranches fines, et assaisonnées, qu'on doit présenter à l'esprit auquel on sacrifie. Viande des sacrifices. On dit aussi ⴰⵎⴰⵙⵓⵏ ⴽⴰⵉⵀⴰ ⵢⵏⵍⵉ. *amasoun kaiha yenli*.

ⵙⵓⵔⵉⵀⴰ ⵙⵉⵔⵜⴰⵏ. *soriha sirtan*. Fleches lancées de tous côtés contre l'ennemi.

ⵙⵓⵔⵉⵀⴰ. *soriha*. Nom qu'on donne aux especes de rubans ou aux pieces d'étoffe qu'on attache à la criniere et à la queue des chevaux qu'on offre aux esprits, et qui sont réputés dans la suite les chevaux de l'esprit auquel ils ont été offerts.

༄༅. *sorihalambi.* Mettre les pieces d'étoffe à la queue ou à la criniere des chevaux qu'on doit offrir aux esprits des ancêtres.

༄༅. *sorihatchambi.* Prendre la fuite à la vue de l'ennemi. Être mis en déroute.

༄༅. *sorin ten.* Cela se dit d'un cheval qui galope de façon que le devant de son corps est toujours plus élevé que le derriere, qui se jette en avant lorsqu'il galope.

༄༅. *sori sahambi.* Vouer, offrir à l'esprit un enfant pour que cet esprit le protege. On offre ou l'on voue cet enfant de la maniere suivante. On lui met au cou un cordon de soie, avec un autre fait de papier, et on les lie ensemble; on prend des especes de gâteaux ronds, dont on fait neuf rangs, qu'on met dans un bassin que l'enfant offre.

༄༅. *soro.* Jujube. (*Tsao tsée* en chinois.)

༄༅. *sorokou fouta.* Espece de collier, de cordon de soie qu'on met au cou des enfants qu'on voue à quelque esprit pour qu'il leur accorde du bonheur.

༄༅. *soroko.* Quoi que ce soit qui est devenu jaune, qui est devenu de couleur jaune.

༄༅. *sorokopi.* Cela se dit des cheveux des vieillards qui, étant blancs, deviennent jaunes à la longue.

༄༅. *sorombi.* Ne pas pouvoir toucher à quelque chose. Ne pas pouvoir dire, faire quelque chose.

Lorsque la couleur du visage devient jaune. Lorsque les cheveux, les herbes, les feuilles jaunissent.

༄༄༄, *soromboumbi.* Faire jaunir. Faire devenir jaune.

༄༄༄. *soroki.* Quelque offrande que ce soit qu'on fait aux esprits, et à laquelle il n'est pas permis de toucher. Choses qu'on ne doit pas toucher.

༄༄༄ ༄༄. *soroki amba.* Choses défendues dans toute la rigueur, auxquelles on ne peut absolument toucher, qu'on ne peut pas dire ; comme les choses sacrées, les mysteres de la cour, etc.

༄༄༄. *sorotchombi.* Lorsqu'on a offensé quelqu'un, et qu'on le voit ensuite changer de couleur. Être fâché. Cela se dit aussi lorsqu'on a une plaie qu'on ne sauroit toucher, et qui fait de grandes douleurs; lorsqu'on a quelque ulcere ou furoncle, etc., qui fait grand mal, et qu'on ne peut toucher.

༄༄༄. *sorokia.* Espece d'abeille ou espece de guêpe qu'on appelle aussi ༄༄༄. *tontopa.*

༄༄༄. *sofitambi.* Cela se dit des chevaux et autres bêtes qui ne restent jamais à la même place, qui remuent sans cesse, qui s'agitent, etc.

༄༄. *sofin.* Cela se dit des chevaux qui, avant de prendre le galop, s'agitent, trépignent, hennissent, etc.

༄༄ ༄༄. *sofin akou.* Cela se dit des hommes qui ne gardent pas leurs obligations, qui ne sauroient rester en repos. Turbulent, remuant, intrigant.

soforo. Coussin de la selle d'un cheval.

sotsee. Espece de riz fort long qu'on appelle aussi *so tsee* en chinois.

soi sere herguen.

soiho. Petites plumes qui viennent sous la queue des poules, poulets, oies, canards, etc. Plumes de duvet.

soison. Nom d'une espece de rat ou de martre. Espece de rat qui a un même poil par tout le corps.

soilo. Crins que les chevaux, mulets, ânes ont aux pieds.

soilombi. Cela se dit des oiseaux de proie qui s'élevent à l'instant qu'on les lâche. Cela se dit aussi des fleches qui, ayant touché ou frisé le but, s'élevent ensuite par dessus. Prendre son vol très haut.

sor sere herguen.

sor seme. En grande quantité. Lorsqu'il semble qu'il y a une grande quantité.

sor sar seme nimarambi. Lorsqu'il tombe de la neige, et que le vent l'agite de côté et d'autre.

sorko. Dé dont se servent les couturieres. (*Ting tchen* en chinois.)

sorson. Nom qu'on donne aux fleurs des oignons, des porreaux, et des plantes sauvages. On appelle encore de ce nom les *yng tsee* des bonnets.

SON

sorbo. Le bout de cordon de soie qui est au haut du bonnet, par lequel on le prend ou on le suspend, etc.

sor sar seme. En quantité. En grand nombre.

son sere herguen.

Soliveaux qui sont dans la charpente pour soutenir le toit. Bois qui servent à soutenir les tentes.

son son. Qui n'est pas entier, qui est divisé. Lorsque les membres d'un état, etc., sont séparés du chef, qu'ils ne le respectent plus. Lorsqu'on prend la fuite en désordre, que chacun tire de son côté.

sontchoho. La tresse de cheveux que les Tartares portent. Cheveux. Nom de la corde de l'arc, qu'on attache aux deux bouts de l'arc dans l'endroit où est la corne de bœuf qu'on cave tant soit peu.

sontchoho houalame holboho. Être toujours ensemble comme mari et femme. Vivre et mourir ensemble. C'est une métaphore.

sontchoho pia. Lune impaire, comme la troisieme, cinquieme, septieme, etc. (*Tan yué* en chinois.)

sontchoho choukoumbi. Coller les morceaux de corne de bœuf sur l'arc, aux deux bouts.

sontchoho fouta. Corde qui est au milieu des grands filets.

sontchoho moutoukou. Herbes qui viennent sur les montagnes. Mousse qui vient sur les toits des maisons. Cette herbe ou cette mousse a un goût aigre. Celle qui croît sur les toits s'appelle en chinois *oua soung;* et celle qui est sur les montagnes, dans les creux des rochers, s'appelle en tartare *kiahoun yasa.*

sontchoho houalambi. Cela se dit des filles qui, avant de sortir de la maison paternelle pour aller dans celle de leur époux futur, partagent leurs cheveux qui étoient, auparavant relevés sur leurs têtes et non partagés.

sontcho. Ordonner de choisir.

sontchombi. Choisir, prendre par préférence, etc.

sontchoboumbi. Ordonner de choisir, etc.

sontchotoumbi. Lorsque chacun choisit. On dit aussi *sontchonoumbi.*

sontchome abalambi. Tuer au printemps le gibier parcequ'il n'a pas encore de petits.

sontchoho isambi. Tresser les cheveux.

song sere herguen.

songko. Qui marche sur les traces de quelque

homme vertueux, qui l'imite, qui le suit, qui le prend pour modele. Qui marche sur les pas d'un autre, comme les roues des charriots passent dans les ornieres faites par celles qui ont précédé. Suivre les anciens.

songkoi. Qui marche sur les traces de quelqu'un, qui le suit, qui l'imite, qui le prend pour son modele, qui marche sur son ombre, qui imite son port, sa contenance, ses paroles, etc. Alors on dit *kisourehe songkoi obou*.

songko i faitambi. Suivre les traces d'une bête qu'on a tirée, et qui n'est pas morte du coup, pour tâcher de l'attraper.

songko penembi. Retourner sur ses pas. Cela se dit des ennemis qui, venant à nous dans la persuasion ou dans l'espérance de nous surprendre, et ayant rencontré nos troupes qui alloient à eux, retournent sur leurs pas, etc.

songko oualiambi. Dérober ses démarches, ou, pour mieux dire, tâcher de tromper l'ennemi par des marches et des contre-marches, par des allées et des venues d'un côté et d'autre; en passant une riviere, en la repassant, en campant et décampant, etc.

songkolombi. Marcher sur les pas, sur les traces de quelqu'un, l'imiter.

songkoloboumbi. Ordonner de marcher sur les traces de quelqu'un, de l'imiter, etc.

songkombi. Cela se dit de certains oiseaux un peu plus gros que ceux qu'on appelle *ta choui tcha tsee* en chinois, et qui font venir la pluie en chantant. Pleurer en criant.

᠊ᠣᠩᠬᠣᠲᠣ. *songkotou.* Pleurs accompagnés de cris, tels que ceux des petits enfants.

᠊ᠣᠩᠬᠣᠪᠣᠣᠮᠪᠢ. *songkoboumbi.* Faire pleurer un enfant. Ordonner de pleurer avec des cris.

᠊ᠣᠩᠬᠣᠴᠣᠮᠪᠢ. *songkotchombi.* Lorsque le commun pleure à grands cris, se lamente.

᠊ᠣᠩᠬᠣᠮᠡ ᠹᠠᠮᠧ. *songkome fame.* Pleurer à grands cris, se lamenter chacun de son côté ; comme lorsqu'il faut se séparer, etc. On dit aussi ᠊ᠣᠩᠬᠣᠷᠣ ᠹᠠᠨᠴᠠᠷᠠ. *songkourou fantchara.*

᠊ᠣᠩᠭᠤᠢᠬᠠ. *songuiha.* Le bout du nez des hommes. On l'appelle aussi ᠣᠪᠣᠷᠣ ᠲᠣᠣᠪᠧ. *ovoro toube.* Petite cheville qu'on met aux narines des bœufs, chameaux, etc. Petit bâton qu'on met pour soutenir l'attrape dont on se sert pour prendre les oiseaux. Petit morceau de cuivre qui est à la ceinture ou au baudrier, auquel on attache ce qu'on veut, etc.

ᠰᠣᠺ ᠰᠧᠷᠧ ᠬᠧᠷᠭᠦᠨ. *sok sere herguen.*

ᠰᠣᠺᠰᠣᠷᠢ. *soksori.* Sur-le-champ. Par exemple, il se leva d'abord : ᠰᠣᠺᠰᠣᠷᠢ ᠢᠯᠢᠬᠠ. *soksori iliha;* il sortit sur-le-champ : ᠰᠣᠺᠰᠣᠷᠢ ᠲᠣᠣᠴᠢᠺᠧ. *soksori toutchike.*

ᠰᠣᠺᠰᠣᠬᠣᠷᠢ. *soksohori.* Cela se dit lorsque le commun est tranquillement assis sans rien faire. On dit alors ᠰᠣᠺᠰᠣᠬᠣᠷᠢ ᠲᠧᠮᠪᠢ. *soksohori tembi.*

ᠰᠣᠺᠰᠣᠬᠣᠨ. *soksohon.* Être assis tout seul, lorsqu'on est en colere. Alors on dit ᡥᠣᠰᠣᡥᠣᠨ ᡨᡝᡥᡝ. *soksohon tehe*. Être tout seul debout, lorsqu'on est en colere. Alors on dit ᡥᠣᠰᠣᡥᠣᠨ ᡳᠯᡳᡥᠠ, *soksohon iliha*.

ᡥᠣᠰᠣ ᠰᠠᡴᠰᠠ, *sokso saksa*. Cela se dit de ceux qui, montant un mauvais cheval, et en colere de ce qu'ils ne peuvent pas lui donner un pas doux, le laissent aller à sa fantaisie, et sautillent sur ce cheval d'une maniere désagréable.

ᡥᠣᡴᠴᡝᠮᠪᡳ, *sokchembi*. Lorsqu'on pleure amèrement et que les cris ne peuvent pas sortir. Sangloter, etc. Haleter.

ᡥᠣᡴᡨᠣᠮᠪᡳ, *soktombi*. S'enivrer.

ᡥᠣᡴᡨᠣ�, *soktoboumbi*. Ordonner de s'enivrer.

ᡥᠣᡴᡨᠣᡴᡠ, *soktokou*. Ivrogne, grand buveur. Qui aime à boire.

ᡥᠣᡴᠴᡳ, *soktchi*. Herbes qui croissent dans l'eau, au milieu des rivieres. Herbes aquatiques.

ᡥᠣᡨ ᠰᡝᡵᡝ ᡥᡝᡵᡤᡠᡝᠨ, *sot sere herguen*.

ᡥᠣᡨᡴᡳ, *sotki*. Nom d'un petit poisson de mer. (*Hai tsi yu* en chinois.)

ᡥᠣᠣ ᠰᡝᡵᡝ ᡥᡝᡵᡤᡠᡝᠨ, *souo sere herguen*.

ᡥᠣᠣᡵᡳᠨ, *souorin*. Lieu où l'empereur siege. Trône.

ᡥᠣᠯ ᠰᡝᡵᡝ ᡥᡝᡵᡤᡠᡝᠨ, *sol sere herguen*.

ᡥᠣᠯᡥᠠ, *solha*. Plat ou bassin dans lequel on met le riz et autres choses semblables. Ces especes de bassins ne sont appellés ainsi que lorsqu'ils ont un couvercle.

ᓱᓕᐅ. *solho.* Habitant de la péninsule de Corée, appellée *Tchao Sien* et *Kao ly* en chin. Coréen. La Corée s'appelle aussi ᓱᓕᐅ. *Solho.*

ᓱᓕᐅ ᔭᔭ ᓴᓐᑐᐳᓕ. *solho yéyé hantou pele.* Riz de Corée.

ᓱᓕᐅ ᐱᖕ. *solho ping.* Espece de gâteaux faits avec de la farine de riz et de l'huile de chanvre, ou, pour mieux dire, faits avec de la farine de riz, et cuits dans l'huile de chanvre.

ᓱᓕᐅ ᓕᑫ. *solho leke.* Espece de gâteaux plats faits avec du riz et de la pâte, et cuits dans l'huile de chanvre.

ᓱᓕᐅ ᐦᐁᖕᑫ. *solho hengue.* Melons de Corée dont la couleur est mêlée de jaune et de violet.

ᓱᓕᐅ ᓴᕋ. *solho hara.* Feuilles semblables à celles qu'on appelle ᒐᑯ ᓴᕋ, *tchekou hara.* Plante qui a des épis jaunes et des grains. Ces épis ressemblent à la queue des fouines.

ᓱᓕᒥᐣ. *solmin.* La pointe des sourcils, des cheveux. Les sourcils.

ᓱᓕᐱ. *solpi.* Ordonner de bander l'arc.

ᓱᓕᐱᒻᐱ. *solpimbi.* Bander l'arc.

ᓱᒻ ᓭᕋ ᐦᐁᕐᑫᐣ. *som sere herguen.*

ᓱᒻᐱ. *sombi.* Répandre çà et là confusément quelque chose que ce soit.

ᓱ ᓭᕋ ᐦᐁᕐᑫᐣ. *sou sere herguen.*

ᓱ. *sou.* (Impératif de ᓱᒻᐱ. *soumbi.*) Ordonner

d'ôter ses habits, de se dépouiller. Tourbillon de vent.

ᷓᷓᷓ. *souharakapi*. Cela se dit de toutes les plantes à épis, lorsque ces épis sont pendants. Ce mot désigne que les moissons commencent à croître, à être en bon état. Il se dit aussi d'un homme qui, ayant trop bu, sent que la tête lui tourne, et qu'il l'a tient baissée comme malgré lui.

ᷓᷓᷓ. *souhai mo*. Espece de bois que les Chinois appellent *chan ly mou*. Si l'on frappe avec une baguette de ce bois une jument pleine, elle avorte sur-le-champ. On l'appelle aussi ᷓᷓᷓ. *tekchen*.

ᷓᷓᷓ. *souna*. Attache d'un chien. Cordes avec lesquelles on tient un chien à l'attache.

ᷓᷓᷓ. *soukou*. Peau des fruits. Cuir, peau des bêtes.

ᷓᷓᷓ ᷓᷓᷓ. *soukou sovoro*. Couverture de peau qu'on met sur la selle des chevaux.

ᷓᷓᷓ. *soukouname*. Lorsque la peau s'éleve quelque part, qu'il s'y fait une vessie ou une tumeur.

ᷓᷓᷓ. *soupari*. Instrument. Espece de hache dont on se sert pour couper le *gens-eng*.

ᷓᷓᷓ. *soupatambi*. Cela se dit de ceux qui s'agitent, qui sautent, qui remuent les pieds et les mains, qui crient, qui font des contorsions, etc.

ᷓᷓᷓ. *soube*. Nerf qu'on appelle aussi ᷓ. *tcha*, et ᷓᷓᷓ ᷓ. *soube tcha*.

ᷓᷓᷓ ᷓᷓᷓ. *soube maktambi*. Mettre les nerfs à l'arc.

ᡥᠣᠣᠰᠣ ᡥᠣᡡᡤᡝᠮᠪᡳ. *soube hougembi.* Mettre des nerfs aux deux bouts de l'arc pour le rendre plus fort.

ᠰᡠᡦᠠᡵᡥᠠᠨ, *souparhan*, ou ᠰᡠᠮᠠᡵᡥᠠᠨ, *soumarhan*. Tour, bâtiment rond et élevé. (*Ta* en chinois.)

ᠰᡠᠪᡝᡨᡠᠩᡤᡝ. *soubetoungue.* Homme vaillant, fort, robuste.

ᠰᡠᠪᡝᡥᡝ. *soubehe.* Cordon auquel est attachée la pierre précieuse ou le corail que les mandarins portent par derrière au chapelet qu'ils ont au cou. Cordon. Le bout des cheveux, de la barbe. La pointe des fruits, des graines, etc.

ᠰᡠᠪᡝᠯᡳᠨ ᠰᠣᡵᠰᠣᠨ. *soubelin sorson.* Yng tsee ou flocons des bonnets qui sont faits de soie non tissue.

ᠰᡠᠪᡝᠯᡳᠨ. *soubelin.* (*Joung* en chin.) Espece de velours. Tout ce qui est fait de soie ou de laine, ce qui a des especes de poils comme le velours, etc.

ᠰᡠᠪᡝᠯᡳᠨ ᡥᠣᡠᠴᡥᡝᠮᠪᡳ. *soubelin houchembi.* Mettre la peau ou l'écorce du *hoa chou* au bout de la fleche.

ᠰᡠᠪᡠ. *soubou.* Ordonner d'expliquer un livre, par exemple, de développer clairement quelque chose. Ordonner de se dépouiller, d'ôter ses habits.

ᠰᡠᠪᡠᠮᠪᡳ, *souboumbi.* Tomber. ᡨᠴᡥᠣᡳᠪᡝ ᠣᡠ ᡴᡠᠪᡝ ᠰᠣᡠᠪᠣᡠᡵᡝ. *tchouibe* ou *kube souboure.* Il est tombé. Ordonner d'expliquer quelque chose. Déclarer ce qu'on a dans l'ame. Ordonner de quitter ses habits. Ordonner de déclarer ses fautes. Revenir de l'ivresse. Expliquer clairement quelque chose que ce soit.

ᠰᡠᠪᡠᡥᠠ. *soubouha.* Il a expliqué clairement. Il est revenu de son ivresse.

ᠰᠣᠪᠣᡥᠣᠨ. *soubouhoun*. (M. Amyot n'a pas traduit l'explication chinoise de ce mot, qui signifie, je crois, *explication, développement*.)

ᠰᡠᠰᠠᡳ. *sousai*. Cinquante. (*Ou che* en chinois.)

ᠰᡠᠰᠠᡳᠴᡳ. *sousaitchi*. Le cinquantieme.

ᠰᡠᠰᠠᡳ ᠨᠠᡩᠠᠨ ᡴᠣᡠᠰᠠ. *sousai nadan kousa*. Les cinquante-sept bannieres des Mongoux, qui ont chacune à leur tête un chef qui a le titre de *regulo peile*, etc., ou *peile*. [L'auteur veut, sans doute, parler des hordes tartares.]

ᠰᡠᠰᠠᡴᠠᠩᡤᡝ. *sousakangue*. Injure qui équivaut au mot pendard. On dit aussi ᡦᡠᡨᠴᡝᡥᡝᠩᡤᡝ. *poutchehengue*.

ᠰᡠᠰᡝ. *souse*. C'est ainsi qu'on appelle un mélange de cordes de papier, de chanvre, de terre, etc., pour faire des murailles. Faire les choses sans propreté, en gros, *grosso modo*. Quelque chose que ce soit qu'on fait sans attention, d'une maniere grossiere.

ᠰᡠᠰᡝᡨᡝᠮᠪᡳ. *sousetembi*. Faire quelque chose sans attention, sans avoir le cœur à ce qu'on fait, etc.

ᠰᡠᠰᡠ. *sousou*. Hameau, lieu dans la campagne où il y a un assemblage, quelque trentaine de maisons ou de familles. Patrie. Lieu où il y avoit autrefois un village, par exemple, et où il n'y a plus que quelques masures. Extraction et qualités de quelqu'un, sa patrie. Alors on dit �ta ᠰᡠᠰᡠ. *ta sousou*.

ᠰᡠᠰᡠᠪᠣᡠᠮᠪᡳ. *sousouboumbi*. Être détruit. Qui est tombé en ruine. Cela se dit d'un village entier, d'une famille entiere, etc. On dit encore ᴧᴧ, *sousoumguiambi*.

ᴧ, *sousoultounga*. Homme délié, entendu, qui a de l'esprit.

ᴧ, *soutala*. Veines qui sont dans la terre. Veines du corps, de la main. Conduit par où circule l'air.

ᴧ, *soutamimbi*. Cela se dit des chevaux qui font tomber le mors de leur bouche.

ᴧ, *soutalambi*. Laisser flotter ses cheveux.

ᴧ. *soutan*. Cheveux frisés, crépés. Cheveux que les femmes ont sur les tempes et qui frisent. Cela se dit aussi des cheveux que les filles commencent à laisser croître à l'âge d'environ treize ans, et qui sont encore trop courts pour qu'on puisse les peigner. Alors on dit ᴧ, *soutan founiehe*.

ᴧ, *soutouri*. Histoire. Livre d'histoire.

ᴧ, *soutouli*. Nom d'une plante sauvage qu'on appelle aussi ᴧ, *setchoulen*.

ᴧ, *soutou*. Le milieu de l'os de la jambe, [du tibia.]

ᴧ, *soula*. Qui est lâche, qui n'est pas serré, où il y a encore du vuide, où il pourroit entrer quelque chose. Homme qui n'a aucun emploi, qui n'a point d'occupation déterminée; oisif.

ᴧ, *soula amban*. Grands mandarins sans district, qui n'ont point d'affaires à traiter, etc.

ᴧ, *soula tchanguin*. Qui n'est affecté

à aucun tribunal. Mandarin qui n'a aucune affaire à traiter. Mandarin de guerre qui est à la suite de la bannière sans aucun emploi, etc.

ᯤᯤᯤ ᯤᯤᯤᯤᯤ, *soula oumiesoun.* Ceinture simple, qui n'a aucun crochet ni autres choses, qui se noue tout simplement.

ᯤᯤᯤ ᯤᯤ, *soula hehe.* Femme de chambre. Femme du second ordre ou concubine. (*Fang pi* en chin.)

ᯤᯤᯤ ᯤᯤᯤ, *soula nialma.* Hommes qui n'ont aucun emploi. (ᯤᯤᯤ ᯤᯤᯤ, *soula ourse.*)

ᯤᯤᯤ ᯤ, *soula pa.* Lieu où il ne croît rien, terre inculte.

ᯤᯤᯤ ᯤᯤᯤ, *soula poihoun.* Lieu désert, aride, où il ne croît rien. Petite portion de terre où il n'y a rien.

ᯤᯤᯤᯤ, *soulakan.* Qui a le cœur un peu au large. Qui a le cœur épanoui. Qui est un peu lâche, où il y a un peu de vuide. Qui est un peu au large.

ᯤᯤᯤᯤ ᯤᯤ, *soulakan oho.* Cela se dit des malades qui vont un peu mieux, qui sont un peu plus à leur aise.

ᯤᯤᯤᯤ, *soulaha.* S'éveiller après avoir dormi un peu.

ᯤᯤᯤᯤ, *soulabou.* Ordonner à quelqu'un de ne pas tout faire, tout dire, tout prendre, etc., d'en laisser un peu. Ordonner de laisser un peu de vuide, etc.

ᯤᯤᯤᯤᯤ, *soulaboumbi.* Laisser un peu de quelque chose. Laisser un peu de vuide. Nourrir ses cheveux comme les femmes.

ⵀⵓⵎⴰⴽⴰⴱⵉ *soumakapi.* Avoir le cœur haut comme les étoiles. Porter ses vues jusqu'au bout du monde, jusqu'au pole. Venir à bout de ses projets quelque vastes qu'ils soient. On dit aussi ⵀⵓⵎⴰⵎⴱⵉ *soumambi.*

ⵀⵓⵎⴰⵍⴰ *soumala.* Petit sac. Sachet plus petit que celui qu'on appelle ⴼⵓⵍⵀⵓ *foulhou.*

ⵀⵓⵎⵓⵙⵓ *soumousou.* Quelques grains de riz qui nagent dans beaucoup d'eau. Cela équivaut à ce proverbe: Beaucoup de sauce et peu de poisson.

ⵀⵓⵛⵉ *soutchi.* Cela se dit d'une bête qui est pleine: Si elle a mis bas. Maniere de parler. Cela veut dire encore : S'il lui a donné du secours pour détourner ses malheurs.

ⵀⵓⵛⵉ ⵀⵓⵎⴱⵉ *soutchi soumbi.* Cette bête a avorté.

ⵀⵓⵛⵉⵍⴻⵎⴱⵉ. [ⵍⴻⴱⵉ.] *soutchilembi,* (*hepi.*) Cela se dit des bêtes qui sont pleines. Lorsque les grains commencent à être formés, que les épis commencent à s'élever du milieu des feuilles.

ⵀⵓⵛⵓⵎⴱⵉ *soutchoumbi.* Cela se dit des troupes ennemies qui, se rencontrant sans s'y attendre, en viennent aux mains.

ⵀⵓⵛⵓⵏⴰⵎⴱⵉ. [ⵏⴰⵎⵉ.] *soutchounambi,* (*ha.*) Aller à l'improviste vers l'ennemi, et donner dessus lorsqu'il s'y attend le moins. Cela se dit des grues qui prennent leur vol vers les nuées.

ⵀⵓⵎⴰⵏ *souman.* Cela se dit de plusieurs vapeurs qui se rencontrent, qui sont ensemble.

ⵀⵓⵛⵓⵏⴳⴰ *soutchounga.* Le principe, le commencement. Pour la premiere fois. Le premier qui ait eu cet emploi, qui ait fait cela. La premiere année d'un regne.

⵿⵿⵿. *soutchounga nadan.* La premiere semaine de la mort de quelqu'un.

⵿⵿⵿. *soutchoun oueihe.* Les dents du milieu, tant de la mâchoire supérieure, que de la mâchoire inférieure.

⵿⵿⵿. *soutchambi.* Ajouter une chose à une autre pour la faire déborder; comme un morceau au bout d'un tapis. Résister, s'opposer à ce que quelqu'un vienne; s'entrerésister mutuellement comme à la lutte. Faire force contre l'ennemi, s'opposer à lui, lui résister, l'empêcher d'avancer, etc. Étager un arbre, par exemple, pour empêcher qu'il ne baisse trop d'un côté, ou qu'il ne prenne un mauvais pli. S'opposer à quelqu'un. Soutenir l'effort de quelqu'un, etc. Soutenir quelque chose.

⵿⵿⵿. *soutchaboumbi.* Ordonner de soutenir, de résister, d'appuyer, etc.

⵿⵿⵿. *soutcha.* (Impératif de ⵿⵿⵿. *soutchambi.*) Ordonner de supporter, de soutenir, de résister, d'ajouter, etc.

⵿⵿⵿. *soutchahan.* Les piliers qui soutiennent les tentes de nattes qu'on met en été devant les maisons. Ces piliers sont aux quatre coins de la tente. Bois transversal qui soutient la tente, et dont chaque bout porte sur un pilier.

soutchanahan. Germe des grains qui commence à pousser, mais qui n'est pas encore hors de terre. (*tchiktchalahapi.*)

soutché. Pieces de soie ou de *tcheou tsée* de quelque couleur que ce soit.

soutchikte. C'est le nom d'un arbre dont l'écorce ressemble à celle du *toan mou*; le bois est blanc et les branches rouges : on en fait les bois des fleches. On dit aussi *tchorho fotoho*.

soutchou. Ordonner de courir.

soutchoumbi. Courir, se sauver, aller quelque part d'un pas précipité.

soutchouboumbi. Ordonner de courir.

soutchoutembi. Lorsque tout le monde se sauve à la fois.

souhe. Prétérit de *soumbi.* Il a expliqué, il a dit clairement ce que c'étoit. Ce mot se dit des monnoies de papier doré ou argenté qu'on brûle en l'honneur des morts. Grande hache. Oter les habits. Cela se dit aussi des cerfs qui quittent chaque année leur bois, etc.

souhelembi. Se servir de la hache pour couper.

souhetchen. Petite hache.

souhechembi. Couper avec la hache comme on juge à propos. Ne couper qu'avec la hache.

soukia. Ordonner de verser quelque chose

que ce soit, comme de l'eau, d'un vase quelconque, etc.

soukiambi. Verser de l'eau, etc., qui est dans un vase, par exemple, jusqu'à ce que ce vase soit vuide. Vuider, etc.

soukiaboumbi. Ordonner de verser de l'eau d'un vase, de vuider.

soukiame omimbi. Boire du vin jusqu'à la derniere goutte, jusqu'à sécher le vase qui le contenoit, etc.

soukou. Nom d'une plante qu'on appelle aussi *fouhechekou orho.* Elle a des fleurs comme celles des saules, que le vent emporte aisément. C'est en voyant cette fleur que les anciens imaginerent les roues des charrettes. C'est une espece d'*abrotanum* ou d'absynthe.

souhoun. Couleur de bâton d'odeur, qui répond à notre couleur de café. C'est une espece de couleur de cendre plus jaune que les cendres ordinaires.

souhouken. Couleur de bâtons d'odeur plus claire. Couleur du plumage des cailles.

soura. Faire couler l'eau dans laquelle on a lavé le riz.

sourahan. Eau dans laquelle on a lavé le riz. On dit alors *sourahan pele i mouke.*

sourambi. Tirer l'eau ou faire écouler l'eau dans laquelle on a lavé le riz. Crier pour vendre ses marchandises.

SOUROU

ሶራቦምቢ, *souraboumbi.* Ordonner de faire écouler l'eau dans laquelle on a lavé le riz. Ordonner de vendre ses marchandises en criant, etc.

ሶራኩ, *sourakou.* Gamelle dans laquelle on donne à manger aux cochons.

ሶራፉ, *sourafou.* Ouverture dans un marteau, par exemple, dans laquelle on passe le manche.

ሶራን, *souran.* Puce. Eau dans laquelle on a lavé le riz. Eau sale, etc., dont on nourrit les cochons; comme l'eau de son, de farine, etc.

ሶሬ, *soure.* Qui a une grande capacité. Élargi; comme quand la ceinture est élargie. Dépouiller, ôter, etc.

ሶሬከ, *soureke.* Il s'est éveillé. Il est revenu de son ivresse.

ሶሬ ማማ, *soure mama.* Petite vérole, ou, pour mieux dire, esprit qui préside à la petite vérole.

ሶሬከን, *soureken.* Un peu éclairé.

ሶሬምቢ, *sourembi.* Crier de colere. Crier de douleur. Lorsqu'on crie fort. Lorsqu'on souffre des douleurs aiguës, et qu'on crie.

ሶሬ ከቶከን, *soure ketouken.* Éclairé. Qui a de l'esprit.

ሶሪሃ, *souriha.* Cela se dit des arbres qui meurent d'eux-mêmes.

ሶሩ, *sourou.* Cheval blanc. (*Pei ma* en chin.)

ሶሩከ, *sourouke.* Il est reposé. La colere, la tristesse s'est un peu appaisée.

souroumboumbi. Faire passer la colere de quelqu'un, le consoler, etc.

soufan. Éléphant. Cet animal a le fiel ambulant; il change de place suivant la saison, etc. On ne peut savoir au juste où il est.

soua. Nom d'une espece de cerf qui a le corps petit, et dont la couleur tire sur le rouge.

souaien. Couleur jaune. (*Hoang* en chin.)

souaiakan. Un peu jaune.

souaien kiahoun tchetchike. Oiseau de proie, espece d'épervier qui se nomme aussi *merguen tchetchike.*

souaien touri. Espece de haricot. (*Hoang teou* en chinois.)

soualiame (mbi.) Mettre plusieurs choses de différente espece dans un même lieu. Mêler plusieurs choses ensemble.

soualiaboumbi. Ordonner de mêler plusieurs choses ensemble, etc.

soualiata. Mélange de plusieurs choses. Amas confus de plusieurs choses.

souaien boumbi. Offrir des pains, etc., dans les sacrifices.

souaien cheri. Source d'eau, etc.

soualia. (Impératif de *soualiambi.* Mêle ces choses, etc.)

soualiahantchame (mbi.)

Mêler beaucoup de choses ensemble. Mettre quantité de choses de différente espece dans un même lieu.

⏜⏜. *souam*. Nom d'un oiseau de proie dont le corps est noir, le bec crochu : il est plus petit que le corbeau. Cet oiseau sert pour la pêche. C'est le héron.

⏜⏜. *souanta*. Ail. (*Soan* en chinois.)

⏜⏜. *souangkiambi*. Errer. Cela se dit des chevaux qui errent dans la campagne, et qui paissent à leur gré. Étable ou enceinte faite avec des pieux ou des morceaux de bois, dans laquelle sont les chevaux, etc. Écurie de campagne. Haras.

⏜⏜. *souangkiaboumbi*. Faire paître les chevaux. Enfermer les bœufs dans l'étable, les chevaux dans l'écurie.

⏜⏜. *souangkiatoumbi*. Lorsque les chevaux, etc., du commun sont dans les champs qui n'ont pas encore été labourés, et qu'ils paissent.

⏜⏜. *souo*. Vous.

⏜⏜. *souoni*. De vous autres. (Génitif de ⏜⏜. *souo*.)

⏜⏜. *souonde*. A vous autres. Par vous, etc. (Datif et ablatif.)

⏜⏜. *souotchi*. De vous autres. (Ablatif.)

⏜⏜. *souombe*. Vous autres. (Accusatif de ⏜⏜. *souo*.)

⏜⏜. *souoningue*. De vous autres.

⏜⏜. *souole*. Ordonner de chercher quelque chose qu'on auroit perdu, par exemple.

⏜⏜. *souolembi*. Chercher une chose perdue,

une chose cachée, etc. On dit aussi ⵀⵀⵜⵎⴳⵏ, *paimbi*.

ⵀⵧⵊⵉⵢⵧⴷⴼⵏ. *souoléboumbi*. Ordonner de chercher une chose perdue, ou une chose qui seroit cachée dans quelque lieu fort secret, etc.

ⵀⵧⵊⵉⵢⵎⴼⵏ. *souolenembi*. Aller chercher, etc.

ⵀⵧⵊⵉⵢⵎⴼⵏ. *souolentchimbi*. Venir chercher, etc.

ⵀⵧⵊⵉⵢⵧⵓⴼⵏ. *souolentoumbi*. Lorsque le commun cherche. On dit encore ⵀⵧⵊⵉⵢⵧⴼⵏ, *souolenoumbi*.

ⵀⵧⵎⴼⵏ. *sounembi*. Dépouiller. Tomber d'un lieu élevé, par exemple.

ⵀⵧⵍ. *souia*. Branches mortes et seches qu'on ôte des arbres, et qui servent à allumer le feu, etc.

ⵀⵧⵓⴼⵓ. *souiamou*. Petite verge de fer ou espece d'aiguille qu'on passe dans des tuyaux de roseau pour dévider le fil, etc.

ⵀⵧⵓⵍ. *souin*. Espece de ferment qu'on met dans la matiere dont on fait le vin. Espece de ligature dont on enveloppe la botte ou les pantoufles, pour pouvoir marcher plus à l'aise, et empêcher que les pieds ou les jambes n'enflent. Cordons des souliers.

ⵀⵧⵏ ⵀⵧⵙ ⵀⵧⵏ. *soui sere herguen*.

ⵀⵧⵏ. *soui*. Péché, crime. Faire moudre. Faire broyer du riz, de la terre, de l'encre. (Impératif de ⵀⵧⵎⴼⵏ. *souimbi*.)

ⵀⵧⵏ ⵎⵓⵓⵍ. *soui akou*. Innocent, qui n'a point de crime.

ⵀⵧⵏ ⵎⵓⵓⵍ. *soui ischeka*. Espece d'injure dont le sens est: Que la peste te creve!

souinga. Injure par laquelle on souhaite la peste, etc., à quelqu'un. Elle a le même sens que *soui ischeka.*

soui igereou. Souhaiter du mal à quelqu'un. On dit aussi *souigereou*, et *souigembi.*

soui igefi ehe te igename mailakini. Injure qu'on dit à quelqu'un, pour lui souhaiter qu'il aille se précipiter dans un lieu où les maux abondent. (*mailareou.*)

souiha. Nom d'une herbe médicinale avec laquelle on fait des caustiques. Les feuilles de cette herbe guérissent certaines maladies. Armoise.

souiha tchetchike. Nom d'un oiseau dont le dos est de couleur jaune obscur, et la poitrine tirant sur le blanc.

souiha foulan. Cheval entre le blanc et le noir, dont les crins sont entre-mêlés de différentes couleurs, etc.

souiha chendambi. Appliquer le caustique avec l'herbe appelée *souiha.* Cela se fait en frottant cette herbe entre ses mains, en l'appliquant sur la chair, et en y mettant le feu.

souihoun. Espece d'aiguille ou de poinçon fait avec de la corne de cerf, ou de tel autre animal; on le porte à la ceinture, pour s'en servir dans l'occasion. Ciseau dont se servent les sculpteurs.

SOUI

ᠰᠣᡳᡥᡠᠨ ᠨᡳ ᠣᡠᡝᠨᠴᡥᡝᡥᡝᠨ. *souihoun ni ouentchehen.* La queue des lettres des Mantchoux.

ᠰᠣᡠᡳᠮᠪᡳ. *souimbi.* Broyer quelque chose, ou délayer quelque chose dans de l'eau. Délayer de la farine, de la terre, de l'encre dans de l'eau.

ᠰᠣᡠᡳᠪᠣᡠᠮᠪᡳ. *souiboumbi.* Ordonner de broyer, de délayer dans de l'eau.

ᠰᠣᡠᡳᡨᠠ. *souita.* Ordonner de jeter quelque chose que ce soit qui seroit dans un vase, etc.; comme de l'eau, etc.

ᠰᠣᡠᡳᡨᠠᠮᠪᡳ. *souitambi.* Arroser des fleurs. Arroser un jardin. Répandre, verser de l'eau ou telle autre chose qui seroit dans un vase.

ᠰᠣᡠᡳᡨᠠᠪᠣᡠᠮᠪᡳ. *souitaboumbi.* Faire arroser, faire répandre, verser de l'eau, etc.

ᠰᠣᡠᡳᠯᠠᠮᠪᡳ. *souilambi.* Souffrir, pâtir, etc.

ᠰᠣᡠᡳᠯᠠᡨᠴᡥᠣᡠᠨ. *souilatchoun.* Souffrance de corps, douleur, etc.

ᠰᠣᡠᡳᠯᠠᡨᠴᡥᠣᡠᡴᠠ. *souilatchouka.* Qui souffre. Qui est dans la pauvreté, la misere et les souffrances. Qui passe ses jours dans l'amertume.

ᠰᠣᡠᡳᠯᠠᡧᠣᡠᠨ. *souilashoun.* Qui est accablé par la misere, la pauvreté et les souffrances.

ᠰᠣᡠᡳᠯᠠᠪᠣᡠᠮᠪᡳ. *souilaboumbi.* Faire souffrir quelqu'un, lui causer de la peine, du tracas, des chagrins, etc. Éprouver, recevoir des chagrins.

souilan. Guêpe. (*Ma foang* en chin.)

souihe. Boîte d'un cachet, d'un sceau. Boîte à mettre un cachet. Espece de clef à fermer la boîte aux cachets. Épis des grains. Extrémité du fouet. La frange, l'extrémité de quelque chose que ce soit; comme d'un cordon, d'une corde, d'une piece de soie de quelque couleur que ce soit. L'extrémité d'une ceinture. Le parfait de *souimbi*, qui signifie, moudre, broyer, etc.

souihenembi. Fleurir. Monter en épi. Cela se dit des grains lorsqu'ils sont en épis.

souihe ilha. Nom d'une herbe amere et mordicante qu'on prend pour le symbole du malheur. On l'appelle aussi *morin tchalmin orho*, et en chinois *ma yng hoa*.

soui manga. Qui invente des choses fausses.

souihoumbi. Être furieux dans l'ivresse.

souihoutou. Qui est furieux et colere dans l'ivresse.

souihoun. Espece de pendant d'oreille que portent les hommes et les garçons.

souifoun. Perçoir, vilebrequin.

souifoulembi. Percer quelque chose avec le vilebrequin.

souifouleboumbi. Faire percer avec le vilebrequin.

SOUR 119

⟨𝑥⟩. *tsoui tchetchike.* Nom d'une espece d'oiseau qui vole sur la surface des eaux et prend les poissons. On dit aussi ⟨𝑥⟩. *oulguien hailoun tchetchike,* ou simplement ⟨𝑥⟩. *tchetchike.* C'est le verd-pêcheur. (*Tsoui tsiao* en chin.)

⟨𝑥⟩. *sour sere herguen.*

⟨𝑥⟩. *sour seme.* Cela se dit des odeurs bonnes ou mauvaises qui nous prennent au nez peu-à-peu. Alors on dit ⟨𝑥⟩. *sour seme otta paha.*

⟨𝑥⟩. *sourhoun akou.* Homme qui ne conçoit pas ce qu'on lui dit, qui ne comprend pas quand on lui dit quelque chose.

⟨𝑥⟩. *sourbetchen.* Manche de fer, ou l'extrémité d'un fer quelconque qu'on tient à la main. L'extrémité de la fleche, d'une épée, d'un couteau qui s'emmanche dans le bois.

⟨𝑥⟩. *sourtembi.* Lorsque le commun s'empresse, court pour avertir d'abord, pour être plutôt au terme. Fuir, courir.

⟨𝑥⟩. *sourtenoumbi.* Se sauver en désordre pendant la dispute ou dans le temps qu'on se bat. Demander à obtenir quelque chose. S'empresser à demander les premiers, et employer toutes sortes de de voies bonnes et mauvaises. On dit aussi ⟨𝑥⟩. *sourtenoume paimbi.*

⟨𝑥⟩. *sourki.* Petite vérole. (*Teou tou* en chin.)

⟨𝑥⟩. *sourki ouerihe.* Lorsque la petite vérole sort, qu'elle n'est point encore dehors. On dit aussi ⟨𝑥⟩. *hanta ouerihe.*

soun sere herguen.

soun. Lait de vache et des autres animaux.

soun ni tchai. Thé au lait.

soun sambi. Traire les vaches pour en avoir le lait, etc.

sounta. Sachet où l'on met les viandes. Viandes ou autres choses que les chasseurs à l'oiseau portent pour nourrir les éperviers. Espece de gibeciere plus petite que le sachet qu'on appelle en tartare *soumala,*.

sountaha. Espece de patins de bois, ou espece de sabot dont on se sert quand il y a des boues ou qu'on pêche : le dessus de ces patins est de peau ; ils ont outre cela des bandes de peau par le moyen desquelles on les attache aux jambes.

sountanahapi. On dit cela d'un homme gras dont le ventre tombe jusqu'aux cuisses et est fort gros. On le dit aussi d'un sac, sachet, ou autre chose semblable, qui, étant plein, paroît boursouflé. On dit encore *sountanaha.*

sountalambi. Aller en croupe. Lorsque deux personnes sont sur le même cheval. Talonner l'ennemi, le suivre de près. Lorsque l'affaire est finie y revenir, et en parler encore.

sountanaboumbi. Ordonner d'aller en croupe. Ordonner à deux personnes de monter un même cheval, de suivre l'ennemi de près.

SOUN

sountembi. Détruire une famille, l'exterminer jusqu'à la derniere génération. Détruire l'ennemi.

sounteboumbi. Faire un grand carnage, détruire l'ennemi, etc. Exterminer une famille, etc.

soun nimengui. Beurre.

sountcha. Cinq. (*Ou* en chinois.)

sountcha pia. Cinquieme lune.

sountcha tchilhan. Les cinq tons de la musique, qu'on nomme *koung, chang, kio, tche, yu,* en chinois.

sountcha herguin. Les cinq révolutions; c'est-à-dire les révolutions de l'année, du soleil, de la lune, des étoiles et des planetes.

sountcha feten. Les cinq éléments.

sountcha enteheme. Les cinq vertus capitales, qui sont la charité, la justice, la politesse, la droiture, la fidélité.

sountcha tsang. Les cinq intestins; savoir le cœur, le foie, les poumons, les reins, et la rate. (*Ou tsang* en chinois.)

sountchatchi tchalan ni omolo. Descendant de la cinquieme génération.

sountcha hatchin ni tchekou. Les cinq especes de grains dans le *tcheou ly.* On compte parmi les cinq especes de grains, le sésame ou le bled d'Inde, l'espece de légume appellé *hoang teou,* le grand et le petit millet, et le froment : d'autres comptent le *tao*, le *chou*, le *ki*, le *maï*, et le *kou*.

sountchata. Chaque cinquieme, de cinq en cinq.

sountchatchi. Le cinquieme.

sountchangueri. La cinquieme fois. Cinq fois.

sountcha hatchin ni orobouhangue. Les cinq especes de choses qu'on mêle avec le lait, telles que la farine de poire, les raisins secs, les prunes desséchées et réduites en farine. Ce qui reste après avoir fait bouillir le lait, ou bien crasse du beurre. Fruit de l'épine-vinette dont on exprime le jus. Extrait du fruit appelé *chàng ly houng*. Toutes ces choses se mêlent avec du lait et du miel.

sountcha tchalan kenguiesou. Esclave jusqu'à la cinquieme génération en descendant.

sountcha foun. Partie d'un pouce composée de cinq lignes. La moitié d'un pouce. (*emou ourhoun*.)

tsoun. Pouce. (*Tche tsoun* en chinois.)

soung sere herguen.

soungari pira. Fleuve du ciel, ou voie lactée.

soungata. Nom d'une espece de poisson qui ressemble au *tsia teou pe yu* : il a la queue et les nageoires rouges.

SOUK

𝑠𝑜𝑢𝑛𝑔𝑘𝑒. Eau distillée. Esprit. Essence.

𝑠𝑜𝑢𝑛𝑔𝑘𝑒𝑝𝑖. Cela se dit lorsque les cheveux, la barbe, etc., ou telle autre chose, après avoir été au froid, sont couverts d'une gelée blanche, ou d'une vapeur qui a gelé. Esprit. Essence.

sounguembi. Devenir malade; comme lorsque quelqu'un change de couleur, devient pâle et foible.

soungueletchembi. Cela se dit des branches d'arbres agitées par le vent, ou des abres qui sont encore foibles, et que le vent pousse de côté et d'autre.

sounguina. Nom d'une espece d'oignon sauvage qui vient dans les endroits froids et sur le sommet des montagnes.

soung el. Nom d'une espece d'oiseau de proie : c'est le mâle qui s'appelle ainsi. On le nomme aussi *atchike hia chelmen.*

souk sere herguen.

souk seme. Cela se dit de ceux qui, voulant s'empêcher de rire, éclatent par le nez. Rire du nez.

souk seme intchehe. Étouffer le rire et le laisser sortir par le nez.

souksan. Défricher pour la premiere fois une terre inculte; ou, pour mieux dire, champ en friche qu'on veut cultiver. Herbes sauvages qui se trouvent par-tout.

souksaha. La cuisse, c'est-à-dire la partie du corps qui est depuis la hanche jusqu'aux genoux. La croupiere d'un cheval, etc.

souksalambi. Défricher pour la premiere fois une terre inculte.

souksalaboumbi. Faire défricher une terre inculte.

souksalanambi. Aller défricher une terre inculte.

souksalantchimbi. Venir défricher un champ.

souksalantoumbi. Lorsque le commun défriche des terres. On dit aussi *souksalanoumbi.*

souksoumbi. Vanner le bled, les grains.

souksouboumbi. Faire vanner les grains.

soukdoun. Ki en chinois; principe qui est dans le ciel, sur la terre, dans l'homme, et dans toutes les choses matérielles et immatérielles.

soukdoun nietcheboumbi. Dégager la respiration par quelque médecine.

souksouhou. Oiseau de proie dont on se sert pour prendre les poissons : sa couleur tire sur le jaune; ses ailes sont grandes, sa queue courte, son cou gros.

souksouhoun. Avoir la barbe hérissée de colere.

⵰⵰⵰⵰⵰⵰⵰. [⵰⵰.] *souksourekepi, (mbi.)* Lorsque les oiseaux se secouent après s'être mis dans la poussière ou après qu'ils ont été mouillés : ou bien quand les oiseaux de proie, après s'être élevés fort haut, fondent tout à coup sur leur proie. Cela se dit encore lorsque les gencives sont enflées ; de même que lorsqu'on a le visage ou les yeux enflés. On dit aussi ⵰⵰⵰⵰⵰⵰. *souksourembi.* Enfler. S'enfler.

⵰⵰⵰⵰. *souktchi.* Graines d'ormeau qui viennent avant les feuilles ; elles sont rondes et bonnes à manger.

⵰⵰⵰⵰⵰. *souktchimbi.* Cela se dit des esprits qui tirent ou hument le plus subtil des viandes, des fruits, etc., qu'on leur offre. On dit aussi ⵰⵰⵰⵰. *alimbi.*

⵰⵰⵰⵰⵰ ⵰⵰⵰⵰⵰⵰. *soukdoun tchirhaboumbi.* Avoir la respiration arrêtée. Qui ne peut respirer.

⵰⵰⵰ ⵰⵰⵰ ⵰⵰⵰⵰. *soup sere herguen.*

⵰⵰⵰⵰. *soupche.* Cela se dit des maladies invétérées qu'on ne saurait guérir. Qui parle sans cesse, sans discontinuer.

⵰⵰⵰⵰⵰. *souptchalou.* Inégal. Qui n'est pas d'égale hauteur ; comme les herbes, les arbres, etc.

⵰⵰⵰⵰⵰. *soupkeri.* Cela se dit des habits de deuil qui ne sont pas ourlés en bas, ce qui forme une espèce de frange.

⵰⵰⵰⵰⵰. *soupkele.* Soie ou fil de soie qu'on tire des bords des pièces de soie, pour coudre l'habit de la même étoffe. On se sert de ces fils de soie, parcequ'étant de la même piece que l'habit, ils sont de la couleur.

༄༽ཨང་ཙ་ཚིགས༽ན. *soupkelembi*. Faire des fils de soie avec ceux qu'on a tirés des extrémités d'une piece, etc. Employer ces fils pour faire des houppes de bonnets.

༄༽ཨང་ཙ་ཚུགས་ཚིགས༽ན. *soupkeleboumbi*. Ordonner de tirer des fils de soie de l'extrémité d'une piece, etc.

༄༽ཨང་ཙུག་ཚིགས༽ན. *soupketchembi*. Cela se dit des habits et autres choses semblables, qui, étant déchirés, s'en vont en lambeaux ou s'effilent. On dit aussi ༄ང་ཙུག་ཚིགས༽ན. *tepketchembi*, et ༄༽ཨང་ཙུག་ཚིགས༽ན. *soupketchehepi*.

༄༽ཨུ་ ༄ཙུགས་ ༄ཚིགས༽. *soul sere herguen*.

༄༽ཨུ་ཀུ. *soulkou*. Ce qu'on met aux fleurs pour les soutenir. Ces especes de machines sont de bambou ou d'autre bois.

༄༽ཨུ་ཀུམ༽ན. *soulhoumbi*. Humecter la terre. Terre humectée, humide, molle.

༄༽ཨུ་ཕ. *soulfa*. Être tranquille. Lorsqu'on est en repos, sans inquiétudes ni chagrins, sans maladies. Corps qui est gras et replet. Avoir le cœur au large. Lorsqu'on tire de la fleche, le faire sans paroître y employer beaucoup de force, le faire à l'aise.

༄༽ཨུ་ཕ་ཀན. *soulfakan*. Qui est un peu au large. Qui a le cœur un peu au large. Qui tire de la fleche d'une maniere aisée.

༄༽ཨུམ་ ༄ཙུགས་ ༄ཚིགས༽. *soum sere herguen*.

SOUM

soumbi. Oter son habit, par exemple, se déshabiller. Lorsqu'une femme accouche ou qu'une bête met bas ses petits. Expliquer. Délier ce qui étoit lié. Cela se dit des tourbillons de vent qui s'élevent quelquefois; ou des cerfs, lorsqu'ils quittent leurs anciens bois.

soumba. Nom d'une plante sauvage qui ressemble à celle qu'on appelle *siao ngai* en chinois, et qui est un caustique. Cette herbe se mange lorsqu'elle a été bouillie. On en fait une espece de bouillon acide qui sert à assaisonner. Lorsque la barbe, les cheveux sont blancs, ou à moitié blancs. Blanc-gris. Herbe appellée *lyng* en chinois. C'est une espece de champignon.

soumbanahapi. Les cheveux et la barbe ont blanchi à moitié.

soumba matcha. Espece de porreau ou d'oignon sauvage qui n'a point de tige, et qui n'a qu'une feuille. Son odeur est comme celle du petit *ken-tsai*, qui ressemble à l'échalotte ou à la rocambole. Cette plante vient auprès des ruisseaux et dans les forêts. On l'appelle aussi *sifa matcha.*

soumbar seme. Cela se dit des habits qui sont déchirés par-tout et qui s'en vont en lambeaux, ou bien de toute autre chose semblable. On dit encore *soumbour seme makahapi*, et *soumbour sambar seme.*

ሰም, *soumboultchambi*. Être humecté, humide et glissant, en parlant d'un chemin où les pieds enfoncent, etc.

ሰምቡርችምቢ, *soumbourchambi*. Cela se dit de l'ennemi qui prend la fuite et se sauve en désordre, tout doucement.

CHA

sere herguen.

cha. (Impératif de *chambi.*) Ordonner de regarder. Espece de gaze de soie appellée *cha* en chinois. Filaments fort déliés. Forêts épaisses qui se trouvent derriere les montagnes. On dit aussi *choua.*

chania. Chanvre ou étoupe dont on bourre les habits et autres choses.

chaniaha houptou. Habit de toile de chanvre. (*Yun pao* en chin.)

chanoumbi. Lorsque le commun regarde ensemble quelque chose.

chaka, (*tcha* en chinois.) Espece de trident de fer. Il y en a dont on se sert à la guerre : ce trident a un crochet au bas. On s'en sert aussi à prendre les animaux. Espece d'arme faite en croc.

chakalambi. Se servir de l'instrument appellé *chaka*, du trident, de la fleche crochue. Prendre les poissons avec le trident. Piquer les poissons. Couper l'ennemi, lui couper le chemin. Interrompre quelqu'un qui parle.

chaka y tokombi. Se servir du trident. On dit aussi *chakalambi.*

chachehalambi. Donner des soufflets.

chakachaboumbi. Ordonner de mettre tout en désordre. Ordonner d'expliquer dans le plus grand détail.

𑀓𑀓𑀓. *chakalaboumbi.* Ordonner de se servir du trident, de couper le chemin, etc.

𑀓𑀓𑀓. *chakanaha.* La glace s'est fendue.

𑀓𑀓𑀓. *chahoun.* Couleur grisâtre. Nom de la huitieme heure chinoise.

𑀓𑀓𑀓. *chahoukan.* Qui est un peu gris, un peu blanc.

𑀓𑀓𑀓. *chahouroun.* Froid. Refroidi. Quelque chose qui est froid. (*Han* en chin.)

𑀓𑀓𑀓. *chahourambi.* Être froid. Être refroidi.

𑀓𑀓𑀓. *chahouraboumbi.* Faire refroidir.

𑀓𑀓𑀓. *chahouroun halhoun puloukan netchin.* Froid, chaud, tiede, et dans l'état naturel. Ces quatre qualités se trouvent dans les différentes médecines.

𑀓𑀓𑀓. *chahouroun cheri.* Source froide de laquelle l'eau sort presque glacée.

𑀓𑀓𑀓. *chahourakapi.* Il a pris le froid. Cette chose s'est refroidie. Cet homme a pris le froid et en est malade.

𑀓𑀓𑀓. *chahouroun edoun.* Vent froid. (*Han foung* en chinois.)

𑀓𑀓𑀓. *chahouroun chelengui.* Espece de gelée blanche qui tombe après l'automne.

CHACHA

ⴃⴌⵜⵓⵅⵓⵏ ⵖⵓⵊⵜⴼⴰ. *chahouroun intchembi.* Rire froidement. Lorsqu'on rit par mépris ou par colere.

ⴃⵜⴰⵏ. *chapan.* Espece de patins qu'on met sur les souliers ou les bottes. Ces patins sont armés de pointes de fer. On s'en sert pour grimper sur les montagnes où il y a de la glace.

ⴃⵜⴰⵔⵃⴰⵏ ⴃⵜⵓⴼⴰ. *chaparhan kitambi.* Faire une superstition par laquelle on prétend guérir les maladies des enfants. On remplit une porcelaine de riz; on la couvre avec de la toile, et on la fait passer ainsi sur la tête de l'enfant malade, en disant : Sois guéri.

ⴃⵜⴼⴰ. *chapi.* Écolier. Disciple.

ⴃⵜⴰⵙⴰⵔⵜⴼⴰ. *chabourambi.* Lorsque le sommeil veut venir. S'endormir.

ⴃⵜⴰⵙⴰⵓ ⵖⵓⵖⵃ. *chabourou aigen.* Espece d'or qui est de couleur blanchâtre. Or pâle.

ⴃⵜⵃⵜⴰⵏ. *chachehan.* Bouillon fait avec de la viande ou des herbes. Bouillie faite avec de la farine.

ⴃⵜⵃⵜⴰⵍⵃⴰⵙⴼⴰ. *chachehalaboumbi.* Ordonner de donner des soufflets.

ⴃⵜⵃⵜⵃⴼⵓ ⵖⵓⴼⴰ. *chachechame tambi.* Vent qui vient de côté. Vent de travers, qui souffle de côté.

ⴃⵜⵃⵜⴰⵏⵜⴼⴰ. *chachehachambi.* Frapper à coups redoublés. Donner des soufflets en quantité.

ⴃⵜⵃⵜⴼⴰ. *chachambi.* Lorsque tout est en désordre. Lorsque tout est pêle-mêle et qu'on ne peut rien distinguer. Parler obscurément, de façon qu'on ne distingue pas les paroles.

chachaboumbi. Faire mettre tout pêle-mêle dans un même lieu, de sorte qu'on n'y peut plus rien distinguer. Lorsque les affaires sont tellement embrouillées qu'on n'y distingue plus rien.

chachahapi. Les affaires sont en si grand nombre, et si embrouillées, qu'on n'y connoît plus rien.

chachan. Espece de boisson faite avec du petit grain appellé *siao teou*, ou avec une espece d'oignon, ou avec de l'ail qu'on pile et dont on tire le jus.

chachoun. Espece de ragoût tartare. On prend une branche d'arbre pointue, ou qu'on a coupée en pointe : on la pose sur un tas d'herbes auxquelles on met le feu ; ensuite l'on hache du poisson ou de la viande qu'on fait cuire à ce feu, et qu'on mange. [Feu que l'on allume avec des branches ou des feuilles d'arbre pour faire cuire les mets dont il est parlé ci-dessus.] On dit aussi *kioka.*

chachoun akou oho. Quelque chose que ce soit qui, de cinq parties, en a quatre de gâtées.

chatambi. Sommeiller. Être fatigué, harassé.

chataboumbi. Faire sommeiller. Faire fatiguer.

chachoun akou meitchebouhe. Tout, sans exception, est gâté, perdu.

chatashoun. Un peu fatigué, un peu harassé.

chatatchouka. Affaire embrouillée. Ennuyeux. Fastidieux. Rebutant. Qui fatigue.

chatan. Sucre. Sucre candi. Mais alors on dit *tchouhe chatan.*

chachoun akou. Quelque chose que ce soit qui est en lambeaux, qui est dans un état de destruction.

chatahapi. Il est fatigué, harassé, accablé de sommeil. On dit aussi *chataha yataha.*

chatou. Faire nettoyer le cuivre, blanchir l'argent.

chatoumbi. Nettoyer, blanchir l'argent, les ouvrages de corne qui sont sur l'arc, etc. Ce mot signifie blanchir, nettoyer, polir, etc.

chatouboumbi. Faire nettoyer, blanchir, polir les métaux, vases, arcs, ustensiles, etc.

chatournahapi. Lorsque la neige est gelée sur la superficie.

chatou foïo. Nom d'une plante qui croît sur les montagnes; elle vient par touffe : elle ressemble à celle qu'on appelle *sirka foyo.* Elle est basse, et acquiert sa couleur obscure plutôt qu'aucune autre plante. On s'en sert pour teindre en pourpre.

chala. L'endroit par où finit l'habit. Les bords de l'habit. Échancrure de l'habit. Les bords des côtés. une des parties supérieures de l'habit en dehors, aussibien que celle de dedans.

chataure okto. Éclat de la poudre à tirer.

chala i nialma. Hommes qui sont placés aux deux extrémités d'un rang. (Serre-file.)

chalar seme. En égalité. Plusieurs choses qui sont égales, dont les unes ne surpassent pas les autres. De file. Ris que fait une multitude.

chalangtou. Bœuf qu'on a engraissé, et qui est très gros.

chalibouhapi. La couleur a passé, elle est devenue presque blanche.

chatchambi. Cela se dit des chevaux ombrageux qui regardent de tous côtés en marchant. Regarder de côté. Regarder en tournant la tête.

chatchin. Édit par lequel on défend quelque chose. Défense. On dit aussi *fafoun chatchin.*

chatchilaha. Il l'a défendu. Il a embrassé sa défense. On dit encore *fafoulaha.*

chatchin yo. C'est le nom d'un ulcere; comme qui diroit, l'ulcere des Chinois. Mal vénérien. Ulcere vénérien. On dit aussi *nican yo*, et *fiha yo.*

chatchilan. Nom d'un bois; il ressemble au *tan mou*, mais il est plus blanc. On s'en sert pour faire les bois des fleches, et sur-tout le bouton qui est au bout des fleches qui ne servent que pour s'exercer. Nom d'un insecte qui se trouve quelquefois dans le ventre des bœufs; il est de couleur obscure et a une corne au-dessus de la tête.

ᠴᠠᠴᠢᠯᠠᠨ ᠨᠢ ᠰᠢᠷᠳᠠᠨ. *chatchilan ni sirdan.* Fleche dure, fleche faite avec du *hoa mou.*

ᠴᠠᠶᠣ. *chaïo.* Jeûne, pratique suivie par ceux qui aiment la bonne doctrine.

ᠴᠠᠶᠣᠯᠠᠮᠪᠢ. *chaïolambi.* Jeûner, faire abstinence.

ᠴᠠ ᠣᠤᠨᠲᠣᠷᠠᠺᠣ. *cha ouentourakou.* Nom d'une étoffe chinoise dont on fait des habits d'été de cérémonie. Les dragons y sont en long. (*Taly mang cha* en chin.)

ᠴᠠ ᠺᠡᠴᠣᠤᠾᠧᠷᠢ. *cha ketchouheri. Cha* dont on fait les *mang pao* ou les manteaux de cérémonie d'été.

ᠴᠠ ᠲᠴᠣᠤᠠᠨᠭᠲᠣᠤᠠᠨ. *cha tchouangtouan.* Nom d'une espece de *cha* dont on fait aussi des habits de cérémonie. (*Tchouang cha* en chinois.)

ᠴᠠᠷᠠᠺᠠᠫᠢ. *charakapi.* Il a blanchi. Ses cheveux et sa barbe ont blanchi. Il est tout blanc. On dit de même ᠴᠠᠷᠠᠺᠠ. *charaka.*

ᠴᠠᠺᠣ. *chakou.* Nom d'un fruit. C'est une espece de petite pomme rouge, aigrelette. (*Cha kouo tsée* en chin.)

ᠴᠠᠷᠠ ᠨᠢᠮᠡᠾᠧ. *chara nimehe.* Lorsqu'on a heurté contre quelque chose, et qu'on ressent des douleurs dans le cœur.

ᠴᠠᠷᠠ ᠹᠠᠨᠲᠴᠠᠾᠠ. *chara fantchaha.* Être dans la désolation. Avoir le cœur navré de douleur.

ᠴᠠᠷᠢ. *chari.* Espece de chicorée qu'on appelle *ku ma tsai* et *kou ma tsai* en chinois. On en mange les racines et les feuilles. On la cultive dans les jardins, et il y en a de sauvage.

ᠴᠠᠷᠢ ᠰᠡᠯᠡ. *chari sele.* Une barre, un morceau de

fer forgé. Chez les Mantchoux, on prend du sable, ou, pour mieux dire, de la limaille de fer, qu'on met au feu pour en faire des barres.

chari siri. Cela se dit de l'éclat ou du brillant des fleurs qui commencent à s'ouvrir.

charimbi. Fondre le fer de telle sorte qu'on puisse le prendre par morceaux. Fondre la gueuse.

chariboumbi. Faire fondre le fer crud ou la gueuse.

charintchambi. Regarder sans fixer, en remuant sans cesse les yeux.

charinguiambi. Faire connoître l'innocence de quelqu'un qu'on auroit accusé mal-à-propos. Blanchir quelqu'un. Rendre un tuyau, un bois de fleche comme tout neuf, en le raclant. Effacer les crimes, les fautes de quelqu'un.

charinguiaboumbi. Faire blanchir quelqu'un, le faire innocenter. Ordonner de faire blanchir un homme accusé de quelque crime.

charou. Chair ou viande coupée par petits morceaux, et desséchée au soleil.

chakachambi. Lorsque le commun interroge quelqu'un pour savoir de lui quelque chose. Être accablé d'affaires de toutes les especes.

chari chari. Brillant, éclatant.

char sere herguen.

char seme. Lorsque tout-à-coup on se sent porté à aimer quelqu'un, à lui faire du bien.

char seme kogere moutchilen. Il l'aimera dans l'instant. Il sera d'abord porté à l'aimer. On dit aussi tout simplement *char sere moutchilen.*

charhoumbi. Cela se dit lorsque le soleil luit, et que cependant il tombe de la neige.

chartan. Arbre qui est tout d'une venue, qui n'a aucune branche, qui n'a que la tige.

chan sere herguen.

chan. (*Eulh* en chinois.) Oreille. Les côtés de la barque où sont les rames.

chan ni hechen. Le bord de l'oreille.

chan ni aptaha. Cartilage de l'oreille. (*chan ni afaha.*)

chan ni sen. Trou qu'on fait à l'oreille pour y mettre des pendants.

chan ni telpi. Le derriere de l'oreille.

chan ni ta. La racine de l'oreille.

chan ni souihe. Bout de l'oreille. (*hoho.*)

chan ni fere. Le fond ou le dedans de l'oreille.

chan mila. Oreille qui est comme une plume qu'on auroit collée contre la tête.

◌. *chan tertehoun.* Oreille qui protubere en dehors, qui est droite et longue.

◌. *chan cantchime pantchihapi.* Oreille qui est comme collée contre la tête.

◌. *chan soulhoumbi.* Avoir des douleurs dans l'oreille.

◌. *chan ni fetekou.* Cure-oreille, instrument à se gratter l'oreille.

◌. *chan ni oungala.* Le trou de l'oreille.

◌. *chan tabou.* Par partie. Division, répartition. On dit aussi ◌. *oubou kouibou.*

◌. *chan sitchambi.* Écorcher les oreilles; comme lorsqu'il y a un grand bruit, etc. Corner aux oreilles.

◌. *chantchin.* Petit champ sur une montagne. Petite forteresse ou redoute sur une montagne. Petits retranchements, petites murailles.

◌. *chantchin fekoumbi.* Forcer le camp des ennemis. Prendre une forteresse, etc.

◌. *chan kaptakou.* Nom d'une des colonnes de la charpente. Cette colonne est fort courte; on en met trois, une à chaque bout, et la troisieme au milieu: elles soutiennent la poutre principale.

◌. *chantou kirangui.* Os que les animaux ont à la jointure des pieds de derriere. (On dit aussi ◌. *oumaha kirangui,* ou simplement ᢔᠠᡣᠣ. *chantou.*) L'os que les hommes ont à la cheville du pied, à la jointure du pied, s'appelle ᠊ᠣᠯᡥᠣᠨ ᡴᡳᡵᠠᠩᡤᡳ. *holhon kirangui.*

ᢔᠠᠩ ᠰᡝᡵᡝ ᡥᡝᡵᡤᡠᡝᠨ. *chang sere herguen.*

ᢔᠠᠩ. *chang.* Récompense, don qu'on fait à un inférieur. (*Chang en chin.*)

ᢔᠠᠩᠨᠠ. *changna.* Ordonner de faire un don.

ᢔᠠᠩᠨᠠᠮᠪᡳ. *changnambi.* Faire un don à un inférieur.

ᢔᠠᠩᠠᠪᠣᡠᠮᠪᡳ. *changaboubmi.* Ordonner de finir, de terminer une affaire.

ᢔᠠᠩᡴᠠᠨ. *changkan.* Quelque chose qui est séché au soleil ou au feu.

ᢔᠠᠩᡴᠠᠨ ᠨᡳᠮᠠᡥᠠ. *chankan nimaha.* Poisson séché au soleil ou au feu. (ᠴᠠᠨ ᠨᡳᠮᠠᡥᠠ. *tchan nimaha.*)

ᢔᠠᠩᠠᠨ. *changan.* Chose terminée, finie.

ᢔᠠᠩᠠᡨᠠᡳ. *changatai.* Chose absolument déterminée.

ᢔᠠᠩᠠᡥᠠ. *changaha.* Lorsqu'on fait la musique, et qu'elle est entièrement finie. Tout est fini. C'est une chose faite. (Prétérit du verbe suivant.)

ᢔᠠᠩᠠᠮᠪᡳ. *changambi.* Finir une affaire. Quelque chose que ce soit qu'on finit. Perfectionner ce qu'on fait. Finir la musique, la terminer.

ᢔᠠᠩᠠ ᡮᡳᡵᡴᡠ. *changa tchirkou.* Traversin, oreiller. (ᡮᡳᡵᡴᡠ. *tchirkou.*)

ᢔᠠᠩᠨᠠᠪᠣᡠᠮᠪᡳ. *changnaboumbi.* Ordonner de faire un don. Être récompensé.

⟨…⟩, changchaha. Espèce de panier fait avec des branches de saule : il est plus haut et plus bas que celui qu'on appelle ⟨…⟩, *loshan*, on l'appelle aussi ⟨…⟩, *changcheha.*

⟨…⟩, *changuien itcha.* Espèce de puceron qui a le corps fort petit et tirant sur le blanc.

⟨…⟩, *changuien nicheha.* Espèce de petit poisson un peu plus long qu'une main ouverte. Ceux qui ne le connoissent point, croient que c'est le petit du *tsiao teou pé.*

⟨…⟩, *changuien niongniaha.* Espèce d'oie blanche qui vole.

⟨…⟩, *changkoura niongniaha.* Nom d'une espèce d'oie dont il y a sept sortes. Celle dont il s'agit ici est parmi celles qu'on appelle rouges : elle est grosse et a le bec rouge.

⟨…⟩, *changuien alan.* La peau blanche, ou l'écorce du *hoa chou.*

⟨…⟩, *changuien.* Blanc, couleur blanche. (*Pe* en chinois.) Fumée des bâtons d'odeurs et de quelque chose que ce soit. Nom qu'on donne à une année du cycle de soixante.

⟨…⟩, *changuien faha.* Le blanc de l'œil.

⟨…⟩, *changuien silengui.* Espèce de rosée blanche qui tombe un peu avant le printemps.

⟨…⟩, *changuien oulhou.* Nom d'une bête fauve. Martre zibeline. (*Yn chou* en chinois.)

⟨…⟩, *changuien ihan.* Bœuf blanc. (*Pe nieou* en chinois.)

CHANG

᠊ᠴᠠᠩᠬᠢᠶᠠᠨ ᠲᠡᠢᠴᠣᠣᠨ. *changuien teichoun.* Cuivre blanc. (*Pe toung* en chinois.)

᠊ᠴᠠᠩᠬᠢᠶᠠᠨ ᠹᠧᠴᠣᠣᠨ. *changuien fechoun.* Alun. (*Pe fan* en chinois.)

᠊ᠴᠠᠩᠬᠢᠶᠠᠨ ᠲᠴᠢᠶᠣᠫᠢᠩ. *changuien tchiao ping.* Espece de pâtisserie dans laquelle il y a du sucre.

᠊ᠴᠠᠩᠬᠢᠶᠠᠨ ᠲᠴᠠᠢᠰᠧ. *changuien tchaisé.* Espece de pâtisserie ou de gâteaux cuits dans de l'huile. On les fait en jetant la pâte dans de l'huile bouillante.

᠊ᠴᠠᠩᠬᠢᠶᠠᠨ ᠬᠠᠯᠣ ᠢ ᠰᠠᠲᠴᠢᠮᠠ. *changuien halou i satchima.* Espece de vermicelle qu'on fait cuire avec du sucre dans de l'huile de chanvre.

᠊ᠴᠠᠩᠬᠢᠶᠠᠨ ᠰᠣᠣᠢᠬᠠ. *changuien souiha.* Nom d'une herbe médicinale dont les feuilles sont blanches.

᠊ᠴᠠᠩᠬᠢᠶᠠᠨ ᠫᠣᠣᠯᠧᠬᠧᠨ. *changuien poulehen.* Cicogne, qui se nomme aussi ᠶᠠᠲᠠᠨᠠ, *yatana,* (et *sien hao* en chin.)

᠊ᠴᠠᠩᠬᠢᠶᠠᠨ ᠹᠣᠣᠯᠬᠠ. *changuien foulha.* Peuplier blanc. (*Pe yang chou* en chinois.)

᠊ᠴᠠᠩᠬᠢᠶᠠᠨ ᠮᠣᠣᠷᠰᠠ. *changuien moursa.* Rave blanche, ou raifort blanc. (*Pe lo pou* en chinois.)

᠊ᠴᠠᠩᠬᠢᠶᠠᠺᠠᠨ. *changuiakan.* Un peu blanc, tirant sur le blanc.

᠊ᠴᠠᠩᠬᠢᠶᠠᠨ ᠰᠧᠯᠪᠧᠲᠧ. *changuien selbete.* Nom d'une plante sauvage qui n'a qu'une tige et une seule feuille; ses fleurs sont touffues, mais en petit nombre. Il y en a de rouges et de blanches. Les Mongoux appellent les rouges ᠰᠧᠲᠣᠣ. *setou* ou ᠮᠣᠩᠭᠣᠣ ᠰᠧᠲᠣᠣ, *mongou setou,* et les blanches ᠮᠠᠺᠧᠷ, *maker.*

᠊ᠴᠠᠩᠬᠢᠶᠠᠮᠪᠢ. *changuiambi.* Cela se dit lorsque dans

un appartement la fumée ne sauroit sortir. Fermer hermétiquement, pour ainsi dire.

changuiakou. Nom d'une espece d'insecte. Cousin ou moustique. Espece de composition faite avec de la fiente de loup dont on se sert pour donner les signaux, parceque la flamme s'éleve fort haut, ou, pour mieux dire, parceque cela fait beaucoup de fumée.

changuiakou taboumbi. Mettre la composition faite avec la fiente de loup dans le feu pour chasser les cousins, ou pour faire des signaux.

chang koro. Récompense et châtiment. (*Chang fa* en chinois.)

chak sere herguen.

chak seme. Cela se dit des plantes, des arbres, etc., qui viennent droits, hauts et épais. On dit aussi *chak seme pantchihapi.*

chak sik. Bruit que font en marchant les especes de devins tartares lorsqu'ils ont leur ceinture où il y a des clochettes. Bruit que font en marchant ceux qui portent des cuirasses. Hennissement de plusieurs chevaux ensemble. Bruit de plusieurs personnes qui marchent ensemble.

chakchari. Ris sourd dans lequel, sans éclater, on montre les dents. On dit alors *chakchari intchembi.*

chakchartchambi. Rire sans éclater,

en montrant seulement les dents. On dit de même *chakchaltchambi*, et *chakcharambi*.

chakchaha. Les joues.

chakchaha maktambi. Tourner la tête de colere, ou pour ne pas voir quelqu'un dont on ne se soucie pas.

chakchaha i kirangui. Os des joues des poissons. La chair des poissons s'appelle *senguele*.

chakchaha sele. Les deux parties du mors de la bride d'un cheval qui sont des deux côtés en dehors de la bouche.

chakchahalame togembi. Prendre les ennemis en flanc.

chakchahalambi. Prendre par le côté. Prendre en flanc.

chakchan. Mauvais garnement. Homme dont on doit fuir la compagnie, qu'on doit éviter.

chakchahoun. Qui a les dents si grosses que les levres ne peuvent les couvrir.

chap sere herguen.

chap seme. Bruit que fait la fleche lancée lorsqu'elle frise la terre.

chap sip seme. Bruit d'un grand nombre de personnes qui tirent de la fleche.

chaptoun. Partie du casque qui pend des deux côtés de la tête, qui couvre les oreilles.

chaptoungamahala. Gros bonnet fait de peau, et qui a deux oreilles.

cham sere herguen.

champi. Regarder, voir. Mêler de l'eau fraîche avec du riz cuit, et le laisser refroidir. Faire sécher de la viande, du poisson, etc.

champilambi. Faire les bâtons qu'on met sous la queue des bêtes de somme, auxquels sont attachées les cordes ou courroies du bât. Ce mot sert pour les ouvriers qui font ces bâtons, et pour ceux qui les mettent sur les bêtes.

champi. Bâton qui est sous la queue des mulets, mules, chameaux, etc., auquel sont attachées les cordes ou courroies de la selle, ou du bât.

champi mo. Bâton que les bêtes qui traînent la charrette ont sous la queue.

chambi ouche. Courroies qui sont attachées au bâton que les bêtes de charge ont sous la queue pour tenir le bât.

champilaboumbi. Ordonner de faire ces bâtons que les bêtes de somme portent sous la queue pour tenir le bât.

ché sere herguen.

ché. Espece d'épervier blanc, qui a sur la tête une espece de houppe, dont les oreilles ressemblent à celles du *che ly soun;* elles ne sont d'aucun usage. Nom chinois d'une constellation et d'un esprit de la terre qui préside aux générations. Nom d'un instrument de musique monté de vingt-cinq cordes.

cheben. Nom d'une espece de filet ou d'attrape pour prendre les *che ly soun.* On fait avec des cordes un lacet ou nœud coulant. Tendre ce filet se dit *cheben taboumbi.* On appelle aussi ce filet *moutoun fouta.* Quand on a pris ces animaux, on les fait mourir à coups de bâton, parcequ'alors, dit-on, la peau en est meilleure.

chechembi. Piquer. Cela se dit des bêtes venimeuses, comme les scorpions et les guêpes ou abeilles qui piquent par la queue.

checheboumbi. Être piqué. Faire piquer.

cheieken. Un peu blanc.

chechembe. Graine, ou petits d'une espece d'insecte appellé *tou foung* en chinois.

cheterchembi. Cela se dit de quelque bête de somme que ce soit qui a les reins foibles, et qui ne sauroit porter que très doucement le fardeau dont elle est chargée, qui ne marche que pas à pas.

cherimbi. Chercher querelle, parler d'une maniere brutale. Attaquer. Faire violence.

chele. Petite source ou petit ruisseau serpentant de tous côtés sans jamais tarir.

cheterekepi. Cela se dit des plantes, etc. qui, ayant presque séché faute d'eau, reprennent leur vigueur après une pluie.

ᠴᠢᠲᠤᠮᠪᠢ, *chetoumbi*. Cela se dit des serpents qui traversent l'eau.

ᠴᠢᠯᠡᠮᠪᠢ, *chelembi*. Faire l'aumône, donner de l'argent, etc., à l'usage des *miao*, etc. Donner par aumône ou par bienfaisance du thé, de l'eau, etc.

ᠴᠢᠴᠢᠯᠡᠮᠪᠢ, *chetchilembi*. Réciter par cœur, réciter sans regarder le livre, etc.

ᠴᠢᠴᠢᠯᠡᠪᠤᠮᠪᠢ, *chetchileboumbi*. Faire réciter par cœur.

ᠴᠡᠶᠢᠨ, *cheïn*, (*pe* en chinois.) Blancheur. Blancheur de neige. Blancheur de la lune quand elle est bien claire. Éclat. Propreté. Blancheur et éclat des pierres précieuses, qui sont sans tache.

ᠴᠡᠬᠡᠬᠡ, *chekehe*. Cela se dit lorsqu'après la mort, le corps de l'homme devient roide. Glacé de froid après la mort. On dit aussi ᠴᠡᠬᠡᠮᠪᠢ, *chekembi*. Cela se dit encore des lieux et des habits qui sont extrêmement humides après une pluie.

ᠴᠡᠬᠣᠨ, *chehoun*. Cela se dit des lieux vastes où il n'y a rien du tout, ni herbes, ni arbres, etc.

ᠴᠡᠬᠡᠪᠤᠮᠪᠢ, *chekeboumbi*. Être tout humide. Faire roidir au froid, ou mouiller à l'humidité.

ᠴᠡᠬᠣᠬᠡᠨ, *chehouken*. Lieu qui est un peu vaste et désert, où il n'y a presque rien.

ᠴᠡᠷᠡᠬᠡᠫᠢ, *cherekepi*. La couleur a blanchi. Quelque chose que ce soit qui est devenu blanc. Prétérit de ᠴᠡᠷᠡᠮᠪᠢ, *cherembi*. Blanchir l'argent. Cela se dit aussi de l'or, de l'argent et du cuivre qu'on fait rougir au feu.

CHENG

cheremboumbi. Faire blanchir. Faire rougir au feu.

cherentoumbi. Cela se dit des femmes enceintes qui commencent à ressentir les douleurs de l'enfantement.

cheri. Source d'eau. Origine.

cherimbi. (Quoique ce mot se trouve ici sans explication, je crois qu'il signifie, *gouverner.*)

cheriboumbi. Faire gouverner. Être gouverné.

cherin. Piece d'acier ou de fer qui est en travers sur le front de ceux qui portent le casque. C'est une partie du casque, qui garantit le front. Espece de médaille d'or sur laquelle il y a l'image de *Fo*, que les maîtres seuls portent sur le front.

cheringuiembi. Faire rougir de l'or, de l'argent, du fer, etc.

cher sere herguen.

chertou. (M. Amyot n'a pas traduit l'explication chinoise de ce mot tartare.)

cherhe. Espece de traîneau dont on se sert pour transporter sur la glace. (*hetchen fiaka.*)

chen sere herguen.

chentou. Cordon fait au métier. Ceinture large, etc.

cheng sere herguen.

cheng. Nom d'un instrument de musique fait avec dix-sept tuyaux de bambou, verni à l'embouchure. Il y a aussi une languette de bambou qui est attachée avec de la cire. (*Cheng* en chinois.

⟨⟩. *chengue*. Espece de devin qui sait les chose avant qu'elles arrivent. Homme prévoyant, qui sait pronostiquer.

⟨⟩. *chenguin*. Lieu creusé peu-à-peu par l'eau qui coule des montagnes. Lit d'un ruisseau, d'une riviere. Espece de tuyau ou telle autre chose de brique placée au dessus des cheminées, pour empêcher que la fumée ne noircisse la muraille. Le front, c'est-à-dire la partie de la tête qui est immédiatement au-dessus des sourcils. Le milieu du front.

⟨⟩. *chenguin heterembi*. (M. Amyot n'a pas traduit l'explication de ce mot tartare.)

⟨⟩. *chenguin kaimbi*. Recevoir une chiquenaude.

⟨⟩. *chep sere herguen*.

⟨⟩. *cheptehepi*. Prétérit de ⟨⟩. *cheptembi*. Être tout trempé de sueur. Lorsqu'on tombe dans l'eau et que les habits sont tous trempés.

⟨⟩. *cheou sere herguen*.

⟨⟩. *cheou cha*. Bruit du vent qui souffle.

⟨⟩. *cheou cheou seme*. Vent qui souffle par rafale.

⟨⟩. *cheouleboumbi*. Faire broder. Faire piquer.

⟨⟩. *cheou seme tambi*. Vent qui souffle avec bruit.

cheou chan. Espece de moufle qu'on met sur les portes des appartements de l'empereur.

cheoulembi. Broder. Faire des ouvrages en broderie; comme des dragons, etc.

chem sere herguen.

chembi. Espece de cordon qui regne autour des bottes, entre la semelle et le dessus du pied.

chembilembi. Mettre ou faire les cordons qui sont entre la semelle et le dessus du pied de la botte. On dit aussi *chembi hafirambi*.

chembileboumbi. Faire mettre les cordons entre la semelle et le dessus du pied de la botte.

che sere herguen.

che, (*che* en chin.) Le poids de cent vingt livres.

chetsée. Nom honorifique qu'on donne aux fils des régulos. (*Che tsée* en chinois.)

chelieou. Grenade. (*Che lieou* en chinois.)

cho sere herguen.

cho. Faire plumer, peler les oiseaux et animaux qu'on veut manger.

chonoumbi. Plumer ensemble un ou plusieurs oiseaux, etc.

choha. Il a plumé. Il a pelé.

chohatambi. Cela se dit lorsque deux

ou trois chevaux traînent une même charrette. Se décharger sur d'autres des choses qu'on ne sauroit faire.

choho. Le blanc d'un œuf.

choko. Étrille à l'usage des chevaux, etc., soit qu'elle soit de bois ou de fer.

choko amtoun. Espece de grattoir pour gratter, effacer, ou ôter la colle, etc.

cho nietchen. Piece que les Mantchoux mettent à leur culotte, à l'endroit des parties. Elle est faite en triangle.

choboumbi. Faire racler, faire étriller un cheval, etc.

chojin. Espece de clavette qu'on met en guise de serrure. Gonds de la porte.

chojeki. Espece de fouine qui ressemble à la fouine ordinaire : elle a une grande queue et des raies sur le corps. Espece d'écureuil. Qui est fort vif. Qui a le cœur étroit.

chochombi. Mettre tout en monceau. Faire le total. Ranger les cheveux en une même touffe, comme font les femmes. Assembler le total. Nouer les cheveux ensemble. Ramasser en un monceau les ordures des éperviers.

chochoboumbi. Faire assembler. Faire l'addition du total. Faire mettre en un monceau, etc.

chochohon. Assesseur. Celui qui assiste au tribunal en qualité de second. Le total. Somme. En somme, en général.

chochoho. Il a fait le total. Il a mis en monceau les ordures des oiseaux de proie, par exemple.

chochon. Touffe de cheveux que les femmes portent noués sur la téte. Ordure des éperviers.

chotan ilha. Nom d'une fleur : c'est la pivoine. C'est une belle fleur : elle s'appelle en mongou *tchene*.

chotokou. Poche des filets. Espece de petit filet qui est au bout d'un bâton. Les quatre côtés de ce filet sont soutenus par deux bâtons en croix.

chotombi. Pêcher aux filets. Prendre avec le petit filet qui est au bout d'un bâton les poissons qui sont dans le gros filet. Mettre le petit filet dans l'eau pour retirer le poisson. Cela se dit aussi des chevaux, etc., qui marchent avec bruit; ou des personnes qui, n'ayant rien à faire, vont de côté et d'autre pour se désennuyer.

chotoboumbi. Faire pêcher au filet. Ordonner de se dépécher, de marcher vite.

choli. Cela se dit des fleches, des palets, et des os dont on se sert pour jouer, lorsqu'ils n'arrivent qu'à moitié du but.

cholo. Loisir. N'avoir rien à faire. Oisif. Ordonner à quelqu'un de faire cuire un poulet, une oie.

cholo paimbi. Avoir du loisir. N'avoir rien à faire, etc.

cholo akou. Qui n'a pas de loisir. Qui a des affaires.

cholo toutchiboura̋ou. Qui ne prend aucun loisir, aucun repos, etc.

cholombi. Faire rôtir la viande sur le feu.

cholongueou satchikou. Instrument de fer propre à remuer la terre, soit lorsqu'elle est gelée, soit seulement lorsqu'elle est dure.

cholongueou. Épithete qu'on donne à celui ou à ceux des soldats ou des chasseurs qui, plus adroits ou plus courageux que les autres, lancent les premieres fleches, et marchent devant. La pointe de quelque chose que ce soit. Épithete d'un homme qui fait les affaires promptement. La pointe ou les deux pointes du noyau de jujube.

choïombi. Cela se dit des habits qui se plissent, qui froncent, etc.

choïoshoun. Un peu froncé. Un peu plissé.

chorengue. Qui est du rabot.

choïoboumbi. Faire plisser. Faire froncer.

choke. Une piece d'or, d'argent. Un morceau d'or, d'argent, etc.

choïohopi. Cela se dit de ceux qui ont des rides, qui sont ridés.

chorime halhoun. Extrême chaleur. Chaleur insupportable ; lorsque le soleil pénetre comme un vilebrequin.

choro. Espece de panier à porter des provisions : il est fait de bambou ou d'autres bois semblables, etc.

choro sele. Espece de sabre plus court que ceux qu'on porte au côté ; il n'a point de garde. Couteau de chasse que l'on porte en devant.

choron. Poussin des poules, oies, canards, etc., tant sauvages, que domestiques.

chovoroboumbi. Faire pincer. Faire gratter. Faire racler, etc.

chovorombi. Pincer avec les ongles. Prendre quelque chose avec les doigts comme en pinçant. Prendre à poignée. Gratter, racler. L'action des ongles dans les hommes et les animaux.

chovorchombi. Prendre à tort et à travers avec les doigts. Égratigner.

chovorontchimbi. Venir pincer. Venir égratigner.

choloboumbi. Ordonner de faire cuire, de faire rôtir la viande.

cholon. Fourchette de fer ou de bois dont on se sert pour tirer la viande du pot, etc. Instrument de bois ou de fer qu'on plante dans la viande ou dans toute autre chose, etc.

chovoïun. Qui a le cœur étroit et qui ne sauroit rien souffrir. Homme à qui la moindre chose fait perdre la tête, et qui se met en colere pour rien.

chovor seme. Qui agit comme s'il avoit perdu la tête. Qui court avec empressement sans savoir où donner de la tête, tantôt d'un côté, tantôt de l'autre, à l'étourdie.

chor sere herguen.

chor char. Bruit d'un grand vent ou d'une grosse pluie.

chor seme. Lorsqu'on est à cheval, aller un peu vite. Alors on dit *chor seme yaboumbi.*

chor seme ahambi. Lorsque la pluie tombe un peu fort, et qu'on entend un bruit proportionné.

chorho. Poussin, poulet.

chortai. Nom d'un os que les moutons, cerfs, etc., ont à la jointure de la jambe. Cet os a quatre côtés; de l'un il est creux, de l'autre élevé, etc. Les enfants s'en servent en Tartarie, aussi-bien qu'en France, pour jouer. (Osselet.)

chorkime kaimbi. Presser pour avoir l'entier paiement d'une dette, par exemple. Presser pour avoir le surplus de ce qu'on nous doit.

chorkimbi. Détruire comme les eaux qui viennent avec rapidité de plusieurs endroits à la fois, et qui détruisent, par exemple, un chemin. Ce mot se dit aussi lorsqu'on atteint avec la fleche le milieu du but seulement. Faire un trou avec un vilebrequin. Presser pour qu'on fasse vite quelque chose que ce soit. Presser, *urgere.*

CHOK

chorkibouha. Les eaux ont donné abondamment contre cet endroit, et l'ont détruit, renversé, etc. Cet endroit a été renversé par les eaux dont la violence étoit grande. Ordonner de presser. Ordonner de percer, de faire un trou avec un vilebrequin.

chorgui. Ordonner de presser, de percer, etc. C'est l'impératif de *chorguimbi.*

chorguinambi. Aller presser, etc.

chorguintchimbi. Venir presser, etc.

chorguintoumbi. Lorsque le commun presse, etc. On dit aussi *chorguinoumbi.*

choung sere herguen.

chonkon. Nom d'un oiseau de proie qui ressemble au *hai hou;* son vol est très rapide : il prend les oies sauvages et autres oiseaux semblables. Cet oiseau de proie s'appelle en chinois *hai tsing.*

chonkon itcha. Nom d'un insecte qui ressemble à celui qu'on appelle *mong* (en chinois), il est seulement un peu plus long, et mince par le milieu du corps. Il prend les mouches.

chok sere herguen.

chokchohon. Qui a les levres froncées de colere. On dit aussi *choukchouhoun.* Pic ou sommet d'une montagne qui s'éleve fort haut par dessus les autres.

chokcholime. Verser doucement le grain

dans un boisseau pour le mesurer. Alors on dit *chokcholime mialimbi.* ꡯꡯꡯꡯ. Quand il est rempli. Remplir une tasse, une écuelle de riz, etc., un boisseau de bled, de grains.

ꡯꡯꡯ. *chop sere herguen.*

ꡯꡯꡯ. *chopkochombi.* Se servir de bâtonnets pour manger, ou bien prendre les viandes avec les doigts. Se servir de la cuiller.

ꡯꡯꡯ. *chopkochome terakou.* Dire des injures grossieres comme les personnes viles ont coutume de faire.

ꡯꡯꡯ. *chopkochome tchembi.* Se servir de bâtonnets en mangeant quoi que ce soit; ou bien se servir de ses doigts comme les gens vils et sans éducation; ou bien se servir de la fourchette.

ꡯꡯꡯ. *chao sere herguen.*

ꡯꡯꡯ. *chao koumoun.* Nom qu'on donne à la musique de l'empereur qui se fait lorsque sa majesté tient son lit de justice et qu'elle retourne à son appartement : elle a huit parties.

ꡯꡯꡯ. *chaogue.* Les plumes courtes que les oiseaux ont sur les ailes. Ce mot désigne seulement les plumes qui sont courtes et dures.

ꡯꡯꡯ. *chom sere herguen.*

ꡯꡯꡯ. *chombi.* Frotter le corps d'un animal. Secouer la poussiere de dessus le corps d'un animal. Gratter la terre qui se trouve sur quelque chose. Gratter ou frotter le corps, c'est-à-dire le bras, jusqu'à ce que le sang vienne. Cela se pratique pour la maladie appellée *mortdachem*. Gratter. Ôter en grattant la terre ou la boue. Gratter ou étriller un cheval, etc.

ᡕᡠ ᠰᡝᠷᡝ ᡥᡝᡵᡤᡠᠨ. *chou sere herguen.*

ᡕᡠ, *chou.* Éloquence, habileté, science, astronomie, etc. Ce mot se dit aussi d'un équipage élégant, brillant. On dit de même ᡕᡠ ᠶᠠᠩᠰᡝ, *chou yangse.* Éloquence.

ᡕᡠ ᡳᠯᡥᠠ, *chou ilha.* Fleurs de nénuphar. (*Ho hoa* en chinois.)

ᡕᡠᠨᡝᡥᡝ, *chounehe.* Cela se dit des plantes qui ont commencé à germer.

ᡕᡠᠨᡝᠮᠪᡳ, *chounembi.* Ôter les mauvaises herbes d'un champ.

ᡕᡠᠪᡠᡵᡳ, *choubouri.* Qui n'a ni belles ni grandes idées. Qui est timide. Homme qui n'oseroit s'avancer en rien.

ᡕᡠᠪᡠᡵᡝᠮᠪᡳ, *choubourembi.* Cela se dit lorsque les chevaux et autres animaux se sont blessés à la corne du pied. Cela se dit encore lorsque la chaleur a comme brûlé les plantes, et que les feuilles se roulent.

ᡕᡠᠪᡠᡵᡳᡧᡝᠮᠪᡳ, *choubourichembi.* Avoir beaucoup de timidité. Avoir l'apparence d'un homme extrêmement timide. Aimer un enfant, etc., avec une extrême affection.

ᡕᡠᠪᡠᡵᡳᡴᡝᡦᡳ, *choubourikepi.* Lorsque la corne du pied des chevaux, etc., s'est retirée, rétrécie.

ᡕᡠᠵᡝᠨ, *choujen.* Ciseau dont se servent les menuisiers pour faire des trous.

ᠴᠣᡠᠰᠠᡳ. *chousai.* Nom qu'on donne aux bacheliers, etc.

ᠴᠣᡠᠵᡝᠯᡝᠮᠪᡳ. *choujelembi.* Percer avec un ciseau, etc.

ᠴᠣᡠᠵᡝᠯᡝᠪᡠᠮᠪᡳ. *choujeleboumbi.* Faire percer avec un ciseau.

ᠴᠣᡠᠵᡝᡥᡝ. *choujehe.* Petite planche, ou planchette fine et mince dont on se servoit pour écrire. Planches sur lesquelles on grave. Registres sur lesquels on écrit ceux qui doivent payer ou qui paient le tribut. Registre. On dit alors, sur-tout lorsqu'il est gros, ᠣᡠᡝᠨᡨᡝᡥᡝᠨ ᠴᠣᡠᠵᡝᡥᡝ. *ouentehen choujehe.* Planche sur laquelle on met le nom des familles qui paient le tribut, et la quantité de ce tribut. Chaque famille, hors de *Peking*, a une semblable planche.

ᠴᠣᡠᠰᡝᠮᡝ ᠣᠠᠵᡝᡴᠠ. *chouseme ouajeka.* Glisser de haut en bas sur le derriere. Descendre par le moyen d'une corde. Descendre d'un lieu élevé en se laissant glisser sur le derriere.

ᠴᠣᡠᠵᡝᡥᠠ. *choujeha.* Fouet. (*Pien tsée* en chinois.)

ᠴᠣᡠᠵᡝᡥᠠ ᡴᠣᡠᠣᠮᠪᡠᠮᠪᡳ. *choujeha kouomboumbi.* Faire claquer le fouet. Cela se dit du grand fouet qu'on fait claquer devant l'empereur, les jours de cérémonie, pour mettre en fuite les mauvais esprits, et pour intimider les méchants hommes.

ᠴᠣᡠᠵᡝᡥᠠᠯᠠᠮᠪᡳ. *choujehalambi.* Donner le fouet.

ᠴᠣᡠᠵᡝᡥᠠᠯᠠᠪᡠᠮᠪᡳ. *choujehalaboumbi.* Faire donner le fouet.

ᠴᠣᡠᠵᡝᡥᠠᠴᠠᠮᠪᡳ. *choujehachambi.* Donner du fouet,

ou frapper avec le fouet à tort et à travers, sans s'embarasser de l'endroit où l'on frappe.

ᐊᕐᓗ, *chouchou*. Espece de grain. Couleur mêlée de noir et de rouge. Espece de violet.

ᐊᕐᓗ, *choujehiembi*. Induire, solliciter au mal. Semer la discorde.

ᐊᕐᓗ, *choujehieboumbi*. Faire semer la zizanie ou la discorde, etc.

ᐊᕐᓗ, *choujehe paitchambi*. Feuilleter les registres. Chercher dans les registres combien un tel, par exemple, a de points de diligence.

ᐊᕐᓗ, *chousou*. Viandes et autres choses dont se nourrissent ceux qui vont au-delà de la grande muraille. (ᐊᕐᓗ, *oula chousou*.)

ᐊᕐᓗ ᐊᕐᓗ, *chouchou chacha*. Chuchoter, parler bas de peur d'être entendu.

ᐊᕐᓗ ᐊᕐᓗ, *chouchou yaroukou*. Appât dont on se sert pour prendre les crabes, écrevisses, etc. On met de la viande, etc., au bout d'une ficelle, et on la jette dans l'eau.

ᐊᕐᓗ ᐊᕐᓗ, *chouchou tchalihoun*. Nom d'un oiseau : il y en a de tout rouges, et d'autres qui ne le sont pas. Il est plus gros que celui qu'on appelle *tsing choui ouo lan* en chinois.

ᐊᕐᓗ, *choutou*. Ordonner de racler la peau, de la tanner.

ᐊᕐᓗᕐᓗ, *chouchouri machari*. A la sourdine, en cachette, comme si on faisoit du mal. Imprudemment, sans règles ni mesures, à l'étourdie.

ᓀᖅᐅᑉᐅᒻᒥ. *choutouboumbi.* Ordonner de racler la peau, de la tanner.

ᓀᖅᑐᓚᕐᖑᐃᐊᒻᒥ.*chouchounguiambi.* Parler bas, chuchoter, parler à l'oreille.

ᓀᑎᒃᐊᔾ. *choulehen.* Tribut que le peuple donne à l'empereur.

ᓀᖅᑎᒻᒥ. *choutembi.* Médire de quelqu'un, le faire passer pour un homme à subterfuges, qui est fin, qui est adroit, médisant, etc.

ᓀᑎᐆᒻᒥ. *chouleboumbi.* Ordonner d'aller ramasser le tribut, les denrées.

ᓀᖅᐅᒻᒥ. *choutoumbi.* Racler la terre, arracher les herbes. Racler la peau, en ôter le poil. Couvrir d'eau. Être inondé. On dit aussi ᓀᖅᐅᔾ ᑲᐃᒻᒥ. *choutoume kaimbi.*

ᓀᐅᓚᐆᒻᒥ. *choukilaboumbi.* Ordonner de donner des coups de poing.

ᓀᖅᐅᐆᔾ. *choutoubouha.* Ouvrir la peau, y faire des raies. Avoir la peau ouverte. Avoir été raclé, etc.

ᓀᑎᔾ. *choula.* Pus, sang corrompu, etc.

ᓀᖅᐅᐃᒻᒥ. *choutouhapi.* Cela se dit des enfants qui ont crû peu-à-peu. On dit aussi ᓯᑑᒥ ᑫᓀᒻᒥ, *sitoume kenembi*, et ᓀᖅᐅᔾ ᑫᓀᒻᒥ. *choutoume kenembi.* Croître peu-à-peu, devenir grand.

ᓀᑎᒻᒥ. *choulimbi.* Chanter. Cela se dit du chant des hirondelles et du *ouo lan*.

ჵႭჶႰ. *choulihoun.* Chose quelconque dont la racine est plus grosse en haut qu'en bas. Tête de l'homme qui va en pointe. Qui a une pointe fine. Quelque chose que ce soit qui va en diminuant. Pointe.

ჵႭჶႰ ႷႰႭ. *choulihoun yoro.* Espece de bouton qu'on met au bout des fleches qui servent pour l'exercice. La pointe de ce bouton. Il y en a de deux ou trois sortes. Les uns sont divisés par cinq tranches; chaque tranche a deux trous : il y en a qui n'ont que quatre faces à deux trous chacune : il y en a aussi qui sont de fer, et plus forts que les fleches ordinaires. On s'en sert à la guerre. On met de ces boutons dans le carquois, etc.

ჵႭჶႰ ႱႬႭჶႨ. *choulihoun enguemeou.* La pointe de la selle qui est en devant : elle est ordinairement vernissée.

ჵႭჶႨ. *choulou.* Les tempes. *Tempora.*

ჵႭჶႭႫႡႨ. *chouloumbi.* Donner du chagrin à quelqu'un. Fouler quelqu'un, etc.

ჵႭჶႭႡႭჶႫႡႨ. *choulouboumbi.* Recevoir du chagrin. Être foulé, opprimé, etc.

ჵႭჶႭႡႭჶჰႠ. *chouloubouha.* Il a été opprimé, foulé, etc. (Prétérit du verbe précédent.)

ჵႭჶႫႠ. *chouman.* Les reins du cheval. La partie qui donne la vie aux six sortes d'animaux domestiques, tels sont le chien, le cheval, le bœuf, le mouton, la poule et le cochon.

ᐅᓱᒥᐊ, *choumin.* Profond.

ᐅᓱᒥᐊ ᒥᒋᐦᐃᐁᐣ, *choumin mitchihien.* Profond et non profond.

ᐅᓱᒥᑲᐊ, *choumika.* Un peu profond.

ᐅᓱᐃᐣ, *chouïn.* Creux d'où sort l'eau qu'on boit, dont on abreuve les chevaux, ou dans laquelle on prend les poissons. Ce sont les trous que l'on fait à la glace lorsque la riviere est gelée, etc.

ᐅᓱᑭᒥᐸ, *choukimbi.* S'appuyer à tort et à travers sur quelque chose que ce soit de mauvais.

ᐅᓱᑭᐳᒥᐸ, *choukiboumbi.* Faire appuyer quelqu'un sur quelque chose de mauvais.

ᐅᓱᑭᓚᒥᐸ, *choukilambi.* Cela se dit des bœufs, moutons et autres bêtes à cornes qui se heurtent la tête l'un contre l'autre. Se battre à coups de poings. Donner des coups de cornes, des coups de tête à quelqu'un.

ᐅᓱᑭᒐᒥᐸ, *choukichambi.* Se battre à coups de cornes, comme les bœufs, moutons, etc. Se battre à coups de poings, etc.

ᐅᓱᑭ, *chouki.* Humeurs du corps. La seve d'un arbre. Le pus d'une plaie. Le suc d'un fruit. Compote de quelque fruit que ce soit faite avec du riz et du sucre. La moëlle des os. La salive. Pour lors on dit ᐅᒪᐦᐊ ᐅᓱᑭ, *oumaha chouki.*

ᐅᓱᒋ, *choutchi.* Qui affecte de savoir ce qu'il ne

sait pas, et de vouloir faire ce dont il n'est pas capable.

ⵛⵓⵜⵛⵉⵍⵎⴱⵉ. *choutchilembi.* Se vanter de ce qu'on ne sait pas faire, etc.

ⵛⵓⴽⵓⵏ. *choukoun.* L'étui de l'arc, qui a un vuide de chaque côté.

ⵛⵓⵀⵓⵔⵉ. *chouhouri.* La peau du bled noir ou du bled sarrasin. Le son du bled noir.

ⵛⵓⴽⵓⵎ. *choukoume.* Être assis ayant les deux jambes appuyées sur quelque chose. On dit aussi ⵛⵓⴽⵓⵎ ⵜⵎⴱⵉ. *choukoume tembi.*

ⵛⵓⵀⵓⵜⵓ. *chouhoutou.* Nom d'un arbre dont le bois est propre pour faire des fleches. Espece de bois de sandal de couleur rouge que l'on nomme aussi ⵜⵛⴰⴽⵓⵔⴰⵏ, *tchakouran,* ou petit sandal.

ⵛⵓⵀⵓⵔⵉ ⵙⵉⵀⴰⵎⴱⵉ. *chouhouri sihambi.* Cela se dit des enfants dont la petite vérole, commençant à sécher, tombe en espece de son, comme le son du bled sarrasin.

ⵛⵓⵔⵓ. *chourou.* Corail. Il y en a de rouge, de blanc, et de noir. Il vient de la mer. Pesant. Cela se dit des enfants qu'on porte entre les bras et qui incommodent un peu. La mesure du pouce à l'index quand la main est ouverte et étendue. Anneau de corne ou d'os qu'on met au pouce pour tirer de la fleche. Ordonner à quelqu'un d'arrondir, de tourner quelque chose. Faire tourner quelqu'un lorsqu'on invoque l'esprit, en lui faisant tenir en main le bâton avec lequel on le conduit. (Impératif de ᎷᎷᎷᎷ. *chouroumbi.*)

ᎷᎷᎷᎷ, *chouroukou.* Les petites rames d'un navire nommées *tsié* en chinois. Tour à tourner différents ouvrages, comme les anneaux dont on se sert quand on veut tirer de la fleche, les boutons qu'on met à la pointe des fleches dont on se sert pour l'exercice, etc. Ce tour s'appelle *Hiuen tchoung tsée* en chinois. Especes de bâtons dont les bateliers se servent pour pousser leurs bateaux, les faire avancer, etc. (Aviron.)

ᎷᎷᎷᎷ, *chouroumbi.* Pousser les bateaux avec des bâtons. Ramer. Tourner. Faire au tour des anneaux, des grains de chapelets, etc.

ᎷᎷᎷᎷ, *chourouboumbi.* Faire ramer. Faire faire au tour.

ᎷᎷᎷᎷ ᎷᎷ, *chouroubouha sele.* Fer de la cuirasse qui est fait au tour.

ᎷᎷᎷ, *choufa.* Espece de gaze frisée dont les femmes se font des coëffures. Ordonner de rendre égal, d'égaliser, etc. (Impératif de ᎷᎷᎷᎷ. *choufambi.*)

ᎷᎷᎷᎷ, *choufaboumbi.* Être mordu des poux, puces, cousins, etc. Ordonner de partager également, de donner une portion égale.

ᎷᎷᎷᎷ, *choufambi.* Partager également. Donner à chacun une part égale. Avoir sa portion juste d'argent, de denrées, etc. Mordre. Cela se dit des poux, puces, cousins, etc., qui mordent.

ᎷᎷᎷ, *choufan.* Les rides que les hommes ont sur

le visage et au front. Plis des habits, des tabliers de femmes, etc., des bourses qu'on a plissées. Alors on dit ༄༅ ༄༅, *choufan tchafambi.*

༄༅, *choufanahapi.* Les rides lui sont venues sur le front, sur le visage, etc.

༄༅, *choufar.* Bruit que fait le sabre quand on le tire de son fourreau avec force. Sifflement des serpents.

༄༅ ༄༅, *choufanga salou.* Les trois brins de barbe; savoir, les deux côtés de la moustache et le menton : ou bien les poils des deux joues et ceux du menton. On dit aussi ༄༅, *house.* La barbe des deux joues.

༄༅, *choua.* Bosquets ou forêts qui sont derriere les montagnes. Bouquets de bois au nord des montagnes. On les appelle encore ༄༅, *cha.*

༄༅ ༄༅, *chouar sir.* Qui monte ou descend d'un arbre lestement et avec agilité.

༄༅, *chouase.* Frange. Le bord d'en haut des rideaux. La bande que les rideaux ont à la partie d'en haut. Le bord d'un parasol qui pend comme une frange, etc.

༄༅, *chouanglou.* Espece d'échecs. (*Choang lou* en chinois.)

༄༅, *chouarkien.* Verge, barre, bâton que les criminels ont derriere le dos. Baguette ou rejeton d'un arbre qui est tombé de lui-même, etc.

༄༅, *chouak.* Bruit qu'on entend lorsqu'on donne le fouet à quelqu'un.

𐰊𐰊. *chouarkien ounoumbi.* Mettre le bâton derriere le dos d'un criminel. On lui lie les mains sur ce bâton.

𐰊𐰊. *chouarang seme.* Qui a la figure d'un bâton long et mince. Homme grand et menu. Longue perche.

𐰊𐰊. *chouak sik.* Bruit de plusieurs fouets qui frappent à la fois.

𐰊𐰊. *choue.* Très habile. Limite, terme d'un chemin. Une traite de chemin très étendue.

𐰊𐰊. *choue hafou.* Très intelligent. Qui sait parfaitement.

𐰊𐰊. *chouai seme.* Un homme haut et mince. On dit aussi 𐰊𐰊. *cantahoun,* et 𐰊𐰊. *chouai seme pantchihapi.* Quelque chose que ce soit qui est long et mince. Alors on dit 𐰊𐰊. *chouai seme kolmin.* Une forêt pleine d'arbres fort élevés et fort minces, etc.

𐰊𐰊. *chour sere herguen.*

𐰊𐰊. *chourha.* Lorsque le vent souffle des quatre côtés, et que la poussiere s'éleve dans les airs. Lorsqu'il souffle un grand vent et qu'il tombe en même temps de la neige, qui est emportée par le vent.

𐰊𐰊. *chourha.* Sanglier de deux ans.

𐰊𐰊. *chourhan tasha.* Tigre de trois ans.

ᠴᡠᡵ ᠴᡠᡵ. *chourgueme targuime.* Trembler de peur. Lorsque les mains et les pieds nous tremblent de peur, etc.

ᠴᡠᡵᡨᡝᡴᡠ. *chourtekou.* Instrument de cuivre ou d'étain dont on se sert pour jouer à l'osselet. Cet instrument est fourchu; on le tient entre les doigts, et on pousse l'osselet avec. On l'appelle aussi ᡶᠣᡥᠣᡨᠣ. *tchohoto.*

ᠴᡠᡵᡨᡝᠮᠪᡳ. *chourtembi.* Faire des détours. Tourner quelque chose. Tourner, faire un rond, un circuit. Rond que les Mantchoux font en commençant d'écrire. Cela se dit aussi lorsque les chasseurs environnent le gîte des bêtes fauves pour les tuer aisément lorsqu'elles en sortiront, après qu'on les aura épouvantées. Se veautrer, se tourner sens dessus dessous comme les bêtes ou comme les enfants quand ils badinent ensemble.

ᠴᡠᡵᡨᡝᠪᡠᠮᠪᡳ. *chourteboumbi.* Ordonner de faire des tours, des détours, de tourner, d'environner quelque chose, de se veautrer, etc.

ᠴᡠᡵᡨᡝᡴᡠ. *chourtekou.* Lieu où les eaux se ramassent de tous côtés. Anneau où l'on met les pendeloques de la ceinture. Anneau ou telle autre chose ronde. Roulette. Anneaux d'argent, de cuivre, de fer, etc., par le moyen desquels on retient, par exemple, les oiseaux enchaînés, sans que la corde ou la chaîne se mêle. Anneau de pierres précieuses, etc.

ᠴᡠᡵᡨᡠᡴᡠ ᠶᠣ. *chourtoukou yo.* Ulcere invétéré, plein de trous qui supurent. Hémorrhoïdes qui fluent.

chourguembi. Trembler, tremblotter.

chourguetchembi. Trembler de peur. Trembler de froid, de foiblesse. Trembler la fievre.

chourgueboumbi. Faire trembler.

chourgueme keleme. Trembler de peur, etc. On dit encore *chourgueme chourgueme keleme keleme.*

chourtekou mouke. Eau qui coule rapidement.

choun sere herguen.

choun. Le soleil. Le grand principe. (*Ge* en chinois.)

choun toutchike. Le soleil s'est levé.

choun touheke. Le soleil s'est couché.

choun. touhetele. Un jour entier, du matin au soir. On dit aussi *chountouhouni,* et *choun yamtchitala.*

choun kelfike. Le soleil est un peu de côté, il commence à baisser.

choun moukteke. Le soleil est haut, il s'éleve.

choun ourhouhe. Le soleil est beaucoup de côté, il baisse beaucoup.

choun tapcheha. Le soleil est très bas.

CHOUNG

choun poutchehoun. Le soleil perd sa couleur, il est presque blanc.

choun sangka. Lorsque le soleil se leve, et qu'il est trouble ou d'un rouge embrouillé.

choun kouaraha. Lorsque le soleil est embrumé.

choun tchembi. Éclipse de soleil qui arrive par l'interposition de la lune entre la terre et le soleil.

choung sere herguen.

choung chang. Le bruit de ceux qui s'éveillent.

choungchon changchan. Parler du nez. Nasiller.

choungantchan. Homme qui naturellement est long et sec. Long. Bouquets, pépiniere d'arbres qui sont tous longs. Arbres d'un bois dur, qui ont la tige mince, longue et droite.

choungke. Qui sait bien les choses.

choungkepi. Enfant qui va en embellissant chaque jour. Homme parfaitement habile dans les sciences, etc.

choungkoutou. Qui a les yeux enfoncés.

choungkoumbi. Quelque chose que ce soit, de cuivre ou d'étain, qui va en enfonçant, qui est concave. Lieu creux, concave. Creuser, faire un creux. Rendre concave, etc.

choungkouboumbi. Être creusé. Ordonner de creuser, de rendre concave.

choungkitchambi. Être tout en désordre. Lorsque tous les meubles, ustensiles, les bonnes mauvaises choses, sont sens dessus dessous. Être tout sens dessus dessous, etc.

chouk sere herguen.

choukchouhoun. Boursoufflé de colere. Ne se possédant pas de colere; comme lorsqu'on souffle, et qu'on a peine à respirer. (*chokchohoun.*)

choul sere herguen.

choulhou. Caisse quarrée. Caisse à contenir les habits, etc.

choulhe. Poire. (*Ly* en chinois.)

choulmen. Viande, ou lambeaux de viande seche.

choulhe pelgue. Petites pierres qui se trouvent dans les poires.

choulhouhe. Cela se dit des bêtes ou des poissons qui, étant pris dans les filets, trouvent le moyen de se sauver.

choum sere herguen.

choumhan. Creuset où l'on fond l'or et l'argent. Machine à contenir la poudre à canon.

choumhan kotchimbi. Appliquer les ventouses avec un vase dans lequel il y a de la matiere combustible; on y met le feu, et on l'applique sur la chair.

ⴷⵓⵎⵛⵏ. [ⵛⵏ. ⵎ.] *choumbi, (me, fi.)* Être instruit. Savoir. Qui est bien paré. Qui a belle apparence. Qui est au fait d'une chose, qui la sait bien, etc.

ⴷⵓⵎⴱⵍⵓ. *choumboulou.* Être serré de tous côtés sans pouvoir remuer ni pieds ni mains. Ce verbe désigne les choses qui sont recognées et serrées de tous côtés.

ⴷⵓⵎⵞ. *choumtchi.* Quelque chose que ce soit qui est tombé dans l'eau, et dont on ne voit plus aucune trace. On dit aussi ⴷⵓⵎⵞ ⵜⴳⴽ. *choumtchi togeka.* Qui est enfoncé dans l'eau. Qui est embourbé; comme un cheval qui, ayant mis les pieds de devant dans la boue ou dans l'eau, auroit enfoncé peu-à-peu. (ⵎⵔⵏ ⵏ ⵞⵓⵍⵔⴳⵉ ⵒⵜⵀ ⴷⵓⵎⵞ ⴽⵏⵀ. *morin ni tchoulergui pethe choumtchi kenehe.*)

sere herguen.

tana. Espece de perle qu'on trouve dans les mers orientales. Les huîtres qui les produisent dans leurs corps ne sont pas de même grosseur. Il y en a de grosses et de petites. Cette espece de perle est la plus précieuse de toutes. C'est encore le nom d'une herbe qui vient dans les lieux salins ou pleins de sel. Cette herbe ressemble à celle qu'on appelle *siao kieou tsai* en chinois. Lorsque les moutons en mangent ils deviennent très gras.

taka. Impératif de *takambi.* Connoître. Adverbe qui signifie, non seulement, mais encore; pour un temps; en attendant.

takasou. Délai de quelques moments. On dit aussi *takouleou.* Différer d'un moment. Attendrai-je ? Attendrez-vous ? Attendra-t-il ? Qu'il attende, etc.

takambi. Connoître.

takaboumbi. Faire connoître. Être connu.

takanambi. Aller connoître.

takantchimbi. Venir connoître.

takantoumbi. Lorsque le commun connoît. On dit encore *takanoumbi.*

taha. Entraves. Chaînes qu'on met aux criminels.

◠⃝, *tahalambi.* Ferrer un cheval, etc.

◠⃝, *tahapi.* Être pris dans les filets comme les bêtes, les oiseaux, etc. Être pris dans des attrapes quelconques, etc.

◠⃝, *tahalaboumbi.* Faire ferrer un cheval, etc.

◠⃝, *takan.* Nom d'une herbe qui vient dans les endroits humides. Espece de jonc.

◠⃝, *tahan.* Espece de semelle de bois qu'on cloue aux souliers des hommes et des femmes. Espece de sentier qu'on fait dans les lieux aquatiques en mettant des pierres de distance en distance, sur lesquelles on pose les pieds pour passer sans se mouiller. Espece de sabots dont on se sert pour passer l'eau; ils sont faits à-peu-près comme les fers des chevaux.

◠⃝, *takou.* Espece de poisson qui a les écailles fort minces et la bouche unie. Il y en a de trois sortes. C'est aussi le nom d'un poisson qui ne ferme jamais les yeux.

◠⃝, *takouran.* Service. Qui est de service auprès de l'empereur ou des magistrats, etc.

◠⃝, *takourambi.* Employer. Avoir à son service. Envoyer quelqu'un, etc.

◠⃝, *takourchambi.* Donner une commission, un petit emploi. Employer dans de petites choses. Envoyer quelqu'un dans des lieux qui ne sont pas éloignés.

◠⃝, *takourchaboumbi.* Être employé dans de petites choses, etc.

takourantoumbi. Employer quelqu'un en commun. Lorsque plusieurs emploient une même personne.

takourche. Homme de service, domestique.

tahoura. Huîtres ou nacres de perles. Leur chair est bonne à manger. Il y en a de plusieurs espèces.

tapa. Nom d'une espèce d'os dont on se sert pour jouer. Cet os est uni d'un côté, et creux de l'autre. On l'appelle aussi *tokai.* Osselet.

taparambi. Errer, se tromper, faire une chose pour l'autre. On dit encore *tacharambi.*

tabou. Ordonner d'arrêter, de mettre la corde à l'arc.

tabouchambi. Calomnier quelqu'un, lui mettre sur le corps bien des fautes qu'il n'a point faites, parler mal de lui. Rapetasser un habit. Coudre un habit dans les endroits déchirés.

taboumbi. Raccommoder des habits, etc., déchirés, les recoudre. Accrocher. Cela se dit des oiseaux de proie lorsqu'ils enfoncent leurs serres. Lorsqu'on parle, vouloir piquer quelqu'un. Accrocher la corde de l'arc au crochet destiné à cet usage. Lorsque les boiteux accrochent leurs souliers à la jambe, etc.

taboukou. Espèce de trébuchet pour prendre les oiseaux. Crochet pour accrocher à la boucle de la ceinture, etc. Tout ce qui sert à accrocher la bride, etc.

taboukou oumiesoun. Ardillon de la boucle; c'est-à-dire, petit morceau de fer pointu qui tient d'un côté à la boucle, et de l'autre entre dans la peau, etc.

tabouchambi. S'excuser. Se décharger sur un autre de sa propre faute. Recoudre un habit déchiré.

ta seme. Ne finir jamais. Sans discontinuer.

taboume koholome kisourembi. Mettre les autres dans la nasse où l'on se trouve soi-même. S'excuser. Se décharger sur les autres de sa propre faute. On dit de même *taboumbi.*

ta seme yaboumbi. Aller toujours son chemin.

ta ti seme. Bruit de plusieurs personnes qui portent un même fardeau.

tata. Faire arrêter quelqu'un, un voyageur, par exemple, etc. Faire camper une armée. Faire tirer de la fleche. Faire traîner une charrette. Faire tenir quelque chose. Faire supporter, soutenir quelque chose.

tatame ouambi. Étrangler quelqu'un.

tatambi. Bander l'arc. Lutter. Étrangler. Camper. Descendre à une auberge. Déchirer. Séparer. Tenir. S'exercer pour éprouver ses forces. Fixer les yeux sur quelque chose. Ouvrir un tiroir. Parler. Déchirer en lambeaux de la soie, de la filoselle, du coton, etc. Tirer un seau d'eau, par exemple.

tataboumbi. Faire tirer. Être tiré. Lorsque les habits sont trop étroits, et qu'on a de la peine à les mettre sur le corps. Cela se dit aussi de ceux qui, étant à demi savants, veulent faire les habiles, parlent de tout, et croient être en état de tout faire, mais qui n'ont point de consistance.

tatabouhapi. Lorsque les habits sont relevés pêle-mêle, sont en torchon. Qui n'a point de consistance, et qui fait les choses tantôt d'une façon, tantôt de l'autre.

tatakou. Seau de bois à puiser de l'eau. Tiroir d'une table. On dit aussi *kotchima.* Seau d'osier, etc.

tatala. Un petit peu. Maniere de parler qui désigne un homme qui a beaucoup. On dit alors *tatala pekdoun arhan.*

tatachambi. Tirer avec la main. Tirer à soi. Amener à soi en tirant avec les mains.

tatame ouara oueile. Pendre, étrangler; ou, pour mieux dire, crime qui mérite la corde.

tatanambi. Aller tirer. Aller amener quelqu'un. Aller descendre à une auberge, par exemple.

tatantchimbi. Venir tirer quelque chose. Venir descendre à une auberge, par exemple.

tatame nirou. Nom d'une espece de fleche dont la pointe est fort petite : elle ressemble à celle qu'on appelle *ou kien pi tsien* en chin. Le bout est pointu et va jusqu'au bois en augmentant.

tatara po. Auberge. Cabaret. Hospice. Auberge pour les voyageurs.

tatara edoun. Vent qui semble sortir de la terre et qui s'éleve en tourbillon.

tageme efen. Espece de biscuit ou de pâtisserie plate, plus grande que celle qu'on appelle *toholiao.*

tagehimbi. Boiter. Traîner ou gratter la terre avec les pieds, parcequ'on ne peut pas les faire aller droit.

tachan. Calomniateur. Qui impute à quelqu'un un crime qu'il n'a pas commis. Faussaire, menteur. Calomnie, mensonge, finesse, ruse.

tacharambi. Errer, se tromper, etc. On dit aussi *tabarambi.*

tacharaboumbi. Faire tromper quelqu'un, l'induire en erreur. Être trompé, etc.

tatan. Tente. Espece de hameau. Tente qu'on fait pour se mettre à l'abri des injures du temps dans les lieux déserts. On dit encore *tatan tobo.* Lieu où l'on s'arrête quand on voyage dans les déserts.

ↄ, *tatantoumbi*. Lorsque le commun tire quelque chose à soi, qu'il s'arrête, qu'il tire de l'arc. Lorsque l'on compte en commun. On dit de même ↄ, *tatanoumbi*.

ↄ, *tatarambi*. Hacher la viande par morceaux. On dit aussi ↄ, *kertchimbi*. Mettre en morceaux, en charpie, quelque chose que ce soit. Lutter, s'exercer à la lutte. Attirer à soi son adversaire au jeu de la lutte.

ↄ, *tataraboumbi*. Faire hacher en petits morceaux. Faire couper par les jointures. On dit encore ↄ, *kertchiboumbi*. Faire tirer. Faire déchirer, etc.

ↄ, *tatourambi*. Lutter ensemble. Lorsque deux personnes luttent. Se battre, se disputer, se quereller, etc.

ↄ, *tala*. Sentier dans les lieux sauvages. Chemin désert. Faire cuire dans un pot des œufs ou autres choses semblables. (Impératif de ↄ, *talambi*.)

ↄ, *talaboumbi*. Faire étendre. Être confisqué de tous ses biens. Faire confisquer les biens de quelqu'un au profit de la partie publique. Faire détruire, etc.

ↄ, *talambi*. Faire une omelette. Faire une emplâtre. Écrire sur un tableau ou un registre les noms des morts. Confisquer tous les biens, etc., d'un criminel, au profit de la partie publique.

ↄ, *talame tourimbi*. Enlever de force en plein jour.

talichambi. Il fait des éclairs. Lorsque les éclairs brillent. Cela se dit aussi des rayons du soleil réfléchis de l'eau sur quelque chose en tremblotant. Avoir les yeux brillants comme un chat qui voit la queue d'un rat.

talihoun. Doute. Perplexité. Sans être déterminé.

talihoutchambi. N'avoir rien déterminé. Être dans le doute.

taleou tchouhoun. Petit sentier. Petit chemin. On dit encore *toute taleou*, et *toko tchouhoun.*

talou. Seulement une fois. Peut-être.

talou te emke pi. Une fois seulement. Peut-être il y en a un.

talou te emgueri tchihe. Il n'est venu qu'une fois. Peut-être est-il venu une fois.

tama. Nom d'un poisson de mer. Faire mettre du riz, etc., dans un pot. Faire ramasser dans un même lieu ce qui étoit dispersé çà et là. Faire marcher les troupes dans un même lieu.

taman. Cochon châtré.

tamambi. Lorsqu'on est à la chasse faire un crochet pour attendre les bêtes s'il y en a. Ramasser en un même lieu ce qui étoit dispersé, etc. Lorsque l'armée est ramassée et fait un même chemin. Quelque chose que ce soit qu'on ramasse en un même endroit. Mettre du riz, etc., dans un vase.

tamaboumbi. Faire ramasser dans un même lieu. Faire mettre du riz, etc., dans un vase.

tamalimbi. Raccommoder sa chaussure. Cela se dit des boiteux qui, après être tombés, raccommodent leur chaussure. Cela se dit aussi de ceux qui s'exercent à la lutte, et qui, étant tombés, raccommodent leurs chaussures. Être saisi de crainte de telle sorte qu'on ne puisse pas avoir soin de son propre corps.

tamin. La pointe du poil des bêtes.

tamin atchaboumbi. Raccommoder les poils de maniere qu'ils se touchent tous par la pointe.

tatchi. Faire apprendre. (Impératif de *tatchimbi.*)

tamichambi. Goûter quelque chose pour en savoir le goût. Savourer. Mâcher.

tamin atchanaha. Les poils longs et les poils courts se touchent par la pointe, et sont couchés sur la peau.

tamoun. Nom d'une espece de lac qui est sur la montagne de *Pe chan* dans le *Leao Toung.* Il a quatre-vingts *ly* de tour.

tatchin, (*hio* en chin.) Doctrine, religion, mœurs.

tatchimbi. Apprendre. Savoir.

tatchinambi. Aller apprendre.

TAIA

⟨ᓀ⟩. *tatchintchimbi.* Venir apprendre.

⟨ᓀ⟩. *tatchintoumbi.* Lorsque le commun apprend.

⟨ᓀ⟩. *tatchikoui po.* École, college. (*Kouan hio* en chinois.)

⟨ᓀ⟩. *tatchiboukou hafan.* Mandarin qui préside aux écoles publiques, qui veille sur les lettrés. (*Kiao koan* ou *hio koan* en chin.)

⟨ᓀ⟩. *tatchikoui tchouse.* Écoliers. Ceux qui apprennent, ceux qui étudient. (*Hio cheng* ou *koan hio cheng* en chin.)

⟨ᓀ⟩. *tatchire ourse.* Tous ceux qui apprennent, qui étudient. (*Hio tche* en chin.)

⟨ᓀ⟩. *tatchiboumbi.* Faire apprendre. Enseigner.

⟨ᓀ⟩. *tatchihiambi.* Instruire quelqu'un. Instruire, dresser un jeune cheval, un jeune mulet.

⟨ᓀ⟩. *tatchihiaboumbi.* Faire instruire. Être instruit. Faire dresser un cheval, un mulet, etc.

⟨ᓀ⟩. *tatchihien.* Doctrine. Science. Enseignement. On dit encore ⟨ᓀ⟩. *tatchihien ouen.* (*Kiao koa* en chin.)

⟨ᓀ⟩. *tatchi.* Jeune enfant opiniâtre.

⟨ᓀ⟩. *tatchirambi.* Jeune homme qui fait l'étourdi, le lutin, qui n'a point de consistance, etc.

⟨ᓀ⟩. *taïambi.* Cela se dit d'un incendie qui tout-à-coup s'éleve.

taïame yaboumbi. Cela se dit des insectes qui marchent sur l'eau avec beaucoup de rapidité.

taïounga nimaha. Nom d'un poisson de mer qui ressemble au *pe koun yu* des Chinois. Ses écailles sont petites; sa tête est moins grosse que celle du *pe koun yu*.

takia. Le genou ou la jointure des jambes des chevaux et autres animaux.

takitou. Courroie dont on lie les jambes des chevaux. Morceau de peau dont on couvre la jointure des jambes des chevaux.

tahi. Ours - cheval. Cet animal a les pieds plus petits que ceux du cheval.

tara. Allié. Beau-frere. Belle-sœur. Belle-mere, etc.

tara ahoun teou. Beaux-freres.

tara eïun non. Belles-sœurs.

taran. Sueur qui perce et qui se voit sur les habits. On dit aussi *nei taran.*

tarimbi. Labourer la terre.

tariboumbi. Faire labourer.

tarinambi. Aller labourer.

tarintchimbi. Venir labourer.

tarinoumbi. Lorsqu'on laboure en commun.

taroun. Babillard. Qui parle beaucoup,

taroutambi. Parler beaucoup.

tafa. Ordonner de monter.

tafambi. Monter sur le lit où l'on s'assied. Monter un étage, etc. On dit aussi *tafoumbi.*

tafamboumbi. Ordonner de monter.

tafanambi. Aller monter.

tafantchimbi. Venir monter.

tafantoumbi. Lorsque le commun monte. On dit encore *tafanoumbi.*

tafi. Lié. Pris ; comme lorsque le poisson est pris à l'hameçon.

tafoukou. Degrés d'un escalier. Degrés pour monter.

tafoukou te ouïun tchergui terkin pi. Il y a neuf marches à cet escalier.

tafoula. Faire exhorter. (Exhorte, impératif de *tafoulambi.*)

tafoukou i tergui erguite. Le haut de l'estrade. Le lieu honorable où l'on place les hôtes.

tafoulambi. Exhorter à faire le bien.

tafourchambi. Faire tous ses efforts. Se livrer entièrement à une chose. Aller toujours en avançant. On dit aussi *fafourchambi.* Cette derniere expression est encore plus forte que l'autre.

𖼀. *tafoulaboumbi.* Ordonner d'exhorter. Être exhorté.

𖼀 𖼀 𖼀. *tame afame ïaboumbi.* Traîner les pieds en marchant.

𖼀. *takourchambi.* Faire un petit emploi. Envoyer faire une petite commission. Donner un petit emploi.

𖼀. *ta.* On appelle de ce nom un agneau.

𖼀 𖼀. *tabouschetara kisoun.* Se contredire en parlant. Faux-fuyant.

𖼀. *tatchinoumbi.* Apprendre en commun.

𖼀 𖼀 𖼀. *tai sere herguen.*

𖼀. *tai,* (*tai* en chin.) Lieu élevé. Terrasse. Cela se dit aussi de ceux qui ont les épaules hautes et qui sont voûtés.

𖼀. *taiha,* (*tai ha* en chin.) Espece de chien qui a les oreilles et la queue longues, et le poil de dessous en grande quantité. C'est un chien de chasse.

𖼀. *taimba.* Espece d'huître. (*Ko* en chin.)

𖼀. *taihoua.* Nom d'un poisson de mer qui ressemble à celui qu'on appelle *fang yu* en chin. Ce poisson a le corps gros, la tête petite.

𖼀. *taibou.* Nom général qu'on donne aux poutres, mais en particulier à celle qui est au-dessus de la charpente à laquelle ou à l'esprit de laquelle on sacrifie.

𖼀 𖼀. *tai teboumbi.* Faire une élévation

telle que celles qui sont le long du chemin dans chaque corps-de-garde : elles servent pour avertir, etc.

⟨⟩. *taimin.* (M. Amyot n'a pas traduit l'explication chinoise de ce mot tartare.)

⟨⟩. *taili.* Petit vase à contenir du vin. Ce vase est d'un usage fort ancien parmi les Mantchoux, ils s'en servent pour honorer les étrangers.

⟨⟩. *taïun.* Nom d'un poisson de mer qui ressemble au *fang yu* des Chinois. Il est un peu plus rond.

⟨⟩. *taikien.* Eunuque. (*Tai kien* en chin.)

⟨⟩ ⟨⟩ ⟨⟩. *tairan kaime satchimbi.* Suivre les marques qu'on a faites sur les arbres, lorsque, sans suivre aucun chemin, on est allé au travers d'une forêt en chassant.

⟨⟩. *tairan.* Nom que les chasseurs donnent aux marques qu'ils font sur quelques arbres, lorsqu'à la poursuite des bêtes ils s'enfoncent dans les forêts, au travers des arbres, sans suivre aucun chemin. Suivre ces sortes de marques se dit : ⟨⟩ ⟨⟩ ⟨⟩, *tairan kaime yaboumbi.*

⟨⟩. *taifin,* (*tai ping* en chin.) Tranquillité, douceur, repos. Grand bonheur. On dit encore ⟨⟩ ⟨⟩ *taifin netchin.*

⟨⟩ ⟨⟩ ⟨⟩. *tar sere herguen.*

⟨⟩ ⟨⟩. [⟨⟩] *tar sehe,* (*me*). Lorsqu'on est surpris tout-à-coup, que le cœur palpite, et qu'on change de couleur.

⟨⟩. *tarni.* Espece de souhait que font les bonzes

en écrivant, par exemple, la lettre du bonheur, ou dans les prieres. Ce mot se trouve dans leurs prieres.

tarnilambi. Faire des prieres pour quelqu'un. Lire des prieres. Prier.

tarhaboun. Exhortation. Ordre. Défense.

tarhatchoun. Ordre, défense, commandement.

tarha. Faire exhorter, défendre, ordonner. C'est le nom d'une piece de couleur qu'on met sur l'habit de l'enfant lorsqu'on évoque l'esprit. Signal qu'on met sur les portes lorsqu'on ne veut pas être visité. Ce signal est un paquet d'herbes, etc.

tarhaboumbi. Ordonner. Ordonner de défendre aux troupes de faire du dégât, de tuer à tort à travers dans le pays ennemi. Ordonner de défendre. Recevoir défense, etc. Faire défendre le vin, les choses fortes.

tarhoume. Engraisser.

tarhoun. Gras. Qui n'est pas maigre.

tarhouhapi. Il a engraissé.

tarhoukan. Un peu gras.

tarhoun efen. Espece de pâtisserie qui est un peu plus grosse et plus plate que celle qu'on appelle *tajeme.* On la fait avec de l'huile ou de la graisse. Il y en a de grosse et de petite.

tarhoulahafahoun. Foie de cerf ou de mouton coupé par tranches, et qu'on mange après l'avoir fait cuire.

☞. *tarhoulambi.* Engraisser. Cela se dit des bêtes qu'on engraisse. On dit encore ☞ ☞, *tarhoulame ouleboumbi.*

☞. *tarbahi.* Espece d'animal qui ressemble au castor; il est un peu plus blanc : il y en a qui tirent sur le jaune. Cet animal se trouve chez les Mongoux. On en fait des bonnets, des tabliers, etc., pour aller à cheval, et on les teint en noir, etc.

☞. *tarbalatchi.* Nom d'un oiseau dont le corps est un peu noir, le plumage disposé par bandes noires et blanches. On met ces sortes de plumes au bout des fleches.

☞. *tarche niaman.* Allié. Qui est parent sans être du même sang. Parent par les femmes.

☞. *tarchelambi.* S'allier avec quelqu'un en épousant une fille de sa maison ou de toute autre maniere.

☞. *tarmin niehe.* Nom d'une espece de canard sauvage qu'on appelle aussi ☞, *pourtchin niehe.*

☞. *tartchan.* Plomb. (*Tsien* en chinois.)

☞. *tartchan ni iroukou.* Morceaux de plomb qu'on met aux cordes des filets pour les faire aller au fond.

☞. *tarkikou oumïaha.* Nom d'un insecte dont la couleur tire sur le noir, qui a beaucoup de jambes. Il pique quand on le touche, et sa piquure est très douloureuse.

tarhambi. Se purifier le cœur par le jeûne, l'abstinence, etc. Dans ce temps-là on ne punit aucun criminel, on ne va point au tribunal, etc. S'abstenir de faire une chose.

tan sere herguen.

tan. Espece de digue faite de pierre ou de sable. (*Tan* en chinois.)

tanta. Ordonner de battre.

tantambi. Battre, frapper.

tantaboumbi. Ordonner de battre. Être battu.

tantanoumbi. Se battre. Se quereller pour se battre. Se disputer. Se frapper mutuellement.

tantou. Nom d'un instrument de laboureur. C'est le soc de la charrue, ou une charrue qui a deux socs ou deux pointes.

tantchambi. Balbutier. Avoir la langue embarrassée.

tantchara pa akou. Il n'y a pas là de quoi être embarrassé, de quoi hésiter.

tang sere herguen.

tang seme. Qui parle avec aisance la langue tartare ou chinoise, qui n'hésite jamais.

tang seme kisourembi. Parler avec aisance, sans jamais hésiter.

tang seme ketchehe. Quelque chose que ce soit qui est gelé et fort gelé.

‍‍‍ ‍‍‍ ‍ ‍‍‍. *tankan tankan ni ouojembi.* Monter par degrés.

‍‍‍ ‍‍‍. *tang tang.* Son de la cloche. Accord de plusieurs sons.

‍‍‍. *tankan.* Degré. Ordre de mandarinat.

‍‍‍. *tangou.* Cent. (*Pe* en chinois.)

‍‍‍. *tangkambi.* Prendre une pierre dans une eau peu profonde, dans laquelle il y a un petit poisson; si on la jette contre terre, le petit poisson est tué. Ce mot signifie, jeter la pierre contre terre ; il a le même sens que ‍‍‍. *tchangkambi.*

‍‍‍. *tanghambi.* Ajouter ou coller des nerfs à l'endroit foible d'un arc.

‍‍‍. *tanghoute.* Par cent. Chaque centaine.

‍‍‍. *tanghoutchi.* Le premier cent. La première centaine.

‍‍‍. *tanghoungueri.* Chaque centaine.

‍‍‍ ‍‍‍. *tangou toumen.* Cent fois dix mille. (Million, *peo ouan* en chinois.)

‍‍‍ ‍‍‍. *tangou hala.* Le peuple. (*Pe sing* en chinois.)

‍‍‍. *tangouli.* Grande salle ou salle d'honneur. La porte de la tente. (*Tang ou ly* en chinois.)

‍‍‍ ‍‍‍ ‍‍‍. *tangou pethe oumiaha.* Mille pieds. Insecte que l'on appelle aussi ‍‍‍ ‍‍‍. *kashan oumiaha.* (*Pe kio tchoung* en chin.)

‍‍‍. *tangouha.* Espece de corbeau qui a le

plumage du dos blanc : il est plus petit que l'oiseau qu'on appelle *lao ya* en chinois. Ce *lao ya* nourrit le pere et la mere, etc.

☞. *tangcheme.* Qui est éloquent. Qui parle bien sur toutes sortes de sujets, sans hésiter sur rien. On dit alors ☞, *tangcheme kisourembi.*

☞. *tangsou.* Qui aime beaucoup un enfant. Tendresse pour les enfants.

☞. *tangchembi.* Battre le tambour à coups redoublés sans discontinuer.

☞. *tangsoulembi.* Badiner avec ses petits enfants. Aimer et caresser ses enfants, les porter sur son dos.

☞. *tang ting.* Bruit du fer qu'on bat. Bruit qu'on fait en coupant un arbre.

☞. *tanguilambi.* Donner en badinant une chiquenaude. On dit aussi ☞, *chenguin kaimbi.* Recevoir une chiquenaude. Jouer aux petites boules de pierre. Jouer au billard.

☞. *tanguime.* Quand on n'a pas bien parlé, dire d'une autre maniere, employer d'autres termes. On dit alors ☞, *tanguime kisourembi.*

☞. *tanguilakou.* Arbalète. (*Tan koung* en chinois.)

☞. *tanguikou.* Estoc. Les deux bouts de l'arc où tient la corde.

TAK

tanguikou i pouktambi. Prendre l'estoc, ou les deux bouts de l'arc. Bander l'arc.

tanguimelien. Courbé, voûté. Courbé comme l'arc.

tanguiri. Nom d'un outil de fer qui est est un peu creux à un des bouts. On s'en sert pour faire sortir des clous, par exemple, qui seroient trop enfoncés, et qu'on ne sauroit arracher.

tanguien. Vernis que l'on met sur quelque chose que ce soit. Qui est vernissé. Qui a du vernis sur sa surface.

tanguiambi. Vernisser. Vernir. Mettre du vernis.

tanguiaboumbi. Faire mettre du vernis.

tak sere herguen.

tak seme. Bruit du bois sur lequel on frappe.

tak tik. Bruit qu'on entend quand on coupe du bois. Bruit qu'on fait en jouant aux dames.

taktou. Entresol. Lieu élevé sur la chambre. (*Leou ko* en chinois.)

takchembi. Conserver et perdre; ou, comme il est dit dans le *Che chou*, Conserver ou perdre. Alors on dit *takchere koukoure.*

takta mo. Nom d'une espece de bois

appellé en chinois *tsée cha.* Cet arbre est semblable au pin; il est d'une couleur mêlée de noir et de rouge. On dit aussi ᠴᠠ, *fiaksa.*

ᠲᠠᡴᠴᡳᡥᠠ ᡶᡳᠯᠠᠨ. *taktchiha filan.* Fait avec du bois appellé *tsée cha* en chinois. Les arcs faits de cette espece de bois peuvent se passer de corne; ils sont assez forts sans cela.

ᡨᠠᠰ ᠰᡝᡵᡝ ᡥᡝᡵᡤᡠᡝᠨ. *tas sere herguen.*

ᡨᠠᠰ ᡨᠢᠰ ᠰᡝᠮᡝ. *tas tis seme.* Bruit des fleches qui passent contre le but, ou de telle autre chose semblable.

ᡨᠠᠱᠠ. *tasha.* Ordonner de faire rôtir des grains, etc. Ordonner de faire cuire, de faire bouillir fort.

ᡨᠠᠱᠠᠮᠪᡳ. *tashambi.* Faire cuire, bouillir, rôtir des grains, du riz, etc. Faire cuire avec de la graisse, etc.

ᡨᠠᠱᠠ�ᠪᡳ. *tashaboumbi.* Ordonner de faire cuire.

ᡨᠠᠱᠠ. *tasha,* (*hou* en chin.) Tigre. C'est aussi le nom d'une heure chinoise, depuis trois heures du matin jusqu'à cinq heures.

ᡨᠠᠱᠠᠴᡳ. *tashatchi.* Peau de tigre. (*Hou pi* en chinois.)

ᡨᠠᠱᠠ ᡴᡳᡨᠠ. *tasha kita.* Fusil à tuer les tigres. (*Hou tsiang* en chinois.)

ᡨᠠᠱᠠ ᠣᡵᡥᠣ. *tasha orho.* Nom d'une espece d'herbe dont la racine et les feuilles sont velues.

ᡨᠠᠱᠣᡠ. *tashou.* Instrument à l'usage de ceux qui

font des pieces de soie , de toile, etc. C'est un morceau de bois quarré. Gésier des oiseaux.

tas seme. Bruit du manche d'une fleche qui a touché quelque chose en passant. Bruit d'une chose que plusieurs personnes se disputent et veulent s'arracher. On dit alors *tas seme tatafi kamaha*.

tashoume yaboumbi. Aller et venir sans discontinuer.

tashoumbi. Aller et venir sans cesse.

tasma. Morceau de cuir ou de peau de cerf, de mouton, de chevre ou autre bête sauvage. On en racle le poil ; on le fait dessécher, après l'avoir trempé dans du lait aigri ; on le racle ; on s'en sert pour lier des couteaux, des arbalêtes, des étuis d'arc, etc. On en fait aussi des fouets pour les chevaux, des courroies, etc.

tat sere herguen.

tathoutchambi. Douter, être indéterminé, être en suspens. Penser tantôt d'une façon, tantôt d'une autre.

tap sere herguen.

tap seme. Bruit que fait la corde de l'arc en frappant contre le bois après que la fleche est partie. Bruit que fait l'eau en tombant goutte à goutte. Bruit qu'on fait en sautant un ruisseau. Alors on dit *tap seme fekounehe*.

taptachambi. Parler grossièrement, d'un ton fort et grossier.

tapchetambi. Parler avec aisance, mais en étourdi.

tap tip. Bruit de l'eau qui tombe goutte à goutte.

taptchin. Amas. Butin que l'on fait sur les ennemis, par exemple.

taptchilambi. Faire un amas, un butin sur les ennemis.

taptchilaboumbi. Être dépouillé. Perdre son butin. Ordonner de prendre, de faire un amas, un butin. Lorsque l'on tire de la fleche, et que la corde de l'arc frise la main ou le visage.

taptchilandoumbi. Lorsqu'on fait un butin en commun. Amasser en commun. On dit encore *taptchilanoumbi.*

taptchinambi. Aller faire un amas, un butin.

taptchilantchimbi. Venir faire un amas, un butin.

tal sere herguen.

talpi. Taureau ou jeune bœuf qui n'a encore servi à aucun usage. On dit aussi *talpi ihan.*

talkambi. Faire cuire à petit feu de la viande, et la retirer à demi cuite.

talbou. Nom d'un instrument dont on se sert dans la fabrique des étoffes pour faire les fleurs. Étoffe rayée. Métier sur lequel on fait les étoffes de soie.

taltan. Échancrure d'une table, etc. Morceau de bois creux qui est dans les petites barques.

TAL 195

taltan tatambi. Faire une échancrure à une table, par exemple, etc.

talman, (*ou* en chin.) Brouillards. Ils se forment des vapeurs qui sortent de la terre, et qui sont arrêtées en l'air par la fraîcheur, etc.

talmambi. Le brouillard tombe.

talmaka. Le brouillard a tout enveloppé.

talman moukteke. Le brouillard a monté.

talman tehe. Le brouillard est tombé.

talman hetehe. Le brouillard s'est dissipé.

talmahan. Espece de vapeur qui tombe en petits filets sur la fin de l'automne, lorsqu'il fait du vent.

talkiambi. Il fait des éclairs.

talkien, (*chan tien* en chin.) Éclair. Il se fait par la rencontre des nuages lorsqu'ils montent avec force, etc.

talkien kerilambi. Lorsqu'il fait des éclairs redoublés et fréquents.

talkien kiltarilambi. Lorsqu'il fait des éclairs redoublés et fréquents qui offusquent les yeux.

talkien talichambi. Lorsqu'il fait des éclairs sans discontinuer.

talkien foularilambi. Lorsqu'il fait des éclairs quoiqu'on ne voie pas de nuages.

talguikou. Instrument de bois à l'usage de ceux qui travaillent les peaux.

talguiboumbi. Faire racler les peaux.

talguimbi. Racler les peaux. On les met d'abord dans la chaux; on les fait bouillir, et on les racle ensuite. Donner de belles paroles. Faire de grandes promesses sans dessein de les tenir.

talfari. Où il n'y a point de profondeur; comme dans l'endroit d'une riviere où la barque, par cette raison, ne sauroit aller que lentement.

tam sere herguen.

tampi. Pendre ou suspendre quelque chose. Attacher quelque chose.

tampin. Vase à contenir le thé, le vin, etc.

tampin efen. Espece de pâtisserie.

tamse. Tuyau plus petit que celui qu'on appelle *maleou.* (*Koan tsée* en chin.)

tamtan. Nom d'un poisson de mer qui ressemble à celui qu'on appelle en chinois *tao tsée yu.* Ses nageoires sont rouges.

ta sere herguen.

ta. Mesure qui contient cinq pieds. Les deux bras étendus font la mesure de cinq pieds. Principe. Dimension d'un terrain. Demander quelque chose, un brin de quelque chose, etc. Origine. Chef d'une bande, le premier, celui qui gouverne les autres. Racine d'un arbre, d'une plante, etc.

tana. Ordonner d'aller avoir soin de quelque chose. Ordonner d'aller aider.

◌. *tanien.* Lieu caché, lieu à l'abri. A l'abri du vent, etc.

◌. *tanambi.* Aller avoir soin de quelque chose. Aller aider.

◌. *tanialambi.* Être à l'abri du vent. Être couvert. Être caché.

◌. *tanialaboumbi.* Faire mettre à l'abri. Faire mettre à couvert.

◌. *ta an ni.* Comme auparavant. Comme anciennement.

◌. *tanialabouha vouai y pa.* Quelque lieu que ce soit qui est à l'abri, qui est caché, à couvert, etc.

◌. *ta toube.* Commencement et fin.

◌. *ta ouche.* La partie de la courroie de la bride qui est près de la bouche du cheval.

◌. *tanoumbi.* S'aider mutuellement dans quelque affaire que ce soit. Travailler de concert et avec affection à quelque chose, etc. Il se dit de la multitude.

◌. *taha.* Le feu est allumé. L'affaire est faite en entier. Ordonner à quelqu'un d'adhérer à quelque chose, etc.

◌. *tahapi.* Tout est fait. Le feu est allumé, etc.

◌. *tahalambi.* Suivre quelqu'un. Accuser quelqu'un à son tour après avoir été accusé auparavant. User de représailles. Poursuivre l'ennemi ou le voleur à la suite de quelques autres qui le poursuivent aussi. Lorsqu'on est à la chasse, poursuivre la bête qui se sauve.

ᠲᠠᡥᠠᠮᠪᡳ. *tahambi.* Se soumettre. Adhérer aux volontés de quelqu'un. Suivre quelqu'un.

ᠲᠠᡥᠠᠯᠠᠪᡠᠮᠪᡳ. *tahalaboumbi.* Ordonner de suivre, d'user de représailles, d'aller accuser, de poursuivre, etc.

ᠲᠠᡥᠠᠰᡠ. *tahasou.* D'accord avec tout le monde. Qui adhere aux volontés d'autrui sans opiniâtreté.

ᠲᠠᡥᠠᠯᡳ. *tahali.* (*Nota.* Quoique M. Amyot ait oublié de traduire l'explication chinoise de ce mot mantchou, je crois qu'il a la même signification que ᠣᡠᠩᡴᠣ. *oungkou,* qui désigne un jeu tartare. Voyez ce mot.)

ᠲᠠᡥᠠᠮᡝ. *tahame.* Après. Qui suit. C'est une finale avant laquelle on met l'accusatif ᠪᡝ. *pe.*

ᠲᠠᡥᠠᠪᡠᠮᠪᡳ. *tahaboumbi.* Attirer, faire venir à soi. Ordonner d'être d'accord, d'adhérer aux volontés d'autrui, de suivre. Procurer quelque bien, quelque emploi honorable à quelqu'un, lui procurer son avancement. S'entrelacer mutuellement les pieds à l'exercice de la lutte.

ᠲᠠᡥᠠᡧᡠᠨ. *tahashoun.* Obéissant. Qui écoute avec docilité les instructions de ceux qui sont au-dessus de lui. D'accord avec tout le monde.

ᠲᠠᡥᠠᠴᠠᠮᠪᡳ. *tahatchambi.* Aller au devant. Aller recevoir,

tahata. Endroit du carquois où l'on fourre les boutons des fleches pour la chasse du lievre.

taha. Jeune cheval depuis deux jusqu'à cinq ans.

tahatoumbi. Lorsque le commun suit, poursuit, adhere, etc. On dit encore *tahanoumbi.*

tahantchimbi. Venir suivre, poursuivre, adhérer, etc.

tahantouhai. L'un après l'autre, à la file, sans interruption. On dit aussi *sirantouhai,* et *namachan.*

tahou. Surtout de peau. (*Toun tsée* en chinois.)

tahoulambi. Mettre le surtout.

tahoume. De nouveau, derechef, encore une fois. On dit encore *tahimbi.* Répéter, etc.

takoula. Le ventre des animaux, etc.

tahoun. Derechef, de nouveau. On dit encore *tahin.*

tahoun tahoun ni. Dire plusieurs fois une même chose pour l'inculquer par des répétitions fréquentes. En recommençant.

tahoumbi. Raccommoder une des pieces de feutre qu'on met sur le lit. On dit également *tahimbi.*

tapa. Ordonner de surpasser, d'aller au-delà.

tapanambi. Monter sur un lieu élevé. Surpasser les autres. Aller au-delà, etc. On dit au prétérit *tapanahapi.*

tapatala. Il a surpassé de beaucoup.

tapaha nimekou. La maladie a empiré par la tristesse. Douleur, etc.

tapachakou. Trompeur. Qui ne garde pas ses obligations. Qui ne va pas droit. Qui s'écarte de son devoir.

tapabourakou. Qui ne surpasse point. Qui ne va pas au-delà.

tapaboumbi. Ordonner de surpasser. Être prodigue dans quoi que ce soit. Donner à entendre, par beaucoup de paroles, autre chose que la vérité.

tapachambi. Aimer à faire le mal, à ne pas s'acquitter de ses obligations.

tapala. Particule explétive qui se met pour exprimer, par exemple, Ce n'est que cela, etc.

tapan. Excès.

tapali ouegeke. Il est monté d'un degré, de plusieurs degrés.

tapali. Excès en bien. Par dessus les autres. Excellent. Excès en mal. Orgueil. Qui a de grandes idées. Qui surpasse, etc.

⵿. *tapali ouge.* Courroie qui soutient le corps de la charrette sur les brancards.

⵿. *tapali touleke.* Il est sorti bien long-temps avant. Il a précédé les autres.

⵿. *tapambi.* Surpasser. Aller sur un lieu élevé. Exceller, etc.

⵿. *tapali fekouhe.* Sauter. Passer en sautant. Faire un saut. Surpasser les autres en sautant.

⵿. *tapahan.* Pic qui est sur les hautes montagnes. Pic. Élévation sur une montagne.

⵿. *taparhan.* Ceinture à porter de l'argent. Espece de besace dans laquelle on porte l'argent, etc.

⵿. *tabou.* Ordonner d'allumer le feu, la chandelle, la pipe, etc.

⵿. *taboumbi.* Supputer. Compter combien il y a d'hommes, de choses, etc. Mettre le feu. Faire brûler. Compter combien de jours on sera de garde, combien de personnes sont de garde.

⵿. *tabourakou.* Cela ne fait rien. Cela n'est pas du compte. Il ne faut pas ajouter à cela. Lorsque les ouvriers ont compté, c'est comme s'ils ne l'avoient pas fait. Rien de tel que soi-même.

⵿. *ta sarhan.* Femme, épouse retenue dès l'enfance.

⵿. *tasambi.* Traiter une maladie. Gouverner. Raccommoder. Embellir. Changer de mal en bien. Cela se dit aussi lorsqu'on est à la chasse, et qu'on se guide sur le grand étendard qui est au milieu de la troupe. Camper. Corriger dans un discours ce qu'on croit nécessaire. Corriger des vices, etc.

‸. *tasame.* Changer. Traiter une maladie. Corriger avec soin. Gouverner. Par répétition. Derechef, etc.

‸. *tasan.* Gouvernement d'un royaume. Gouvernement. Intendance, etc. (*Kouo tcheng* ou *tcheng tche* en chinois.)

‸. *tasaha.* Le parfait de ‸. *tasambi.* Tout le monde est en bon ordre et prêt à suivre l'étendard. Cela se dit lorsqu'on est à la chasse, et que chacun est à son rang. Il a changé. Il a gouverné. Il a appris le chinois et le tartare par degrés, peu-à-peu, etc.

‸. *tasatambi.* Arranger. Mettre de l'arrangement. Raccommoder. Changer à propos d'habit suivant les saisons. Être propre, etc.

‸. *tasaboumbi.* Ordonner de traiter une maladie, de gouverner, d'avoir soin, de raccommoder, d'orner, etc.

‸. *tache.* Ordonner de couvrir, de boucher, de fermer, etc.

‸. *tagembi.* Couvrir un vase quelconque. Mettre un couvercle. Fermer la porte, par exemple, etc.

‸. *tageboumbi.* Ordonner de couvrir. Être couvert. Être fermé. Ordonner de fermer.

‸. *tagehiakou.* Ballet de plumes de coq. Époussettes.

TATA

tagehia. Ordonner d'épousseter, d'ôter la poussiere.

tagehiambi. Oter la poussiere. Épousseter.

tagehimbi. Payer ou donner le tribut. Offrir. Cela se dit aussi des oiseaux, tels que les oies, etc., qui se défendent avec leurs ailes, qui frappent avec leurs ailes, etc.

tagehiaboumbi. Ordonner d'épousseter.

tasou. Enfants. Fils. On dit aussi *tchouse.*

tachouran. Cruel. Voleur. Pendard.

tasou maktambi. Lorsqu'il y a des arbres entre l'ennemi et nous, et qu'au lieu de donner contre les ennemis en tirant de la fleche, nous donnons contre ces abres.

tachourambi. Corrompre quelqu'un, l'induire au mal.

tatari. Instrument à prendre les fouines et autres animaux de cette espece.

tatake. Maniere d'exprimer les sentiments d'amitié en frappant sur le cou des enfants ou des vieillards. On dit aussi *atague,* et *matague.*

tatarambi. Avoir presque toujours la bouche ouverte. On dit encore *tatarakapi.* Quelque chose que ce soit qu'on a fait plus grand qu'il ne le faut.

tata. Origine. Commencement. Racine. Source.

tala. Ordonner de se mettre à la téte.

talan. Le dessus du cou des chevaux, des mulets, etc. Écluse que l'on fait sur les rivieres ou les ruisseaux.

talimbi. Couvrir, cacher. Ramener un cheval, par exemple, qui se seroit sauvé.

talambi. Mesurer avec les deux bras ouverts quelque chose que ce soit. Mettre quelqu'un à la tête des autres.

talaboumbi. Ordonner d'être à la tête des autres, de mesurer avec les deux bras ouverts.

talaha. Il est à la tête des autres.

tatoun. Manchot. Qui ne sauroit étendre les bras. Estropié. Boiteux, etc.

taliboumbi. Cacher. Oter de la vue. Être caché. Avoir été caché. Ordonner de cacher. Être à l'attente du retour de la bête.

taliboun. Cache. Secret, etc.

talin. Les bords d'une riviere. Le rivage d'un fleuve, d'un ruisseau, etc.

talirame. Suivre le rivage. Aller le long des bords d'un fleuve, d'un ruisseau, etc.

talien. Espece de porte-manteau ou sac à porter le lit, les habits, et tout le petit bagage d'un voyageur. C'est proprement le nom de l'étoffe dont on fait ces porte-manteaux. (*Ta lien* en chinois.)

◌◌◌, *talien etoumbi*. Être affublé de son manteau. Cela se dit des lutteurs qui portent un habit d'une étoffe épaisse et forte.

◌◌◌, *talien etouboumbi*. Ordonner aux lutteurs de prendre leurs manteaux ou leurs habits faits de l'étoffe appellée *ta lien*.

◌◌◌, *taloukan*. Importun. Qui est à charge. Qui fait mal-à-propos tout ce dont il s'avise. (*Talhoukan*, ◌◌◌,.

◌◌◌, *tamin*. Nom d'un oiseau de proie qui ressemble à l'épervier, mais qui est beaucoup plus gros. (*Tiao* en chinois.)

◌◌◌, *tamou*. Cependant. Seulement. On dit aussi dans ce dernier sens ◌◌◌, *teile*.

◌◌◌, *talikou*. Branchages qu'on met devant les portes pour garantir du vent. Paravent. (*Sai men; ping* en chinois.)

◌◌◌, *ta mafa*. Bisaïeul. (*Kao tsou* en chin.)

◌◌◌, *ta mama*. Bisaïeule. (*Kao tsou mou* en chinois.)

◌◌◌, *tatchi*. Originairement. Dans les commencements, etc.

◌◌◌, *tatchila*. Ordonner de s'informer, de se mettre au fait.

◌◌◌, *tatchilambi*. S'informer. Tâcher de se

mettre au fait. Demander en secret pour savoir quelque chose, etc.

◌◌◌. *tatchilaboumbi*. Ordonner de s'informer, de se mettre au fait.

◌◌◌. *tatchoun*. Pointu. Qui est tranchant, affilé. Une épée, un sabre qui a le fil. Paroles piquantes. Quelque chose que ce soit qui est fait prestement; comme tirer de la fleche prestement et avec adresse, etc.

◌◌◌ ◌◌◌. *tatchoun soukdoun*. Qui a du feu, de la vivacité. Air pénétrant.

◌◌◌. *tatchoukan*. Qui a un peu de feu, de vivacité, etc.

◌◌◌. *taïanambi*. Aller s'appuyer, se confier, etc.

◌◌◌. *taïambi*. Faire quelque chose de concert. S'appuyer. Se confier. S'appuyer contre quelque chose. Demander à être appuyé.

◌◌◌. *taïantchimbi*. Venir s'appuyer, se confier, etc.

◌◌◌. *taïandoumbi*. Lorsqu'on s'appuie mutuellement chacun de son côté. On dit encore *taïanoumbi*, ◌◌◌.

◌◌◌. *taïaboumbi*. Cela se dit des criminels que l'on conduit au supplice, et qu'on soutient, qu'on aide à marcher.

◌◌◌. *taïantchambi*. Cela se dit d'un cavalier qui n'est pas ferme sur son cheval, qui se jette tantôt d'un côté, tantôt de l'autre, regardant çà et là.

takilambi. Préparer, accommoder; comme préparer le dîner. Alors on dit *pouda takilambi.*

takila. Prépare, accommode.

takilaboumbi. Ordonner de préparer, etc.

tara. Les reins. (*Yao* en chinois.) On dit aussi *tarame.*

tahin tahin ni. Par répétition. Plusieurs fois. On dit aussi *tahoun tahoun ni.*

tahi. Ordonner de répéter, de dire plusieurs fois, de faire plusieurs fois, de s'exercer souvent à la lutte, etc.

tahime. Répéter, dire ou faire plusieurs fois. Lutter souvent. On dit aussi *tahoumbi*, et *tahimbi.*

tara kolohopi. Lorsqu'on a fait quelque effort et qu'on a amassé quelque douleur de reins.

tarambi. Après avoir mis la fleche sur l'arc le bander peu-à-peu pour que la fleche atteigne plus aisément le but.

tara tchouoha. Troupes de réserve. Ce sont celles que le général met en réserve pour aller au secours des autres. On les appelle encore *aigelara tchouoha.*

taraboumbi. Presser son hôte de boire,

l'inviter à l'envi à boire pour lui faire honneur. Recommencer les invitations, etc.

taramboumbi. Dresser un épervier, un chien de chasse, etc.

tarakapi. Homme vicieux de longue-main. Chien, épervier, etc., bien dressé, etc.

taranoumbi. Inviter à l'envi à boire par honnêteté, etc.

tarakai. Bander l'arc peu-à-peu, et le tenir ferme avant de lancer la fleche.

ta tolombi. Donner toujours au milieu du but. Donner presque toujours dans le but avec la fleche.

tarakou. Peu m'importe. Allumer le feu sans le faire prendre. Jeter sa poudre au vent, comme on dit; ou bien tirer sa fleche en l'air. En vain, inutilement. La hache n'entre point.

tarang seme. Étendre les pieds en dormant. Étendu de son long en dormant. Droit.

tarang seme colmin. Quelque homme ou quelque chose que ce soit qui est étendu en long, de tout son long.

tarimbi. Profiter de l'occasion pour aller ou venir dans quelque endroit, etc. Lorsque la bête passe près du chasseur et se sauve. Passer outre. Passer au-delà d'un endroit. Meurtrir. Cela se dit des meurtrissures que fait la selle aux chevaux qu'on monte souvent. Faire des reproches à quelqu'un.

ⲧⲁⲣⲓ, *tari.* Chaque. On met ce mot après celui dont on veut annoncer la pluralité, comme chaque jour. ⲓⲛⲉⲛⲅⲩⲓ ⲧⲁⲣⲓ, *inengui tari.*

ⲧⲁⲣⲓⲃⲟⲩⲙⲃⲓ, *tariboumbi.* Ordonner de profiter de l'occasion, de passer par un lieu.

ⲧⲁⲣⲓⲃⲟⲩϩⲁ, *taribouha.* Il a frisé la peau de la bête; encore un peu plus près, il l'atteignoit, etc.

ⲧⲁⲣⲓⲛ, *tarin.* Blessures. Ulceres que les chevaux, les mulets, etc., ont sur le dos. On dit alors ⲧⲁⲣⲓⲛ ⲕⲟⲓϩⲁ, *tarin koiha.*

ⲧⲁⲣⲓⲛ ⲛⲓ ⲧⲉⲓⲥⲟⲩ, *tarin ni teisou.* Différence des blessures ou ulceres qu'ont les bêtes.

ⲧⲁⲣⲟⲩ, *tarou.* Ordonner à quelqu'un d'acheter à crédit.

ⲧⲁⲣⲟⲩⲙⲃⲓ, *taroumbi.* Acheter quelque chose à crédit.

ⲧⲁⲣⲟⲩⲃⲟⲩⲙⲃⲓ, *tarouboumbi.* Ordonner d'acheter à crédit. Ulcere qui revient souvent. Qui est sujet à avoir des ulceres. Être sujet à des maladies, qu'on travaille ou non. Alors on dit ⲛⲓⲙⲉⲕⲟⲩ ⲧⲉ ⲧⲁⲣⲟⲩⲃⲟⲩϩⲁⲡⲓ, *nimekou te taroubouhapi.*

ⲧⲁⲣⲟⲩϩⲁⲓ ⲧⲭⲉⲕⲉ, *tarouhai tcheke.* Qui ne cherche qu'à manger. Qui est sujet à sa bouche.

ⲧⲁⲣⲟⲩϩⲁ, *tarouha.* Prendre un inconnu, par exemple, pour une personne que l'on connoît. Prendre l'un pour l'autre. On dit aussi ⲁⲧⲭⲓⲣⲁⲛ, *atchiran.*

ⲧⲁⲧⲭⲓ ⲧⲟⲩⲃⲉⲇⲉ ⲓⲥⲧⲁⲗⲁ, *tatchi toubede istala.* Du commencement à la fin.

⳽⳽⳽. *tarouhai.* Toujours, sans cesse; comme qui diroit : Il mange sans cesse de cela : Il fait toujours la même chose : Il est toujours le même, etc.

⳽⳽⳽. *taroun.* Abreuvoir, lieu où l'on abreuve les chevaux, les bœufs, etc. Lieu aquatique. Mare d'eau. Bassin où sont les bateaux, les vaisseaux, etc.

⳽⳽⳽ ⳽⳽⳽. *to tchokson.* Lieu où ceux qui tirent de la fleche à cheval montent à cheval pour l'ordinaire.

⳽⳽⳽ ⳽⳽⳽ ⳽⳽⳽. *tarang seme tetouhepi.* Il a dormi les jambes étendues.

⳽⳽⳽ ⳽⳽⳽. *tapara oloro.* Lieu sec et lieu aquatique. Les fatigues du chemin, etc.

⳽⳽⳽ ⳽⳽⳽. *ta fouta.* Nom d'une corde longue de cinq toises, à laquelle est attachée une perche de cinq pieds de long, d'où pend le filet dont on se sert pour pêcher en travers d'une riviere.

⳽⳽⳽. *tafaha.* Nom d'une espece de poisson qui a la bouche quarrée et la tête grosse : il est long de trois pieds à-peu-près. Les petits de ces poissons s'appellent ⳽⳽⳽. *kiata.* Quand ils sont gros, on se sert de leur peau pour faire des porte-manteaux, et autres choses semblables. On dit dans le discours ⳽⳽⳽ ⳽⳽⳽. *atouha tafaha,* et ⳽⳽⳽ ⳽⳽⳽. *nouhere tafaha.*

⳽⳽⳽ ⳽⳽⳽ ⳽⳽⳽. *tai sere herguen.*

⳽⳽⳽. *tain.* Nom d'un lieu de cinq cents habitants ou de mille cinq cents. On dit aussi ⳽⳽⳽ ⳽⳽⳽. *tain tchoha.* Celui qui, dans le combat, s'expose le premier. Le chef de deux mille quatre cents hommes. Troupes qui sont à la poursuite de l'ennemi.

༄༅༎. *taiselambi.* Suppléer pour quelqu'un dans une affaire. Tenir les sceaux à la place d'un autre. Suppléer à la cuisine, etc.

༄༅. *taipihan.* Bords des deux côtés d'un briquet et de telle autre chose. Les bords du lit, de la porte, des chaises, etc.

༄༅༎. *taiselaboumbi.* Ordonner de tenir la place de quelqu'un dans une affaire.

༄༅༎. *taichambi.* Qui parle et qui agit d'une maniere déshonnête et qui tient de la folie. Qui insulte à tort et à travers.

༄༅. *taihan.* Nom d'une espece de filet. Ce filet ressemble à une poche. On le tend en travers d'une riviere. Il a au milieu une ouverture par laquelle les poissons se jettent dans la poche, d'où ils ne peuvent plus sortir.

༄༅ ༄༅. *taitan toholon.* Nom d'une espece de plante sauvage dont la feuille ressemble à celle du saule. On la mange crue. Elle est d'un goût amer.

༄༅. *tailan.* Punition, châtiment qu'un supérieur impose à un sujet rebelle, par exemple.

༄༅. *tailambi.* Châtier un sujet rebelle. Poursuivre un sujet rebelle. Être en frénésie.

༄༅. *tailahapi.* Il est dans le délire. Il est possédé, etc.

tailanambi. Aller à la poursuite d'un sujet rebelle.

tailaboumbi. Ordonner d'aller à la poursuite d'un sujet rebelle. Être poursuivi après s'être révolté.

tailanaboumbi. Ordonner d'aller à la poursuite des rebelles.

tailantchimbi. Venir combattre les rebelles.

tai mei. Écaille. (*Tai mei* en chinois.)

tailaha yntahoun. Chien enragé. (*Fong keou* en chinois.)

tain ni haha. Homme qui poursuit ou qui punit les rebelles.

taifou. Médecin. (*Tai fou* en chinois.)

tai chang. Nom d'une espece d'oiseau qu'on appelle autrement l'oiseau-chien. (*intahoun tchetchike.*)

taifou y toro. Médecine. Science ou art de la médecine.

taifousa. Médecins. (Pluriel.)

taifourara pithe. Livre de médecine. (*Y chou* en chinois.)

taifourambi. Exercer la médecine.

taifouraboumbi. Ordonner d'exercer la médecine.

taifaha. Roseaux ou joncs dont on se

sert pour faire des murailles lorsque les murailles de terre ou de brique sont tombées.

⵿⵿⵿ ⵿⵿⵿ ⵿⵿⵿, *tar sere herguen.*

⵿⵿⵿ ⵿⵿⵿, *tar seme.* Trembler de peur, comme lorsque le cœur palpite. Ressauter. Trembler de froid.

⵿⵿⵿, *targuimbi.* Trembler de peur. Trembler de froid.

⵿⵿⵿ ⵿⵿⵿ ⵿⵿⵿, *tar seme chourguème.* Trembler de tout son corps lorsqu'on a grand froid. Avoir le cœur palpitant, lorsqu'on a grand'peur.

⵿⵿⵿, *targuia.* Arteres des deux côtés du cou.

⵿⵿⵿ ⵿⵿⵿, *tarhalaha amban.* Mandarin ou Grand *ad honores*, lequel, sans exercer sa charge, en perçoit les revenus.

⵿⵿⵿, *targuiambi.* Être disposé à frapper. Avoir à la main un couteau, un bâton ou telle autre chose, et vouloir en frapper quelqu'un.

⵿⵿⵿ ⵿⵿⵿, *tarha tchetchike.* Nom d'un oiseau semblable à celui qu'on appelle ⵿⵿⵿ ⵿⵿⵿, *fenehe tchetchike.* Il fait son nid comme les hirondelles, en y laissant une petite ouverture pour pouvoir entrer et sortir. Lorsque les femmes sont en couche on leur fait avaler de ces nids délayés dans du vin.

⵿⵿⵿, *tarhoua.* Espece de roseaux ou de joncs dont les uns sont blancs et les autres rouges. On dit ⵿⵿⵿ ⵿⵿⵿, *oulhou tarhoua.* Ensemble, uni.

⵿⵿⵿, *tartan.* Piece de soie à petites fleurs. Piece

de soie entre-mêlée de fils d'or. On l'appelle aussi ⵗⵗⵗ, kin alaha.

ⵗⵗⵗ, tarhoua tchetchike. Nom d'une espece d'oiseau qui a à la queue deux plumes plus longues que les autres : il fait son nid dans les joncs.

ⵗⵗⵗ, tarhouan. Verge de la balance. Manche de la pioche. Manche de bois. Verge ou perche propre à faire des manches d'outils.

ⵗⵗⵗ, tarpahoun. Dormir la face en haut. On dit alors ⵗⵗⵗ, tarpahoun tetouhe.

ⵗⵗⵗ, tarhouan yangsambi. Oter les mauvaises herbes d'un champ. Les anciens Mantchoux se servoient pour cela d'une perche de bois qu'ils poussoient devant eux, etc.

ⵗⵗⵗ, tartai. A l'improviste, tout à coup. On dit aussi ⵗⵗⵗ, tartai andande. Dans un moment, à l'instant.

ⵗⵗⵗ, targuime achchambi. Trembler, trembloter.

ⵗⵗⵗ, tartan seme chourguembi. Trembler de froid sans pouvoir se réchauffer.

ⵗⵗⵗ, tartan seme. En tremblant. Trembler de froid. On dit de même ⵗⵗⵗ, tortoun tartan.

ⵗⵗⵗ, targuime chourgueme olhome keleme. Trembler de froid. Trembler de peur.

ⵗⵗⵗ, tan sere herguen.

TANG

tan. Espèce d'attrape pour prendre les oiseaux et les bêtes fauves. On fait un lacet dans lequel se prennent les oiseaux, etc.

tan pi amba koumoun. Grande musique qui s'exécute lorsque l'empereur tient son lit de justice, qu'il donne les repas de cérémonie, qu'il donne audience aux ambassadeurs étrangers, et dans d'autres cérémonies semblables.

tan tabourakou. Ne vouloir pas se servir d'un mauvais garnement.

tantchan. Maison de la femme. Famille ou gens de la famille de la femme. Parents de la femme.

tantchalambi. Aller voir ses parents. Cela se dit des femmes qui vont dans leur famille.

tantchan i po. Maison de la femme, ou famille de la femme.

tantchilambi. Venir faire les affaires de quelqu'un. Venir aider quelqu'un.

tang sere herguen.

tang. Seulement. Cependant. On dit aussi *tamou.*

tangna. Engager quelqu'un à tirer de la fleche pour soi lorsqu'on a parié avec un autre qui est plus fort. Faire suppléer quelqu'un. Remplissez pour moi cet emploi, par exemple. *si mini founde tangnatchina.* (Impératif du verbe suivant.)

tangnambi. Remplir l'emploi d'un autre. Monter la garde pour un autre. Suppléer pour quelqu'un.

⸨⸩. *tangnatchi otchorakou.* Je ne saurois suppléer, etc.

⸨⸩. *tangniambi.* Jouer au ballon, à la paume.

⸨⸩. *tangniaboumbi.* Faire jouer au ballon ou à la paume.

⸨⸩. *tangkan.* Domestiques ou esclaves qui changent de maîtres.

⸨⸩. *tanga.* Parents plus âgés que soi. On dit aussi ⸨⸩, *oungken,* et ⸨⸩ ⸨⸩, *oungken tanga.*

⸨⸩. *tangkbouli.* (*Tang pou* en chinois.) Tampou. Espece de fripperie ou de lieu où l'on prend les habits, meubles, etc., pour gages de l'argent qu'on prête.

⸨⸩, *tangche.* Ordonner de battre. Ordonner de reprendre, de se reprocher les fautes, etc.

⸨⸩. *tangchembi.* Faire des reproches à quelqu'un, le quereller, lui reprocher ses fautes.

⸨⸩. *tangcheboumbi.* Être repris de ses fautes. Être querellé. Ordonner de quereller, de reprendre quelqu'un de ses fautes, etc.

⸨⸩, *tangsé.* Registre. (*Tang tsée* ou *tchai tsée* en chinois.)

⸨⸩, *tangsaha.* Vase de bois fort large par le haut.

TAK

~~~~ ~~~~ ~~~~ ~~~~ ~~~~. *tang seme emou morin fountchembi.* Il ne reste plus qu'un cheval.

~~~~. *tangchan.* Bout de fil ou de ficelle qui reste après qu'on a fait quelque chose. Reste de quelque chose que ce soit qu'on a employée. Chose de rien. Un brin. Un petit peu. Alors on dit ~~~~ ~~~~, *emou tangchan.* Les restes du foin après que les chevaux ont mangé. Après que les chevaux ont eu mangé, il n'est pas resté un brin de foin dans la crêche, ~~~~ ~~~~ ~~~~ ~~~~ ~~~~ ~~~~ ~~~~. *oulha te oulebouhe orhobe emou tangchan fountchebouhekou tchekebi.*

~~~~. *tangtali.* Nom d'un filet qui tient d'un bord de la riviere à l'autre.

~~~~, *tangtaka.* Dormir les jambes écartées. Alors on dit ~~~~ ~~~~. *tangtaka tetouhe.*

~~~~ ~~~~. *tangse faksalambi.* Ouvrir les deux battants de la porte.

~~~~. *tangui.* Maniere de parler pour dire : Un petit peu comme cela. Aussi peu que cela, par exemple. Je ne puis pas espérer d'avoir tout cela; pourvu que j'en aie un peu, cela suffit, (~~~~ ~~~~ ~~~~ ~~~~ ~~~~ ~~~~ ~~~~ ~~~~ ~~~~ ~~~~ ~~~~ ~~~~. *yaya pate sain laptoube ererakou tamou tere tangui pahatchi okini ouatchikini*). Le sens de ce mot ~~~~. *tangui,* est le même que celui de ~~~~ ~~~~. *okini ouatchikini;* c'est-à-dire, cela suffit.

~~~~ ~~~~ ~~~~, *tak sere herguen.*

takta takta. Par sauts. En sautant comme les lievres. Courir en sautant. On dit alors . *takta takta fokoutchambi.*

taktahoun. Saut. Comme lorsqu'on veut atteindre à quelque chose d'élevé. Un habit ou telle autre chose qui est retroussée, relevée, etc.

taktari tafaka. Qui que ce soit qui est arrivé le premier.

taktari. Dans le temps qu'on parloit, tout-à-coup il est arrivé. *taktari igentchiha.*

tas sere herguen.

tashouan. Étui de l'arc. Les troupes de la gauche. On appelle de ce nom les troupes qui sont sous les quatre bannieres suivantes; savoir, les bannieres jaune et blanche, blanche, blanche et rouge, et bleue. Alors on dit *tashouan kala.* On appelle encore du nom *tashouan*, les tribunaux particuliers qui ont soin des quatre bannieres, etc.

tashouan ni meiren. Les deux premieres bannieres des quatre qu'on vient d'indiquer ci-dessus, ou seulement la seconde.

tashouan ni toube. Les deux dernieres banieres de celles qu'on vient d'indiquer, ou seulement la quatrieme.

tashouan ni kala. Les troupes de la gauche.

tashouan ni mouheren. Plaque de fer qui est au milieu du baudrier pour y passer le sabre.

◌◌◌ ◌◌◌ ◌◌◌. *tap sere herguen.*

◌◌◌. *tapkambi.* Ce mot se dit de l'apparition des esprits, des démons qui font tapage et épouvantent les hommes.

◌◌◌. *tapkouri.* Par étage. Par rang. Par degré. Par paire.

◌◌◌. *tapkiboumbi.* Ordonner d'arracher les herbes.

◌◌◌ ◌◌◌. *tapkouri touka.* Double porte.

◌◌◌ ◌◌◌. *tapkouri leouse.* Double étage.

◌◌◌. *tapkourilambi.* Doubler.

◌◌◌. *tapche.* La racine du bras, ou le dessus de l'épaule.

◌◌◌. *tapcheha.* Lorsque le soleil est fort avancé dans sa course. Alors on dit ◌◌◌ ◌◌◌, *choun tapcheha.*

◌◌◌ *tapsoun*, (*yen* en chin.) Sel qui se fait avec de l'eau salée qu'on fait bouillir ou qu'on fait évaporer au soleil. Sel qui se trouve dans une certaine pierre, ou, pour mieux dire, sel minéral. On dit alors ◌◌◌ ◌◌◌. *ouohe tapsoun.* Sel d'étang, etc. ◌◌◌ ◌◌◌. *omo tapsoun.*

◌◌◌. *tapchetala.* Plus qu'il ne faut. Trop.

◌◌◌ ◌ ◌◌◌. *tapsoun ni tchifoun.* Tribut qu'on paie pour le sel. (*Hien ko* en chinois.)

〰〰〰 〰〰〰 〰. *tapsoun toutchire pa.* Lieu où il y a du sel.

〰〰〰. *tapsoulambi.* Saler de la viande, du poisson, etc. Assaisonner avec du sel quelque chose.

〰〰〰. *tapsoulaboumbi.* Ordonner de saler. Faire saler.

〰〰. *tapta.* Ordonner de battre de l'or, de l'argent ou du fer. Ustensile de fer propre à faire délayer de la colle.

〰〰. *taptambi.* Battre de l'or, de l'argent, du cuivre ou du fer. Répéter ce qu'on vient de dire. Un bonheur qui en attire un autre. Doubler, etc.

〰〰. *taptaboumbi.* Ordonner de battre de l'argent, etc.

〰〰 〰〰. *taptara folho.* Marteau à battre le fer, à forger des couteaux et autres choses de fer.

〰〰. *taptali.* Cela se dit d'un cheval qui a pris le mors aux dents, qui hennit, qui se cabre, qui galope sans qu'on puisse l'arrêter.

〰〰. *taptourchambi.* S'emporter. Se mettre en colere.

〰〰. *taptouri.* Inquiet. Colere. Vif. Ne pouvoir pas s'exprimer de colere, par exemple. 〰〰 〰〰 〰〰 〰〰 〰〰. *kisoun ichentchire ongolo kisouretchi tabtouri sembi.*

〰〰. *taptchi.* Qui a les paupieres de travers.

〰〰. *taptchilakou.* Espece de couteau-dechasse. Sabre plus petit que celui qu'on appelle ⵙⴻⵍⴻⵎⴻ, *seleme*.

ⵜⴰⵒⴽⵎⴱⵉ. *tapkimbi*. Coller un arc ou quelque autre chose que ce soit avec de la colle-forte. Frapper à coups redoublés le cheval qui galope pour le faire aller encore plus vîte. Coller du papier sur du carton pour le rendre encore plus ferme.

ⵜⴰⵒⴽⵎⴱⵉ. *tapkimbi*. Oter les herbes qui sont parmi le bled, etc.

ⵜⴰⵍ ⵙⴻⵔⴻ ⵀⴻⵔⴳⴻⵏ. *tal sere herguen*.

ⵜⴰⵍⵀⴰⵏ. *talhan*. Un morceau de quelque chose que ce soit. Plusieurs choses jointes ensemble.

ⵜⴰⵍⵀⴰⵏ ⵒⵓⵉⵀⵓⵏ. *talhan poihon*. Un terrain. Une piece de terre.

ⵜⴰⵍⵀⴰⵏⴰⵀⴰ. [ⵀⴰⵒⵉ.] *talhanaha*, (*hapi*.) Les poils ou telles autres choses qui croissent ensemble.

ⵜⴰⵍⵀⴰⵏ ⵜⴰⵍⵀⴰⵏⵉ. *talhan talhani*. Par morceaux.

ⵜⴰⵍⵀⵓⵏ ⵜⵛⵉⴼⴻⵏⴳⵓ. *talhoun tchifengou*. Salive glaireuse, ou phlegmes glutineux, etc.

ⵜⴰⵍⵀⵓⵏ. *talhoun*. Glutineux, comme la colle, la salive, etc. Qui ennuie les autres par son trop de babil. Bavardage. Quelque chose que ce soit qui est glutineux. Bavard; qui dit ce qu'il ne devroit pas dire, et qui se fourre par-tout.

ⵜⴰⵍⵀⵓⴽⴰⵏ. *talhoukan*. Un peu glutineux. Homme qui aime à suivre ses appétits déréglés, qui se fourre par-tout, etc.

talhoutambi. Bavarder. Dire les mêmes choses souvent, et jusqu'à faire mourir d'ennui ceux qui écoutent.

talpa. Côté de quelque chose que ce soit.

talpade. A côté.

talparame. Aller de côté.

talpaki. De côté. A côté.

talpashoun. A côté, aux côtés de quelqu'un, etc. Dormir de côté, etc. Quelque chose que ce soit qui est à côté.

talpashoun tetoumbi. Dormir de côté.

talpai po. Appartement de côté. Qui est à côté de l'appartement principal.

taltambi. Cacher. Avoir honte de dire, d'avouer. Rougir. Dérober à la connoissance.

talta. Ordonner de cacher, de ne pas dire, de faire en secret, etc.

taltaboumbi. Ordonner de cacher, de dérober à la connoissance, etc.

taltchi. Qui importe. Important.

taltaha. Bande de peau qui est attachée à la queue des éperviers dressés pour la chasse. Cette bande de peau sert à attacher un grelot. Morceau de cuir ou de peau qui sert à fermer les ballons pour empêcher que l'air ne sorte.

taltarakou. A découvert. Clairement. Exactement. Sans se cacher.

taltchakou. Peu importe. N'importe pas.

taltchi akou. Peu importe. Il importe peu.

taltchinga. Qui est important pour soi ou pour ses parents. Qui importe.

talhi. Babillard. Bavard. Hableur et aventurier.

talhitambi. Bavarder, babiller, ennuyer. A force de bavarderies étourdir les gens. Se fourrer par-tout.

tam sere herguen.

tambi. Gouverner les hommes, les affaires. Le feu a pris. Le vent souffle, etc.

tamnambi. Tamiser la farine, passer la farine par le tamis.

tambakou. Tabac. (*Yen* en chinois.)

tambakou omi. Prends du tabac.

tambakou tebou. Apporte du tabac. Garnis une pipe.

tamtoun. Gage, tel que ceux qu'on donne, par exemple, lorsqu'on emprunte de l'argent, et qu'on retire après avoir rendu l'argent.

tamboumbi. Ajouter, augmenter, mettre quelque chose par dessus. Ajouter aux mets; de l'huile, par exemple, etc.

tamtoulambi. Donner en gage. Engager.

tamtoulaboumbi. Faire mettre en gage. Faire engager.

tamtchan. Barre par le moyen de laquelle les porte-faix portent les fardeaux sur leurs épaules. (*Pien tan* en chinois.)

tamtchalambi. Porter un fardeau par le moyen d'une barre. Percer de part en part la bête lorsqu'on a tiré la fleche contre elle.

tamtchala. Ordonner de porter à la barre.

tamtchan sele. Cadenas. La petite verge du cadenas qui passe par les deux trous de la piece de fer ou de cuivre qui est à la porte, et qui la tient fermée.

tamtchalahapi. Il a porté à la barre.

tamtchalame koaiha. La bête a été percée de part en part. La fleche a traversé de part en part. On dit encore *tamtchatala koaiha.*

tamtchan soupsehe. Nom d'un insecte dont le corps est plat, et qui a les ailes longues.

tamtchalaboumbi. Ordonner de porter à la barre.

tamtoulara pouseli. (*Tang pou* en chinois. Quoique M. Amyot n'ait pas traduit l'explication chinoise de ce mot, je crois qu'il signifie, *bureau* où l'on prête sur gage.)

te sere herguen.

𐴀𐴡. *te.* A présent. Maintenant. Ordonner de s'asseoir, de rester, de demeurer.

𐴀𐴡. *tenembi.* Aller demeurer. Aller tenir la justice. Aller s'asseoir.

𐴀𐴡. *teni.* Encore. A présent.

𐴀𐴡. *teniken.* A l'instant. Dans le moment.

𐴀𐴡. *tebelin.* Une embrassade. Un embrassement.

𐴀𐴡. *tebeliembi.* Embrasser un enfant, par exemple, un homme lorsqu'on revient du dehors, et que le fils, le neveu, etc., embrassent les genoux du pere ou de l'oncle; et que le pere ou l'oncle embrassent les épaules du fils ou du neveu.

𐴀𐴡. *tebelieboumbi.* Faire embrasser.

𐴀𐴡. *tebeliekou.* Gaîne d'un couteau. Fourreau d'une épée. Ce mot signifie le dedans de la gaîne ou du fourreau.

𐴀𐴡. *te pitchibe.* A présent. Aujourd'hui. A l'heure qu'il est.

𐴀𐴡. *tebou.* Faire apporter du riz, du thé, du vin, etc. Ordonner de s'asseoir, de garnir une pipe, de faire du vin.

𐴀𐴡. *tese.* Eux. Les autres, etc.

𐴀𐴡. *teboumbi.* Ordonner d'apporter, de garnir une pipe. Planter. Faire quelque vin que ce soit. Ordonner de s'asseoir, de demeurer. Planter des arbres. Semer des fleurs, du riz, etc. Mettre un mort dans la biere. Ordonner de s'asseoir pour traiter les affaires, etc.

tebouboumbi. Ordonner d'apporter du tabac, le dîner. Ordonner de planter, de faire du vin, etc.

tebounombi. Lorsque le commun apporte, plante, fait du vin, etc.

teseingue. D'eux.

tesoumbi. Suffire. Ce qui suffit. On dit aussi *igembi.*

tesou pa. Patrie. Lieu de la naissance. Lieu d'où l'on est originaire. Pays natal.

tesou pai tchouoha. Les troupes propres d'un endroit, etc. Les forts d'un endroit.

tesouboumbi. Ordonner qu'il y ait à suffisance. Manger à suffisance. Avoir des troupes à suffisance.

tesou pai irguen. Le peuple d'un endroit. Les habitants d'un lieu.

tetele. Jusqu'à présent. Jusqu'à cette heure. On dit aussi *ertele.*

tede tata. Qui n'a aucune consistance. Celui sur lequel on ne sauroit compter. On dit encore *kouatchihia tata.*

te ele oho kai. A présent. Cela suffit. Il y en a assez. On dit aussi *te teisou oho kai,* ou bien *te igeka kai.*

tete. Là. Sur cela. A cela. Au-dessus. C'est au datif.

teteri. De toi. Par toi. De là, etc.

tetendere. Sans doute. Maniere de parler au-dessus de laquelle on met la particule *tchi*. Sans doute il est allé, etc. *kenetchi tetendere*.

tetoun. Biere ou caisse de mort. On dit aussi *hobo*. Quelque instrument ou ustensile que ce soit de métal ou de bois. Outil. Instrument. On dit encore *tetoun ahoura*, pour exprimer les vases dont on se sert pour boire ou manger, et les armes offensives et défensives.

tedoun touolambi. Cela se dit des présents que font à leurs parents les nouvelles mariées lorsqu'elles quittent la maison paternelle pour aller dans celle de leur époux.

tetouchembi. Se servir des outils, des instruments. Employer les instruments, les outils de quelqu'un. Employer quelqu'un suivant ses talents.

telambi, (*ha.*) Cela se dit des chevaux, etc., qui bronchent ou qui s'abatent des pieds de devant.

tele. Faire étendre une chose qui seroit plissée; lui faire ôter les plis en la tirant.

telembi. Étendre une piece de toile, d'étoffe, de peau, qui seroit plissée.

teleboumbi. Ordonner d'étendre, etc. Être étendu, etc.

teleri. Nom d'une espece de satin à dessin dont on fait les habits de cérémonies : on y brode en or des dragons; et quand les femmes s'en servent dans leurs habits de cérémonies, le haut est plissé.

teliembi. Cuire quelque chose.

telieboumbi. Faire cuire quelque chose. Cela se dit aussi de ceux qui, étant exposés en été aux ardeurs du soleil qui attire les vapeurs de la terre, sont saisis de cette vapeur. (Être suffoqué.)

temen. Chameau. (*Lo to* en chinois.)

temen sele. Clou qui joint les deux branches des tenailles ou des ciseaux.

temene oulme. Aiguille triangulaire dont on se sert pour coudre les peaux.

temenehe. Les grains ont des vers. Les vers se sont mis aux grains.

temen kourgou. Nom d'une espece de chameau qui a les pieds et les jambes minces, et la bosse plus petite que les chameaux ordinaires.

temoun. L'aissieu de la charrette.

tetche. Ordonner, dire au commun de s'asseoir. (Qu'on s'asseye.)

tetchembi. Lorsque le commun est assis. On dit encore *tenoumbi.*

tetcheboumbi. Faire asseoir le commun.

tetchina. Asseyez-vous. Je vous invite à vous asseoir.

tetchendoumbi. S'asseoir en commun, ensemble. On dit aussi *tetchenoumbi.*

temimbi. Être plein de ménagements et de considération pour quelqu'un qu'on aime. Épargner quelqu'un qu'on aime, ménager sa réputation.

teie. Ordonner d'interrompre une chose commencée. Ordonner de se reposer. (Arrête, repose-toi, impératif du verbe suivant.)

teiembi. Se reposer. Se tranquilliser.

te i tchalan. Les gens du temps présent. Les hommes d'aujourd'hui.

teieboumbi. Ordonner de se reposer, de se tranquilliser.

teiehe. Il s'est reposé. Il s'est tranquillisé. Il a cessé le travail pour prendre du repos.

teienembi. Aller se reposer.

teientchimbi. Venir se reposer.

teihoun. Repos, tranquillité. C'est proprement un long repos, une tranquillité habituelle.

teientoumbi. Lorsque le commun se repose. On dit encore *teienoumbi.*

teierakou. Il n'a aucun repos. Il ne prend aucun repos. Sans prendre du repos. On dit encore *teienterakou.*

teien akou. Sans repos. Continuellement. Sans discontinuer. Sans se reposer. Sans prendre un moment de repos, etc.

꜍꜍꜍. *tehe.* Nom d'une machine dans laquelle on met un instrument de musique. Cette machine a la tête et la queue d'un cheval. Cheval de carton, de papier, ou de telle autre matiere, que les enfants font pour s'amuser. Tour à tourner du bois, etc. Métier à faire les pieces de soie. Le dehors de l'arc fait avec de la corne de mouton. Cela se dit encore des pointes et des tranchants des couteaux, sabres, etc., qui sont très foibles.

꜍꜍꜍ ꜍꜍꜍. *tehe mouke.* Eau dormante. Eau qui séjourne dans les lieux profonds.

꜍꜍꜍ ꜍꜍꜍. *tehe outchou.* Nom d'un instrument de bois autour duquel on dévide la soie. Les deux bouts d'une piece de soie.

꜍꜍꜍. *tekehepi.* Cela se dit des peaux qui ont été exposées à l'humidité et à la chaleur, et qui deviennent molles. (Qui s'est amolli. Prét. du verbe suivant.)

꜍꜍꜍. *tekembi.* Cela se dit des peaux qui deviennent molles par l'humidité et la chaleur. (S'amollir. *verbe.*)

꜍꜍꜍. *teherembi.* Se ressembler. Plusieurs choses qui se ressemblent, qui sont à-peu-près les mêmes, qui se répondent, qui sont correspondantes. Deux hommes, par exemple, qui sont égaux de taille, qui sont d'une même profession. On dit alors ꜍꜍꜍ ꜍꜍꜍. *teherehe nialma.*

꜍꜍꜍. *tehereboumbi.* Chercher à convenir du prix d'une chose qui auroit de la ressemblance avec une qu'on avoit déja, ou qu'on a encore. Se ressembler.

teherchembi. S'accommoder de quelque chose qui a de la ressemblance avec une autre qu'on possede déja, sans s'embarrasser du prix. Acheter une chose qui ressemble à une autre qu'on a déja, etc.

teherentoumbi. Se ressembler. Avoir de la ressemblance.

tekou. Quelque lieu que ce soit où l'on peut, où l'on doit s'asseoir. Lieu où l'on demeure. Habitation. Natte qu'on étend par terre, sur laquelle on s'assied.

tehei montchirchambi. Lorsqu'on alloit pour s'asseoir en devant, revenir tout d'un coup s'asseoir par derriere. On dit aussi *momorombi.*

tere. Lui, ce, cet, cette, etc.

tekou ouentehen. Espece de banc où se mettent les rameurs des petites barques lorsqu'ils rament.

tere tade. C'est une maniere de parler pour dire, par exemple : Sur cela, etc. C'est le même sens que celui de la particule *angala.*

teretchi. Sur cela, de plus, de cela, après cela, etc.

tereou. Est-ce cela ?

tereingue. De celui-ci, de cette personne.

tere ongolo. Avant cela, auparavant.

tere angala. De plus, bien plus. Mais encore, etc.

⁓⁓. *terei amala.* Après cela, après cette affaire, etc.

⁓⁓. *terengue.* De celui qui est assis.

⁓⁓. *tereni.* Conformément à cela.

⁓⁓. *terin tarin.* Cela se dit de ceux qui marchent en se dandinant, ou bien des gens ivres qui semblent devoir tomber à chaque pas.

⁓⁓. *terou.* Latrines. Lieux communs. Nom d'un instrument de bois à deux coins avec un trou au milieu : il sert à dévider la soie.

⁓⁓. *tefembi.* Brûler.

⁓⁓. *tefehepi.* Le feu l'a consumé. Tout est brûlé. Le feu est fini. (Prétérit du verbe précédent.)

⁓⁓. *temoun ni sipia.* Clou qui traverse l'extrémité de l'aissieu de la charrette, et qui empêche que les roues ne sortent.

⁓⁓. *tei sere herguen.*

⁓⁓. *teisou.* En particulier. Quelque chose que ce soit qui est de même espece qu'une autre, qui répond à une autre, qui lui est proportionnée, etc.

⁓⁓. *teisou akou.* Cela n'a aucun rapport, etc.

⁓⁓. *teisou teisou.* Chacun en particulier. Avec beaucoup de respect. Également.

⁓⁓. *teisoulembi.* Proportionner. Rencontrer tout à propos celui ou ce qu'on cherchoit.

⁓⁓. *teisouleboumbi.* Certaines choses qui

ont du rapport entre elles, qui se rencontrent, qui se ressemblent. Lorsque le soleil et la lune font proportionnellement leur course. Lorsque l'effet répond à ce qu'on avoit supputé auparavant. Lorsque les choses se rencontrent à propos. Être soumis aux loix, par exemple. (Se rapporter. Se correspondre.)

teisoungue. Quelque chose que ce soit qui a du rapport avec une autre qui lui ressemble, etc.

teisou be tahambi. Remplir ses obligations.

teisou be touakiara tchoha. Troupes qui gardent les passages.

teichoun. Cuivre jaune qui se fait avec un mélange de plomb.

teile. Seul. Qui n'a personne. Seulement. Je n'ai que cela.

teike. Dans le moment. D'abord. A l'instant. Il n'y a qu'un moment.

teifoun. Bâton dont se servent les vieillards pour s'appuyer. Béquille. (*Tchou tchang* en chinois.)

teifouchembi. Se servir du bâton ou de la béquille en marchant.

teifoungue. Qui se sert du bâton ou de la béquille en marchant.

ter sere herguen.

ter seme. Brillamment. Avec éclat; comme lorsqu'un grand nombre de cavaliers rangés ont leurs armes et leurs étendards très brillants. On dit aussi ༄༅། ༄༅། ༄༅།. *ter tar seme.*

༄༅། ༄༅།. *terten tartan.* Qui va en tremblotant comme un homme qui sort de maladie.

༄༅།. *terkin*, (*tai* en chinois.) Autel. Lieu élevé d'où l'on peut voir au loin. Terrasse. Balcon. Perron; comme ceux qu'on voit au palais ou dans quelques tribunaux.

༄༅། ༄༅།. *terkin ni tchergui.* Escalier d'une terrasse, d'un autel, etc. (*Tai ki* en chin.)

༄༅།. *terkimbi.* Sauter. Sauter sur un lieu élevé. Passer d'un saut d'un endroit à un autre. Monter.

༄༅། ༄༅། ༄༅།. *terkin ni tchergui ouogembi.* Monter par degrés d'un mandarinat à un autre. On dit aussi ༄༅། ༄༅། ༄༅།. *tankan tankan ni ouogembi.*

༄༅།. *terguimbi.* Mettre le fer au bout d'un bâton pour en faire une fleche.

༄༅། ༄༅། ༄༅།. *ten sere herguen.*

༄༅།. *ten.* Espece de chaise ou de litiere portée par des hommes ou par des animaux, faite de bois ou de bambou : elle ressemble à celle que l'on appelle ༄༅།. *hen*, et qui n'est portée que par des hommes. Élevé. Fort haut. Le commencement d'un chemin, ou, pour mieux dire, l'endroit où le chemin finit. Les fondements d'un édifice. Nom d'une étoffe de soie sur laquelle il y a des dragons brodés en or.

༄༅། ༄༅།. *ten kaimbi.* Parler avec force et clarté.

TENG

tenteke. De cette sorte. De cette maniere.

tentekengue. De cette maniere.

tentchimbi. Venir prendre sa place au tribunal. Venir demeurer. Venir s'asseoir.

tentchou. La quille d'un vaisseau, d'un bateau, d'une barque.

teng sere herguen.

tengse. Lierre. Gramen. Rotin. (*Teng tsée* en chinois.)

tengse y sirgue. Une verge de lierre ou de gramen, etc.

teng seme. Fortement. Solidement.

teng seme ketchehe. Il a gelé très fort.

teng tang seme. Avec force. A forces égales.

tengnekou. Espece de voiture faite avec des cordes pour garder l'équilibre. On s'en sert pour passer les montagnes. C'est une espece de brancard ou de chaise.

tengnembi. Sauter d'un cheval sur un autre.

tengueri. Cordes des instruments de musique. (*Sien tsée* en chinois.)

tengueltchekou. Quelque terrain que ce soit dont la superficie est seche et le dedans humide. Lorsqu'on marche dessus on enfonce, et il s'y fait des hauts et des bas.

⳼⳼⳼. *tengueltchembi.* Agiter son corps de côté et d'autre en marchant sur un terrain humide. Rendre un lieu humide en l'arrosant.

⳼⳼⳼. *tengki.* Ordonner à quelqu'un de verser, de répandre quelque chose que ce soit, de jeter quelque chose. (Verse, répands; impératif de ⳼⳼⳼. *tengkimbi.*)

⳼⳼⳼. *tengkimbi.* Verser, répandre quelque chose que ce soit. Jeter quelque chose.

⳼⳼⳼. *tengkiboumbi.* Être rencontré, frappé par quelque chose. Ordonner de verser, de répandre, etc.

⳼⳼⳼ ⳼⳼⳼. *tengki tangki.* Qui semble à chaque instant prêt à tomber en marchant dans un chemin peu uni. On dit aussi ⳼⳼⳼ ⳼⳼⳼. *toungki tangki.*

⳼⳼⳼ ⳼⳼⳼. *tengkime sambi.* Je le sais très clairement. Je le sais de longue main.

⳼⳼⳼ ⳼⳼⳼. *tengkime saha.* Je le sais très clairement.

⳼⳼⳼ ⳼⳼⳼ ⳼⳼⳼. *tek sere herguen.*

⳼⳼⳼. *tekjen.* Appareillé. Une chose appareillée avec une autre, parfaitement égale à une autre. Nom d'une espèce d'arbre qui ressemble au saule, mais son bois est très dur; il est de couleur rouge. On en fait des manches de fouet: mais si l'on en frappe une jument pleine elle, avorte sur-le-champ. On l'appelle aussi ⳼⳼⳼ ⳼⳼⳼. *souhai mo.*

⳼⳼⳼. *tekjelembi.* Appareiller une chose avec

une autre qui lui est parfaitement semblable.

tekjeleboumbi. Faire appareiller.

tekjeken. Un peu appareillé.

tekjen nirou. Le fer ou le bout d'une fleche qui est uni à l'extrémité.

tekjen yoro. Nom d'une sorte de fleche à quatre faces égales. Le haut est large et uni; le bas est étroit et rond.

tek tak seme. Bruit de plusieurs personnes qui se disputent, qui se querellent.

tektembi. Cela se dit des habits, des manches qui montent, qui se relevent.

tekteboumbi. Brûler les monnoies de papier qu'on offre aux esprits durant les sacrifices. On dit alors *tchiha tekteboumbi.*

tekteke. On dit ce mot lorsque le porc ou la bête, quelle qu'elle soit, qu'on veut offrir, est morte tout-à-fait. (Prétérit de *tektembi.*)

tes sere herguen.

tes. Bruit que font les cordes qui se cassent lorsqu'on les entend. Alors on dit *tes seme laktchaha.*

teou sere herguen.

teoutembi. Changer quelque chose de place. Se donner mutuellement l'un à l'autre quelque chose que ce soit.

teouteboumbi. Faire changer quelque chose de place. Ordonner de se donner l'un à l'autre.

teoutentchembi. Changer mutuellement de place. Se donner mutuellement l'un à l'autre.

tep sere herguen.

teptchimbi. Prendre patience. Lorsqu'on a quelque sujet d'inquiétude sur quelque chose et qu'on n'en laisse rien échapper au dehors.

tepke. Ce qui tient la corde de l'arc à chaque bout.

teptchirakou. Avec impatience.

tepkou. Enveloppe du fétus tant dans les femmes que dans les animaux.

tepke latouboumbi. Coller à l'arc les deux morceaux de bois ou de corne qui tiennent la corde par les deux bouts.

tepke tapka. Cela se dit des petits enfants qui commencent à faire quelques pas, et qui apprennent à marcher et à parler.

tepketchembi. Jouer au volant. Jouer à l'osselet, etc.

tepkelembi. Couper par morceaux la viande qu'on doit manger.

tel sere herguen.

telguin. Ceinture de la culotte des hommes.

tem sere herguen.

△⊹ᑕᏮᎣ. *tembi.* Être assis. Demeurer. Être mandarin, par exemple. Rester, en parlant des marques de quelques coups qu'on auroit reçus, ou d'une liqueur qui auroit été dans un vase.

△⊹ᑕᏮ✓. *temchen.* A l'envi. Dispute.

△⊹ᑕᏮᎣ. *temchembi.* Se disputer à qui aura la chose. Se quereller. Vouloir l'emporter.

△⊹ᑕᏮᏮᎣ, *temcheboumbi.* Ordonner de disputer, etc.

△⊹ᑕᏮᏮᎣ. *temchendoumbi.* Lorsque le commun se dispute, se querelle, se bat. On dit encore △⊹ᑕᏮᎣ. *temchenoumbi.*

△⊹ᑕᎣ. *temtchikou.* Nom d'une petite barque dont la proue, composée de trois planches, est en pointe comme un nez, et la pouppe est plate.

△⊹ᑕᎣ. *temketou.* Signe, marque, signal, guillemet qui fait ressouvenir. Patentes. Passe-port. Cachet, etc. On dit aussi ᎠᏮᎣ △⊹ᑕᎣ. *cheden temketou.*

△⊹ᑕᎣᎣ. *temketoulembi.* Donner à quelqu'un une marque de distinction; comme aux veuves qui ne se remarient point, etc. Donner pour exemple. Faire une marque, un signal, etc.

△⊹ᑕᎣᎣ. *temketouleboumbi.* Avoir ou recevoir une marque de distinction. Ordonner de mettre un signal, etc.

△⊹ᑕᎣ ᎠᎣ ᎠᎣᎣ. *temketou toua changuiakou.* Signaux qui sont le long des grands chemins, dans lesquels on brûle des choses qui font beaucoup de fumée. Signaux qu'on donne par le moyen des feux.

𐌳𐌹𐌼𐌺𐌴𐌹𐌾𐌿 𐌽𐌹𐍂𐌿, *temketou nirou.* Espece de bâton de commandement, ou de fleche que portent les mandarins pour donner leurs ordres.

𐌳𐌴 𐌷𐌴𐍂 𐌷𐌴𐍂𐌲𐌴𐌽, *te sere herguen.*

𐌳𐌴, *te.* Particule qui marque le datif. Préposition, *par, au-dessus, avec.* Particule de temps.

𐌳𐌴𐌱𐌴𐍂𐌴𐌽, *teberen.* Les petits des animaux. Agneau. Les petits des oiseaux lorsque la mere les nourrit encore.

𐌳𐌴𐌱𐌴𐌺𐌴, *tebeke.* Cela se dit de l'eau qui, en bouillant, se répand hors du vase. Cela se dit aussi de la marée lorsqu'elle monte. L'eau a inondé. L'eau de la riviere a débordé. Prétérit de 𐌳𐌴𐌱𐌴𐌼𐌱𐌹, *tebembi.*

𐌳𐌴𐌱𐌴𐌹𐌴, *tebeie.* Nom d'une espece d'herbe qu'on emploie pour faire des nattes. On l'appelle de même 𐌽𐌹𐌲𐌴𐌺𐌹𐌴, *nigekte,* et 𐍄𐌴𐍂𐌷𐌹 𐍉𐍂𐌷𐍉, *terhi orho.*

𐌳𐌴𐌱𐌴 𐍄𐌰𐌱𐌰, *tebe taba,* Pêle-mêle, comme des insectes attroupés dans un même lieu.

𐍄𐌴𐍃𐌴𐍂𐌴𐍀𐌹, *teserepi.* Pleine mer. Inondation. Grande abondance d'eau. Eaux considérables et profondes.

𐍄𐌴𐍃𐌴𐍂𐌴𐌺𐌴, *tesereke.* Débordement. Lorsque les eaux ont débordé de telle sorte qu'on ne voit plus de rivages, et qu'on ne sauroit plus distinguer le lit de la riviere. Inondation.

TEDE

𐒰𐒻𐒾𐒒. *tegehi.* Espece d'attrape dont on se sert pour prendre les fouines, castors, martres, etc., lorsqu'ils veulent sauter d'un arbre à l'autre. C'est une espece de filet qu'on tend et dans lequel on les prend.

𐒰𐒻𐒾𐒌𐒒. *tegehimbi.* Lorsqu'à l'exercice de la lutte on terrasse son homme.

𐒰𐒻𐒾. *tegekou.* Fleche liée avec du chanvre blanc, dont on se sert pour invoquer l'esprit lorsqu'on veut lui demander du bonheur. On l'appelle aussi 𐒰𐒻𐒌. *tepse.*

𐒰𐒻𐒌𐒒. *teboumbi.* Faire compter combien de fois on a monté la garde, on a fait son emploi. Faire compter.

𐒰𐒻𐒌𐒒. *tesounghiembi.* Crier à gorge déployée. Secouer la poussiere. Balayer, etc.

𐒰𐒻 𐒰𐒻. *tede tade.* Qui est assis tantôt d'un côté, tantôt de l'autre, sans aucune contenance grave, etc.

𐒰𐒻𐒌𐒒. *tetoumbi.* Cela se dit des chevaux et autres animaux qui dorment dans leurs écuries ou leurs cavernes. Être étendu, couché. Dormir. Cela se dit aussi des hommes qui, ayant la tête appuyée, dorment étendus de leur long.

𐒰𐒻𐒌𐒒. *tedouboumbi.* Ordonner de s'étendre. Faire fermenter la farine. Poser à terre quelque chose que ce soit. Mettre à terre ou dans le berceau un petit enfant pour le faire dormir.

𐒰𐒻𐒌𐒒. *tedengui.* Qui surnage. Cela se dit aussi

des femmes qui, en marchant un peu vîte, remuent les reins.

⵿⵿. *tetoure pia.* Lune ou mois que les femmes restent à la maison après leurs couches.

⵿⵿. *teletchen.* Maison ou jardin sans enceinte et sans fossés, ou telle autre chose, etc.

⵿⵿. *tedoun.* Une nuitée. Une nuit qu'on passe dans un lieu, etc. On dit alors ⵿⵿ ⵿⵿. *emou tedoun.*

⵿⵿. *tedoutchembi.* Lorsque le commun dort, se repose, etc.

⵿⵿ ⵿⵿. *tetou tambi.* Mettre le feu avec une torche aux herbes qui sont dans les terres basses et humides. Ces terres étant ensemencées d'avoine rendent beaucoup.

⵿⵿. *teleken.* Un peu élevé.

⵿⵿. *tele.* Nom qu'on donne à l'empereur. Élevé; le haut de quelque chose que ce soit.

⵿⵿. *telen.* Les glandes qui sont dans les pis des vaches, brebis et autres animaux.

⵿⵿. *teleri.* Regarder une chose comme une bagatelle. Faire une chose sans en être chargé, la faire telle quelle. Le dos du cheval qu'on monte. Tellement quellement, sans attention, sans beaucoup s'embarrasser.

⵿⵿. *telerekepi.* Il s'est fendu. Il s'y est fait une fente. Cela se dit des tables, planches, etc.

⵿⵿. *telihoun.* La rate. Cette partie est dans le ventre; elle est étroite et longue.

teli ouohe. Lit d'une riviere qui est plein de rochers. Base de pierre.

telihoun mataha. Nom d'une maladie par laquelle le ventre des chevaux, etc., leur enfle, et leur cause des douleurs aiguës ; alors ils se veautrent par terre.

telichembi. Verser. Cela se dit de l'eau ou de telle autre liqueur dont un vase seroit trop plein et qui se répandroit par dessus les bords.

teloun. La criniere des chevaux, mulets, etc.

temoun. Superstition.

temengelembi. Se vanter, se louer par orgueil. Être plein de soi-même.

temeche. Orgueilleux, qui se vante à tout propos.

temoungue. Superstitieux. Qui fait des superstitions, des choses extraordinaires.

tetchi tchafambi. Acheter ce qu'il y a de mieux en quelque genre que ce soit. Prendre ce qu'il y a de mieux.

tetchi. Excellent homme. Homme qui l'emporte sur les autres par ses belles qualités. On dit alors *haha tetchi.* Donner, par respect, à un vieillard le premier verre de vin.

tetchi boumbi. Donner à ses ainés, à ses anciens, à ses supérieurs, quelque chose qu'on possede.

𐒂𐒊𐒋𐒌𐒍. *teiembi.* Voler. Cela se dit des oiseaux qui volent.

𐒂𐒊𐒋𐒌𐒎𐒍. *teieboumbi.* Faire voler.

𐒂𐒊𐒏𐒍. *tehele.* Nom d'un habillement de peau qu'on porte lorsqu'on va à cheval. Celui qu'on appelle 𐒎𐒏𐒎. *olbo*, n'est pas de peau.

𐒂𐒊𐒏𐒎𐒍. *tehemata*, (pluriel de 𐒂𐒊𐒏𐒍. *tehema.*) Oncles maternels. Ceux qui ont épousé les sœurs de la mere.

𐒂𐒊𐒋𐒌𐒎𐒍. *teieretopi.* Renard volant, bête fauve qui a des ailes de peau au-dessus des cuisses et qui vole : elle se trouve au-delà de la grande muraille; de la tête à la queue elle a deux pieds de long.

𐒂𐒊𐒏𐒋𐒌𐒍. *tehelembi.* Prendre à l'hameçon. Accrocher, prendre avec un croc un homme à la guerre, par exemple, etc.

𐒂𐒊𐒏𐒍. *tehema.* Oncle; c'est-à-dire le mari, par exemple, de la sœur de ma mere.

𐒂𐒊𐒏𐒍. *teheme.* Tante maternelle. [C'est la sœur cadette de la mere.] La sœur ainée s'appelle 𐒏𐒎. *ambou.*

𐒂𐒊𐒏𐒎𐒍. *tehemeta*, (pluriel du mot précédent.) Tantes maternelles. [Ce sont les sœurs cadettes de la mere.]

𐒂𐒊𐒏𐒎𐒍. *teheboumbi.* Faire des bouts de tabac. Mettre les feuilles de tabac l'une sur l'autre à plat pour leur faire prendre une couleur jaune. Purifier l'or, lui donner une couleur rouge.

ᑎᔆᐣ. *tehi.* Quarante. (*See che* en chinois.)

ᑎᔆᒼᐤ. *tehitchi.* Le quarantieme.

ᑎᔆᒣᐣ. *tehembi.* Faire fermenter du tabac en mettant les feuilles l'une sur l'autre. Cuire la soie pour la rendre plus belle. Purifier les feuilles d'or, etc.

ᑎᔆᐣ ᔭᐣ. *tehehe aigen,* (*tche kin* en chinois.) Or pur. Or rouge. On donne la couleur rouge à l'or en feuilles en mettant ces feuilles entre deux briques ardentes ou qu'on fait rougir au feu.

ᑎᔆᑕ. *tehite.* Chaque quarantaine.

ᑎᔆᐣ ᐅᔫᐣ ᑯᓴ. *tehi ouiun kousa.* Les quarante-neuf bannieres des Mongoux qui sont hors de la grande muraille. Il y a dans ces bannieres des régulos qualifiés du titre de *peile*, c'est-à-dire du troisieme ordre.

ᑎᕐ. *tere.* Particule qui se met à la fin d'une phrase lorsque le sens est complet; avant elle on met le mot ᐊᐃᒼᐤ. *aintchi.* Table ou bureau. Le visage. Côté. Un des côtés d'un quarré, par exemple. Table à manger, à deux, à trois côtés, etc.

ᑎᕐ ᒪᖕᐊ. *tere manga.* Sans front. Qui ne rougit de rien. Qui a le visage épais, selon la maniere de parler de ces peuples.

ᑎᕐᓱ. *teresou.* Nom d'une plante dont les rameaux sont fort menus et blancs; elle ressemble à celle qu'on appelle en chinois *mao kan.* Cette espece de plante sert à faire les coiffes des bonnets d'été ou des *leang mao tsée.*

terengue. Qui a de l'honneur. Qui s'applique à faire de bonnes choses.

tere oualiatambi. Éviter la rencontre de quelqu'un, fuir sa présence, ne vouloir pas en être vu, rougir en le voyant. Rougir de colere, comme lorsqu'on voit quelqu'un avec qui l'on a eu dispute.

tere sipchehoun. Qui a le visage en pointe, étroit par le bas.

tere chehoun. Qui a le visage blanc et luisant.

tere chehoun kirourakou. Qui a le visage blanc et luisant. Qui ne rougit pas aisément. [C'est une espece d'injure.]

tere felembi. Qui s'expose sans craindre la raillerie. Qui ne craint pas la critique ni les propos lorsqu'il faut demander quelque grace ou qu'il faut s'humilier.

tere fountchebourakou. Faire confusion à quelqu'un, lui faire honte.

tereng tarang. En se piaffant. Cela se dit d'un homme qui, sans être très honorable, veut s'en faire accroire.

terakou. Qui n'a point de front, qui est sans honneur.

terakoulambi. Couvrir quelqu'un de confusion, lui faire honte, etc.

terentchoumbi. Avoir égard à la recommandation de quelqu'un dans quelque affaire que ce soit.

terentchourakou. Sans avoir égard à la recommandation de qui que ce soit. N'avoir point d'égard à la recommandation de quelqu'un, etc.

terei chouase. Le tour d'une table. Le devant d'autel, par exemple.

teriboun. Le principe. Le commencement. L'origine. (*Che, ki, teou* en chinois.)

teriboun touben. Le commencement et la fin. (*Che mo* en chinois.)

teriboumbi. Faire le commencement de quelque chose. Faire le commencement de la musique.

terike. Cela se dit des vieillards auxquels la vue commence à manquer, qui ont la vue trouble. Il a changé de bien en mal.

terimbi. Devenir mauvais. Changer de bien en mal.

teri. Préposition, *de, par,* etc. (*cheden teri,* par le milieu.)

terishoun. Changement de bien en mal. Confusion dans les idées. Qui a de mauvaises inclinations. (Dépravation.)

tefe. Une piece de toile, de soie, etc.

tefelingou. Une piece entiere de toile, par exemple, de soie, etc.

𐰴𐰃𐰼𐰋. *tefere.* Nom d'une plante sauvage qui ressemble à celle qu'on appelle en chinois *kiue tsai.*

𐰴𐰃𐰆. *tefou.* Espece de fromage fait avec des haricots et qu'on met fermenter. (*Teou fou* en chinois.)

𐰴𐰃𐰣. *teken.* Élevé; comme un lieu un peu élevé. Alors on dit 𐰴𐰃𐰣 𐰣 𐰯. *teken ni pa.*

𐰴𐰃𐰴𐰆. *tehekou.* (Il n'est pas inscrit.) Cela se dit lorsqu'on n'a pas mis sur le catalogue le nom de quelqu'un qui est en office, etc.

𐰴𐰃𐰴. *tehe.* (Il a été inscrit.) Cela se dit de ceux qui sont sur le catalogue des personnes qui ont des emplois et qui en retirent les émoluments. Hameçon à pêcher le poisson.

𐰴𐰃 𐰽𐰼 𐰴𐰼𐰏𐰣. *tei sere herguen.*

𐰴𐰃𐰽𐰣. *teisoun.* Ceinture ou attache des habillements intérieurs des femmes, tels que les culottes, etc. La ceinture des culottes, qui est attachée aux culottes, et qui prend depuis les reins.

𐰴𐰃𐰲𐰢𐰋. *teitchimbi.* Brûler. Brûler un livre dont on n'a pas besoin, par exemple.

𐰴𐰃𐰲𐰋𐰢𐰋. *teitchiboumbi.* Faire brûler.

𐰴𐰃𐰲. *teitchi.* Ordonner de brûler. (Brûle, impératif de 𐰴𐰃𐰲𐰢𐰋. *teitchimbi.*)

𐰴𐰃𐰴. *teite.* Espece de farine grossiere du bled noir, ou son du bled noir réduit en farine.

𐰴𐰃𐰼 𐰽𐰼 𐰴𐰼𐰏𐰣. *ter sere herguen.*

TER 249

𐰴𐰱 𐰴𐰱. *ter seme.* Qui ressemble à de la neige. Avec grande affluence. En grand nombre et en multitude. Plein en entier, etc.

𐰴𐰱 𐰴𐰱 𐰴𐰱. *ter seme cheien.* Blanc comme de la neige. Cela se dit des hommes et des choses.

𐰴𐰱. *terbehoun.* Humide. Humidité. Qui est moite.

𐰴𐰱 𐰴𐰱. *terbehoun soukdoun.* Vapeur humide. Temps humide. (*Che ki* en chinois.)

𐰴𐰱. *terbembi.* Humecter. Rendre humide.

𐰴𐰱 𐰴𐰱. *terbeme ougehihe.* Il est humide. Il a pris l'humidité.

𐰴𐰱. *terbeboumbi.* Faire rendre humide. Faire humecter.

𐰴𐰱. *terbebourakou.* Il ne sauroit être humide. Il ne sauroit prendre l'humidité.

𐰴𐰱 𐰴𐰱. *terten seme.* En tremblotant. Cela se dit de quelqu'un que le froid a saisi et qui tremble de tous ses membres. On dit aussi 𐰴𐰱 𐰴𐰱. *terden tardan.*

𐰴𐰱 𐰴𐰱 𐰴𐰱. *terden tardan achchambi.* Agir en tremblant.

𐰴𐰱. *tertchilembi.* Mettre un mort sur une table après l'avoir habillé. [Cela se fait avant que de le mettre dans la biere.]

𐰴𐰱 𐰴𐰱. *tergue chemhoun.* L'index ou le deuxieme doigt de la main. On l'appelle aussi 𐰴𐰱 𐰴𐰱.

motcho simhoun, et ᠴᠣᠷᠢᠷᠠ ᠰᠢᠮᡥᡠᠨ. tchorire simhoun.

ᡩᡝᠷᡤᡳ. tergui, (tien chang en chinois.) Le dessus. Le haut. Au-dessus. Qui est à la tête des autres; comme un roi, etc. L'est. (Toung en chinois.)

ᡩᡝᠷᡤᡳᠮᠪᡳ. terguimbi. Monter. Aller au-dessus. On dit alors ᡠᠸᡝᠰᡳᡥᡠᠨ ᠮᡠᡴᡨᡝᠮᠪᡳ. ouochehoun mouktembi.

ᡩᡝᠷᡤᡳ ᠠᠪᡴᠠ. tergui apka. Le haut du ciel. L'empyrée. (Chang tien ou hao tien en chinois.)

ᡩᡝᠷᡤᡳ ᡝᡵᡤᡳᠴᡳ. tergui erguitchi. Du côté de l'orient.

ᡩᡝᠷᡤᡳ ᠨᠠᡥᠠᠨ. tergui nahan. Le lit de parade qui est du côté du couchant. C'est celui qu'on appelle le grand lit.

ᡩᡝᠷᡤᡳ ᡶᡝᠮᡝᠨ. tergui femen. La levre supérieure.

ᡩᡝᠷᡤᡳᠩᡤᡝ. terguingue. Le dessus. Le côté de l'orient.

ᡩᡝᠷᡤᡳᡴᡝᠨ. terguiken. Un peu élevé. Un peu au-dessus.

ᡩᡝᡵᡥᡠᡝ. terhoue. Mouche. (Tsang ing en chin.)

ᡩᡝᠷᡥᡳ. terhi; (hi en chinois.) Natte dont on se sert sur les lits. On les fait avec des joncs qu'on partage.

ᡩᡝᠷᡥᡳ ᠣᡵᡥᠣ. terhi orho. Nom de la plante avec laquelle on fait les nattes. On l'appelle aussi ᡨᡝᠪᡝᡳᡝ. tebeie, et ᠨᡳᡤᡝᡴᡨᡝ. nigekte. (Hi, tsao ming en chinois.)

ᡩᡝᡵᡥᡠᡝ ᡦᠠᠴᠠᡴᠣᡠ. terhoue pachakou. Chasse-mouche. Balai à chasser les mouches. Époussette. On dit aussi ᠠᡵᡶᡠᡴᡠ. arfoukou.

ᡩᡝᡵᡥᡠᡝ ᡳᡨᠴᠠ. terhoue itcha. Espece d'insecte ou de mouche plus grosse que les mouches ordinaires.

TENG

ten sere herguen.

ten, (*kao* en chinois.) Grand. Élevé. Qui est de haute stature. Quelque chose que ce soit qui est élevé.

ten i itchi. Du côté élevé.

tende. Ordonner de séparer. (Sépare, impératif du verbe suivant.)

tendembi. Séparer une famille, par exemple. Séparer, diviser quelque chose que ce soit.

tendeboumbi. Ordonner de séparer, de diviser.

tendetchembi. Diviser, séparer en commun. Lorsque le commun divise, sépare, etc.

tendenoumbi. Lorsque chacun sépare, divise en particulier. Séparer à l'envi, ensemble.

teng sere herguen.

teng. Arrêté. Sans remuer.

tengne. Lorsque deux personnes sont mal ensemble, ordonner de les réunir pour savoir laquelle a droit ou tort. (Impératif de *tengnembi.*)

tengselembi. Peser. Se servir de la balance pour savoir le poids de quelque chose.

tengnembi. Réunir deux personnes qui sont mal ensemble, pour savoir leurs raisons et connoître qui a tort ou raison. Lorsque la charge d'une bête n'est pas bien posée, savoir ou chercher avec la main quel côté est plus pesant.

tengse. Balance à peser l'or et l'argent. (*Teng tsée* en chinois.)

teng seme oho. Cela se dit de ceux qui, n'ayant ni feu ni lieu, lèvent les yeux comme s'ils pensoient aux moyens de pouvoir se tirer d'affaire. Il n'y a plus rien à dire. Il n'y a plus le mot à dire.

tengse i ilha. Les divisions de la balance. (*Teng hing* en chinois.)

tengchembi. Cahoter. Lorsque les chaises roulent sur un terrain peu uni, par exemple.

tengcheboumbi. Être cahoté en chaise. Être cahoté à cheval.

tengniembi. Jouer au ballon. Se jeter le ballon l'un à l'autre.

tengchembi. Cela se dit des chaises ou charrettes qui cahotent lorsqu'elles roulent sur des chemins peu unis.

teng seme iliha. Cela se dit des chevaux, etc., qui, étant fatigués, s'arrêtent tout-à-coup.

tenglou. Lanterne. Fanal. (*Teng loung* en chinois.)

tengchetembi. Être tantôt haut et tantôt bas moralement. Lorsqu'on a quelque affaire et que le cœur palpite de crainte.

tengtchan. Lampe. Lanterne. Fanal. (*Teng tchan* en chinois.)

tengtchan tabou. Allume la lampe, la lanterne.

tengueboumbi. Ordonner de jeter une pierre, etc.

tengue. Ordonner de prendre une pierre, une brique, et de la jeter. (Prends une pierre, jette-la; impératif du verbe suivant.)

tenguembi. Terrasser quelqu'un au jeu de la lutte. Prendre une pierre, une brique, et la jeter au loin.

tek sere herguen.

tektembi. Nager. Surnager. Voler comme les oiseaux.

tekteboumbi. Ordonner de nager. Faire surnager. Faire revivre une affaire qui étoit comme finie. Faire voler.

tekteltchembi. Se réveiller en sursaut.

tekterchembi. Cela se dit de ceux qui, ne remplissant par leurs obligations, font des châteaux en Espagne, etc.

tekteni kisoun. Proverbe. Paroles qu'on dit communément, pour l'ordinaire, etc.

tektekou. Nom d'un morceau de bois qu'on attache à la ligne dont on se sert pour pêcher les poissons, et qui, nageant sur l'eau, fait voir par son mouvement quand le poisson a mordu à l'hameçon.

tektehoun. Un peu élevé. Un peu haut.

tektchin toua. Feu qui est aux herbes, à une forêt, sur une montagne, etc.

tektchirakou. C'est pour dire : Cet homme ne vaudra jamais rien : Ce feu ne sauroit durer, ne sauroit s'allumer.

tektchimbi. Croître peu-à-peu. Devenir homme.

tektchike. Sa maison, sa famille a augmenté considérablement. Cet homme a changé totalement, il est devenu honnête homme. (Prétérit du verbe précédent.)

tet sere herguen.

tethe. Plumes des ailes des oiseaux. Plumes qu'on met au bout des fleches.

tep sere herguen.

tepse. C'est ainsi qu'on appelle une fleche enveloppée et liée avec du chanvre blanc, qu'on présente à l'esprit évoqué pour obtenir du bonheur. On l'appelle aussi *tegekou.* Espece de marmelade qu'on fait avec des pommes, des poires et du raisin.

tepsehoun. Qui a les paupieres longues et fermées, qui descendent.

tepsehoun oho. Il a fermé les paupieres. Les paupieres se font alongées, etc. On dit alors *yasa tepsehoun oho.*

tepchembi. Ouvrir un éventail. On dit encore *foushembi.* Éventer. Cela se dit aussi des oiseaux qui étendent leurs ailes.

tepchekou. Éventail de plumes. Grand éventail fait avec des plumes. (*Yu chan* en chinois.)

tepchetembi. Cela se dit des oiseaux qui volent en agitant les ailes. Éventer. Se servir de l'éventail pour faire du vent. Cela se dit des étendards, drapeaux, etc., qui flottent au gré des vents, ou que le vent agite.

tepsetehe miehoutehe. Cela se dit d'une démarche gaie, libre; de même que des oiseaux et des quadrupedes lorsqu'ils volent ou marchent gaiement et en badinant, etc.

teptele. Faire débrouiller un peloton de soie qui seroit mêlé. (Impératif de *teptelembi*, qui est le même que *tepkelembi*.)

teptelin. Un article d'un livre. Un chapitre d'un livre.

tepterembi. Cela se dit des petits des oiseaux qui essaient leurs ailes dans leurs nids, qui apprennent à voler.

tepteleme tasambi. Débrouiller peu-à-peu de la soie ou du fil mêlé.

tepkembi. Ce verbe a le même sens que celui que nous attachons aux mots *fama volat*. Changer, adopter une autre maniere de faire.

tepkelembi. Défiler de la soie. Défiler une corde. Débrouiller plusieurs fils.

tepketchembi. Cela se dit des étoffes qui, étant déchirées, se défilent. On dit de même *soupketchembi*, et ⵣ. *tepketchehepi*.

tepheboumbi. Ordonner de venir à résipiscence, de se repentir, de répéter.

tepkele. Ordonner de défiler de la soie, de la rendre plus lâche ou moins serrée qu'elle n'étoit, de débrouiller plusieurs fils. (Démêle, impératif de *tepkelembi*.)

tepkeleboumbi. Ordonner de rendre la soie plus lâche ou moins serrée qu'elle n'étoit, de défiler, de démêler, de débrouiller, etc.

teou sere herguen.

teou. Frere cadet. On appelle aussi de ce nom ceux qui sont plus jeunes que soi, ou que ceux à qui on les compare.

teouta. Les freres cadets, les plus jeunes. (Pluriel de *teou*.)

teoutchin. Devoir du cadet à l'égard de l'aîné. Respect que les cadets doivent aux aînés.

teoune. Veau de quatre ans.

teoutchilembi. Rendre les devoirs des cadets envers les aînés. Traiter quelqu'un avec le respect qu'on doit aux aînés.

tel sere herguen.

telhe. Pièce de terre.

telheme factchame. Se séparer, se diviser.

telhembi. Diviser, séparer. Se séparer. Séparer son ménage d'avec celui d'un autre.

telheboumbi. Dépecer une bête qui a été tuée et dont on veut manger la chair. Ordonner de séparer une famille, un ménage d'avec un autre.

telhetou nirou. Nom d'un officier du dedans qui a sous lui cent personnes. On l'appelle aussi *po i nirou.*

telhendoumbi. Partager son bien en mourant. Faire son testament. Déclarer ses denieres volontés.

telpin. La coiffe du bonnet.

telveri. Homme inconsidéré, qui ne suit aucune loi, etc.

telfin. Cela se dit des habits, des bonnets qui sont trop larges, et qui ne vont pas bien, etc.

tem sere herguen.

temniembi. Peser avec la main quelque chose, pour en savoir à-peu-près le poids.

temnieboumbi. Ordonner de peser quelque chose avec la main pour en savoir à-peu-près le poids.

temnietchembi. Cela se dit du balancement ou mouvement que font les porteurs de chaises.

tempei. Sans cesse. Très souvent. Toujours.

Habituellement. Continuellement. On dit de même ﾩﾩﾩﾩ. *moutchakou*.

ﾩﾩﾩﾩ ﾩﾩﾩﾩ. *tempei manga*. Très bon. Très mauvais. Très fort. Très robuste, etc.

ﾩﾩﾩﾩ. *tembi*. Supputer. Compter les gardes qu'on a montées, qu'on doit monter, ce qu'on doit avoir, etc.

ﾩﾩﾩﾩ. *ty sere herguen*.

ﾩﾩﾩﾩ. *tymou*, (*ty mou* en chinois.) Analyse ou carcasse d'un discours.

ﾩﾩﾩﾩ. *tielin*. Nom d'une espece de fleche dont on se sert pour la chasse des oiseaux. Ces fleches sont fort pointues, et ont le manche très court.

ﾩﾩﾩﾩ. *tiao*. C'est une espece de cigale d'automne. On l'appelle aussi ﾩﾩﾩﾩ. *piangchekou*.

ﾩﾩﾩﾩ. *ty sere herguen*.

ﾩﾩﾩﾩ. *tysé*, (*ty tsée* en chin.) Brouillon d'un discours, etc. Ce qu'on a écrit d'abord. Original d'un livre, etc.

ﾩﾩﾩﾩ. *tiselambi*. Faire le brouillon d'un discours, etc.

ﾩﾩﾩﾩ. *tien*. Salle ou appartement où l'empereur siege sur son trône. (*Tien* en chinois.)

ﾩﾩﾩﾩ. *tien te tembi*. Siéger sur le trône.

ﾩﾩﾩﾩ. *tienche*, (*tien che* en chinois.) Nom d'un mandarinat. Ce grade est après celui du *tche hien*.

ﾩﾩﾩﾩ. *tialambi*. Mettre les tablettes à jouer l'une sur l'autre. Ramasser les cartes qui étoient dispersées en jouant.

ﾩﾩﾩﾩ. *tientsée*. Dé à jouer. (*Tien tsée* en chin.)

TOKA

ᠲᠢᠩ ᠰᠡᠷᠡ ᠬᠡᠷᠭᠦᠨ. *ting sere herguen.*

ᠲᠢᠩᠰᠡ ᠣᠷᠬᠣ. *tingsé orho.* Nom d'une plante sauvage dont les feuilles viennent par paquets, dont les fleurs sont petites et fines, de couleur jaune. Sa racine, réduite en farine et mêlée avec celle du bled et du blanc d'œuf, sert pour faire une emplâtre qui dissipe les enflures. Cette emplâtre a beaucoup de vertu et de force.

ᠲᠣ ᠰᠡᠷᠡ ᠬᠡᠷᠭᠦᠨ. *to sere herguen.*

ᠲᠣ. *to.* Nom qu'on donne à une mesure qu'on prend depuis le bout du pouce jusqu'au bout du médius, en étendant la main. C'est encore le nom d'une mesure qui contient cinq *cheng*, (il faut dix *cheng* pour faire un boisseau). Une main ouverte. On dit alors ᠡᠮᠦ ᠲᠣ. *emou to.* Nom du gros grain des chapelets que les mandarins portent à leur cou. Nom d'un poisson de mer dont la peau peut servir à faire des tambours.

ᠲᠣᠨᠣ. *tono.* Le haut des tentes des Mongoux. Le bouton qu'on met au bout des fleches. Le manche d'une espece de pique. On l'appelle ᠫᠣᠩᠺᠠᠣ. *ponghao.*

ᠲᠣᠨᠢᠶᠣᠤ. *tonieou.* Espece de damier à jouer aux dames. (*Ouei ki* en chinois.)

ᠲᠣᠨᠣ ᠲᠴᠢᠩᠭᠦᠷᠢ. *tono tchingueri.* Gros clous dont les portes du palais et des villes sont toutes couvertes.

ᠲᠣᠺᠠᠢ. *tokai.* Le côté uni de l'osselet dont les enfants se servent pour jouer. On l'appelle aussi ᠲᠠᠪᠠ. *taba.*

ꭢꭒꮢꭒᠻꭷ. *tokombi.* Piquer, poindre, percer.

ꭢꭒꮢꭒꭥꭒᠻꭷ. *tokochombi.* Percer avec une pique, par exemple, avec une épée, etc.

ꭢꭒꮢꭒᏮᏫᠻꭷ. *tokoboumbi.* Être percé. Être piqué. Faire percer. Faire piquer.

ꭢꭒꮢꭒᠻꭷ. *tohombi.* Tirer la corde qui environne l'ouverture du filet. Tirer la charrette, enharnacher un cheval, etc.

ꭢꭒꮢꭒᏮᏫᠻꭷ. *tohoboumbi.* Ordonner de tirer le filet. Faire tirer la charrette. Faire enharnacher un cheval.

ꭢꭒꮢꭒꭓᏮ. *tohoro.* Les roues d'un chariot, d'une charrette, etc. On dit aussi ꭒꭷꭥꭓꭞ. *mouheren.*

ꭢꭒꮢᏮ. *toko.* Espece d'élan qu'on voit communément et qui a les cornes plates. On l'appelle encore Ꝇꮢꭒꭞ. *kantahan.*

ꭢꭒꮢꭒꭓꭒꮢꭒ. *tohorokou.* Instrument de pierre, d'une forme cylindrique, qu'on passe sur les terres ensemencées pour entasser les grains de peur que le vent ne les emporte, ou que les oiseaux ne les mangent.

ꭢꭒꮢꭒꭓᏮ ꭢꭒꮢꭒ. *tohoro touha.* Petit intestin des cochons par lequel passent les urines.

ꭢꭒꮢꭒᏞᏫᏮ. *toholiao.* Espece de pâtisserie ronde et plate comme une cache. On l'appelle aussi ꭢꭒꮢꭒᏞᏫᏮ ꭓꭞ. *toholiao efen.*

ꭢꭒꮢꭒꭥ. *tohoma.* Feutre qu'on met sous la selle des chevaux. (*Ma tchan* en chinois.)

ꭢꭒꮢꭒꭓꭒꮢᏮ. *tohorokou.* Reposé. Qui a pris du repos après la fatigue. Qui est consolé, tranquille, etc. On dit aussi ⲥⲣⲧⲟⲝⲟⲓ̄ⲟ̄ⲛ. *tohorombi.*

ⲥⲣⲧⲟⲧⲟ. *toholon.* Étain.

ⲥⲣⲧⲟⲝⲟⲓ̄ⲟ̄ⲓⲛ. *tohoromboumbi.* Être consolé. Être soulagé : comme lorsqu'on a fait voyage, lorsqu'on a des douleurs, des chagrins, et qu'on se trouve soulagé. Secourir. Ordonner de prendre du repos.

ⲥⲣⲧⲟⲧⲟ ⳓⲟⲛ. *toholon mouke.* Vif argent, ou mercure. (*Choui yn* en chinois.)

ⲥⲣⲧⲟⲓ̄ⲟⲛ. *tohomimbi.* Boutonner. Mettre un bouton dans la boutonniere.

ⲥⲣⲧⲟ. *tohon.* Bouton. Une boutonniere se nomme ⳓⲟⲛ ⲥⲣⲧⲟ. *hehe tohon.*

ⲥⲣⲟ. *tobo.* Petite maisonnette champêtre. Cabane. Cabaret pour les voyageurs. Chaumiere. On dit aussi ⲥⲣⲁⲛ ⲥⲣⲟ. *tatan tobo.*

ⲥⲣⳓ. *toche.* Qui est marqué au front, comme les chevaux, cochons, etc., lorsqu'ils ont une marque blanche sur le haut de la tête.

ⲥⲣⲥ. *toso.* Ordonner de garder, de barrer les chemins. Ordonner de préparer. (Prépare, etc., impératif du verbe suivant.)

ⲥⲣⲥⲟⲛ. *tosombi.* Barrer le chemin à quelqu'un, se mettre à la traverse. Barrer un chemin, par exemple, en élevant une petite muraille. Préparer, garder les chemins, etc.

ⲥⲣⲥⲟⲟⲓⲛ. *tosoboumbi.* Ordonner de garder ou de barrer les chemins. Ordonner de préparer.

〜〜. *toto.* Nom d'un oiseau de proie qu'on appelle aussi 〜〜. *houmoutou.*

〜〜. *totolo.* Pronostic, augure, présage, etc.

〜〜. *toli.* Miroir à l'usage des enchanteurs ou devins. Ceinture de la culotte des enfants.

〜〜. *tolon.* Torche dont on se sert pour s'éclairer lorsqu'on marche la nuit.

〜〜 〜〜. *tolon tolombi.* Allumer la torche. Mettre le feu à un bâton, à un tronc de bois, ou à des torches faites avec des branches de saule et de l'arbre nommé *king.* On s'en sert pour s'éclairer pendant la pêche.

〜〜. *tolo.* Ordonner d'allumer la torche. Ordonner de compter, de savoir le nombre, etc. (Allume la torche, fais le dénombrement, impératif du verbe suivant.)

〜〜. *tolombi.* Compter. Allumer. Mettre le feu, etc.

〜〜. *toloboumbi.* Ordonner de compter, d'allumer une torche, etc.

〜〜. *tolohoi.* Maniere de parler. Compter tout l'un après l'autre.

〜〜. *tomila.* Ordonner de tout disposer, de préparer toutes choses. Cela se dit des affaires d'un tribunal. (Dispose, prépare tout, impératif de 〜〜, *tomilambi.*)

〜〜. *tomilaboumbi.* Ordonner de disposer, de préparer. Être disposé, etc.

tomilambi. Cela se dit des mandarins qui assignent aux gens qui sont sous eux dans le même tribunal ce qu'ils doivent faire dans tel ou tel temps. Préparer, disposer toutes choses dans le tribunal, etc.

tomiladoumbi. Lorsque le commun prépare, dispose tout.

tome. Tous, tout, chacun, chaque chose, etc.

toma. Tombeau creux dans lequel on enterre les corps morts. On dit alors *tomon ni pa*.

tomombi. Lieu où les oiseaux se retirent pour dormir. Se retirer dans son lieu de repos, dans son habitation. Lorsque les oiseaux se retirent dans leurs nids.

tomoboumbi. Ordonner de se retirer dans son lieu de repos, dans sa demeure, dans son nid, etc.

tomao. Morceau de bois avec lequel on fait les trous des filets, qui est la mesure des trous des filets.

tomohongou. Homme qui tient bien ses résolutions.

tomoro. Une tasse un peu grande, ou un petit bassin.

tomorhon. Maniere de parler agréable, claire, et nette. Livre clair, bon et beau. Quelque chose que ce soit qui est clair et net.

tomortai. Percer droit le but, soit qu'on

tire à cheval ou à pied, par exemple. On dit de même ⟨⟩ ⟨⟩, *tomortai kouaiha.*

⟨⟩. *totchin.* Paon. (*Koung tsiao* en chinois.)

⟨⟩ ⟨⟩. *totchin ni foungala.* Plumes de paon que les grands ou quelques grands, portent à leurs bonnets.

⟨⟩. *toion.* But où l'on vise dans l'exercice de la fleche.

⟨⟩ ⟨⟩ ⟨⟩. *totchin i foungala hatambi.* Planter une plume de paon.

⟨⟩ ⟨⟩. *toion paha.* Il a donné droit au but.

⟨⟩. *tokia.* C'est une partie du morceau de bois avec lequel on fait les filets, qui auroit été cassé.

⟨⟩. *to ki.* Nom d'un oiseau qui vient des pays méridionaux : il a le corps gros et haut de six pieds : il ne sauroit voler. Ses plumes sont de différentes couleurs. Je crois que c'est l'autruche.

⟨⟩. *tohichambi.* Cela se dit des pauvres qui demandent avec importunité.

⟨⟩. *tohin.* Nom de la cheville ou du bout de bois dont on se sert pour tordre la corde qui tient la charge de foin qui est sur le derriere d'un chariot.

⟨⟩. *torimbi.* Chercher de tous côtés quelqu'un qui ne seroit pas chez lui, qui seroit sorti de son logis, etc.

⟨⟩. *toriboumbi.* Faire chercher quelqu'un qui seroit sorti de son logis, le faire chercher de tous côtés.

toribouhangue. C'est une injure qu'on dit aux femmes et aux hommes ; comme si on demandoit aux premieres : Combien de fois avez-vous changé de mari ? Et aux autres : Combien de fois avez-vous changé de maître ? etc.

toro. Pêche, fruit. (*Tao tsée* en chinois.)

toro mo. Pêcher, arbre. (*Tao chou* en chin.)

toroko. Le vent, par exemple, s'est appaisé.

toromboumbi. Consoler quelqu'un avec de belles et de bonnes paroles.

torombou. Ordonner de consoler. Apporter des motifs de tranquillité et de consolation à quelqu'un qui seroit affligé ou troublé.

tofhon. Quinze. (*Cheou* en chin.)

toron. Poussiere qui s'éleve; comme lorsqu'on balaie une chambre, lorsque plusieurs personnes se battent, lorsqu'on marche dans un lieu poudreux. Pas de quelqu'un imprimé sur la poussiere, par exemple. Poussiere qui sort des habits, par exemple, lorsqu'on les secoue. Poussiere que les chevaux ou les hommes élevent en marchant.

tofhotchi. Le quinzieme.

tofhoto. Chaque quinzieme en comptant les hommes.

tofhongueri. La quinzieme fois.

toi sere herguen.

toiton. Trompeur. Cela se dit de ceux qui,

sous l'apparence de l'amitié, trompent ceux qui se fient à eux. On dit alors ᠊᠊᠊᠊, *toiton ni atali*. C'est aussi le nom d'un oiseau qui se tient dans les forêts situées sur les montagnes : il crie pendant la nuit, et on ne peut jamais le trouver. On l'appelle en chinois *po kou niao;* comme si on disoit, l'oiseau trompeur.

᠊᠊᠊᠊, *toitongou*. Qui trompe sous des apparences d'amitié. C'est le même que ᠊᠊᠊᠊, *toiton*.

᠊᠊᠊᠊, *toilokochombi*. Agir inconsidérément dans quoi qu'on fasse.

᠊᠊᠊᠊, *tor sere herguen*.

᠊᠊᠊᠊, *tor seme*. En tournoyant, comme l'eau qui coule en tournoyant. Tourner une fleche avec la main pour savoir si elle est bien droite. Alors on dit ᠊᠊᠊᠊, *tor seme chourtembi*.

᠊᠊᠊᠊, *torhombi*. Tournoyer. Tourner autour de quelque chose.

᠊᠊᠊᠊, *torho mo*. Bois long de cinq pieds qui sert à contenir le filet des deux côtés.

᠊᠊᠊᠊, *torhome tehepi*. Être assis en rond.

᠊᠊᠊᠊, *torhimbi*. Ponctuer un livre. Mettre les points après chaque phrase d'un discours.

᠊᠊᠊᠊, *torhikou mahala*. Nom d'une espece de bonnet de peau qui n'a point de bord. Culotte de peau. On l'appelle aussi ᠊᠊᠊᠊, *fouserehe mahala*.

᠊᠊᠊᠊, *ton sere herguen*.

᠊᠊᠊᠊, *ton*. Calcul. Nombre. Le premier des six arts.

☞〜✓ ∩ ⵜⵓⵓⵓ✓ ⵯⵯⵏ⵰, *ton ni soutchounga inengui*. Le premier jour d'un *tsié ki*.

☞ⱴ, *tonto*. Homme droit, qui a de la droiture. Droiture. Droit, vrai, véridique, etc.

☞ⱴ ⵉⵯⵯ✓, *tonto kiltchan*. Véritable colere.

☞ⱴ ⵯⵯⵯⵯ✓, *tondo akdoun*. Véritablement fidele.

☞ⱴⵯⵯ⵰, *tontoungue*. Droit. Qui a de la droiture.

☞ⱴⵯⵯⵯ✓, *tondokon*. Un peu droit. Qui a un peu de droiture.

☞ⱴⵯⵯⵯ✓ ⵯⵯⵉⵯ✓, *tondokon nialma*. Homme droit, qui n'a point de ruse.

☞ⱴⵯⵯⵯ⵰, *tondolombi*. Qui va droit son chemin sans user de détours.

☞ⱴⵯⵯ⵰, *tontchimbi*. Lorsque le pêcheur se prépare à la pêche, il remue l'eau avec un bâton pour donner la chasse aux poissons, et les ramasser ou les faire aller dans un même lieu. Le mot ☞ⱴⵯⵯ⵰, *tontchimbi*, signifie proprement le bruit que fait le bâton dans l'eau.

☞ⱴⵯ ⵯⵉⵯ✓ ⵉⵯⵯ✓, *tong sere herguen*.

☞ⱴⵯ ⵯⵉⵯ✓, *tong seme*. Quelque chose que ce soit qui est très fort et très dur, etc. On dit alors ☞ⱴⵯ ⵯⵉⵯ✓ ⵯⵯⵯ✓, *tong seme manga*.

☞ⱴⵯ ☞ⱴⵯ, *tong tong*. Bruit que fait le tambour lorsqu'on le frappe.

☞ⱴⵯⵯ✓, *tonga*. Qui a un terme, qui a une fin. Qui est rare. Qu'on n'entend pas souvent.

☞ⱴⵯⵯ, *tongou*. Fil de soie ou de telle autre matiere. (*Hien* en chin.)

. *tongou taboumbi.* Employer le fil, coudre.

. *tongou mataha.* Nom d'un insecte de couleur de cendre un peu foncée, qui n'a point d'ailes; son ventre est fort gros : il ressemble aux sauterelles, et ne fait point de petits, mais il sort de son ventre comme un petit filet de soie qui devient, par le développement, un être semblable à celui qui l'a produit. On l'appelle aussi . *mouhan sepsehe.*

. *tongoulikou.* Cabriole que font les enfants en posant la tête par terre et tournant tout le corps.

. *tongoulimbi.* Faire des cabrioles en avant et en arriere.

. *tongouliboumbi.* Faire faire des cabrioles en avant et en arriere.

. *tongchembi.* Cela se dit de l'oiseau appellé *pou kou niao*, lorsqu'il chante. Cela se dit aussi du ton que prennent ceux des idolâtres qui prient *Fo* ou les *poussa.*

. *tongcherambi.* Déclamer comme font ceux qui lisent dans les rues.

. *tongkichakou.* Nom d'un instrument de musique composé de neuf bassins de cuivre, qui ont chacun un ton différent. On l'appelle aussi . *keren fila.*

. *tongkimbi.* Donner des coups de poing sur la tête.

〜. *tonghi*. Un point. Ordonner dé donner des coups de poing sur la tête. (Donne des coups de poing : impératif du verbe précédent.)

〜. *tonguime*. Avertir de tout sans oublier aucune circonstance. On dit alors 〜, *tonguime alambi*.

〜, *tok sere herguen*.

〜. *tok*. Bruit que l'on fait en frappant sur une espece de sabot pour avertir des veilles. Bruit que l'on fait en frappant sur du bois creux.

〜, *tok tok seme*. Bruit que l'on fait en frappant sur du bois creux, etc.

〜. *tokche*. Ordonner de frapper un coup après l'autre, de frapper doucement sans trop appuyer. (Frappe doucement : impératif du verbe suivant.)

〜. *tokchembi*. Frapper un coup après l'autre. Frapper doucement sans trop appuyer. Frapper doucement à la porte de quelqu'un.

〜. *tokchekou*. Petit marteau avec lequel on enfonce les clous des cuirasses.

〜, *tokcheme*. Cela se dit du bruit que fait le pivert avec son bec lorsqu'il cherche sa nourriture dans les arbres.

〜. *tokso*. Village, hameau, etc.

〜. *tokso touli*. Habitation hors de la ville, du village, etc.

༄༅། *toksorome kenehe.* Il est allé au village, à la campagne.

༄༅། *toktombi.* Assurer son arc avec la fleche avant que de la lancer. Assurer, déterminer, fixer quelque chose que ce soit.

༄༅། *toktoho.* Cela est déterminé, assuré. Tout est pacifié. Tout est fini.

༄༅། *toktohon.* Détermination, assurance, etc. Qui sait prendre son parti, etc.

༄༅། *toktohoun akou.* Sans détermination.

༄༅། *toktoho koli.* Usage déterminé. On dit encore ༄༅། *toktobouha koli.*

༄༅། *toktoboumbi.* Ordonner de déterminer. Avoir une contenance assurée et ferme en lançant la fleche. Après la défaite et la fuite de l'ennemi, assurer un endroit, le rendre sûr. Incruster des figures, etc., sur de l'or, du cuivre, de l'argent, du fer, etc.

༄༅། *toktoke ilha.* Nom d'une espece de fleur bleue dont on se sert pour teindre en bleu. La racine sert dans la médecine.

༄༅། *tos sere herguen.*

༄༅། *tos seme.* Bruit ou sifflement de la fleche ou d'autres choses semblables, lorsqu'elles fendent les airs, ou qu'elles atteignent le but contre lequel on les lance, et qu'elles l'ont percé.

tos sere toutchike. Cela se dit lorsque l'instrument avec lequel on perce quelque chose a passé de part en part, et paroît de l'autre côté.

top sere herguen.

top. Droit. Vrai, etc.

top seme. Avec droiture. Véritablement, etc. Certainement, etc.

topkia. Le genou.

top sere kisoun. Parole de droiture, vérité, etc.

top tap seme. Qui a véritablement une apparence de droiture.

toptoko. Cheval tigré. On l'appelle aussi *tchohoro.*

top seme mini kounin te atchanahapi. Il s'accorde véritablement avec mon idée. Il a pris ma pensée.

top toulimba. Le vrai milieu. Le juste milieu de quelque chose que ce soit.

toptchilambi. Ornements ou garnitures de soie qu'on met au cordon des bourses, ou à la ceinture, etc. Ce sont proprement des fils de soie entortillés sur un cordon. Entortiller les fils de soie se dit en mantchou *toptchilambi*, ou bien *kouktchimbi*, ou bien encore *oumiahalambi.*

topkia talikou. Genouillere.

topkia mourimbi. Terme du jeu de lutte, qui signifie, prendre les genoux de l'adversaire lorsqu'il serre lui-même le cou de son antagoniste avec les deux mains.

topkialambi. Serrer l'arc avec les genoux pour pouvoir le bander.

too sere herguen.

too. Ordonner de dire des injures. (Injurie : impératif du verbe suivant.)

toombi. Dire des injures. Faire des imprécations contre quelqu'un.

tooboumbi. Ordonner de dire des injures. Recevoir des injures.

tookambi. Différer. Prolonger. Ne pas faire à temps quelque chose.

tookarakou. Sans différer. Sans perdre l'occasion.

tookan akou. Il n'a pas différé. Il n'a pas oublié. Il n'a pas manqué de faire quand il le falloit.

tookaboumbi. Être différé, prolongé. Chasser l'ennui, se désennuyer. S'épanouir le cœur. On dit aussi *sartaboumbi*.

tookatchambi. Faire les choses avec nonchalance, etc., en les traînant en longueur.

toohan. Les quatre ornements qu'on met à la ceinture. Ce sont des especes de boucles, etc.

TOL

tohantchambi. Hésiter sur quelque chose. Douter, ne savoir à quoi s'en tenir, ne pouvoir se déterminer.

tosé. Pouvoir, autorité, juridiction; comme celle des mandarins qui peuvent récompenser et punir. Fuseau à filer. Le contre-poids de la balance.

tosélambi. Se servir de son autorité, de son pouvoir. Délibérer sur ce qu'on a à faire. Filer, peser.

touotambi. Rendre ce qu'on avoit emprunté. Restituer.

touotaboumbi. Ordonner de rendre ce qu'on avoit emprunté, de restituer.

touonoumbi. Se dire mutuellement des injures. Se quereller.

tol sere herguen.

tolboto. Nom qu'on donne aux chevaux qui sont noirs et tachetés de blanc.

toltohon. Garniture de fer ou de cuivre, etc., qui est au manche des couteaux, etc. On dit alors *fegen ni toltohon.*

tolhon oueihou. Nom d'une petite embarcation dont la proue et la pouppe sont fort relevées. On l'appelle aussi *alan oueihou.*

tolholombi. Garnir le bout des fleches avec de la peau du *hoa pi.*

tolhon. C'est le nom de l'écorce du bois

appellé en chinois *hoa pi chou*. On dit aussi ᠴᠢᠶᠠ, *fia*.

ᠲᠣᠯᠬᠤᠨ ᠨᠢ ᠴᠢᠴᠠᠬᠤ. *tolhon ni fitchakou*. Sifflet fait avec l'écorce du *hoa pi chou*. On imite avec ce sifflet les cris des petits cerfs ; les vieux viennent à ce bruit, et on les tue.

ᠲᠣᠯᠭᠢᠨ. *tolguin*. Rêve qu'on fait en dormant.

ᠲᠣᠯᠭᠢᠮᠪᠢ. *tolguimbi*. Rêver en dormant.

ᠲᠣᠯᠭᠢᠴᠠᠮᠪᠢ. *tolguichambi*. Rêvasser. Faire toutes sortes de rêves en même temps. C'est aussi une injure qu'on dit à un homme qui ne diroit ou ne feroit rien de bien ; comme si on lui disoit : Cet homme rêve, etc.

ᠲᠣᠮ ᠰᠡᠷᠡ ᠬᠡᠷᠬᠦᠨ. *tom sere herguen*.

ᠲᠣᠮᠰᠣᠮᠪᠢ. *tomsombi*. Tomber. Cela se dit des choses, par exemple, qui, étant tombées ou perdues, se retrouvent ensuite. Mettre les ossements d'un mort qu'on a brûlé dans une boîte, pour les transporter plus facilement dans le lieu de la sépulture. Après avoir brûlé le corps, on attend trois jours ou bien cinq. On dit aussi ᠲᠤᠩᠬᠢᠶᠡᠮᠪᠢ. *toungkiembi*.

ᠲᠣᠮᠰᠣᠪᠣᠤᠮᠪᠢ. *tomsoboumbi*. Ordonner de ramasser, de garder les choses perdues précédemment, et qu'on a retrouvées. On dit aussi ᠲᠠᠮᠯᠢᠮᠪᠢ. *tamlimbi*.

ᠲᠣᠤ ᠰᠡᠷᠡ ᠬᠡᠷᠬᠦᠨ. *tou sere herguen*.

ᠲᠣᠤ. *tou*. Les cinq intestins qui sont dans le corps. On les appelle aussi ᠲᠤᠬᠠ ᠲᠣᠤ. *touha to*. Le dedans des petits pâtés ou pains chinois.

TOHO

toko. Doublure des habits, etc. Sentier, chemin de traverse, petit chemin, chemin étroit.

toho. Aveugle, qui est privé de la faculté de voir. On dit aussi ༠ང་པ་, *palou,* ou ཏོ་ཧོ་ ༠ང་པ་. *toho palou.*

toha. Nom d'une espece d'insecte dont le corps est rond, de couleur de cendre. Cet insecte pique les hommes et les animaux. Cela se dit aussi des oiseaux qui vont se reposer sur un arbre, etc.

toko tchouhoun. Petit chemin. Sentier. Chemin étroit. On dit encore ཏ་ལོ་ ཚོ་ཧོན་, *talou tchouhoun,* et ཏོ་ཏེ་ ཏ་ལོ་. *toute talou.*

toho itcha. Espece d'insecte semblable à un moucheron, dont la couleur est presque blanche, et entre-mêlée de quelques autres.

tokolombi. Être plein d'attentions pour quelqu'un que l'on aime. Se prendre mutuellement par les mains au jeu de la lutte. Chercher le chemin le plus court. Aller par le plus court chemin.

tohon. Traille. Lieu où l'on passe l'eau sur une barque. Lieu où la riviere est gayable, où l'on passe la riviere.

toholombi. A l'exercice de la lutte s'entrelacer mutuellement les jambes. Remplir quelque chose de chaux. Enduire de chaux.

tohon tchafaha. Lorsque la riviere est gelée et qu'on peut passer dessus.

toholoboumbi. Ordonner de remplir quelque chose de chaux.

〇〇〇〇〇. *toholon.* Boiteux. On dit aussi *toholon touitoun*, 〇〇〇〇〇 〇〇〇〇, Quelque espece de boiteux que ce soit, qu'on appelle en général 〇〇〇〇, *touitoun.*

〇〇〇〇〇 〇〇. *toholon yo.* Nom d'une espece d'ulcere qui vient aux pieds des chevaux, etc.

〇〇〇〇〇〇. *tohotombi.* Cela se dit d'une espece de jeu où les enfants tiennent un pied en l'air, ou le soutiennent avec la main, et marchent ou sautent sur l'autre tout seul.

〇〇〇〇〇〇. *tohochombi.* Boiter. Cela se dit des hommes et des animaux.

〇〇〇. *topi.* Renard. (*Hou ly* en chin.) Il y en a de blancs, de noirs, et de gris obscur.

〇〇〇〇. *topihi.* Peau de renard.

〇〇〇〇. *tobombi.* Offrir; comme lorsqu'on offre aux esprits, à *Fo*, etc. Sacrifier.

〇〇〇〇〇. *tobori,* (*ye* en chin.) La nuit. Chaque nuit se dit 〇〇〇〇〇 〇〇〇, *tobori tome.*

〇〇〇 〇〇〇, *topi yasha.* Nom d'une espece de filet à prendre les renards. Il a deux pieds de long, un pied d'ouverture : on met cette ouverture au trou de la taniere du renard ; on fait un trou à côté, dans lequel on brûle des matieres qui font beaucoup de fumée; le renard, ne pouvant souffrir la fumée, sort de sa taniere, et entre dans le filet où il se trouve pris.

〇〇〇〇〇. *tobonio.* Une nuit entiere. Tout une nuit.

tobori toulin. Le milieu de la nuit. Minuit. L'heure de *tsée.*

tobori toulime. Plusieurs nuits de suite.

tobori toulime tchihe. Il est venu en marchant plusieurs nuits de suite. Il est venu la nuit.

toboukou. Espece de cage sur laquelle on met les oiseaux de proie.

toboumbi. Cela se dit de l'oiseau de proie qui est sur sa cage.

toche. Faire entrer. Inviter d'entrer. Ordonner d'entrer, etc. (Entre: impératif de *tochembi.*)

toche kotchime kouomboumbi. Siffler en attirant le vent à soi. Siffler par aspiration.

togembi. Entrer en lice. Cela se dit des lutteurs. Entrer dans un lieu. Entrer dans le lieu où sont les ennemis après les avoir poursuivis.

toche kotchimbi. Tirer à soi la fumée du tabac.

toche touleche. Dedans, dehors.

togekan. Il est un peu entré. Il est un peu dedans.

togeka. La fleche est entrée.

togekapi. Cela se dit de ceux qui, à la chasse, entrent dans l'enceinte, etc. Cela se dit aussi de ceux qui entrent dans ce qu'ils font.

togenambi. Aller entrer. Fouler aux pieds, etc. Exécuter avec exactitude ce qu'on avoit dans le cœur.

togela. La partie de l'habit qui est dessous.

togemboumbi. Inviter d'entrer. Faire entrer. Ordonner d'entrer. Mettre de l'or ou de l'argent sur quelque chose. C'est différent de dorer et d'argenter; il entre plus d'or ou d'argent dans cette opération que dans les dorures ordinaires.

togentchimbi. Venir entrer.

tosombi. Cela se dit des hommes et des bêtes qui supportent des fatigues ou des travaux continuels.

tosorakou. Ce qui ne sauroit être supporté. Ce qu'on ne sauroit souffrir.

tosoboumbi. Pouvoir souffrir. Pouvoir supporter. Ordonner de souffrir, de supporter. Cheval, par exemple, qui peut supporter les fatigues d'un long chemin.

totanga. Aveugle. On dit aussi *toho.* Homme qui fait des livres de divination, etc.

totori akou. Cela se dit de ceux qui ont le cœur étroit et qui n'ont rien de fixe dans les affaires. Il n'y a pas à compter sur lui, il n'a point de consistance.

totori pi. Cela se dit de ceux qui, en apparence, semblent ne devoir pas bien vaquer aux affaires, et qui cependant les font très bien. Il a de la consistance, il est solide, etc.

ᓂᐅᑰᕆ, *totori.* Grand bonnet d'hiver qui a de grands bords et de longs poils.

ᓂᐅᑯᒻᐱ, *totombi.* Cela se dit des animaux qui demeurent dans quelque endroit. Faire son séjour.

ᓂᐅᑎ, *toli.* Trot d'un cheval qui va fort mal.

ᓂᐅᑯᐴᒻᐱ, *totoboumbi.* Faire courber quelqu'un sous les coups. Faire asseoir quelqu'un au jeu ou à l'exercice de la lutte. Arrêter. Faire baisser son adversaire.

ᓂᐅᑦ. *tolo.* Dedans. En dedans. Au fond du cœur.

ᓂᐅᑦᐃᒻᐱ. *tolo ping sembi.* Le ventre s'enfle. Il n'a aucune envie de manger.

ᓂᐅᑎᕆ, *tolori.* A part soi. En soi-même. Lorsqu'au dehors on ne dit rien, mais qu'on pense à part soi.

ᓂᐅᑦ ᑐᐴᒻᐱ. *tolo tokoboumbi.* Sentir des picotements dans le ventre, par exemple, dans le dedans, etc.

ᓂᐅᑦ ᑰᒻᐱ. *tolo kogembi.* Lorsqu'on a le ventre vuide et qu'on desire fort de manger.

ᑐᑯᒻᐱ. *tokomimbi.* Mettre une doublure à un habit et à quelque chose que ce soit.

ᓂᐅᑦ ᑕᑕᐴᒻᐱ, *tolo tataboumbi.* Soupirer. Ne répondre que par monosyllabes à ceux qui interrogent, par exemple. Lorsqu'on a quelque sujet de chagrin, lorsque quelqu'un de nos proches a eu quelques malheurs, au lieu de raconter l'affaire, on se contente de dire ᐁᒉ. *eche;* comme si l'on disoit : Cela n'est que trop vrai.

tomo. Habits intérieurs de la femme. On dit aussi ⟨⟩, *temo etoukou.*

toïongueou. Nom d'une espece d'étoffe sur laquelle il y a des dragons en fils d'or. On l'appelle aussi ⟨⟩. *toïongueou ketchouheri.*

toïoltchombi. Cela se dit des chevaux, mulets, etc., qui sont foibles par les jambes de derriere, à qui les jambes de derriere plient, etc.

torakoulame. Qui fait les choses sans raison, de mauvaises choses, des choses contraires à la doctrine.

torimbi. Galoper ; comme lorsque les chevaux jettent les deux pieds de devant en courant. Cela se dit aussi des lievres qui courent en jetant les deux pieds de devant tout à la fois.

toran. Un rang de lames d'acier posées sur les cuirasses. On dit aussi ⟨⟩. *emou toran.*

toro. Doctrine, mœurs, etc. (*Tao, ly* en chin.)

toro yoso. Doctrine. Principe de doctrine, de vertu. Les principes.

toro arambi. Faire les cérémonies de politesse, de devoir ; comme les battements de tête, les inclinations, les saluts, etc.

toro yangse. Cérémonies, politesse, etc.

torongou. Homme poli, qui sait les cérémonies et qui les fait à propos. Cheval doux, etc.

TORO

torolon. Cérémonies.

toroi. Qui appartient aux cérémonies.

toro i nirou. Le tranchant de la fleche.

toron. Sceau d'un mandarin. Sceau qui fait foi.

torolombi. Faire les cérémonies, etc.

toroloboumbi. Ordonner à quelqu'un de faire les cérémonies.

torolonoumbi. Aller faire les cérémonies.

torolontchimbi. Venir faire les cérémonies.

torohon. Petit enfant.

toroi kiun ouang. Titre d'un régulo du second ordre, appellé *kun ouang* en chin.

toroi peile. Titre d'un régulo du troisieme ordre, appellé en chinois *pei le.*

toroi foutchin. La femme d'un régulo du second ordre, d'un *kun ouang.*

toroi kegue. Fille d'un régulo du second ordre.

toroi efou. Gendre d'un régulo du second et du troisieme ordre.

torolon ni tchourhan. Nom d'un des grands tribunaux de l'empire. (*Lypou* en chin.)

toroi etoukou. Nom général des habits de cérémonies.

toroi oumiesoun. Ceinture pour les habits de cérémonies.

torolon koumoun kaptan tchafan pithe ton. Les six arts chinois; savoir, les cérémonies, la musique, l'art de lancer un trait, l'art de conduire un char, la rhétorique et l'arithmétique.

toron ni ountchehen. La fin de l'explication tartare de quelque livre que ce soit.

toho. Chaux. (*Che hoei* en chin.)

toui sere herguen.

toihon. Auparavant. Avant.

touihounde. Auparavant. Avant cela, etc. Par avance.

touihomchombi. Préparer d'avance.

toiton. Boiteux. On dit aussi *toholon*, et *toholon touiton.*

tor sere herguen.

torhon. Sanglier. Nom d'un animal sauvage qui ressemble au renard, mais qui est dormeur. C'est le même que le *manguisou*; c'est aussi celui qu'on appelle *ouan* en chinois.

torhon ni ouentchehen. Nom d'une plante sauvage dont les fleurs viennent sur la tige: elle ressemble à celle qu'on appelle en chinois *pe ho.* Elle a des épis, et un goût fort. On la mange crue.

torholoho. Cela se dit des grains qui ont poussé une tige longue et mince, et qui n'ont pas une bonne couleur. Ils ne produisent rien alors. Comme nous dirions : Le bled a coulé, etc.

torton tartan seme. En tremblant de froid. Lorsqu'il fait grand froid et qu'on ne sauroit s'empêcher de trembler.

torgui. Dedans.

torgui yamoun. Tribunal du dedans.

torgui potohon. Ce qu'on a supputé à part soi. Ce qu'on a déterminé pour son domestique.

torgui amban. Grand du dedans. Grand qui a des emplois pour l'intérieur du palais, etc.

torguiteri. Du dedans. Par le dedans. Dans l'enceinte. En cachette. En secret.

ton sere herguen.

ton. D'une volée. Cela se dit des faisans, cailles, etc., qui, d'un seul trait, vont d'un endroit à l'autre. On dit aussi *emou ton*.

tonton. Nom d'un insecte volant. Petit papillon.

ton hatambi. Tendre le filet de cette maniere : d'un bord de la riviere jusqu'à environ dix brasses, on met une perche au bout de laquelle on attache une pierre ; la pierre s'enfonce avec le bout de la perche; l'autre bout a une autre perche de quatre à cinq brasses, à laquelle on cloue des verges pour tenir le filet, etc.

tontoba. Nom d'une espece de mouche qui ressemble au *tou fong.* On l'appelle aussi *sorokia,*..

tontchin. Lorsqu'on a entendu, qu'on entend, etc.

tontchimbi. Entendre. Écouter.

tontchiboumbi. Ordonner d'entendre, d'écouter.

tontchitchi. J'ai entendu dire, j'ai appris. Termes dont on se sert dans les suppliques qu'on présente à l'empereur, etc. *amban pi tontchitchi.* Moi, grand, j'ai oui dire, j'ai appris, etc.

tontchi. Ordonner d'écouter, d'ouir. (Écoute, entends : impératif de *tontchimbi.*)

tontchinambi. Écouter, entendre dans le dehors. Aller entendre. Entendre du commun.

tontchintchimbi. Venir écouter. Venir entendre.

tontchindoumbi. Lorsque le commun entend. On dit encore *tontchinoumbi.*

tontchihala. Quelque chose que ce soit qu'on entend.

tong sere herguen.

◌◌◌. *tongniorombi.* Cela se dit des chevaux qui remuent la tête de côté et d'autre lorsque le cavalier leur tire la bride un peu fort.

◌◌◌. *tongmo.* Vase rond dans lequel on met la théiere, pour que le thé au lait ou toute autre chose conserve long-temps sa chaleur.

◌◌◌ ◌◌◌ ◌◌◌. *tok sere herguen.*

◌◌◌. *tokgen.* Cheval lourd, qui n'est point leste. Homme pesant. Un tyran. Un cruel.

◌◌◌. [◌◌.] *tokcherame, (mbi.)* Être cruel. Être tyran.

◌◌◌ ◌◌◌. *toksoho oueihe.* Dent qui vient par dessus les autres, qui n'est pas dans son rang.

◌◌◌. *toksohon.* Qui est à découvert. Les gencives qui sont à découvert dans ceux, par exemple, qui ont la levre supérieure courte.

◌◌◌. *toktohon.* Homme qui surpasse tous les autres, qui est au-dessus des autres. Supériorité de quelqu'un sur tous les autres. Grains qui sont au-dessus des autres quand la mesure est pleine.

◌◌◌ ◌◌◌. *tokto takta.* Sans gravité. A tort et à travers, par sauts, etc.

◌◌◌. *toktori.* Se lever tout d'un coup lorsqu'on est assis. Alors on dit ◌◌◌ ◌◌◌. *toktori iliha.*

◌◌◌ ◌◌◌. *toktchihien nirou.* Pointe de la fleche, ou fer plat de la fleche. C'est aussi une espece de fleche dont le fer est applati.

☙. *toktohori*. Lorsque plusieurs personnes sont assises sur un lieu élevé, qu'elles sont assises de suite les unes plus bas que les autres par degrés; alors on dit ☙. *toktohori tetchehepi*. Lorsque plusieurs personnes sont debout par degrés, on dit ☙. *toktohori ilitchahapi*.

☙. [☙.] *toktolaha*, (*mbi*.) En sursaut Ressauter. On se sert aussi de ☙. *toktoslambi*, et ☙. *toktorilambi*, qui font *toktorilaha*, ☙. *toktoslaha*, ☙..

☙. *toktchihien*. Les deux côtés élevés qui sont à la tête.

☙. *toktorchombi*. Aller en sautillant, sans gravité. Avoir une démarche légere et sans gravité. On dit aussi ☙. *toktortchambi*.

☙. *tos sere herguen*.

☙. *toshon*. Faveur des personnes en place, des supérieurs. Amitié des princes. Tendre amitié. Tendresse.

☙. [☙.] *tosholome*, (*mbi*). Aimer quelqu'un par-dessus tous les autres. Donner ses bonnes graces à quelqu'un, le favoriser, le mettre en faveur.

☙. *tosholoboumbi*. Être en grande faveur.

☙. *top sere herguen*.

☙. *topton*. Un *tao* de livres, c'est-à-dire une enveloppe dans laquelle sont renfermés plusieurs volumes. Cassette où l'on met le sceau. Enveloppe. Fourreau. Étui, etc.

☱. *toptolombi.* Mettre dans une enveloppe, dans un fourreau, etc.

☱. *toptoloboumbi.* Faire mettre dans un étui, sous une enveloppe, etc.

☱. *toou sere herguen.*

☱. *toou.* Ordonner de passer la riviere sur une barque. On dit alors ☱, *pira toou.* (Passe la riviere : impératif du verbe suivant.)

☱. *tooumbi.* Passer une riviere sur une barque.

☱. *toouboumbi.* Ordonner de passer la riviere sur une barque.

☱. *toouse.* Espece de bonze, qu'on appelle en chinois *tao che.*

☱. *toche.* Vexations.

☱. *toche nantouhoun.* Vexer le peuple, etc. Vexation.

☱. *toougetambi.* Vexer le peuple.

☱. *toougetarakou.* Sans vexation. Sans vexer. On dit aussi ☱. *kamtchitarakou.*

☱. *toouche akou.* Sans vexation.

☱. *tooula.* Ordonner de verser dans un vase, dans quelque chose que ce soit. Verser hors du vase. Répandre. Jeter quelque chose qui seroit dans un vase, dans un pot, etc. (Verse : impératif du verbe suivant.)

᠊ᡨᠣᠣᠯᠠᠮᡳ, *tooulambi.* Copier. Transcrire ce qu'on avoit déja écrit. Verser ou répandre quelque chose que ce soit qui étoit dans un vase, etc.

᠊ᡨᠣᠣᡵᠠᠮᡳ, *toourambi.* Imiter quelqu'un. Suivre l'exemple de quelqu'un.

᠊ᡨᠣᠣᠯᠠᠪᠣᠮᡳ, *tooulaboumbi.* Ordonner de verser hors d'un sac, etc. Ordonner de copier, de transcrire quelque chose.

᠊ᡨᠠᠣᠴᠠᠩ ᠠᡵᠠᠮᡳ, *taoutchang arambi.* Faire les fêtes chez les *ho chang* et autres bonzes.

᠊ᡨᠠᠣᡵᠠᠨ, *taoran.* Enfant ou homme qui n'a point eu la petite vérole. Herbe nouvelle qui sort du milieu de la vieille. On dit aussi ᡥᠠᡣᡨᠠ, *hakta.* Les herbes qui sont restées après qu'on a mis le feu aux terres. Herbes que le feu a épargnées. Terres qui n'ont point été ensemencées; ou, pour mieux dire, coin de terre dans lequel il n'est point tombé de grains lorsqu'on semoit. Nouvelles terres qui n'ont point encore été ensemencées.

᠊ᡨᠣᠯ ᠰᡝᡵᡝ ᡥᡝᡵᡤᡠᡝᠨ, *tol sere herguen.*

᠊ᡨᠣᠯᡦᡳ ᠨᡳᡵᡠ, *tolpi nirou.* Nom du fer d'une espece de fleche. Il est plus petit que celui qu'on appelle ᡴᡝᡳᡶᠣᡠ, *keifou,* et n'a pas d'autres fer qui en traverse les côtés.

᠊ᡨᠣᠯᠮᠣᠮᡳ, *tolmombi.* Verser de nouveau du vin dans une tasse.

᠊ᡨᠣᠯᠮᠣᠪᠣᠮᡳ, *tolmoboumbi.* Ordonner d'ajouter du vin, de verser de nouveau du vin dans une tasse où il y en a déja.

TOUNOU

ᠲᠣᠮ ᠰᠡᠷᠡ ᠬᠡᠷᠭᠦᠨ. *tom sere herguen.*

ᠲᠣᠮᠪᠢ. *tombi.* Finir son vol en fondant sur un arbre ou telle autre chose. Cela se dit des oiseaux, des insectes, etc.

ᠲᠣᠮᠨᠣᠮᠪᠢ. *tomnombi.* Faire les cérémonies à la mantchou. C'est pour les femmes seulement qui appuient les deux mains sur les cuisses et battent trois fois la tête. Souhaiter toutes sortes de bonheur. Cela se dit aussi de la maniere dont certains insectes aquatiques badinent sur l'eau.

ᠲᠣᠮᠨᠣ. *tomno.* Ordonner à une femme de faire les cérémonies, de saluer à la tartare. (Salue : impératif du verbe précédent.)

ᠲᠣᠮᠨᠣᠪᠣᠣᠮᠪᠢ. *tomnoboumbi.* Ordonner à une femme de saluer à la tartare, en mettant les deux mains sur les cuisses, fléchissant les deux genoux et battant trois fois la tête.

ᠲᠣᠤ ᠰᠡᠷᠡ ᠬᠡᠷᠭᠦᠨ. *tou sere herguen.*

ᠲᠣᠤ. *tou,* (*tou* en chinois.) Espece d'étendard ou de banniere qui est à la tête de la cavalerie ; il est quarré, et plus petit que l'étendard des *paiara* ou fantassins, lequel est triangulaire.

ᠲᠣᠤᠨᠢᠶᠡᠮᠡ ᠹᠡᠴᠣᠣᠮᠪᠢ. *tounieme fecoumbi.* Marcher le bâton à la main, comme lorsqu'on est boiteux, etc.

ᠲᠣᠤᠨᠣᠣᠬᠣᠤ. *tounouhou.* Nom d'une espece de plante dont la tige est ronde et creuse ; ses fleurs sont jaunes, et ses feuilles pointues. On l'appelle aussi ᠲᠣᠤᠨᠣᠣᠬᠣᠤ ᠰᠣᠺᠢ. *tounouhou soki.*

ᠲᠤᠪᠠ. *touba.* Ce côté.

ᠲᠤᠬᠠᠨ. *touhan.* Grand arbre qui, tombé d'une forêt ou d'une montagne, barre le chemin. Arbre sur lequel on passe un ruisseau ou une riviere. Arbre qui est en travers d'un ruisseau et sur lequel on passe. Ombrage.

ᠲᠤᠬᠠᠨᠴᠢᠮᠪᠢ. *touhanchambi.* Qui a des circuits. Aller pas à pas sur un pont qui ne seroit que d'une planche et assez mauvais, etc. Aller en tâtonnant sur un mauvais pont, etc.

ᠲᠤᠪᠠᡩᡝ. *toubade.* Dans cet endroit.

ᠲᠤᠪᠠᡳᠩᡤᡝ. *toubaingue.* De cet endroit.

ᠲᠤᠪᡳᠯᡝᠮᠪᡳ. *toubilembi.* Pêcher au filet. Mettre un filet sur des poules, etc.

ᠲᠤᠪᡝᡥᡝ. *toubehe.* Nom d'une espece de poisson dont la tête ressemble à celle de la carpe; il a la bouche fort épaisse, le corps rond et le ventre uni; ses écailles sont grandes; sa couleur est rouge. Les petits s'appellent ᠮᡠᠴᡠᡥᡡ. *mouchourhou.*

ᠲᡠᠪᡳᡥᡝ. *toubihe.* Fruit. (*Kouo tsée* en chinois.)

ᠲᡠᠪᡳ. *toubi.* La moitié, une partie de quelque chose que ce soit. Qui n'est pas entier. Espece de filet dans lequel on met les poules. Espece de filet à pêcher, épervier.

ᠲᡠᠪᡳᠴᡝᠮᠪᡳ. *toubichembi.* Conjecturer, argumenter, inférer une proposition d'une autre, etc.

ᠲᡠᠰᠠ. *tousa.* Avantage, intérêt.

TOULE

△ⷁ ᵕᵕ, [ᐠᨆ.] *tousa araha*, (*mbi.*) Avoir de l'avantage. Avoir du profit dans quelque chose. Avoir de l'utilité, etc.

△ⷁ, *tousanga*. Qui a de l'avantage. Qui est avantageux.

△ⷁ, *touserguen*. Buffet sur lequel on met la vaisselle, etc. Il est près de la table où l'on mange.

△ⷁ, *touchan*. Obligations, devoirs de son état. Ministere et district d'un mandarin, etc.

△ⷁ, *tougehien*. Nom d'une espece de filet à prendre les oiseaux de proie. On le place sur deux pieux.

△ⷁ, *tougehialambi*. Prendre les oiseaux de proie aux filets. Cela se dit aussi des tigres, etc., qui grimpent, ou qui serrent quelque chose dans leurs griffes.

△ⷁ, *tousou pia*. Lune où l'on se marie. Lune propre à se marier, à donner sa fille en mariage, à célébrer les noces.

△ⷁ, *touchambi*. Porter le deuil. Être en deuil. Être dans la douleur, dans la tristesse, avoir du malheur.

△ⷁ, *touchanambi*. Avoir du malheur. Tomber dans le malheur, dans les afflictions.

△ⷁ, *touta*. Ordonner à quelqu'un de rester derriere, de se mettre derriere. (Reste derriere : impératif de △ⷁ, *toutambi*.)

△ⷁ, *toule*. Dehors. (*Ouai* en chinois.)

toutambi. Rester en arriere. Cela se dit de quelque chose que ce soit qu'on fait après les autres. Laisser en arriere. Laisser après soi le souvenir de ses qualités. Lorsque tout le monde est parti, rester après les autres, ne pas partir avec eux. Laisser, abandonner. Ne pas aller faire les devoirs de sa charge lorsqu'on est de quartier.

toutaboumbi. Ordonner de rester en arriere, après les autres; de laisser à la postérité, etc.

toutala. Comment! tant que cela? Tout cela? Maniere de parler lorsqu'on voit quelque chose de loin, etc.

touleri. Dehors. Le dehors. On dit encore *toulergui.*

toule kenembi. Aller dehors. Cela se dit lorsqu'on sort pour faire ses grandes ou petites nécessités.

toulergui kouroun ni pithe. Livre des royaumes de dehors.

touleche. Vers le dehors, etc.

toulergui koloï polori peitembi. En automne on juge les affaires des provinces étrangeres.

touleche kenembi. Aller dehors.

touleche etoumbi. Mettre ses habits de peaux de maniere que le poil soit en dehors.

touleboumbi. Faire mettre une petite

chose dans une plus grande. Faire étendre un filet, par exemple.

𐑠𐑯𐑪, *toulembi.* Mettre une petite chose dans une grande. Étendre le filet. Mettre le manche d'une bêche ou telle autre chose semblable, etc. Couvrir une petite chose avec une plus grande. Mettre les barres de bois à l'arbre qui fait agir la meule qui moud les grains.

𐑠𐑯𐑪, *touletchehepi.* Il a engraissé. Cela se dit par éloge de ceux qui sont très gras, etc. On ne se sert de ce terme que pour les personnes au-dessus de soi.

𐑠𐑯𐑪, *touliboumbi.* Passer le jour déterminé. Ordonner de passer le jour déterminé.

𐑠𐑯𐑪, *toulimbi.* Outre-passer le temps déterminé. Il a passé le jour déterminé, par exemple. Le jour est passé. On dit aussi 𐑠𐑯, *toulike.*

𐑠𐑯, *toulou.* Le poitrail d'un cheval, d'un mulet, etc.

𐑠𐑯, *toulouma.* Nom de la peau de bœuf ou de mouton, etc., qu'on enfle, et par le moyen de laquelle on passe l'eau.

𐑠𐑯, *toumen.* Dix mille. (*Ouan* en chinois.)

𐑠𐑯, *toumende.* Chaque dix-millième.

𐑠𐑯 𐑠𐑯, *toumen te emkeri.* Au-dessus de dix mille. Par-dessus dix mille.

𐑠𐑯, *toumentchi.* Le dix-millième.

𐑠𐑯 𐑠𐑯, *toumen toumen.* Dix mille et dix

mille. Terme général pour exprimer la multitude.

toumengueri. Dix mille fois.

toumen se. Titre de l'empereur. Dix mille années. (*Ouan soui* en chinois.)

toumin akou. Qui n'est pas épais. Clair.

toumen tchalafoun tchetchen akou. Comme nous dirions : *Ad mille annos.*

toumikan. Un peu épais. Un peu fort. Un peu haut en goût, etc.

toumiha. Le bout du teton. (Le mamelon.)

toumin. Foule, grand nombre ; comme lorsque les parents ou amis vont et viennent en grand nombre. Plein. Qui est dans l'abondance. Épais, qui n'est pas clair-semé. Quelque couleur que ce soit qui est chargée. Les choses comestibles qui sont hautes en goût. On dit alors *amtan toumin.*

toutchi. Faire sortir. Ordonner de sortir. (Sors : impératif du verbe suivant.)

toutchimbi. Sortir. Cela se dit aussi des plantes, grains, etc., qui commencent à sortir de terre.

toutchin. La source d'une affaire. L'origine d'une cérémonie, d'une loi.

touia. Ordonner de courber, de se courber.

toutchikengue tchira piheni. Cela est sorti en aussi grande quantité, si épais ?

etc., comme on diroit: La petite vérole lui est sortie en aussi grande quantité? etc.

ⵜⵓⵜⵛⵉⴱⵓⵎⴱⵉ. *toutchiboumbi.* Proposer quelqu'un, faire sortir son nom pour quelque emploi. Faire éclater. Ordonner de sortir. Faire paroître. Sortir pour le convoi de la cérémonie des morts.

touiambi. Courber. Plier. Tordre. Froisser. Plier, courber du bois, etc. Courber la main. Plier les genoux. A l'exercice de la lutte plier le corps, etc.

touiaboumbi. Ordonner de plier, de courber, de froisser, etc. Lorsque les pieds et les mains sont courbés, et qu'ils font de la douleur, etc.

touiekou. Espece de poinçon d'acier à faire des trous dans le cuivre, l'argent, etc.

touiembi. Percer, faire un trou. Se rejoindre par plusieurs chemins et tomber en même temps sur l'ennemi. La pointe de quelque instrument que ce soit avec laquelle on peut faire un trou. Lorsque la pointe de la fleche, par exemple, perce la cuirasse.

touieboumbi. Ordonner de percer, de faire un trou.

touiembouboumbi. Ordonner de sortir, de paroître, d'éclater. Faire éclater.

touiemboumbi. Paroître. Éclater. Avoir une forme. Prendre une forme. Venir à la croissance. Cela se dit aussi d'un secret qui éclate. Cela se dit encore de ceux qui, étant pauvres, cachent pendant quelque temps leur pauvreté, laquelle se décele enfin. Cela se dit de même de la joie ou de la colere qui se manifeste sur le visage ou à l'extérieur, quelque chose qu'on fasse pour la cacher.

touiebouhé. La fleche a percé.

touiekte. Nom d'une espece de fruit dont la couleur est rouge et le goût acide.

touhe. Couvercle du pot. Nom d'une attrape pour prendre les fouines. Cet instrument est fait comme un couvercle de pot. On attache un morceau de viande au bout d'une ficelle qui est liée au couvercle, et qui le fait tomber sur la bête à mesure qu'elle veut tirer le morceau de viande.

touhenembi. Tomber dans quelque chose. Tomber par derriere.

touheri eptchi. Les petites côtes qui sont près de la poitrine.

touhe efen. Nom d'une espece de gâteau plat qui est fait avec de la farine de maïs, de l'huile, etc.

touhembi. Tomber, choir, etc.

touheke. Le soleil est tombé. Il est tombé. Cela est perdu, etc.

touhede. Cela se dit d'un habit dont le bord passe ou est plus long que l'autre; la balance qui penche d'un côté. Cela dit aussi de ceux qui ont la levre pendante.

TOUKI

𖤀. *touheboumbi*. Proportionner le supplice au crime, par exemple. Faire tomber. Déterminer un supplice. Comparer un honnête homme à un coquin, ou faire passer un honnête homme pour un coquin.

𖤀. *touheboukou*. Digue. Espece de porte qu'on laisse tomber du haut des murs; ou, pour mieux dire, espece de barricades qu'on met aux portes des villes, ou aux approches de l'ennemi, ou dans les temps de trouble. Espece de bouton qui pend derriere ceux qui portent le chapelet appellé *sou tchou* en chinois.

𖤀. *touhere fere*. Nom d'une espece de plante sauvage qui ressemble à la chicorée ; sa racine ressemble à de petits bâtonnets : ses fleurs sont jaunes.

𖤀. *touhen*. Assemblage. Amas.

𖤀. *touhentchimbi*. Tomber d'un lieu élevé.

𖤀. *toukie*. Ordonner de porter quelque chose, de le placer quelque part, etc. (Eleve, place cela : impératif du verbe suivant.)

𖤀. *toukiembi*. Porter quelque chose à deux mains. Élever quelque chose. Porter. Un cheval qui porte la tête haute, qui éleve la tête. Porter quelque chose haut. Surpasser. Lorsque deux hommes portent ensemble une même chose. Porter une chaise, etc. Louer, etc.

𑒱𑒱𑒱𑒱𑒱. *toukieboumbi.* Ordonner de porter quelque chose à deux mains. Être porté. Être élevé. Ordonner de porter, d'élever. Être, comme on dit, en habit de piaffe; ou bien se piaffer, etc., tant dans ses habillements que dans sa personne.

𑒱𑒱𑒱𑒱. *toukietchembi.* Louer quelqu'un. Donner des éloges. Oter de dessus le feu une eau qui bout déjà. Porter.

𑒱𑒱𑒱. *toukietchekou.* Amour-propre par lequel on s'estime au-dessus des autres. Louanges. Éloges, etc.

𑒱𑒱𑒱. *toukiehepi.* Il a porté à deux mains. Il a élevé. Il a porté, etc.

𑒱𑒱𑒱. *toukieshoun.* Élévation. Action d'élever, de porter.

𑒱𑒱 𑒱. *toukie ta.* Nom d'une plante sauvage dont la fleur s'appelle 𑒱𑒱𑒱. *sorson,* ainsi que celle de l'oignon et de l'espèce de poireau; elles sont de couleur rouge; elles ont de l'odeur, et on les mange avec du sel.

𑒱𑒱 𑒱𑒱. *touki pantchimbi.* Les nuages se lèvent. Il commence à se former des nuages.

𑒱𑒱 𑒱. *toukiekou asou.* Nom d'une espèce de filet à prendre les poissons : on le met sur les bords des ruisseaux ou des rivières. On l'appelle aussi 𑒱𑒱 𑒱. *tseng asou.*

𑒱𑒱 𑒱. *toukiehe kebou.* Nom d'honneur qu'on donne à quelqu'un. Sobriquet honorable.

〰〰. *touki*, (*yun* en chinois.) Nuage. Assemblage d'une grande quantité de nuages. On dit alors 〰〰 〰〰. *touki neiken.* Lorsque les nuages sont divisés les uns d'un côté et les autres de l'autre. On dit aussi 〰〰 〰〰. *touki alhata.* Figures des nuages qui sont sur certains habits de cérémonies.

〰〰 〰. *touki ouan.* Machine de guerre. C'est une espece d'échelle dont le bas a deux roues comme celles des charrettes. On s'en sert pour monter sur les murailles des villes qu'on veut prendre.

〰〰 〰〰. *touki fiatchoumbi.* Espece de bruit qu'on entend lorsque des nuages épais sont agités et prêts à se dissiper.

〰〰 〰〰. *touki sektehe.* Les nuages s'assemblent. Les nuages marchent, s'épaississent, etc.

〰〰 〰〰. *touki haksaha.* Les nuages sont rouges, lorsque les rayons du soleil les pénetrent, comme au coucher du soleil.

〰〰 〰〰. *touki keterenehe.* Les nuages blancs sont comme des écailles de poisson.

〰〰 〰〰. *touki your sembi.* Les nuages semblent vouloir s'élever.

〰〰 〰〰. *touki pombonoho.* Les nuages sont en amphithéâtre.

〰〰 〰〰. *touki tchegsé.* Il y a du vuide entre les nuages qui sont rouges.

〰〰 〰〰. *touki samcheha.* Les nuages sont dissipés.

touki ketehe. Les nuages sont entièrement dissipés.

toukou. Le dessus d'un habit, ou, pour mieux dire, le dehors d'un habit.

toukou tchodon. Toile qu'on met dans l'eau avec de la cire, et sur laquelle on imprime des fleurs, et que l'on teint ensuite.

toukoulembi. Faire un dessus d'habit ou le dehors d'un habit.

toura. Colonne. Ordonner de jeter une eau dont on ne veut plus se servir. Pieu ou barre de bois sur laquelle on attache les tentes, etc.

tourakou. Eau qui tombe d'un lieu fort élevé.

tourame ahambi. Comme on diroit en françois : Il pleut à verse, etc.

touraki. Espece de corbeau qui a le corps et le bec petits.

tourame. Il est sur ses quatre pieds sans branler. Cela se dit des chevaux qui s'arrêtent tout d'un coup sans vouloir avancer. On dit aussi *tourame ilihapi.*

tourambi. Jeter une eau dont on ne veut plus se servir. Verser le superflu du bouillon, etc.

touraboumbi. Ordonner de verser.

toure. Le bas de la botte, ou la jambe de la botte.

☉. *touremimbi.* Après qu'on a fait la semelle des bottes ou des pantoufles, y ajouter le reste, etc.

☉. *touri.* Espece de feve ou de haricot. Ordonner de louer une maison, une boutique, etc. (Loue: impératif de ☉. *tourimbi.*)

☉. *touri hoho.* Corne, ou, pour mieux dire, gousse dans laquelle sont les feves ou les haricots, etc.

☉. *touri tchetchike.* Nom d'une espece d'oiseau qu'on appelle en chinois *la tsoui tsiao*, ou bien *ou toung tsiao.*

☉. *touri tchai.* Nom d'une plante qu'on appelle thé sauvage: elle a un pied de haut environ: ses feuilles ressemblent à celles des pois. On les fait sécher au soleil, et on s'en sert ensuite comme du thé.

☉. *tourimbi.* Louer une maison. Louer quelque chose que ce soit. Louer un ouvrier, un champ.

☉. *touriboumbi.* Ordonner de louer. Être loué. Lorsqu'on laisse tomber quelque chose qu'on tenoit entre ses mains. Lorsque quelque chose qui étoit attaché tombe en se détachant comme de soi-même.

☉. *tourihe nialma.* Ouvrier qu'on loue ou qu'on paie à la journée. On dit aussi ☉. *tourihe housoun.*

☉. *touriken.* Salaire qu'on donne à un ouvrier, à un homme qu'on a loué. Louage d'une maison, d'un champ, etc. Vente d'une maison, d'un champ, etc.

tourou. Baudrier, ceinturon où l'on met l'épée et le sabre.

touroulambi. Faire le premier quelque chose que ce soit. Traiter ou faire le commencement d'une affaire.

touroulaboumbi. Ordonner à quelqu'un de traiter ou de faire le commencement d'une affaire.

toua. Ordonner à quelqu'un de voir. Feu. (Regarde : impératif de *touambi.*)

touatchi. Ayant appris. Ayant vu. Cette expression se met au commencement d'un discours, par exemple.

touambi. Regarder. Examiner. Faire attention. (*Che pou* en chinois.) C'est voir l'herbe avec laquelle on devine.

touaboumbi. Ordonner de voir, d'examiner, de regarder lorsqu'on est admis à la présence de l'empereur. Deviner. Faire consulter les devins ou les médecins sur la maladie de quelqu'un.

touabounambi. Ordonner à quelqu'un d'aller voir, examiner, etc. Aller consulter les devins ou les médecins, etc.

touachara hafan. Nom d'un mandarinat appelé en chinois *che si koan*; c'est-à-dire, mandarinat héréditaire.

touachatambi. Voir avec attention,

Avoir soin. Avoir l'œil sur quelque chose. Voir les apparences de quelque chose. Voir comment la chose tournera.

⵰⵰⵰. *touachambi.* Voir ou garder à vue quelque chose. Examiner. Avoir soin de quelque chose ou de quelqu'un.

⵰⵰⵰. *touachataboumbi.* Ordonner de voir avec attention, d'avoir l'œil sur quelque chose, etc.

⵰⵰⵰. *touanambi.* Aller voir. Aller s'informer de quelqu'un.

⵰⵰⵰. *touanaboumbi.* Ordonner d'aller voir.

⵰⵰⵰. *touanoumbi.* Lorsque la multitude regarde.

⵰⵰⵰. *touakou.* Spectacles. Lieux ou choses à voir.

⵰⵰⵰. *touachaboumbi.* Ordonner d'avoir soin de quelque chose, d'examiner, d'avoir l'œil, etc.

⵰⵰⵰. *touakia.* Ordonner de voir, de garder, d'avoir l'œil. (Garde, observe : impératif du verbe suivant.)

⵰⵰⵰. *touakiambi.* Garder les moutons, par exemple, les troupeaux, etc.

⵰⵰⵰. *touakiaboumbi.* Ordonner de garder, d'avoir soin, etc.

⵰⵰⵰. *touakianambi.* Aller garder.

ᠲᡠᠸᠠᠨᡨᠴᡳᠮᠪᡳ. *touantchimbi.* Venir garder. Venir s'informer de la santé de quelqu'un.

ᠲᡠᠸᠠᡴᡳᠶᠠᠨᡨᠴᡳᠮᠪᡳ. *touakiantchimbi.* Venir garder.

ᠲᡠᠸᠠᡴᡳᠶᠠᠨᡨᠣᡠᠮᠪᡳ. *touakiantoumbi.* Lorsque chacun garde. On dit encore ᠲᡠᠸᠠᡴᡳᠶᠠᠨᠣᡠᠮᠪᡳ. *touakianoumbi.*

ᠲᡠᠸᠠᠨᡨᠴᡳᡥᡳᠶᡝᠨ. *touantchihien.* Punition du crime de rebellion. Exhortation qu'on fait aux rebelles pour les faire revenir, etc.

ᠲᡠᠸᠠᠨᡨᠴᡳᡥᡳᠶᠠ. *touantchihia.* Remontrer aux rebelles leur devoir. Ordonner de dresser une fleche, par exemple, de remontrer aux rebelles, de les exhorter à rentrer dans leur devoir. Redresser quelque chose que ce soit. (Exhorte, redresse : impér. de ᠲᡠᠸᠠᠨᡨᠴᡳᡥᡳᠶᠠᠮᠪᡳ. *touantchihiambi.*)

ᠲᡠᠸᠠᠨᡨᠴᡳᡥᡳᠶᠠᠪᠣᡠᠮᠪᡳ. *touantchihiaboumbi.* Ordonner de redresser quelque chose, de remontrer aux rebelles, de les exhorter à rentrer dans leur devoir.

ᠲᡠᠸᠠᠨᡨᠴᡳᡥᡳᠶᡝᠨ ᡨᠠᡳᠯᠠᠨ. *touantchihien tailan.* Punition des rebelles. Exhortation qu'on fait aux rebelles pour les faire revenir. Le premier de ces deux mots tartares est le *tcheng* des Chinois, le second est leur *fa*.

ᠲᡠᠸᠠᠨᡨᠴᡳᡥᡳᠶᠠᠮᠪᡳ. *touantchihiambi.* Redresser quelque chose que ce soit ; une flèche qui ne seroit pas droite, par exemple. Redresser quelqu'un, le faire rentrer dans son devoir. Dresser un cheval.

ᠲᡠᠸᠠᡴᡳᠶᠠᠷᠠ ᡨᠴᡥᠣᡠᡥᠠ. *touakiara tchouoha.* Soldats ou troupes qui vont à la découverte. Gardes. Soldats qui gardent un poste.

TOUA 305

touangkimbi. Envoyer quelqu'un de ses gens pour voir, etc.

touamkiambi. Redresser quelque chose que ce soit qui auroit pris un mauvais pli, qui seroit de travers, etc. Redresser les paroles de travers qu'on auroit pu dire. Se mieux expliquer. On dit aussi *touantchihiambi.*

touamkiaboumbi. Pardonner les fautes de quelqu'un. Effacer les fautes. Ordonner de redresser quelque chose que ce soit.

toua yaha. Charbon de bois. (*Tan ho* en chinois.)

toua y ahoura y ing. Salle d'armes à feu, ou magasin d'armes à feu. (*Ho ki yng* en chinois.)

toua y okto. Poudre à canon. (*Ho yao* en chinois.)

toun. Étriers. (*Ma teng* en chinois.)

toun de kaifi niamniambi. Tirer de la fleche en se servant des étriers en guise de mire.

tououlembi. Être ferme sur ses étriers.

touamkia. Ordonner de redresser quelque chose que ce soit. (Redresse : impératif de *touamkiambi*,)

touamehanga. Quelque chose que ce soit qui est agréable à voir. Homme qui est agréable et beau à voir.

2. 39

touemembi. Revendre une chose dans un endroit différent de celui où on l'avoit achetée. Brocanter. Changer une chose contre une autre.

touoleboumbi. Ordonner de vendre une chose. Ordonner de changer une chose contre une autre.

touori. L'hiver. (*Toung* en chinois.)

touori touogembi. Entrer dans l'hiver.

touori ten. Solstice d'hiver.

touori hetoumbi. L'hiver passe.

tou ouetchembi. Faire les cérémonies devant l'étendard nommé *tou*.

tou y tchanguin. Grand mandarin de guerre qui gouverne les soldats appellés *paiara*.

touki neiken. Les nuages couvrent tout le ciel.

touki alhata. Les nuages sont semés par ci par là.

touara nialma. Devin. Homme qui devine la bonne fortune.

tou. Ordonner de battre le bled, le riz, etc.; de battre le fer, l'or, l'argent, le cuivre, etc.; de battre le *lo*, etc. (Bats : impératif de *toumbi*.)

touboumbi. Ordonner de battre.

toumbi. Battre, frapper avec du bois, etc.

toume efen. Espece de pâtisserie bien battue et gluante.

. *toukou.* Instrument avec lequel on bat les grains. Espece de massue fort épaisse, composée de deux bâtons joints ensemble, avec laquelle on bat les grains. On l'appelle aussi . *mala.*

, *toui sere herguen.*

, *toui toui.* Lorsqu'une chose va de bouche en bouche. On dit aussi , *oulan oulan ni.*

. *touibalambi.* Raboter. Se servir du rabot pour applanir quelque chose.

. *touibalakou.* Rabot. Instrument à l'usage des menuisiers. Il y en a de grands et de petits.

. *touiboumbi.* Cérémonie superstitieuse des Mantchoux, dans laquelle, pendant la nuit, après avoir éteint la lumiere, il prient encore l'esprit, etc.

. *touibalaboumbi.* Ordonner de raboter.

. *touilembi.* Mulet, cheval, etc., qui court, hennit et galope, regimbe, etc., sans vouloir s'arrêter.

. *touilembi.* Peler une bête morte. Oter avec de l'eau bouillante le poil à une bête qu'on vient de tuer.

. *touileboumbi.* Ordonner d'ôter le poil, de peler une bête qu'on vient de tuer.

. *touile.* Ordonner de peler, d'ôter le poil. (Pele: impératif de . *touilembi.*)

. *touilenoumbi.* Lorsque le commun

ôte le poil à des bêtes. On dit encore ᗢᘁᒣᒣᗴᗢᘛᑎ. *touilendoumbi.*

ᗢᘛ ᒣᒣᐟ ᑕᑕᐟ. *tour sere herguen.*

ᗢᘛ. *tour.* Mot dont on se sert pour exprimer la vitesse d'un cheval. Hennissement d'un cheval.

ᗢᘛᒣᑎ. *tourhatou.* Maigre. Homme maigre.

ᗢᘛᒣᐟ. *tourha.* Maigre. Cela se dit des bêtes et des hommes. Nom du petit rond qui est sur les bonnets d'hiver; c'est une petite piece d'étoffe d'or, etc.

ᗢᘛᒣᐟ ᒣᐟ. *tourha efen.* Nom d'une espece de pâtisserie qui ressemble à celle qu'on appelle *toholio*, ᑕᘛᒣᑎ. avec la différence que la premiere n'a point d'huile, etc.

ᗢᘛᒣᐟ. *tourha.* Nom qu'on donne au rond qui est au-dessus des bonnets d'hiver. On l'appelle aussi ᗢᘛᒣᐟ. *tourha.*

ᗢᘛ ᑕᘛ. *tour tar.* Bruit de plusieurs fusils qu'on tire l'un après l'autre. Palpitations de cœur. Bruit des grains qu'on fait rôtir. Lorsque le cœur palpite de crainte ou de peur. On dit aussi ᗢᘛ ᑕᘛ ᒣᐟ. *tour tar seme.*

ᗢᘛᑕᐟ. *tourguen.* Rapidement; comme l'eau d'un fleuve, etc., qui coule rapidement. Cheval qui court rapidement. Maladie qui fait de rapides progrès. Alors on dit ᑎᒣᑕ ᗢᘛᑕᐟ, *nimekou tourguen.*

ᗢᘛᑕᑎ. *tourguimbi.* Bruit que font les chevaux avec leurs narines. Éternuer.

ᗢᘛᑕᐟ. *tourgoun.* Raison, cause pourquoi.

TOUNG

tourgoun pi. Il y a des raisons. Il y a des raisons pour cela.

toun sere herguen.

toun. Isle. C'est une terre ou une montagne environnée d'eau.

toung sere herguen.

toung toung. Bruit qui se fait lorsqu'on frappe sur le tambour et sur toute autre chose semblable.

toungnimbi. Panser un cheval en le saignant, et en étanchant le sang, après avoir brûlé sur la plaie une bande de l'écorce du saule humide.

toungkio. Espece d'huile. (*Toung yeou* en chinois.)

toungniboumbi. Ordonner de panser un cheval, etc., en le saignant, et après avoir brûlé sur la plaie une bande d'écorce de saule humide.

toungalambi. Heurter contre quelque chose. Rencontrer quelqu'un, quelque chose, etc. Rencontrer une bonne marque lorsqu'on tire pour les mandarinats.

toungalaboumbi. Rencontrer sans le vouloir quelqu'un ou quelque chose, etc.

toungken nekelin. Homme d'un esprit pénétrant.

toungkou. Lieu dans les rivieres, etc., qui est plus profond que les autres.

toungsé. Interprete. Homme qui peut interpréter les discours d'un étranger qui vient des autres royaumes. (*Toung che* en chinois.)

toungserembi. Interpréter. Faire l'interprete. Servir d'interprete.

toungsereboumbi. Ordonner d'interpréter, de faire l'interprete.

toungse camtchihapi. Il est accompagné de son interprete. Cela se dit des étrangers qui viennent payer tribut, etc.

toungcheka kourgou. Nom d'une bête sauvage dont le corps est semblable à celui du tigre, et la peau marquetée; elle a cinq harpons, la face large et blanche : il n'y a point d'animal plus méchant.

tounglou. Verd-de-gris. (*Toung lu* en chin.)

toung tang. Bruit des cloches, du tambour, etc. On dit aussi *toungtong tangtang.*

toungken. Tambour. Instrument qui donne un des huit sons; c'est le son de la peau.

toungkuen. La poitrine. (*Hiong* en chin.)

tonguen pokchon. Nom de l'os que les animaux ont au-dessus des côtes, vers la poitrine.

tounguen te nikeboumbi. Proverbe; comme qui diroit : J'ai toujours cela dans le ventre : Je pense sans cesse à cela. Prendre à cœur quelque chose.

◌, *toungki tangki.* Comme qui marcheroit sur un terrain peu uni. On dit aussi ◌. *tengki tangki.*

◌, *toungkieboumbi.* Ordonner de ramasser quelque chose qui seroit tombé.

◌, *toungki.* Courbure de l'arc. Plus la corde est courte, plus la courbure est grande. C'est un proverbe. Il a les jambes courbées en faucille. Avoir les mains courbées. Les hommes ou les animaux qui ont le corps ou les pattes courbées.

◌, *toungkiembi.* Ramasser quelque chose qui seroit tombé par terre. Ramasser les cendres ou les os d'un mort pour les rapporter dans le lieu de sa sépulture, lorsqu'il est mort dans un pays lointain. On dit aussi ◌. *tomsombi.*

◌, *toungkoulembi.* Brûler un bâton ou une verge de saule encore humide pour en avoir l'eau, laquelle est bonne contre les morsures des animaux sauvages. On dit aussi ◌. *toungniombi.*

◌, *tougkou tembi.* Tendre sur la glace les filets pour prendre du poisson. Cette espece de filet se tend de la maniere suivante : on fait un trou dans la glace à l'endroit où l'on voit que l'eau coule, et on y met le filet, dans lequel le poisson se prend. On fait encore un autre trou, et avec le trident, ou tel autre instrument, on attend que le poisson passe pour le harponner.

◌, *touk sere herguen.*

tougetchouke. Qui est à craindre. Qui est à appréhender. Danger. Dangereux. Redoutable.

touksaka. Bâtard. Enfant né d'un adultere. On dit aussi *lehele.*

touksa po. Maison couverte ou faite avec du *hoa pi,* qui est une espece de bois. On dit aussi *tcheoufi.*

touk touk seme. Palpitation de cœur lorsqu'on est malade ou qu'on a peur.

toukchembi. Craindre. Trembler de peur. N'être pas tranquille, et avoir des palpitations de cœur. Avoir le cœur rétréci de peur. Cela se dit aussi des chevaux qui, ayant beaucoup marché, et étant extrêmement fatigués, ont la peau qui leur tremble. Avoir le cœur ému.

toukgetembi. Palpiter, Lorsque le cœur palpite de peur. Trembler de peur. Être excité,

toukchan. Veau, le petit d'une vache,

touktaraha. Espece d'échelle à une seule branche.

toukte. Morceau de bois à quatre branches qu'on met dans le pot, sur les viandes ou herbes qu'on fait cuire, pour les faire tenir dans l'eau, etc.

touktan. Le commencement. La premiere fois, par exemple. Le principe.

toukten mo. Nom d'une espece d'arbre qui ressemble à celui qu'on appelle *fiatarakou,* mais qui est un peu plus rouge.

touktouma. Cuirasse à l'usage des cavaliers. On dit alors *touktouma oukgen*.

tous sere herguen.

tous seme. Cela se dit des courroies, cordes, etc., qui se détachent tout d'un coup du lieu ou de la chose où elles étoient liées. Alors on dit *tous seme ouktchaha*.

toushou. Espece de buffet que l'on met à la porte de ceux qui se marient. Sur ce buffet il y a du vin pour ceux qui viennent visiter les nouveaux mariés.

tout sere herguen.

toutou, De cette sorte. Ainsi. C'est pourquoi.

toutou seme. Quoique.

toutou pime. Quoique, etc.

toutou ofi. C'est pourquoi. C'est pour cela que, etc.

toutou otchi. Si cela est ainsi.

toutou otolo. Jusqu'à ce que cela soit ainsi.

toutou oboureou. Fera-t-il comme cela?

toutouche oso. (*Nota*. Je trouve seulement dans l'explication chinoise de ces mots, qui n'est pas traduite en françois, ces autres mots tartares *toutouche*, et *tchagekan oso*, c'est-à-dire, Un peu de ce côté.)

toul sere herguen.

toulpin. Conjecture, prévoyance, etc.

toulbimbi. Conjecturer. Supputer une affaire. Penser aux suites d'une affaire.

toulguin. Cela excepté. Après cela, etc. On met avant ce mot la particule *tchi.*

toulhou. Peau d'un agneau qui est déja un peu gros.

toulhoun. Obscur. Temps obscur. Temps couvert.

toulhouchembi. Le temps est couvert.

toulfambi. Cela se dit des instruments, comme forets, etc., qui, ne pouvant pas percer, reviennent et donnent contre un autre endroit.

toum sere herguen.

toumbanahapi. Injure qu'on dit à quelqu'un, comme qui diroit: Cet homme ne rougit de rien. (Prétérit de *toumbanambi.*)

tou sere herguen.

tou. Os qui est au haut de la cuisse des chevaux, etc. Os *pubis* dans les hommes. On dit alors *tou kirangui.*

touka. Porte de ville. Grande porte d'une maison. Porte d'entrée, etc.

TOUBE

~~~. *touha.* Boyau qui descend jusqu'au bas-ventre.

~~~ ~~. *touha tou.* L'amas du foie, du cœur, de la rate, des poumons, etc., dans les hommes et dans les animaux.

~~~ ~~. *toube toutchike.* La fin de cette affaire est arrivée. Cette affaire est finie, etc.

~~~. *toube.* La queue d'une feuille, d'une plante, etc. La pointe d'une hallebarde, etc. La fin d'une affaire, etc. La pointe d'une chose. L'extrémité d'une chose. On dit aussi ~~~. *toubede*, suivant le sens de la phrase.

~~~ ~~. *toube pele.* Le germe du bled. Le bout d'en bas du bled.

~~~. *toubeheri.* Dans le moment. Il n'y a qu'un moment qu'il est parti, par exemple, qu'il est sorti, etc. On dit aussi ~~~. *arkan.*

~~~. *toubehe.* Il est mort. Il n'est plus.

~~~ ~~. *toube akou.* Cela se dit de ceux qui ne finissent jamais en contant quelque chose. Il ne finit point, etc.

~~~. *touben.* La fin. (*Mo, tchoung* en chinois.)

~~~. *toubede.* A la fin.

~~~ ~~. *touben teriboun.* Le commencement et la fin d'une affaire.

~~~. *toubeingue.* De la fin.

~~~. *toubei tchetchen.* Les extrémités d'un lieu éloigné.

ⲇⲟⲩⲃⲉⲛⲧⲉⲗⲉ. *toubentele.* Jusqu'à la fin.

ⲇⲟⲩⲃⲉⲛⲅⲉ. *toubengue.* Qui a une pointe. Qui est terminé en pointe.

ⲇⲟⲩⲃⲉⲅⲉⲗⲉⲙⲃⲓ. *toubegelembi.* Être sur la fin de l'année. Toucher à la fin d'une saison, de l'hiver, de l'automne, etc. Être sur la fin de quelque chose que ce soit.

ⲇⲟⲩⲃⲉⲓ ⲧⲟⲗⲧⲟⲩⲟⲩⲛ. *toubei toltohoun.* La poignée du sabre.

ⲇⲟⲩⲃⲓⲃⲟⲩⲙⲃⲓ. *toubiboumbi.* Travailler sans cesse à une même chose. Faire traîner en longueur. Ordonner de s'accoutumer, de s'habituer, etc.

ⲇⲟⲩⲃⲓⲕⲉ. *toubike.* Cela se dit des oiseaux, etc., qui, allant prendre leur nourriture dans quelque endroit, s'y accoutument, et ne craignent point les hommes. Cela se dit aussi des hommes qui sont accoutumés ensemble par une longue habitude. Accoutumé. Habitué. (Apprivoisé.)

ⲇⲟⲩⲃⲓⲥⲉ. *toubise.* Espece de pâtisserie faite avec une espece de haricot. Cette pâtisserie est ronde. On l'appelle aussi ⲇⲟⲩⲃⲓⲥⲉ ⲉⲫⲉⲛ. *toubise efen.*

ⲇⲟⲩ ⲥⲉⲗⲉ. *tou sele.* Le fer qui est à la ceinture des soldats, qui touche la fesse, et qui sert d'étui aux fleches : c'est une espece de carquois.

ⲇⲟⲩ ⲉⲣⲅⲟⲩⲓ. *tou ergui.* Le coin d'en bas d'un habillement.

ⲇⲟⲩⲅⲉⲛⲓⲗⲉⲙⲃⲓ. *tougehilembi.* Porter quelque chose dans le pan de son habit.

TOUTOU

𖤐, *tougehileboumbi*. Ordonner de porter quelque chose dans le pan de son habit.

𖤐. *tougehi*. Espece de tablier de peau ou de toile à l'usage des hommes. On s'en sert quand on va en campagne. Espece de tablier cuirassé à l'usage des gens de guerre. Le coin de devant de l'habit. Le bas de l'habit.

𖤐. *tougehien*. Homme fort stupide, qui ne sait rien de rien. Trouble. Obscur. Sale. Temps extrêmement obscur.

𖤐. *toutou*. Nom d'un oiseau qui ressemble à celui qu'on appelle *ko* ou pigeon. Tourterelle. Nom d'un officier de guerre qui est après les généraux, (et qui s'appelle aussi *tou tou* en chinois.)

𖤐. *touteleme yaboumbi*. Aller par le plus court chemin. On dit aussi 𖤐, *tokolombi*.

𖤐. *toute talou*. Petit chemin de traverse. Chemin qui abrege. Court chemin. On dit de même 𖤐, *talou tchouhoun*, et 𖤐, *toko tchouhoun*.

𖤐. *toute yenli*. La chair qui est près de la peau dans les animaux qu'on a écorchés.

𖤐. *tou te kaimbi*. Lorsqu'on s'exerce à la lutte, mettre la tête de son adversaire sous son aisselle.

𖤐. *toutou niehe*. Nom d'une espece de canard sauvage qui a la tête noire, le bec plat et large, et les ailes de différentes couleurs. Son corps ressemble à celui de l'oiseau qu'on appelle 〇〇〇〇, *porboki niehe.*

〇〇〇. *toutourembi.* Entendre comme si l'on n'entendoit pas, comme si l'on ne savoit pas, etc.

〇〇〇. *toutourehepi.* Entendre de travers. Entendre une chose lorsqu'on en dit une autre.

〇〇. *toutou.* Sourd. On dit aussi 〇〇〇. *toutou maikou,* ou 〇〇. *maikou* simplement.

〇〇 〇〇. *toutou tata.* Articulation des enfants à la mamelle qui commencent à apprendre à parler.

〇〇〇 〇〇. *touleke ania.* L'année passée. (*Ku nien* en chinois.)

〇〇〇 〇〇. *touleke pia.* La lune passée. (*Tsien yue* en chinois.)

〇〇. *toule.* Auparavant. Avant. Originairement. Après ce mot on met la particule 〇〇, *heni,* ou la particule 〇〇. *nikai.* C'est une espece d'interrogation, comme si on disoit : Originairement cela étoit-il ainsi? 〇〇 〇〇 〇〇. *toule outou nikai?* Au contraire. Par exemple : il me dit de faire ainsi ; et lui, au contraire, fait comme cela. 〇〇 〇〇 〇〇 〇〇 〇〇 〇〇 〇〇. *mimbe outou oso setchi i toule toutou oho.*

〇〇〇. *touleke.* Il est passé. La maladie, par exemple, est passée. Années passées. Le feu a passé. Le feu a pris. (Prétérit du verbe suivant.)

〇〇〇. *toulembi.* Passer. Le feu a pris, etc., a passé par là.

toulemboumbi. Faire passer le feu sur quelque chose. Détourner le feu de dessus quelque chose. Ordonner de passer. Faire passer. Passer sur les crimes anciens, etc.

toulembouhe. Il a ordonné de mettre le feu. Il sait toutes les choses passées. (Prétérit du verbe précédent.)

toulembouhepi. Le feu a passé par là, a tout brûlé. Il a su toutes les affaires passées. Tout a été vu et su.

toulendere. Particule qu'on peut exprimer, par *ex, de.* Par excès, en surpassant.

toulemchekou. Précipitation. Faute que l'on fait par précipitation, étourderie, sans regle.

toulan nimaha. Nom d'un poisson de mer qui n'a point d'écailles, qui a la bouche petite, le corps comme la paume de la main : il est plat, et de la longueur d'un palme : sa peau est épaisse; on s'en sert pour gratter. C'est une espece de chagrin.

toulemchembi. Faire les choses avec précipitation et sans regle.

toulemcherakou. Il n'a pas parlé avec précipitation et sans regle.

touliboumbi. Ordonner de passer les nuits à quelque chose.

toulime. Passer les nuits à faire quelque chose. Chaque nuit se dit *tobori toulime.* (Infinitif de *toulimbi.* Passer les nuits.)

▼. *toulin.* La moitié. Une partie. Le milieu. Midi. Alors on dit ▼▼. *inengui toulin.*

▼. *toulimba.* Le milieu d'un lieu, de quelque endroit, etc. (*Tchoung* en chin.)

▼. *toulimba hoaliasoun ya koumoun.* Nom d'une musique qui a quatre-vingt-quatre parties, et qui se fait dans le *tay miao*, dans le *miao* de Confucius, et dans le temple du Ciel et de la Terre, pour demander la fertilité.

▼. *toulimba holiasoun chao koumoun.* Nom de la musique qu'on fait lorsque l'empereur tient son lit de justice, et le jour de sa naissance. Cette musique a huit parties.

▼. *toulimba y tou.* Le pavillon du milieu lorsqu'on est à la chasse.

▼. *toulimbangue.* Du milieu. Qui appartient au milieu.

▼. *toulimba sele.* Morceau de fer rond qu'on met au milieu des baudriers, de l'étui de l'arc.

▼. *toulimba y simhoun.* Le troisieme doigt de la main ou le *medius.*

▼. *toulimbai kouroun.* Le royaume du milieu ou la Chine. (*Tchoung kouo* en chinois.) 中國

▼. *touin.* Cela se dit des chevaux qui agitent la tête de côté et d'autre lorsqu'on leur tire trop la bride. Froideur ou indifférence que l'on a pour ses parents, etc. Indifférence, froideur à l'égard de ses parents.

▼. *toulimbaingue.* Du milieu.

touiemboumbi. Être pris à l'improviste. Être surpris par l'ennemi lorsqu'on s'y attend le moins.

touhembi. Perfectionner une chose, l'achever.

touhemboumbi. Abdiquer une charge pour ne plus vaquer qu'à l'entretien de son pere, etc. Ordonner de finir, de perfectionner une chose, une affaire, etc.

touhemboume outchimbi. Entretenir ses pere et mere dans leurs vieux jours, jusqu'à leur mort.

tourahoun. Fixement. Les yeux fixés sur quelque chose. (*yasa tourahoun.*)

tourangui. Ivrogne. Ivre. Qui a perdu la raison.

touranguilambi. S'enivrer. Boire jusqu'à l'ivresse.

touri. Berceau où l'on met dormir les petits enfants.

touri de tedouboumbi. Mettre un enfant dans le berceau pour le faire dormir.

tourimbi. Bercer un enfant pour l'endormir. Enlever quelque chose de force.

touriboumbi. Être enlevé de force. Ordonner de voler de force, d'enlever. Faire mettre dans le berceau.

touroun. Moule dans lequel on met l'étain,

l'argent, etc., fondus. Figure. Forme. Modele. Équerre. Regle.

⵿⵿⵿ ⵿⵿⵿, *touroun touakou.* Regard attentif. Regard avide. Suivant le modele, la forme, etc. Empreinte.

⵿⵿⵿ ⵿⵿⵿, *touroun chendame.* Imiter. Faire suivant le modele.

⵿⵿⵿ ⵿ ⵿⵿⵿, *touroun ni efen.* Pâtisserie sur laquelle il y a des empreintes.

⵿⵿⵿, *toufe.* Quelque chose que se soit qui est enveloppé et de difficile accès. Débauche de vin et de luxure. Excès. Débauche. Intempérance. Luxure.

⵿⵿⵿ ⵿⵿⵿, *touroun kemoun.* Compas. (*Kouei ku* en chinois.)

⵿⵿⵿, *toufetembi.* Faire les choses de travers. Faire des excès. Excéder. Faire des débauches en vin, en femmes, etc.

⵿⵿⵿, *tourouhapi.* Il est affoibli par les années.

⵿⵿⵿, *touali.* Ensemble. Avec. De la compagnie. Une même espece. On dit alors ⵿⵿ ⵿⵿⵿, *emou touali,* choses de même espece. Espece.

⵿⵿⵿, *toualinga.* De même espece.

⵿⵿⵿ ⵿⵿⵿, *touali atchaboumbi.* D'une seule chose en faire deux semblables. D'une branche d'arbre en faire deux.

⵿⵿⵿, *touara.* Nom d'une espece de poisson qui

ressemble à celui qu'on appelle en chinois *hoai tsée yn*. Les plus gros ne passent pas deux pieds de long.

toui sere herguen.

Quatre. (*See* en chinois.)

touitchi. Le quatrieme.

touitchi tchalan ni omolo. Descendant à la quatrieme génération.

touite. Chaque quatrieme.

touingueri. La quatrieme fois.

touiboulen. Exemple. Comparaison.

touiboumbi. Comparer une chose avec une autre. Faire comparaison, etc.

touibouleboumbi. Ordonner de comparer.

touin tere. Les quatre faces. Les quatre côtés.

touin hocho. Les quatre coins du monde; savoir, le sud-est, le sud-ouest, le nord-est, et le nord-ouest.

touin pia. La quatrieme lune. Quatre lunes. (*See yue* en chin.)

touin ergui. Des quatre côtés. Les quatre côtés.

touin itchi. Les quatre côtés. (*See hia, see hiang* en chinois.)

touilembi. Examiner le bon et le mauvais d'une affaire. Plaider.

touin erin. Les quatre saisons. On dit aussi *touin forhoun*.

touin tourbetchen ni Mongou po. Tente à quatre côtés, à l'usage des Mongoux.

touileboumbi. Ordonner de juger, d'examiner le bon et le mauvais d'une affaire, etc.

touin forhoun. Les quatre saisons de l'année. (*See ki, see che* en chinois.)

tour sere herguen.

tour seme. Bruit confus de plusieurs personnes qui parlent à la fois. Bruit confus. Avec confusion. Bruit de plusieurs personnes qui rient à la fois. Bruit de plusieurs tambours qu'on bat à la fois.

tour seme intchembi. Lorsque tout le monde rit à la fois.

tour tar seme. Avec bruit et fracas; comme lorsqu'on heurte contre quelque chose.

tourha. Fléau, ou espece de fléau avec lequel on bat les grains. C'est un instrument composé de quatre bâtons attachés ensemble.

tourbe. Nom qu'on donne aux chiens qui ont une tache blanche ou jaune au-dessus de chaque œil. C'est, comme on diroit, quatre yeux.

tourbetchen. Angle. Côté pointu.

tourbetchengue. Qui est en angle, comme le bout de l'arc, par exemple.

TOUR 325

〜. *toursouki.* Conduite égale. Contenance semblable, etc.

〜. *toursoun.* Figure naturelle. Modele. Exemple.

〜. *toursoukilembi.* Suivre un modele. Suivre l'exemple. Imiter. On dit aussi 〜. *toursoulembi.*

〜. *toursouki akou.* Il n'a point de contenance. Il n'a pas la contenance d'un homme.

〜. *toursoukileboumbi.* Ordonner d'imiter, de suivre l'exemple, etc. On dit de même 〜. *toursouleboumbi.*

〜. *tourtoun.* Étoffe crêpée. (*Tcheou tseou.*)

〜. *tourtoun cha.* Cha crêpé. (*Tseou cha* en chinois.)

〜. *tourguembi.* Trembloter. Trembler. Lorsque la voix tremble. Lorsque le corps tremble, etc.

〜. *tourgueboumbi.* Faire trembler quelque chose. Être agité de maniere à trembler.

〜. *tourgueme aktchambi.* Le tonnerre fait tout trembler. Il tonne de maniere à faire trembler.

〜. *tourguetchembi.* Être dans l'inquiétude et l'agitation. Lorsqu'on est malade et qu'on ne se trouve bien nulle part.

〜. *tourguia*, (*ming hing, king hing* en chin.)

Vénus, ou autrement l'étoile brillante, l'étoile d'or. On la nomme encore ⸻ ⸻. *tourguia ouscheha*. Elle se leve le matin avant le jour. Étoile du matin.

⸻. *tourguimbi*. Siffler. Chanter. Crier. Ce mot est consacré pour exprimer le chant, le sifflement et le cri des oiseaux.

⸻ ⸻. *tourguire toutou*. Cela se dit de ceux qui, étant sourds, répondent de travers et agissent de même.

⸻ ⸻ ⸻. *toun sere herguen*.

⸻. *toundan*. La mangeaille des cochons. (*Tchou che* en chinois.)

⸻. *tountambi*. Donner à manger aux cochons.

⸻. *toundaboumbi*. Ordonner de donner à manger aux cochons.

⸻ ⸻ ⸻. *toung sere herguen*.

⸻. *toung*, (*toung* en chinois.) Antre. Caverne dans les montagnes. Lieu creusé en terre, où se retirent certains hommes sauvages.

⸻. *tounken*. Melon d'eau. (*Si koa* en chin.)

⸻. *toungki*. A demi assoupi ; comme quelqu'un qui s'endort en étudiant. Qui n'est pas prompt à entendre les choses, qui ne les apprend que confusément.

⸻ ⸻. *toungken ouse*. Grains de melon d'eau. (*Koa tsée* en chinois.)

touk sere herguen.

touksekepi. Cela se dit des couleurs rouges qui sont plus foncées que les autres, et des hommes qui rougissent de honte. On dit aussi *touksambi*,

toukche. Nom d'une espece de fruit qui ressemble au raisin sauvage ; son goût est entre le doux et le piquant.

touktouhoun. Gonflé. Cela se dit de la pâte qui se gonfle lorsqu'on la fait cuire.

touktouhoun oho. Le bled, les grains qui sont en terre, et qui commencent à se gonfler, font soulever un peu la terre. Enflé. Gonflé.

touktouhoun poihoun. Terre raboteuse, pleine de hauts et de bas, avec des élévations et des cavités. Élévation de terre.

touktchimbi. Lorsque le commun parle à haute voix. On dit aussi *touktchime tourguembi*.

touktourembi. Lorsque les grains qui sont dans la terre commencent à pourrir, et qu'ils font fendre la terre. Avancer ; comme le mamelon d'une femme, par exemple.

tous sere herguen.

toushoun. Quelque chose que ce soit qui est obscur, qui n'est pas clair ni brillant. Borgne. Qui a un œil plus petit que l'autre. Qui a les yeux troubles. Qui a l'esprit obscur, confus, etc.

toushouboumbi. Ordonner de jeter quelque chose par terre, de graver des fleurs sur quelque chose.

toushoutembi. Se séparer de son adversaire; se séparer de lui, voyant qu'on ne le sauroit vaincre.

toushoumbi. Lorsqu'on est en colere et aux prises avec quelqu'un qu'on ne sauroit terrasser, se débarrasser de lui et le laisser aller tranquillement, ou s'en aller soi-même. Lorsqu'on s'exerce à la lutte, jeter quelque chose par terre, l'abandonner. Après avoir lancé la fleche, jeter la main droite en arriere. On dit alors *amache toushoume.* Graver des fleurs, etc., sur l'or ou l'argent.

tout sere herguen.

touthe. Nom d'une espece de poisson qui ressemble au poisson blanc; ses écailles ressemblent à celles du poisson appellé en chinois *pé souo:* sur ses écailles il y a des taches noires et blanches. Piece de bois qui est en long à côté d'une porte. Quand on veut désigner le bois transversal, ou le linteau qui est au-dessus de la porte, on dit *sitehoun.*

toul sere herguen.

toulha. A demi rempli. Cela se dit d'un vase, d'un instrument, etc. Une partie. La moitié. On dit aussi *toulin.*

. *toulhakan*. Une petite partie.

. *toulba*. Homme qui n'est point attentif, un sans-souci, un étourdi. Homme neuf. Tout ce qui n'est pas dans la grandeur qu'il doit acquérir. Homme qui ne sait rien de rien, qui est neuf sur tout.

. *toulbakan*. Qui est neuf sur tout, qui ne sait rien de rien. Empaqueté. Hébété, etc.

LA

, *sere herguen.*

, *lakatchan nijeha.* Nom d'une espece de poisson dont le corps est noir, la tête grosse, et qui a des écailles.

, *lahari.* Nom d'une espece d'arbre qui ressemble à celui qu'on appelle *tsouo mou*, lequel est fort beau, mais couvert d'épines. Il est petit de sa nature.

, *laha.* Terre préparée avec des herbes dont on fait des murailles de terre : on met les herbes dans la boue ou dans la terre, afin de lui donner quelque consistance. Nom d'une espece de poisson qui a la tête plate, la bouche grande, la queue mince et fine, et qui n'a point d'écailles : les gros ont une palme. C'est un mauvais poisson.

, *lahou.* Qui ne sait ni chasser, ni pêcher, ni lancer une fleche, etc.

, *lapa.* Espece de trompette. (*La pa* en chin.)

, *lahouta.* Nom d'un oiseau qui est dans le genre de l'épervier ; il y en a de blancs et de bleus. Ils n'ont aucune adresse, et ne sont bons à rien. La racine de leur queue est blanche.

, *lasari mo.* Nom d'une espece d'arbre qui a les branches inclinées. (*Kieou mou* en chinois.)

, *lapari.* Nom qu'on donne à de petites tasses

de bois dont l'ouverture est rentrante. Nom de la coëffure qu'on met sur la tête de *Fo*.

𑀫𑀻𑀡, *lapi*. Langes qu'on met sous les petits enfants pour recevoir leurs ordures. Espece de défense faite avec des paravents de coton, qu'on met sur les barques et sur les chariots pour se garantir des traits de l'ennemi.

𑀫𑀻𑀡, *lasari*. Nom qu'on donne aux arbres qui ont les branches recourbées, etc.

𑀫𑀻𑀡, *lasarinahapi*. Cet arbre est bien coëffé; ses branches recourbées descendent à terre, etc.

𑀫𑀻𑀡, *lasan*. Jetez de nouveau l'osselet. Terme usité au jeu de l'osselet, pour dire qu'il faut, après avoir perdu, jeter de nouveau l'osselet.

𑀫𑀻𑀡 𑀫𑀻𑀡, *lasihime arambi*. Écrire les lettres courantes.

𑀫𑀻𑀡, *lasihimbi*. S'agiter de côté et d'autre lorsqu'on lutte. Écrire couramment, etc. Mettre un arbre en signe de quelque chose.

𑀫𑀻𑀡, *lagehitambi*. Prendre quelqu'un et l'agiter pour le faire aller de compagnie, pour l'emmener.

𑀫𑀻𑀡, *lagehitaboumbi*. Être agité. Être tracassé jusqu'à l'importunité par quelqu'un.

𑀫𑀻𑀡, *lagehikou*. Espece de jouet d'enfants. C'est un bâton dans lequel est enfilée une espece de boîte qu'on agite en remuant le bâton qui lui sert de manche.

〰〰〰〰 〰〰〰〰. *lagehikou tounken*. Espèce de petit tambour qui sert de jouet aux enfants.

〰〰. *lata*. Tard. Trop tard. Cheval foible, presque inutile. Manger lentement. Cheval qui marche, qui trotte, qui galope lentement.

〰〰 〰〰. *lata tchata*. Homme sans talents. Homme inutile. Qui est distrait par quantité d'affaires différentes. On dit aussi 〰〰. *tchata*.

〰〰 〰〰. *lata moïo*. Tardif. Lentement. Foible, inutile; termes d'humilité dont on se sert pour dire de soi-même qu'on est inutile et d'aucun usage.

〰〰 〰〰 〰〰 〰〰, *lata moïo ertemou akou*. Qui n'a aucun talent. Qui est inutile. Qui n'est d'aucun usage.

〰〰〰. *latakan*. Un peu lent. Un peu doucement, etc.

〰〰〰. *latoumbi*. Attacher quelque chose contre un mur, par exemple. Coller quelque chose. Arrêter quelque chose. Recoller une piece de bois qui seroit tombée. Tacher un habit, par exemple. Commettre le péché de la chair.

〰〰〰. *latountchimbi*. Venir attaquer, aller provoquer quelqu'un. Aller commettre le péché de la chair, etc.

〰〰〰. *latounambi*. Aller attaquer quelqu'un. Aller commettre le péché de la chair. Aller provoquer ou insulter quelqu'un.

〰〰〰. *latouboumbi*. Ordonner d'attacher, de

coller quelque chose, de raccommoder, de mettre du plâtre ou de la terre à une muraille. Avoir commis le péché de la chair.

ᴧ. *latoukou soki.* Nom d'une plante sauvage dont les feuilles sont épaisses, velues, et qui a des fleurs jaunes : on les fait bouillir et on les mange. On l'appelle encore ᴧ, *hourha soki.*

ᴧ. *latounga.* Qui se mêle de ce qui ne le concerne en aucune maniere. Curieux, qui se mêle sans raison des affaires des autres.

ᴧ. *latourame.* Prendre dans un tas de choses à tort et à travers. Remuer sens dessus dessous. On dit aussi ᴧ. *latourambi,* lorsque le commun prend à tort et à travers, remue à tort et à travers plusieurs choses.

ᴧ. *lafou soki.* Nom d'une espece de légume appellé *pe tsai* en chinois. C'est une espece de chou. (ᴧ. *paise.*)

ᴧ. *latihi.* Lambeaux d'une natte qui est déchirée et en pieces.

ᴧ. *latou.* Carquois dont on se sert pour mettre les fleches. Il est fait de peau de cochon ou d'autre animal, et il se ferme pour que les fleches soient à l'abri de l'air lorsqu'on ne doit pas s'en servir.

ᴧ. *lala.* La fin du jeu de l'osselet. La fin de quelque chose que ce soit. Petits grains cuits et réduits comme en pâte. Riz cuit à l'eau et sec. La queue d'une chose. Les premiers germes d'un arbre.

〜〜. *lala pouda.* Riz sec, ou, pour mieux dire, riz cuit au bain-marie. (*Tcheng fan* en chin.)

〜〜. *lalaha.* Qui est délicat et foible.

〜〜. *lalahoun.* Un peu délicat et foible.

〜〜. *lalantchi.* Très. Très fort. Très foible. Très uni. Très délicat. Très fatigué. Très menu. Très maigre. Très cuit; comme une viande très cuite. Trop, *nimium*, etc.

〜〜. *lalantchi oho.* Quelque chose que ce soit qui est très foible, très fatigué, qui n'a plus de force. Quelque chose que ce soit qui est réduit en poudre, en pâte.

〜〜. *lalantchi hentouhe.* Répéter toujours les mêmes choses sans savoir ce qu'on dit. Parler *ab hoc et ab hac*.

〜〜. *la ly seme.* Confusion de plusieurs voix qui se font entendre à la fois. Bruit confus d'une multitude. Sans délai. Sans différer.

〜〜. *la ly seme akou.* Sans promptitude. Sans diligence. Négligemment.

〜〜. *laliha.* Être affoibli par la faim et faute de sommeil.

〜〜. *lama.* Moines idolâtres de la secte de *Fo*. (*La ma seng* en chinois.)

〜〜. *lamoun.* Bleu. Couleur bleue. (*Lan* en chinois.)

〜〜. *lama niehe.* Nom d'une espece d'oie

au plumage jaune. On l'appelle aussi 〬〬〬. *anguir niehe.*

〬〬〬, *lamoukan.* Tirant sur le bleu. (*Lio lan* en chinois.)

〬〬〬. *lamoun foungala.* Plume de corbeau que portent ceux qui suivent l'empereur.

〬〬〬. *lamoun foungala be poro te hatambi.* Porter sur son bonnet d'été la plume bleue.

〬〬〬. *laïaboumbi.* Ramollir. Affoiblir.

〬〬〬. *laïambi.* Cela se dit des grains qui commencent à pousser et se dessechent. S'affoiblir. Quelque chose que ce soit qui, étant dans l'eau qu'on fait bouillir, se ramollit, devient mou.

〬〬〬. *latchoukan.* Qui est grasset. Qui est un peu embarrassé de sa graisse.

〬〬〬. *laïakapi.* Cela se dit des fleurs, des feuilles, des arbres qui sechent et se penchent. On dit de même 〬〬〬. *laïahapi.* (Fané. Flétri.)

〬〬〬. *lakiambi.* Pendre ou suspendre quelque chose.

〬〬〬. *latchou.* Cela se dit de ceux qui sont si gras qu'à peine ils peuvent agir. Très gras. Qui creve de graisse. Charge exorbitante qui excede la bête qui la porte.

〬〬〬. *lakia.* Ordonner de suspendre quelque chose. (Suspends : impératif de 〬〬〬. *lakiambi.*)

ᢦᡳᡥᡳᠪᠣᠮᠪᡳ, *lagehiboumbi.* Être rejeté. Ordonner de jeter, de rejeter. Lorsqu'il tombe de la neige, et que le vent la disperse de côté et d'autre. Ordonner d'écrire, de faire une lettre, un livre, et cela promptement.

ᠯᠠᡥᡳᠨ, *lahin.* Choses ennuyeuses et rebutantes, *Salmigondi* de plusieurs sortes de choses.

ᠯᠠᡴᡳᠶᠠᠪᠣᠮᠪᡳ. *lakiaboumbi.* Quelque chose pour lequel on est vexé. Vexer quelqu'un. Être vexé. Ordonner de suspendre quelque chose. Un homme pauvre et réduit à la derniere extrémité.

ᠯᠠᡥᡳᠨ ᡨᠠᡥᠠ. *lahin taha.* Il a été entraîné dans cette affaire, dans cet embarras, etc.

ᠯᠠᡴᡳᠶᠠᡴᡡ ᡥᠠᡨᠴᡠᡥᠠᠨ. *lakiakou hatchouhan.* Espece de trépied de fer sur lequel on met le pot pour cuire le riz. Espece de trépied de bois sur lequel on met le plat, etc.

ᠯᠠᡴᡠ. *lakou.* Culotte fourrée de coton fort épaisse. On l'appelle aussi ᡥᠠᠯᡠᡴᡠ. *haloukou.*

ᠯᠠᡤᡠ. *lagou.* Nom d'une espece d'insecte qui ressemble à celui qu'on appelle ᡥᠠᠴᡝᠮᠠ, *hachema,* mais il est plus petit. Cet insecte chante en été : on le met pour servir d'appât quand on veut prendre des moineaux, etc. Il a des ailes. (*La kou* en chin.)

ᠯᠠᡤᡠ ᠶᠣ. *lagou yo.* Ulcere ou bouton qui vient sur la tête : il est plus gros que celui qu'on appelle en chinois *yng teou kié tsee.*

ᠯᠠᡶᡳᠶᡝᠨ. *lafihien.* Qui est très foible, qui n'a presque point de force et qui n'est propre à rien. Homme grasset.

〰︎. *lai sere herguen.*

〰︎. *laihou.* Enfant gâté, qui est très méchant, très polisson. Homme querelleur, brouillon, mutin. On dit aussi 〰︎. *laihoua*, et 〰︎ 〰︎. *fangnara manga nialma.*

〰︎. *laihoua.* Ce mot a le même sens que le précédent.

〰︎. *laitakou.* Nom d'une espece d'oiseau dont la tête, la queue et les ailes sont noires. La poitrine est blanche. Il se plaît dans les lieux humides. Enfant très polisson, mutin, etc.

〰︎. *laitambi.* Frustrer quelqu'un de ce qu'il auroit droit d'attendre. En imposer. Enfant qui pleure par dépit et comme pour faire de la peine. Frustrer quelqu'un d'une chose qui lui est due. Mettre sur le corps d'un autre une mauvaise action, etc., qu'on a faite soi-même.

〰︎. *laitaboumbi.* Être trompé. Être chargé d'une faute qu'on n'a pas faite. Ordonner de frustrer quelqu'un, d'en imposer à quelqu'un, etc.

〰︎. *laifa.* Espece de grain sauvage dont la plante est rampante; mais elle s'attache et monte, et elle a des gousses qui sont plus petites que celles des haricots; elles sont fort plates : on en donne aux chevaux. Petite espece de haricot.

〰︎. *laifarakapi.* Lorsqu'on est assoupi

et qu'on a peine à se tenir. Cela se dit aussi des arbres, plantes, fleurs, etc., qui baissent et sont prêts à sécher ou à tomber.

lar sere herguen.

lar seme. Qui parle sans discontinuer. Qui est fort épais; comme une bouillie épaisse, etc. On dit alors *lar seme talhoun.*

lar seme talhoun. Colle fort épaisse.

lar lir seme. Qui est touffu, épais, etc. Colle épaisse.

larpahoun. Qui s'endort de lassitude. Grande envie de dormir quand on est foible. Foiblesse. (*larpahoun tedouhe.*)

larguin. Qui est embarrassé ou plein d'embarras de toutes sortes de choses. Tracas de toutes sortes de choses. Embarras.

larguikan. Qui est un peu embarrassé, un peu dans le tracas, etc.

lan sere herguen.

lan. Nom d'une espece d'herbe qui sert pour teindre en bleu : on la fait bouillir jusqu'à ce que l'eau ait pris la couleur bleue. On trempe dans cette eau ce qu'on veut teindre, et on a un fort beau bleu.

lan kaimbi. Cesser de parler. On dit aussi *ten kaime kisourembi.*

lang sere herguen.

LANG

ᴧᴧᴧ ᴧᴧᴧ ᴧᴧᴧ. *lang langseme.* Nonchalamment; comme un homme qui mâche très doucement et semble n'avoir pas grand'faim.

ᴧᴧᴧ. *lankan.* Jonc qui a une espece d'épi, etc.

ᴧᴧᴧ. *langambi.* Faire nonchalamment quelque chose lorsqu'on est allé dans un autre lieu, et qu'on y est si fort accablé par la misere, etc., qu'on ne sauroit plus retourner sur ses pas. Être retenu dans un endroit sans pouvoir en sortir.

ᴧᴧᴧ. *langaboumbi.* Ordonner de retenir quelqu'un de façon qu'il ne puisse pas sortir, par exemple. Être retenu, etc.

ᴧᴧᴧ. *langsé.* Malpropre, sale. Paroles impures. Mauvais discours; habillements, nourritures, etc., qui ne sont pas bons, qui sont mauvais.

ᴧᴧᴧ. *langtou.* Marteau de forgeron.

ᴧᴧᴧ. *langsetambi.* Parler mal et méchamment. Dire des paroles sales. Faire des saletés. Faire malproprement.

ᴧᴧᴧ. *langtanahapi.* Le chef. Qui a la tête grosse.

ᴧᴧᴧ ᴧᴧᴧ. *langse mo.* Les deux côtés du fond d'une charrette, d'une chaise, etc.; ils servent à soutenir les planches de la charrette, etc.: les planches qui forment le fond s'appellent ᴧᴧᴧ. *sitehoun.*

ᴧᴧᴧ. *langtounga.* Homme à grosse tête. Quelque chose que ce soit qui a la tête ou les extrémités grosses.

langly. Nom d'un insecte qui se tient dans les ordures. Escarbot.

lak sere herguen.

lak seme. Sur-le-champ. A temps. A propos. Tout à propos.

lak sé. Ordonner de faire vîte, promptement, d'user de diligence. (Vîte, dépêche-toi, fais promptement.)

laktahoun. Recourbé. Cela se dit des épis qui, étant mûrs, commencent à baisser, ou à se recourber. Quelque chose que ce soit qui est suspendu, qui pend.

laktahoun oho. Il est suspendu du haut en bas.

laktahoun touheke. Quelque chose que ce soit qui penche, qui baisse la tête, qui est suspendu.

laktchan. Brisé. Rompu. Cassé, etc.

laktchahapi. Il est brisé, rompu, etc.

laktahouri. Quelque chose que ce soit qui baisse, qui pend; comme les raisins, etc. Lorsque plusieurs personnes ont lié quelqu'un et qu'elles l'emmenent. Alors on dit *laktahouri fagehapi.*

laktari nambouha. Quelque chose que ce soit qu'on a en main fort à propos, qu'on prend ou qu'on a pris à temps, à propos. On dit alors *laktari tchafaha*, ou bien *laktari tchafabouha.*

〰️. *laktari*. Cela se dit des animaux, comme oiseaux, poissons, bêtes fauves, qui sont pris dans les filets ou autres instruments, sans pouvoir se débarrasser. Alors on dit 〰️ 〰️, *laktari taha*.

〰️. *laktchaboumbi*. Ordonner de rompre quelque chose.

〰️ 〰️. *laktcha nimaha*. Nom d'un poisson de mer dont la tête ressemble à celle du *hai tsée yu* des chinois; il n'a point d'écailles : il a le ventre gros comme une porcelaine : il est long de trois palmes et quelque chose : il a dans le ventre une liqueur jaune. Ce poisson est fort et courageux.

〰️. *laktchambi*. Rompre, briser une corde, un cordon, etc., qui surpasse les autres. Lorsqu'on a achevé de se servir d'une chose ou de l'employer, et qu'il n'en reste plus.

〰️ 〰️. *laktchan akou*. Qui ne manque point. Qui est entier. Qu'on n'a pas brisé. Qui n'est pas rompu.

〰️ 〰️ 〰️. *las sere herguen*.

〰️ 〰️. *lasha lasha*. Par parties.

〰️. *lashatchame*. Rompre, briser. Qui se brise de soi-même.

〰️. *lashala*. Ordonner de cesser, de couper court, de finir. (Finis : impératif du verbe suivant.)

〰️. *lashalambi*. Briser, rompre. Briser quelque chose que ce soit. Rompre en plusieurs morceaux. Finir. Mettre fin à une affaire. Couper le cours d'une affaire.

lashalaka. Il a interrompu le fil de ce cours, par exemple. Il a interrompu ses études.

lashalaboumbi. Ordonner de mettre fin, de couper, de briser, de rompre.

lashalame itchihiambi. Faire quelque chose que ce soit par interruption, par parties.

lap sere herguen.

lapsa. Vouloir trop une chose. Être tout à une chose. S'épuiser à une chose.

lapsa oho. Être tout à une chose. S'épuiser à faire une chose. A force de penser toujours à une même chose, ne savoir plus où l'on en est. On dit aussi simplement *lapsa.*

lapsa ekiehe. Il a diminué un peu de ce qu'il avoit fait de trop.

lapsambi. Il pleut à verse. Il tombe de la neige à gros flocons.

laptou. Beaucoup. En quantité.

lap seme. Comme un goulu. Qui ne sauroit manger doucement. Qui mange gloutonnement, avidement, sans s'arrêter ni voir ce qu'il mange.

lapchembi. Parler *ab hoc et ab hac* de tout sans discontinuer. Manger goulument et avec mauvaise grace. Être couvert d'ulceres et de plaies.

lapchehapi. Habit, etc., couvert de taches d'huile, etc. Corps couvert d'ulceres.

lapcheme tchembi. Cela se dit des chiens qui mangent goulument ce qu'on leur donne.

lapta lapta. Habits en lambeaux, déchirés de tous côtés. Alors on dit *lapta lapta hoatchaha.*

lapsan. Gros flocons de neige.

laptahoun. Levres pendantes. Ce mot se dit aussi des animaux qui ont les levres et les oreilles pendantes. Il se dit encore des arbres dont les branches et les feuilles sont pendantes.

laptoukan. Un peu trop.

laptoulambi. Excéder. Faire plus qu'il ne faut.

laptoungue. Trop.

lam sere herguen.

lampa. Chaos. On se sert de ce terme pour exprimer le premier temps de l'existence du monde. On dit aussi *houlhi lampa.* En désordre. Pêle-mêle.

le sere herguen.

lebengui. Chemin glissant parcequ'il est humide. On dit aussi *niári.* Glissant. Boue. Boueux. Humide. On dit encore *lebengui pa.*

lesoumbi. Cela se dit des oiseaux qui rasent la terre en volant, qui volent à peine; et des chevaux, mules, chameaux, etc.; qui marchent vîte.

𑀀𑀀𑀀 𑀀𑀀𑀀. *lesoume chotome.* Cela se dit des chevaux qui vont tout d'une traite sans s'arrêter, qui marchent sans discontinuer toujours du même pas.

𑀀𑀀𑀀. *letehoun.* Homme qui a le visage gros, le corps gros. Quelque chose que ce soit dont le haut est gros et le bas mince ou petit.

𑀀𑀀𑀀 𑀀𑀀𑀀. *lete lata.* Charge surabondante, pesante, etc. Cela se dit des traîneurs, ou de ceux qui, ne pouvant pas suivre les autres, les engagent à aller plus doucement.

𑀀𑀀𑀀 𑀀𑀀𑀀. *leter seme.* Fleche qui va doucement, qui ne va pas rapidement. Oiseaux qui volent doucement. Alors on dit 𑀀𑀀𑀀 𑀀𑀀𑀀 𑀀𑀀𑀀. *leter seme teïembi.*

𑀀𑀀 𑀀𑀀 𑀀𑀀𑀀. *le la seme.* Lorsque le commun va et vient. Affluer.

𑀀𑀀𑀀. *lely.* La partie de la cuirasse qui couvre les aisselles. Terrain large.

𑀀𑀀𑀀. *leke.* Ordonner d'aiguiser un couteau, etc. Pierre à aiguiser. Espece de biscuits faits avec du miel et de la farine, qui ressemblent à une pierre à aiguiser. (Aiguise : impératif du verbe suivant.)

𑀀𑀀𑀀. *lekembi.* Aiguiser un couteau, lui donner le fil.

𑀀𑀀𑀀. *lekeboumki.* Ordonner d'aiguiser.

𑀀𑀀𑀀. *leheboumbi.* Ordonner de reconnoître sa faute, de se repentir. Ordonner d'accuser de nouveau.

𑀮𑁂𑀓𑁂𑀭𑀳𑀺. *lekerhi.* Nom d'une espece d'animal dont la peau ressemble à l'étoffe dont les gens d'honneur font couvrir la selle de leurs chevaux. Les poils de cette peau sont noirs et blancs.

lefou. Ours. Nom générique des ours. Cet animal a le poil tirant sur le noir; le haut de la tête large, et le bas étroit. Ses pattes ressemblent aux mains de l'homme.

lehembi. Accuser de nouveau. Revenir à la charge. Se repentir. Faire malgré soi. Desirer plus que l'on n'a. Chercher à avoir davantage. N'être pas content de ce qu'on a. Après le jugement d'une affaire, insister de nouveau, accuser encore, faire des répliques.

lehele. Enfant bâtard. L'enfant d'une femme adultere se nomme *lehele kiu* un bâtard de fille, *touksaka.*

lehentoumbi. Lorsque le commun insiste, accuse de nouveau, etc. On dit encore *lehenoumbi,*

lekitembi. Faire des évolutions, des danses. Faire des évolutions avec quelque instrument que ce soit qu'on tient à la main, comme des drapeaux, etc. Lorsqu'on lutte, s'agiter en se prenant avec les mains. On dit aussi *lephitembi.* C'est proprement pousser les mains et les pieds en haut.

lefou chan. Nom d'une espece de plante.

qui n'a point de tronc; elle vient à fleur de terre : ses feuilles ressemblent à la langue d'un chien; en dehors elles sont blanches, et vertes en dedans : on en fait de l'amadou.

〰〰〰. *ler sere herguen.*

〰〰. *ler seme.* Sans sollicitude. Tranquillement. Qui a une bonne apparence. Qui est tranquille, sans tumulte. Cela se dit aussi des arbres, plantes, etc., qui viennent drus et bien. Discourir en se promenant.

〰〰〰. *ler seme ahambi.* Il tombe une pluie douce.

〰〰〰. *ler seme pantchihapi.* Cela se dit des arbres, plantes, etc., qui viennent drus et bien.

〰〰〰. *ler lar seme.* Qui vole ou marche tranquillement. Qui est est légèrement agité par le vent. Gaiement. Cela se dit aussi d'un nombre de personnes qui marchent gravement.

〰〰〰. *ler piar seme.* Cela se dit lorsque le commun marche lentement et avec gravité.

〰〰. *lerguin.* Qui a une grande capacité. Qui a de l'étoffe, comme on dit, etc. On dit aussi 〰〰 〰〰, *lerguin kiangkien*, pour exprimer un homme qui a de grandes ressources.

〰〰〰. *len sere herguen.*

〰. *len.* Quelque chose que ce soit qui est grand, gros, etc. On dit aussi 〰, *amba.*

leng sere herguen.

lengseki. Quelque chose que ce soit qui n'est point fait délicatement, qui est fait grossièrement. Grossièrement. Homme gros et gras, qui est lourd et pesant.

lengseki akou. Quelque chose que ce soit qui n'a rien de grossier, qui est fait délicatement. Homme délié, qui n'est ni pesant ni gras, etc.

lengtenehepi. Cet homme est devenu grossier, lourd, pesant, etc. On dit aussi *lengseki.*

lenken. Un peu grand. Un peu gros. On dit de même *ambakan.*

lengle lankan seme. Qui porte ses habits fort mal. Qui met ses habits de mauvaise grace. Habits mal mis, hauts d'un côté, bas de l'autre, etc.

lek sere herguen.

lekte lakta. Cela se dit des courges, des fruits, etc., qui pendent de leurs tiges. Cela se dit aussi de ceux qui marchent derriere les autres et qui les talonnent, qui marchent de guingois et sans gravité. Cela se dit également des feuilles agitées qui vont tantôt d'un côté et tantôt d'un autre, ou bien même des habits qui, étant déchirés, s'en vont en lambeaux.

leksei. Lorsque le commun se remue. On dit aussi *keren sasa achchambi.*

〰〰〰 〰〰〰, *lektehoun talibouha*. Quelque chose que ce soit qui, étant placé en haut, couvre ce qui est dessous; comme une treille, une tente, etc.

〰〰〰. *lektehoun*. Tente, couverture, treille, ou telle autre chose qui, placée en haut, couvre ce qui est en bas. On dit alors 〰〰〰 〰〰〰. *lektehoun talibouha*.

〰〰〰. *lektereke*. On dit ce mot de ceux qui ont aux yeux une liqueur blanche qui les empêche de voir clairement; comme nous dirions à-peu-près : Il a la berlue. On dit aussi 〰〰〰. *lekterekepi*. On dit encore ce mot pour exprimer que les cheveux sont en désordre et les habits de même.

〰〰〰. *lektchehoun*. Quelque chose que ce soit qui va de haut en bas, et qui bouche la lumiere et le jour. On dit alors 〰〰〰 〰〰〰. *lektchehoun talibouha*.

〰〰 〰〰 〰〰. *lep sere herguen*.

〰〰 〰〰. *lep seme*. Façon de parler, comme : Sans le vouloir, je l'ai emmené tout de suite, on dit 〰〰 〰〰 〰〰. *lep seme tchafaha*; sans m'y attendre; je l'ai enveloppé, 〰〰 〰〰 〰〰. *lep seme tebeliehe*.

〰〰〰. *leptehoun*. Lourdaud, qui n'a aucun talent, qui ne sait rien faire. Qui est sans force de corps. On dit alors 〰〰〰 〰〰. *leptehoun oho*. Hébété.

〰〰〰. *lepterekepi*. Il est devenu imbécille.

Il n'a aucun talent. Il est bien fatigué.

ⵍⴻⵃⵟⴼⵏ. *lephitembi*. S'agiter les mains et les pieds de différentes manieres lorsqu'on lutte. On dit aussi ⵍⴻⵃⵟⴼⵏ *lekitembi*. C'est proprement, pousser les mains ou les pieds en haut.

ⵍⴻⵓ ⵙⴻⵔⴻ ⵀⴻⵔⴳⵓⴻⵏ. *leou sere herguen*.

ⵍⴻⵓⵍ. *leoule*. Ordonner à quelqu'un de discourir, de converser sur quelque chose, de dialoguer. (Impératif du verbe suivant.)

ⵍⴻⵓⵍⴻⵏⴱⵉ. *leoulembi*. Discourir, s'entretenir, parler de quelque chose, etc.

ⵍⴻⵓⵍⴻⴱⵓⵏⴱⵉ. *leoulebeumbi*. Ordonner de s'entretenir, de discourir, etc.

ⵍⴻⵓⵍⴻⵏ. *leoulen*. Dialogue, discours. Ce mot est un substantif.

ⵍⴻⵓⵍⴻⵏⴷⵓⵏⴱⵉ. *leoulendoumbi*. Discourir ensemble, dialoguer, etc. On dit de même ⵍⴻⵓⵍⴻⵏⵓⵏⴱⵉ. *leoulenoumbi*.

ⵍⴻⵓⵏⴱⵉ. *leoumbi*. Faire l'exercice des armes quoiqu'on soit à cheval. Faire des tours de passe-passe quoiqu'on soit sur un cheval. Faire des évolutions militaires sur un cheval pour provoquer et défier l'ennemi.

ⵍⴻⵓⵙ. *leouse*. Petits bâtiments qui sont sur les remparts. Étage. Entresol. On dit aussi ⵟⴰⴽⵟⵓ. *taktou*.

ⵍⴻⵎ ⵙⴻⵔⴻ ⵀⴻⵔⴳⵓⴻⵏ. *lem sere herguen*.

ⵍⴻⵎⵃⵉ. *lempi*. Qui a les cheveux blancs quoique jeune encore. Qui commence à grisonner.

lempen. Espece de tente faite avec des nattes pour se garantir de la chaleur. Espece de tente faite avec des herbes. Tentes pour mettre les animaux à l'abri des injures de l'air.

lembinehepi. Il a blanchi. Ce jeune homme a blanchi. On dit aussi *tcharanahapi*, et *lempi.*

ly sere herguen.

lieliembi. Ne savoir qu'à demi. S'expliquer obscurément quand on parle. Qui est obscur dans sa façon de parler, de penser, d'agir. Être aveugle moralement. Avoir la tête embarrassée. Avoir mal à la tête. Être troublé, tomber en syncope, perdre la tramontane.

lielieboumbi. Faire aveugler moralement quelqu'un, etc.

ly. Nom d'une mesure, d'un poids qui est la millieme partie d'une once. (*Ly* en chinois.)

lieliechembi. Tomber en défaillance, en pamoison, etc. Avoir perdu connoissance. *outchou lieliechembi.* La tête s'affoiblit.

lieliehoun. Hébété, qui ne sait ce qu'il dit. Pamoison, état dans lequel on est sans connoissance.

lieliedoumbi. Lorsque le commun est en état de défaillance, de bêtise, etc. On dit encore *lielienoumbi.*

LIFA

liao. Espece de haricots dont on nourrit les chevaux. C'est ce qui leur tient ici lieu d'avoine. (*Ma leao* en chinois.)

liolio. Expression de moquerie; comme lorsqu'on rit de quelqu'un qui n'a pas de talent, etc. On dit aussi *yoyo.*

lifa kitalaha. La pique, etc., est entrée, a percé.

liar seme. Cela se dit de quelque chose que ce soit, comme les phlegmes, la colle, la bile, etc. On dit *liar seme talhoun.*

lifambi. S'enfoncer dans la boue.

lifa. La pointe de quelque chose que ce soit; comme d'une lance, d'une fleche, d'une épée, d'une pique, etc., qui est entrée profondément. Alors on dit *lifa taha.*

liteou. Haricots verds. Espece de haricots. (*Lu teou* en chinois.)

lifa togeka. On a pénétré dans le camp des ennemis. On dit aussi *faksa togeka.*

lifakou. Boue. Lorsqu'il y a de la boue on ne sauroit marcher.

lifaha. Il y a beaucoup de boue. Il y a de la boue.

lifatambi. Il y a un peu de boue.

lifarakou. Il n'y a point de boue. Le terrain est sec.

𖼀, *lifaboumbi.* Mettre quelque chose dans la boue. Jeter quelque chose dans la boue. Tomber dans la boue. Faire jeter dans la boue.

𖼀 𖼀, *lifahan tchifahan.* Il y a beaucoup de boue. Boue.

𖼀, *lifan.* Canal dont on se sert pour faire écouler le vin, l'huile et autres liqueurs du vase où on les fait. Il y en a de pierre, de bois et d'autres matieres.

𖼀 𖼀 𖼀, *lir sere herguen.*

𖼀 𖼀 𖼀, *lyr lyar seme.* Cela se dit d'une colle bien faite, qui n'est ni trop liquide ni trop épaisse, et qui colle bien. On dit alors 𖼀 𖼀 𖼀 𖼀, *lyr lyar seme talhoun.*

𖼀 𖼀 𖼀, *lyng sere herguen.*

𖼀, *lyngse.* Collet d'un habit, etc. (*Lyng tse* en chinois.)

𖼀 𖼀, *lyng seme.* Quelque chose que ce soit qui est très pesant. On dit aussi 𖼀 𖼀 𖼀, *lyng seme outchen.*

𖼀, *lyngtan,* (*lyng tan* en chinois.) Nom d'une espece de médecine. Espece de remede empirique qui fait promptement son effet. Remede de l'immortalité. On l'appelle aussi 𖼀 𖼀, *niktan siktan.*

𖼀 𖼀 𖼀, *lyp sere herguen.*

𖼀 𖼀, *lyp seme.* En enfilant la bête avec la lance, etc. D'une enfilade.

𖼀, *lypki.* Cela se dit d'un cheval insensible aux

coups de fouet, qui va toujours son même train quoiqu'on le frappe.

ᰚᰚᰚ. *lio sere herguen.*

ᰚᰚᰚ. *lioho.* Nom d'un poisson de mer qui ressemble à celui qu'on appelle *péyn* en chinois.

ᰚᰚᰚ. *liu,* (*lu* en chinois.) Terme de musique. Il y a cinq tons et six *lu.*

ᰚᰚᰚ. *lo sere herguen.*

ᰚᰚᰚ. *lo,* (*lo* en chinois.) Nom d'une espece de tambour d'airain. Bassin d'airain. Instrument de musique. Nom d'une espece de gaze de soie.

ᰚᰚᰚ. *loho.* Sabre. (*Yao tao* en chinois.)

ᰚᰚᰚ. *losa.* Mulet. (*Lo tsee* en chinois.)

ᰚᰚᰚ. *lolo fotoho.* Nom d'une espece de saule dont les feuilles tombent et vont en bas.

ᰚᰚᰚ. *lohoboumbi.* Réduire l'ennemi à ne pouvoir ni avancer ni reculer.

ᰚᰚᰚ. *lopi.* Gourmand, friand; comme l'esprit appellé ᰚᰚᰚ. *lopi houtou,* qui est le diable de la gourmandise. Goulu qui mange de tout.

ᰚᰚᰚ. *loso.* Lorsqu'il a beaucoup plu et neigé, et qu'on ne peut labourer la terre ni la travailler.

ᰚᰚᰚ. *lo soutche.* Nom d'une espece de fleur. (*Tsieou lo* en chinois.)

ᰚᰚᰚ. *lotan.* Nom d'un petit os de cerf, etc. C'est ce qu'on appelle l'osselet. (ᰚᰚᰚ. *katchouha.*)

𛰃 𛰃 𛰃. *lo la seme.* Maniere de parler pour dire : à l'improviste, sans y penser, etc.

𛰃 𛰃 𛰃 𛰃. *lo la seme atchaha.* Je l'ai rencontré sans y penser. Lorsque j'y pensois le moins il s'est présenté à moi.

𛰃. *lomi.* Vieux riz. (*Lao my* en chinois.)

𛰃. *lolo.* Osselet ou os du jarret de cochon. C'est ce qu'on appelle dans le cerf 𛰃. *katchouha.*

𛰃 𛰃. *lolo seme.* A l'étourdi, sottement, bêtement. Cela se dit d'un homme qui ne sait rien faire. On dit aussi 𛰃. *lolo*, et 𛰃 𛰃. *lolo sere.*

𛰃 𛰃 𛰃. *lor sere herguen.*

𛰃 𛰃. *lor seme.* Qui parle sans discontinuer. En bavardant, etc.

𛰃. *lorboto.* Cerf de trois ans.

𛰃 𛰃 𛰃. *long sere herguen.*

𛰃 𛰃. *long seme.* Qui ne parle qu'avec obscurité, bêtement, etc. On dit encore 𛰃 𛰃 𛰃, *long long seme.*

𛰃. *longko.* Marmite de cuivre. (*Toung kouo* en chinois.)

𛰃. *longjembi.* Parler étourdiment, sottement, etc.

𛰃. *longjekou.* Qui parle sans ordre, à l'étourdi, etc.

𛰃. *longto.* Corde avec laquelle on attache les bêtes de somme. Licol. (*Long teou* en chinois.)

LOK

ᣘᣰᣖᣙᣖᣞᣛ. *longtolombi*. Mettre la corde aux chevaux, les attacher avec une corde. Mettre le licol aux chevaux.

ᣘᣰᣖᣙᣖᣙᣛᣛ. *longtoloboumbi*. Faire mettre le licol aux chevaux, etc.

ᣘᣰᣗ ᣍᣘᣋ ᣭᣘᣋᣗ. *lok sere herguen*.

ᣘᣰᣗ ᣍᣘᣗ. *lok seme*. A l'instant, tout d'un coup. Pronfondément. Eau claire et profonde. Pluie qui vient goutte à goutte.

ᣘᣰᣗ ᣍᣘᣗ ᣬᣗ, *lok seme ahaha*. Il a plu tout-à-coup.

ᣘᣰᣗ ᣍᣘᣗ ᣭᣙᣬᣗ, *lok seme outcharaha*. Tout-à-coup je l'ai retrouvé.

ᣘᣰᣗᣍᣛ, *lokjembi*. Parler en écolier, sans savoir ce qu'on dit. Parler extravagamment.

ᣘᣰᣗᣬᣛ. *lokgenahapi*. Cela se dit de ceux qui ont beaucoup engraissé et dont le visage est devenu fort large. Dire une espece d'injure [comme chez nous: Il est gras comme un cochon.]

ᣘᣰᣗᣙᣛ. *loksoboumbi*. Être incommodé par les badinages ou tours de passe-passe de quelqu'un.

ᣘᣰᣗᣛ. *lokti*. Lorsque les herbes sont très épaisses. On dit aussi ᣘᣰᣗᣛ. *louktou*.

ᣘᣰᣗᣛ ᣬᣗ. *lokto lakta*. Cela se dit des gens gras qui ne peuvent pas courir.

ᣘᣰᣗᣰᣗ. *loktohon*. Un homme qui est assis seul. On dit alors ᣘᣰᣗᣰᣗ ᣬᣛ, *loktohon tehepi*.

𖿐𖿐𖿐𖿐 *loktori.* Lorsqu'on parle de quelqu'un et qu'il arrive tout-à-coup. Ce qui revient à notre proverbe latin : *Lupus in fabula.* 𖿐𖿐𖿐 𖿐𖿐𖿐, *loktori igentchiha.*

𖿐𖿐 𖿐𖿐 𖿐𖿐, *los sere herguen.*

𖿐𖿐𖿐, *loshan.* Panier fait avec des branches de saule : il sert à porter des herbes, etc. On l'appelle aussi 𖿐𖿐𖿐, *changcheha*, mais celui-ci est plus petit.

𖿐𖿐 𖿐𖿐 𖿐𖿐, *lo sere herguen.*

𖿐𖿐. *lao.* Prison. (*Lao yu* en chinois.)

𖿐𖿐𖿐. *laombi.* Cela se dit des chiens qui vont et viennent en aboyant sans discontinuer.

𖿐𖿐 𖿐𖿐 𖿐𖿐, *lou sere herguen.*

𖿐𖿐. *loulou.* Petit homme. Homme de petite figure, de peu d'apparence, qui ne date de rien, etc. On dit alors 𖿐𖿐 𖿐𖿐 𖿐𖿐. *loulou sere nialma.* 𖿐𖿐 𖿐𖿐. *loulou sere*, et 𖿐𖿐 𖿐𖿐. *loulou seme.*

𖿐𖿐. *louka.* Les petits du.... (M. Amyot ne nomme pas l'animal.)

𖿐𖿐 𖿐𖿐. *losou chopin.* Nom d'une espece de pâtisserie faite avec de la farine, dans laquelle on met des noix. (*Lou sou* en chinois.)

𖿐𖿐𖿐, *lousoumbi.* Être fatigué et foible. Être foible de fatigue.

𖿐𖿐𖿐, *lousoukepi.* Accablé de fatigue. Sommeiller de fatigue.

𖿐𖿐 𖿐𖿐 𖿐𖿐 *lou chou mouke.* Eau distillée, ou

sel distillé avec lequel on fait le *teou fou*.

〰〰, *loutour seme*. Cela se dit de toutes les choses liquides qui sont trop épaisses. Alors on dit 〰〰, *loutour seme toumin*.

〰〰, *loutour seme halhoun*. Il fait une chaleur humide et étouffante.

〰〰, *loulou lala*. Parler *ab hoc et ab hac*. Dire des choses qui n'ont ni pied ni tête.

〰〰, *loukien henke*. Nom d'un fruit cucurbitacée, d'un goût amer. Courge longue, courge ordinaire.

〰〰, *louhouken*. Cela se dit des animaux dont le poil n'est ni trop long ni trop épais. Cela se dit aussi des herbes, arbres, etc., qui ne sont ni trop épais, ni trop clair-semés.

〰〰, *loukou*. Abondant. Lieu où il croît beaucoup d'herbes. Quelque lieu que ce soit où il croît beaucoup d'herbes. Animal qui a beaucoup de poils, dont les poils sont longs, épais et fournis. Nom d'un insecte plus petit que celui qu'on appelle *tchang nieou tchoung* en chinois. Il a des poils.

〰〰, *louhou*. Nom d'une espece de fleche dont la pointe n'est pas longue, mais qui va en cône.

〰〰, *louhoulembi*. Tirer de la fleche, de cette fleche dont la pointe est en cône.

〰〰, *louhouleboumbi*. Faire tirer de la fleche qui a une pointe en cône.

〰〰, *louhoulebouhepi*. Avoir été blessé.

Contusion. On dit aussi 〰〰. olhon feie.

〰〰. lour sere herguen.

〰〰. lour seme. Cela se dit de quelque eau que ce soit qui est épaisse. On dit aussi 〰〰, lour seme toumin.

〰〰. lourguin. Ton de voix fort et sonore.

〰〰. lourguiken. Ton de voix un peu fort.

〰〰. loung sere herguen.

〰〰. loungou. Nom du mâle de la martre zibeline.

〰〰. louk sere herguen.

〰〰. louk seme halhoun. Chaleur étouffante. Lorsqu'il fait bien chaud, et qu'il n'y a point de vent.

〰〰. louk seme talmaka. Lorsqu'il est tombé beaucoup de brume, et que le temps est obscur, etc.

〰〰. loukjembi. Cela se dit des douleurs que l'on ressent dans une partie du corps où le pus commence à se former. Sentir des élancements.

〰〰. louktou. Épais, touffu. Cela se dit des herbes qui croissent en grand nombre dans un endroit. (〰〰. lokty).

〰〰 〰〰. louktou lakta. Cela se dit des personnes fort grasses dont la chair tremble lorsqu'elles marchent. On dit aussi 〰〰. tchoholikapi. Cela se dit encore du bruit que font les choses hors d'œuvre qu'on attache à côté de la charge d'un mulet, par exemple, etc.

louktouhoun. Cela se dit des oiseaux qui, étant malades, semblent dormir, et font la pelote en écartant leurs plumes. On dit alors *louktouhoun oho.*

louktourekepi. Cela se dit des oiseaux qui, étant malades, écartent leurs plumes et font la pelote.

lous sere herguen.

loushoun. Accablement; comme lorsque l'on ne fait rien, et que cependant on est fatigué et tout endormi.

loum sere herguen.

loumbambi. Appliquer de la colle, ou étendre de la colle sur quelque chose que l'on veut coller.

loumbanahapi. Cela se dit lorsque la boue a taché quelque chose. Cela est plein de boue, par exemple, etc.

loumbaboumbi. Faire étendre la colle pour coller. Faire coller. Être collé, etc.

loumbou oho. Tout-à-coup cette eau a coulé lentement.

loumbou mouke. Eau qui coule doucement.

loumbourtchambi. Enfoncer dans la boue, par exemple, dans les lieux humides, marécageux, etc.

MA.

𓏏𓏦𓆑 𓆑𓏦𓏏𓆑, *sere herguen.*

𓆑, *ma.* Façon de parler dont on se sert lorsqu'on donne quelque chose à quelqu'un, comme si l'on disoit : Tiens, emporte cela.

𓆑𓏦𓆑, *manaha.* Langes dont on enveloppe un enfant à la mamelle.

𓆑𓏦𓆑, *manambi.* Cela se dit des habits de soie et d'autre étoffe qui sont déchirés.

𓆑𓏦𓆑, *manaha.* Il est déchiré. Il est en lambeaux.

𓆑𓏦𓆑, *manashoun.* Déchirure d'un habit, etc. Fin de la lune.

𓆑𓏦𓆑 𓆑𓏦, *manaha pia.* La lune qui finit. On dit aussi 𓆑𓏦𓆑 𓆑𓏦, *touleke pia.* La lune passée.

𓆑𓏦𓆑, *manahapi.* Chercher une pensée qu'on ne trouve point. Penser sans savoir à quoi l'on pense, sans pouvoir rien tirer de sa tête.

𓆑𓏦 𓏦𓆑 𓆑𓏦, *maka atarame piheni.* En vérité, je ne sais comment.

𓆑𓏦𓆑 𓆑𓏦𓆑, *makarame saktaka.* Il est en vérité bien vieux. Il fait tout mal. Il n'a plus aucune adresse.

𓆑𓏦, *maka.* Maniere de parler pour exprimer l'ignorance parfaite où l'on est de quelque chose, ou pour demander lorsqu'on ne sait pas quelque chose, par exemple, 〰〰〰, 〰〰〰, 〰〰〰, *maka ainaha nialma*, enfin quel homme est celui-là ? ou bien 〰〰〰, 〰〰〰, *maka sagnion*, est-il bon ? etc.

〰〰〰. *manaboumbi*. Devenir pauvre. S'appauvrir après avoir été à son aise. Faire déchirer quelque chose. Cela se dit aussi des choses que les vers ont rongées. Rongé par les vers.

〰〰〰. *mahala*. Bonnet d'hiver.

〰〰〰 〰〰〰. *mahala ihan*. Bœuf qui a la tête noire et le corps blanc, ou la tête blanche et le corps noir.

〰〰〰. *mahou*. Masque que l'on met pour se défigurer ou pour badiner. Masque fait avec de la peau dont on se couvre la tête jusqu'aux épaules.

〰〰〰. *mahoulambi*. Faire des reproches à quelqu'un. Faire honte à quelqu'un, *l'envergogner*, le couvrir de confusion. Effacer un caractere qu'on avoit mal écrit.

〰〰〰. *mahoulaboumbi*. Ordonner d'effacer un caractere mal écrit. Faire couvrir de confusion. Être confus, etc.

〰〰〰. *mabou*. Torchon pour essuyer les tables, les porcelaines, etc. (*Ma pou* en chinois.)

〰〰〰. *maboula*. Ordonner de passer le torchon sur quelque chose, d'essuyer. (Impératif du verbe suivant.)

〰〰〰. *maboulambi*. Essuyer quelque chose. Passer le torchon sur quelque chose.

maboulaboumbi. Faire passer le torchon. Être torché ou essuyé.

masambi. Se balancer sur une balançoire, sur une corde suspendue à une poutre, par exemple.

masé. Gravé de petite vérole.

masakou. Balançoire, ou corde qu'on attache à une poutre pour se balancer.

masé ougeha. Nom d'une constellation chinoise. (*Ho tao* en chinois.)

masé ougeha y faha. Le centre ou le noyau de la constellation chinoise appellée *ho tao*.

magelarakou. Sans employer sa force, aisément, facilement.

maselakou. C'est le nom d'une attrape à prendre les oiseaux. Morceau de bois fourchu au milieu duquel il y a un trou où l'on met une cheville de saule, ou, pour mieux dire, une branche de saule, dont on lie le haut avec une ficelle, et l'autre bout de la ficelle tient les deux autres bouts de la fourche ; on met au-dessus un petit bout de bois, lequel donne sur un nœud coulant : on met un appât où les oiseaux viennent se prendre.

magelambi. Avoir un peu trop de quelque chose que ce soit.

magelaboumbi. Ordonner de prendre un peu trop.

masan. La lie ou ce qui reste du *tché ma* après qu'on en a fait de l'huile. Le *tché ma* est le *sesamum*, ou le bled d'Inde.

magelame. En grande quantité. Beaucoup. Par exemple : Il en a reçu en quantité. *magelame pahambi.* Prens-en beaucoup. *magelame tchafa.* Attaches-en beaucoup ensemble. *magelame houaita.* En général, le mot *magelame,* exprime la quantité, la force, etc.

masan tehe. Hameçon qu'on met au bout d'une ficelle longue de six à sept pouces, laquelle on attache à une autre longue de deux pieds : quand on l'a mise dans l'eau, on y jette du marc de *sésame* pour attirer le poisson qui vient ensuite se prendre.

macha. Espece de grande cuiller de bois, ou espece de seau de bois pour égoutter l'eau d'un endroit, ou pour porter de l'eau d'un endroit à l'autre : il y en a de toutes sortes de matieres, comme d'argent, de cuivre, de fer, etc.

machalakou. Cheville de bois que l'on met dans des trous qu'on fait au bois des fenêtres, quand on veut les fermer, et qu'on ôte quand on veut les ouvrir.

machan pahambi. Avoir un appui.

machan paharakou. Sans appui. Qui ne sait où s'appuyer, comme lorsqu'on porte quelque fardeau, et qu'on ne trouve où s'appuyer. On dit aussi ⲋⲧⲏⲣⲧ ⲑⲛⲧⲣⲭⲧⲧⲧⲟ, *faktchin paharakou*.

ⲋⲧⲅⲧ, *mata*. Ordonner de courber quelque chose. (Impératif du verbe suivant.)

ⲋⲧⲅⲧⲋⲛ, *matambi*. Courber quelque chose, comme les os, la corne, le bois, le bambou, etc., en le mettant auprès du feu.

ⲋⲧⲅⲋⲑⲧⲋⲛ, *mataboumbi*. Ordonner de courber quelque chose.

ⲋⲧⲅⲧⲭⲧⲧⲧⲟ, *matarakou*. Nom d'une espece de bourrelet qu'on met sur la tête pour porter des fardeaux.

ⲋⲧⲅⲧⲧⲋⲛ, *matalambi*. Cela se dit des bœufs, chevaux, etc., qui écartent la terre en frappant du pied.

ⲋⲧⲅⲧ, *matan*. Espece de bouillie qu'on fait avec des grains qu'on a fait germer. Cette bouillie est douce.

ⲋⲧⲅⲧⲟⲧⲧ, *matanga*. Nom qu'on donne à ceux qui, étant fort maigres, ont le museau pointu et les joues enfoncées.

ⲋⲧⲅⲧⲋⲛ, *matambi*. Amasser peu-à-peu en usant d'épargne, par exemple, et en faisant valoir son argent. Avoir le ventre enflé de colere. Être bouffi de colere. On dit aussi cela de quelque chose que ce soit qui s'est gonflé dans l'eau. Gonflé. Retirer de l'intérêt de son argent. Intérêt de l'argent. ⲋⲧⲅⲧⲧⲧ ⲋⲧⲧⲟⲧⲋⲧ, *mataha mengoun*.

ⲋⲧⲅⲋⲑⲧⲋⲛ, *mataboumbi*. Faire gonfler quelque chose. Recevoir de l'intérêt de son argent. Retirer du profit de quelque chose que l'on vend ou que l'on

MALA 365

prête. Faire gonfler la pâte dont on fait le pain, les biscuits, etc.

᚛᚛᚛. *matahan.* Intérêt d'un argent prêté.

᚛᚛᚛. *matague.* Nom de l'action que fait un vieillard, par exemple, qui aime un petit enfant, et qui lui donne de petits coups sur le dos.

᚛᚛᚛ ᚛᚛. *matari outchou.* Nom qu'on donne aux mufles ou têtes d'animaux, de cuivre ou de fer, qu'on attache aux portes, et à la gueule desquels on met un anneau ou telle autre chose, pour tirer la porte plus aisément.

᚛᚛᚛. *matoun.* Nom d'une piece de bois qu'on met sur les murailles pour que les hommes se mettent dessus.

᚛᚛᚛. *mala.* Masse ou massue de bois. On dit aussi ᚛᚛᚛. *toukou.*

᚛᚛᚛ ᚛᚛. *malangou tchai.* Boisson faite avec du thé et du sésame.

᚛᚛᚛. *malahi.* Nom d'un animal qui ressemble au chat domestique ; sa couleur tire sur le roux : il est tigré.

᚛᚛᚛. *malangou.* Sésame ou bled d'Inde. Le noir s'appelle ᚛᚛᚛ ᚛᚛᚛. *sahalien malangou*, et le blanc ᚛᚛ ᚛᚛᚛. *tchima malangou.* (*Tche ma* en chinois.)

᚛᚛᚛. *malachambi.* Tuer les poissons qui sont sous la glace. Cela se fait dans les lieux peu profonds où l'on voit les poissons sous la glace; on frappe avec une massue, et on étourdit le poisson, qu'on prend ensuite.

malou. Nom d'une grosse bouteille ou d'un vase plus gros que celui qu'on appelle *mongotchoun.*

malangou ira figehe maisé touri. Les cinq especes de grains dont on se nourrit, le sésame, le bled d'Inde, le millet jaune de la grosse espece, le millet jaune de la petite espece, le bled, les haricots, les pois, etc.

manlangou niseha. Nom d'une espece de poisson qui vient dans les lieux où il y a des cailloux ou des pierres.

maloukan. En quantité, en grand nombre, beaucoup. Il en a eu beaucoup, *maloukan paha.*

mama, (*ma ma* en chinois.) Grand'mere. Nom que donnent les petits enfants à leur mere. Nom qu'on donne aux vieilles femmes; comme nous dirions chez nous: Grand'mere, écoutez, etc. Petite vérole. (*Teou tsee* en chinois.)

mama toutchimbi. Avoir la petite vérole. On dit aussi *mama erchembi.*

mama erchehe. La petite vérole paroît, elle a poussé.

mama yatahoun. La petite vérole est en petite quantité, elle pousse peu de grains.

mamari. Les grand'meres.

MAFOU 367

☐. *mamouke.* Lievre. On dit de même ☐. *koulmahoun.* (*Yu* en chinois.)

☐. *mamoukia.* Nom d'un fruit qui ressemble à celui qu'on appelle *yng tao* (cerise.) Il est jaune, d'un goût âpre et un peu doux. On l'appelle aussi ☐. *oulana*, et ☐. *foulana*.

☐. *mamoun akou oho.* Il est demeuré tout interdit. Cela se dit de quelqu'un qui, ayant fait quelque chose à quoi il ne s'attendoit pas, reste tout interdit et demeure comme muet.

☐. *mamouhan toura.* La colonne qui est au milieu des deux maîtresses poutres.

☐. *mamouhan sanga.* Ouverture qu'on laisse pour mettre les colonnes qui sont dans les murailles.

☐. *matcha.* Nom d'une plante sauvage qui ressemble à l'ail quant aux feuilles, mais elle est d'un goût amer.

☐. *matcha touha.* Le petit intestin des chevaux, des mulets, etc., par lequel passe l'urine. On l'appelle aussi ☐. *patchan touha.*

☐. *malari.* Monceau, plusieurs choses l'une sur l'autre.

☐. *matchi.* Nom de la piece de fer qui est sur la croupiere des bêtes de somme, à laquelle tiennent les courroies, etc., qu'on leur passe sous la queue pour retenir la selle, etc.

☐. *mafouta pouhou.* Cerf mâle qui a la peau du dos de différentes couleurs.

ᦡᦠᦠᦠᦠ ᦠᦠᦠᦠᦠ. *matchika arambi.* Faire les cordes propres aux filets. Faire des cordes pour des filets à prendre les bêtes féroces.

ᦡᦠᦠᦠᦠ. *matchika.* Les bords d'une natte ; si on veut désigner le milieu de la natte, on se sert d'un autre mot.

ᦡᦠᦠᦠᦠ. *matchimbi.* Faire un quarré avec des herbes. Faire une espece de torche, et autres choses semblables, avec des herbes, de la peau, etc. En dedans ces herbes et cette peau sont sans ordre ; en dehors elles sont unies. Faire des coussinets d'herbes, etc.

ᦡᦠᦠᦠᦠ. *mafouta.* Cerf mâle.

ᦡᦠᦠᦠᦠ. *matchiboumbi.* Ordonner de faire des coussinets quarrés, longs ou ronds, avec des herbes, de la peau, etc., qui en dedans sont pêle-mêle et sans arrangement, mais unis au dehors.

ᦡᦠᦠᦠᦠ. *matchoumbi.* Maigrir. Cela se dit des animaux.

ᦡᦠᦠᦠᦠ ᦠᦠᦠᦠᦠ. *matchihi tchafambi.* Garder le jeûne : c'est proprement être assis, uniquement occupé à méditer. Jeûner, être immobile, etc. ; c'est une espece de pénitence des *ho chang.* On dit aussi ᦡᦠᦠᦠᦠᦠ ᦠᦠ ᦠᦠᦠᦠᦠ. *tarhatchoun be touakiambi.* Garder les commandements.

ᦡᦠᦠ. *maki.* Nom de l'espece de perruque ou flocon de poils qui est au-dessus des grands étendards.

ᦡᦠᦠᦠᦠ. *matchouha.* Cela se dit des hommes et des

animaux qui, après avoir maigri, tombent dans la mélancolie et dans la tristesse. (҄ᔋ. *matchouhapi.*)

҄ᔋ. *matchan.* Nom d'une espece de fleche dont la tête est plus grosse que celle que l'on appelle *mi tchen tsien* en chinois; elle est fort courte.

҄ᔋ. *matchike.* Un peu. Une petite partie. Tant soit peu, etc.

҄ᔋ ҄ᔋ. *matchike ome.* Un tant soit peu. Un petit peu.

҄ᔋ ҄ᔋ ҄ᔋ. *matchike mouchouhouri oho.* Peu s'en est fallu.

҄ᔋ. *maïa.* Cuiller d'or, d'argent, de cuivre ou de bois, qui a une échancrure ou une espece de canal.

҄ᔋ. *maïambi.* Une grande affaire qu'on néglige ou qu'on ne prend pas trop à cœur diminue beaucoup. Diminuer, devenir petit. S'amoindrir, comme une haine qu'on n'écoute point et qui s'évanouit peu à peu.

҄ᔋ. *maïaboumbi.* Faire dissiper, ou amoindrir, ou diminuer quelque affaire qu'on ne prend pas trop à cœur. Adoucir, dissiper les chagrins de quelqu'un, etc.

҄ᔋ. *maïaha.* Cela a beaucoup diminué. Cette maladie a beaucoup cessé. Cette enflure s'est beaucoup affaissée.

҄ᔋ. *maïan.* Le bras depuis le poignet jusqu'au

coude, et depuis le coude jusqu'au commencement de l'épaule. Sang qui coule d'une blessure ou d'une plaie. Le sang qui est resté au bout d'une fleche avec laquelle on a percé un homme, une bête, etc.

𑀫𑀫𑀫. *maïan sain.* Lieu où il y a beaucoup de gibier, abondant en gibier. C'est proprement comme si l'on disoit : La chasse est bonne, on a tué beaucoup de gibier.

𑀫𑀫. *maker.* Nom d'une plante sauvage de deux especes ; l'une, qui est blanche, s'appelle 𑀫𑀫𑀫 𑀫𑀫. *changuien selbete ;* et l'autre, qui est rouge, 𑀫𑀫𑀫 𑀫𑀫. *mongou setou.* On en mange la racine.

𑀫𑀫𑀫. *marambi.* Faire ce qu'il ne faudroit pas, et ne pas faire ce qu'il faudroit. Mettre obstacle, empêcher. Ne pas faire. Refuser de faire quelque chose. Refuser quelque chose, une charge, un emploi, etc.

𑀫𑀫𑀫. *maraboumbi.* Ordonner de refuser, de mettre obstacle, de ne pas faire, etc.

𑀫𑀫𑀫. *marakou.* Qui fait ce qu'il ne faut pas faire. Qui refuse. Qui ne veut pas de quelque chose. Opiniâtre.

𑀫𑀫𑀫. *maratambi.* Refuser à demi. Vouloir sans vouloir, etc.

𑀫𑀫𑀫. *marantoumbi.* Lorsque le commun refuse, ne veut pas, et s'opiniâtre. On dit encore *maranoumbi,* 𑀫𑀫𑀫..

𑀫𑀫. *mari.* Une fois. Deux fois, numérique. On dit aussi 𑀫𑀫. *tchergui.* Ordonner de revenir, de retourner sur ses pas. (Impératif du verbe suivant.)

ᠮᠠᠷᡳᠮᠪᡳ. *marimbi.* Cela se dit de la petite vérole qui commence à tomber. Tourner la tête. Revenir sur ses pas. Retourner. S'intéresser fortement pour quelqu'un, prendre ses intérêts à cœur.

ᠮᠠᡵᡠ. *marou.* Un banc de poisson. On dit aussi ᡥᡳᠩᡤᡠ. *hingue.*

ᠮᠠᡵᡳᠪᡠᠮᠪᡳ. *mariboumbi.* Faire revenir sur ses pas. Faire tourner bride. Faire tourner la tête.

ᠮᠠᡶᠠ. *mafa.* Grand-pere. Nom respectueux qu'on donne aux vieillards. (*Tsou* en chinois.)

ᠮᠠᡶᠠᡵᡳ. *mafari.* Ancêtres.

ᠮᠠᡶᠠᡵᡳ ᠮᡳᠶᠣ. *mafari miao.* Salle où l'on honore les ancêtres. (*Tsou miao*, *tsoung miao* en chin.)

ᠮᠠᡳ ᠰᡝᡵᡝ ᡥᡝᡵᡤᡠᡝᠨ. *mai sere herguen.*

ᠮᠠᡳᡴᠠᠨ. *maikan.* Tente sous laquelle demeurent les Mongoux.

ᠮᠠᡳᠰᡝ. *maisé.* Bled. (*Mai tsee* en chinois.)

ᠮᠠᡳᡤᡝᡵᡳ. *maigeri.* Petit marteau de bois, ou petite massue dont on peut se servir d'une seule main.

ᠮᠠᡳᡨᡠ. *maitou.* Massue. C'est un bâton dont le bout qu'on tient à la main est menu, en comparaison de l'autre bout.

ᠮᠠᡳᡨᡠᠴᠠ. *maitoucha.* Ordonner de frapper avec la massue. (Impératif de ᠮᠠᡳᡨᡠᠴᠠᠮᠪᡳ. *maitouchambi.*)

ᠮᠠᡳᡨᡠᠴᠠᠪᡠᠮᠪᡳ. *maitouchaboumbi.* Être frappé avec la massue, avec le bâton. Ordonner de frapper.

〽️, *maitoulambi*. Frapper quelqu'un avec un bâton. Donner des coups de bâton.

〽️, *maitouchambi*. Frapper avec un bâton, avec une massue, etc.

〽️, *maitoun ta*. Nom d'une plante sauvage ; sa tige vient comme celle du lierre, de la vigne, etc. : elle s'étend. Ses feuilles sont comme celles des pois, etc. Sa racine est laiteuse ; on la mange crue et cuite.

〽️, *mailasoun*. Cyprès, arbre dont les feuilles sont plates.

〽️, *mailan*. Nom d'une plante. Cette sorte de plante vient en grand nombre dans un même endroit : ses feuilles sont plates, et ses fleurs bleues.

〽️, *maimatambi*. Marcher nonchalamment, en penchant la tête sur les épaules, tantôt d'un côté, tantôt de l'autre.

〽️, *mailarou*. Injure qu'on dit à quelqu'un ; c'est comme si on disoit qu'il est vicieux, coquin. (〽️, *soui igefi te igename mailakini*.)

〽️, *maiman*, (*mai mai* en chin.) Commerce. On dit aussi 〽️, *houda*, et 〽️, *houda maiman*.

〽️, *maimachambi*. Faire le commerce. On dit encore 〽️, *houdachambi*.

〽️, *maisaha*. Pieces de fer qui sont à la courroie qui est sur la croupiere des bêtes de somme.

C'est aussi le nom du petit fruit que l'on appelle en chinois *keou nai tsée*.

maikou. Sourd. On dit encore *toutou*, et *toutou maikou.*

maisaha halou y satchima. Ragoût tartare, composé d'huile de sésame, de *keou nai tsee*, de farine, de sucre : on fait bouillir tout cela ensemble.

maisaha halou. Keou nai tsee fait avec de la farine.

mar sere herguen.

marhan. Le petit d'une tigresse. Le petit du daim.

marma nigehá. Nom d'un petit poisson de mer qui ressemble à celui qu'on appelle *kentele*,. Il a des taches rouges sur le corps.

man sere herguen.

manda. Lentement. Doucement.

mansoui. Nom d'une espece de soie sur laquelle il y a des dragons en broderie d'or, et des nuages en broderie de soie de différentes couleurs.

mantchouraboumbi. Ordonner de parler la langue mantchou.

mantouhapi. Cet arbre a crû, est devenu grand. Les bleds, les grains ont crû, sont formés. Cet enfant, ce jeune homme a crû, est devenu grand, fort et robuste. On dit aussi *mantoumbi*, croître, etc.

ᡥᠠᠨ. *Mantchou.* Mantchou, c'est-à-dire cette nation qui est la maîtresse, et qui domine sur soixante-six royaumes.

ᡥᠠᠨ ᠪᡳᡨᡥᡝ. *mantchou pithe.* Livre mantchou. Composition mantchou.

ᡥᠠᠨᡠᡵᠠᠮᠪᡳ. [ᡥᠠᠨ.] *mantchourame,* (*mpi*). Apprendre le mantchou. Parler mantchou.

ᠮᠠᠩ ᠰᡝᡵᡝ ᡥᡝᡵᡤᡝᠨ. *mang sere herguen.*

ᠮᠠᠩᡴᠠᠨ. *mankan.* Lieu sablonneux, un peu élevé. Petite élévation de sable.

ᠮᠠᠩᡤᠠ ᠨᡳᡝᠴᡥᡝᠨ. *manga nietchen.* La peau de derriere de la pantoufle ou de la botte, l'empeigne.

ᠮᠠᠩᡤᠠ ᠮᠣ. *manga mo.* Nom d'un arbre qui est fort beau et qui a beaucoup d'épines ; ses feuilles sont grandes ; le bois est très dur et cassant ; il vient fort haut : on en fait des charrettes. La peau ou l'écorce de cet arbre sert pour teindre en noir.

ᠮᠠᠩᡤᠠ ᠮᠣ ᠶ ᠣᡠᠴᡥᡝᡥᠠ. *manga mo y oucheha.* Les graines de l'arbre appellé *tsouo mou.* Nom d'une étoile.

ᠮᠠᠩᡤᠠ. *manga.* Fort, robuste. Difficile. Qui peut beaucoup. On dit aussi ce mot d'un arc qui est fort, d'un homme qui a de l'adresse, de la force pour quelque chose, qui le fait bien. Ce mot est pour exprimer la maniere bonne et excellente dont on fait quelque chose, etc.

ᠮᠠᠩᡤᠠ ᡶᡳᠯᡳ ᠰᡳᡨᠴᡥᡳᡥᠣᡠᠨ ᠮᠣᡨᠣ. *manga fili sitchihoun moto.* Force, valeur, fermeté, courage.

mangasa. Grands hommes, forts et robustes.

mangakan. Un peu difficile. Un peu fort. Un peu robuste. Un peu au-dessus des autres.

mangalaha. Il a fait cela difficilement. Cela est difficile. Sa maladie est difficile à guérir. Sa blessure est difficile à guérir. Sa maladie a empiré. Sa blessure est devenue mauvaise, etc.

mangachambi. Cela se dit d'une affaire qui s'embrouille, qui devient difficile. Rougir, avoir le visage et la physionomie embarrassés.

manga tanga. Choses dures, telles que les os, les nerfs, etc., que la dent ne sauroit mordre. Difficilement.

mangachatchouka. Difficilement. Avec difficulté.

mangara. Cheval qui a la tête blanche. Quelque bête que ce soit qui a la tête, les yeux, le museau blancs, etc.

mangui. Particule qui désigne le passé. Particule de temps, avant laquelle on met le prétérit parfait, qui se termine en *ha*, *he*, ou *ho*.

manguisou. Nom d'une bête fauve qu'on appelle aussi *torhon*, et *manguisoun*. C'est le sanglier, ou une autre espèce d'animal qui ressemble au renard.

manguitchi. Si c'est de cette façon, dans ce temps, etc. On dit aussi *manga y otchi*.

manguianahapi. Maladie des animaux qui, ayant beaucoup fatigué et peu mangé, ont des ulceres dans le gosier: le nez leur coule alors. C'est, je crois, la morve. Avoir la morve.

manguian. Morve; maladie de chevaux, mulets, etc., dans laquelle le nez leur coule. Sauts que font les enchanteurs, lorsqu'en évoquant l'esprit tigre, l'esprit s'est emparé de leurs corps, et les fait sauter en les agitant.

mangalame tanda. Donnez-lui-en sur le dos et le ventre.

manguien ouotchekou ouageka. L'esprit est entré dans le corps de l'enchanteur.

mang orho ousenembi. Nom d'un *tsie ki* qui est avant le solstice d'été, c'est-à-dire à la quatrieme lune.

mak sere herguen.

makche. Ordonner de danser. (Impératif du verbe suivant.)

makchembi. Danser.

makcheboumbi. Ordonner de danser.

makchenambi. Aller danser.

makgentchimbi. Venir danser.

makgen. Danse, c'est-à-dire évolutions de la main, du pied et de tout le corps, qui se font en suivant le mouvement de quelque air de musique.

makta. Ordonner de jeter quelque chose. (Impératif du verbe suivant.)

maktambi. Jeter le filet. Lorsque les chevaux et autres bêtes regimbent, donnent du pied de derriere contre quelqu'un. Faire valoir quelqu'un, le louer. Jeter quelque chose. Lancer une pierre. Laisser tomber. Lancer l'épervier. Rejeter.

maktaboumbi. Ordonner de jeter, de lancer quelque chose. Cela se dit aussi lorsque, dans les fontes de glace, il y en a des quartiers qui roulent sur les bords de la riviere. Cela se dit encore lorsque le vent contraire emporte la barque à l'opposé de l'endroit où elle dirige son cours. Être loué par quelqu'un. Quelque chose que se soit qui s'est perdue. S'écarter du droit chemin.

maktachambi. Lorsqu'on est en colere et qu'on renverse tout, qu'on jette çà et là tout ce qui se rencontre.

maktatchoun. Éloges, louanges.

maktandoumbi. Lorsque le commun loue, donne des éloges à quelqu'un. On dit de même *maktanoumbi.*

maktabouha. Il s'est écarté du droit chemin et est allé bien loin ailleurs.

maktabouhapi. Être accablé de maladies sans pouvoir remuer ni pieds ni pattes, comme on dit. Être en arriere des autres pour avoir pris un chemin tortueux, ou pour n'avoir pas suivi le vrai chemin.

maktchan. Petit homme. Nain. Qui est très petit de corps.

maktchanahapi. Cet homme est devenu petit, son corps s'est raccourci.

mao sere herguen.

maokala. Nom d'une espèce d'oiseau qui ressemble à l'épervier, mais il est gros comme celui qu'on appelle *tiao* ; son corps cependant est un peu plus menu : il se tient dans les forêts.

mal sere herguen.

malhoun. Chemin sauvage dont on croit ne jamais trouver le bout. Alors on dit *tchouhoun malhoun.* Ce mot se dit aussi de quelque outil ou instrument que ce soit dont le bas est étroit et le haut fort large. On dit encore *fartahoun.* Chemin long et fastidieux dont il semble qu'on ne verra jamais le bout. Épargne, modération, économie.

malhounga. Chemin désert. Mauvais chemin. Homme économe, épargnant. Chose dont on se sert souvent, et dont cependant on ne voit pas la fin.

malhoukan. Un peu trop. En assez grande quantité. En quantité suffisante. (*laptoukan.*)

malhouchambi. User d'économie, épargner pour l'avenir.

malhouchaboumbi. Ordonner d'épargner, d'user d'économie.

malhouchandoumbi. Épargner en

commun. Lorsque le commun use d'économie. On dit encore ᡥᠠᠯᡥᠣᠴᠠᠨᠣᡠᠮᠪᡳ. *malhouchanoumbi.*

ᡥᠠᠯᡥᠣᠴᠠ. *malhoucha.* Ordonner d'épargner. (Impératif de ᡥᠠᠯᡥᠣᠴᠠᠮᠪᡳ. *malhouchambi.*

ᡥᠠᠯᡥᠣᠨ ᠶᠣᡴᡨᠴᡳᠩᡤᠠ. *malhoun yoktchinga.* Quelque chose que ce soit de beau, de bon et à bon marché. On dit aussi simplement ᠶᠣᡴᡨᠴᡳᠩᡤᠠ. *yoktchinga.*

ᠮᠠᠯᡨᠠ ᡦᡝᡵᡳ. *malta peri.* Nom d'une espece d'arc, dont la face intérieure est faite de corne de buffle, tout d'une piece d'un bout à l'autre.

ᠮᠠᠯᡨᠴᡳᡥᠠ. *maltchiha.* Aller polir l'osselet pour qu'il se tienne droit sur chacune de ses faces.

ᠮᠠᠯᡨᠠ. *malta.* Nom d'une espece de poisson de mer, dont la peau est aussi épaisse que celle du *tsieng hoang yn:* sa couleur est blanche; il a la tête d'un cheval, la bouche armée de dents, les narines ouvertes et garnies de peau des deux côtés; il nage avec la queue en travers. Ce poisson a trois brasses de longueur. Quand il est mort, un homme qui se met à cheval dessus son corps ne touche pas la terre avec ses jambes. Sa chair et ses os sont comme la chair et les os de l'ours sauvage.

ᠮᠠᠮ ᠰᡝᡵᡝ ᡥᡝᡵᡤᡠᡝᠨ. *mam sere herguen.*

ᠮᠠᠮᡦᡳᠨ. *mampin.* Nœud. On dit encore ᠮᠠᠮᡶᡳᠨ. *mamfin.*

ᠮᠠᠮᡦᡳ. *mampi.* Ordonner de faire un nœud. (Impératif de ᠮᠠᠮᡦᡳᠮᠪᡳ. *mampimbi.*

ᠮᠠᠮᡦᡳᠮᠪᡳ. *mampimbi.* Faire un nœud, nouer. Tresser un filet à prendre les poissons.

mampiboumbi. Ordonner de nouer, de faire un nœud; de tresser des filets à prendre les oiseaux ou les poissons.

mamguiakou. Prodigue, qui dépense mal à propos.

mamguiambi. Prodiguer, dépenser mal à propos.

mamguiaboumbi. Ordonner de prodiguer, d'être prodigue.

mamguianoumbi. Lorsqu'on prodigue en commun. Lorsque le commun prodigue. On dit encore *mamguiandoumbi*.

mamguiarakou. Qui n'est pas prodigue.

me sere herguen.

mene. Certainement, en vérité. On dit aussi *yala*.

menerembi. Devenir hébété, stupide. Tomber en pamoison. Être hors de soi.

menehoun. Stupide, hébété.

menerekepi. Il est demeuré sans sentiment. La main est demeurée immobile. Il est resté paralytique.

meni meni. Chacun. Chacun en particulier. On dit aussi *peri peri*, et *meimeni*.

menen. Paralysie sur la main qu'on ne peut

plus remuer. On dit alors ⸺ ⸺. *menen mimekou.* Stupide, hébété.

⸺. *meni.* Nous, en général. Lorsque ceux devant qui l'on parle ne sont pas compris dans la phrase.

⸺. *meningue.* De nous.

⸺. *metembi.* Sacrifier des bêtes. Tuer des bêtes pour les sacrifices qu'on offre au ciel. On dit aussi ⸺ ⸺. *tchouleche boumbi.*

⸺. *mete.* Croyance. Nouvelle. On dit de même ⸺. *meteke,* et ⸺. *metchike.*

⸺. *meteke.* Ce mot a le même sens que le précédent.

⸺. *meteche.* Porteur de nouvelles. Qui dit des nouvelles. Qui entend des nouvelles.

⸺. *meteri.* La mer. (*Hai* en chinois.)

⸺ ⸺. *meteri nimaha.* Poisson de mer. (*Hai yu* en chinois.)

⸺ ⸺. *meteri sampa.* Écrevisse de mer, langouste. (*Hai hia* en chinois.)

⸺ ⸺. *meteri melkechembi.* Vapeurs qui s'élèvent de la mer avant le lever du soleil. Ces vapeurs représentent des hommes, des chambres, etc. On dit aussi ⸺ ⸺. *tchifounoure soukdoun.*

⸺ ⸺. *meteri katouri.* Crabe de mer; sa coque a deux especes d'anses ou de pointes, et derriere, deux jambes qui sont inflexibles; au-dessus du dernier article de ses jambes, il a des especes de poils ou de petites pointes.

melenembi. Mener boire les bêtes. Mener les bêtes à l'abreuvoir.

meteri tchakarame. Les bords de la mer; c'est tout ce qui environne la mer.

melembi. Se cacher de crainte. Abreuver les chevaux.

melentchimbi. Venir abreuver.

melendoumbi. Lorsque le commun abreuve les chevaux. On dit aussi *melenoumbi.*

meme enie. Mere nourrice. On dit aussi *houhoun y enie.* Mere de lait.

meleboumbi. Ordonner d'abreuver les chevaux. Oublier quelque chose que ce soit et ne s'en appercevoir qu'après. Laisser couler. Oublier. Laisser tomber. Lorsqu'on veut donner un instrument ou quelque chose que ce soit, et qu'on l'oublie ensuite. Oublier quelque chose qu'on vouloit faire, etc.

melien. On emploie ce mot à la fin d'un autre pour exprimer qu'il y a apparence que cela est, ou que cela n'est pas. Par exemple, c'est à-peu-près comme cela. Alors on dit *latoumelien.*

meme ama. Pere nourricier.

memerembi. S'obstiner, s'opiniâtrer. Mettre un frein. Domter. Vouloir obstinément. Desirer ardemment. Desir de concupiscence. Ne point se rassasier. Vouloir de plus en plus, par exemple. Plus on a, plus on voudroit avoir, etc. *lapdou be memerefi niangoume lalantchi mouterakou.*

memereme tchafambi. Prendre avec avidité, avec effort, avec beaucoup de diligence.

memerekou. Naturellement, sans effort. Être dans un lieu avec plusieurs personnes, sans s'embarrasser du pour ni du contre.

memerechembi. Faire quelque chose que ce soit tout d'une haleine, s'obstiner à le faire. Ne pouvoir pas prendre quelque chose à la volée, comme on dit.

melertchembi. Craindre comme un rat, un chien, etc., lorsqu'ils volent quelque chose. Être sans cesse sur le qui vive par la crainte de quelque accident. Trembler de peur d'être vu, etc.

metchike. Nouvelle. Chose qu'on entend. Chose qu'on veut savoir. On dit aussi *meteke.*

metchike pa. Lieu où l'on entend les nouvelles.

metchikele. Ordonner de demander des nouvelles. (Impératif du verbe suivant.)

metchikelembi. Demander des nouvelles, s'informer.

metchikeleboumbi. Ordonner de s'informer, de demander des nouvelles.

metchike kaimbi. Demander des nouvelles, s'informer.

metchike kaisou. Informez-vous de cela. Demandez des nouvelles de cela, etc.

mekenimbi. Jouer de la bombarde, ou, pour mieux dire, du *kin* de bouche.

metchike kaiboumbi. Ordonner de s'informer, de demander des nouvelles.

me tchafambi. Tâter le pouls, toucher le pouls pour connoître la maladie.

me tchafaboumbi. Faire tâter le pouls par un médecin.

meïe. Le frere de la femme, le beau-frere. Le mari de la sœur aînée ou cadette.

meïete. Beaux-freres.

meïeleboumbi. Ordonner de couper par morceaux, de partager en plusieurs parties.

mein. Un rang de troupes lorsqu'elles sont en marche. Une page, un article, un feuillet d'un livre. Lorsque les troupes vont au combat, et qu'elles sont divisées par quartiers. Un quartier. Une bande. Une troupe. Un rang. Un morceau. Une piece de bois, ou de telle autre chose. Une bande de gens qui vont de compagnie, une troupe. On dit aussi *emou hoki.*

mein mein ni. Par troupes. Par compagnies. Par rangs. Par morceaux. Par pieces.

meïelembi. Couper par morceaux quelque chose que ce soit. Diviser. Partager.

meke. Le côté élevé de l'osselet dont les enfants se servent pour jouer.

mekeni. Kin de bouche, ou bombarde de fer ; ceux qui sont faits de bambou ou de corne s'appellent *houron.*

mekele. Inutilement. En vain. Perdre son temps et sa peine. On dit encore *ountouhouri,* ou *ountouhouri oho,* à vuide.

mekereboumbi. Battre quelqu'un de sorte qu'il ne puisse plus remuer ni pieds ni pattes.

mekerehepi. Cela se dit d'un fruit qui est passé, qui tend à la pourriture; et d'un homme qui a été battu si rudement, que sa chair en est presque pourrie.

mehe. Truie châtrée.

mehetchen. Truie qui a mis bas.

mehete. Homme qui a la levre supérieure courte.

mekou. Champignons qu'on mange après les avoir fait cuire. (*Mo kou* en chinois.)

mehourakou. Sans se courber.

mere. Bled sarrasin, ou bled noir. (*Tsiao mai* en chinois.)

mehoumbi. Se dresser sur ses étriers lorsqu'on est à cheval, et qu'on veut saluer quelqu'un.

Courber la tête et le corps, se baisser. Saluer en se courbant, en s'inclinant.

〜. *mehouboumbi.* Ordonner de se courber, de s'incliner, etc.

〜 〜. *mere tchempin.* Espece de gâteau qu'on fait avec du bled sarrasin nouveau, et qu'on offre aux esprits.

〜 〜. *mere nimangui.* Gresil; neige qui tombe à demi congelée.

〜 〜 〜. *mei sere herguen.*

〜. *meite.* Ordonner de partager en deux. (Impératif du verbe suivant.)

〜. *meitembi.* Partager quelque chose que ce soit. Couper, partager en deux également.

〜. *meiteboumbi.* Ordonner de partager, de couper en deux.

〜. *meile.* Ordonner de couper en morceaux une bête morte. (Impératif du verbe suivant.)

〜. *meilembi.* Couper en morceaux, par quartiers, une bête qu'on vient de tuer.

〜. *meileboumbi.* Ordonner de couper en morceaux, par quartiers, une bête qu'on vient de tuer.

〜. *meimeni.* Chacun en particulier. Tout le monde. On dit aussi 〜. *peri peri,* et 〜. *meni meni.*

〜. *meitchembi.* Réduire en petites parties, en petits morceaux.

〜. *meitcheboumbi.* Ordonner de mettre

en petits morceaux quelque chose que ce soit.

ᠮᡝᡳᡥᡝ. *meihe.* La sixieme heure chinoise. (*See ché* en chin.) Serpent. (*Ché* en chin.)

meifen. Le cou. (*Po tsee* en chinois.)

meihe yo. Nom d'une maladie chinoise. C'est un amas de petits boutons rouges de la grosseur du millet, qui environnent le corps ; c'est pourquoi on l'appelle, ulcere de serpent.

meihe koun halambi. Cela se dit des serpents qui changent de peau. Il change de peau.

meihe poulounambi. Cela se dit des serpents qui entrent dans leurs trous. On dit aussi *niénié,* ou *nieniere,* qui est un nouveau mot. On appelle ainsi le serpent qui, en hiver, est sans mouvement et engourdi; il couvre de sa bave l'ouverture du trou où il est.

meihe kelekou. Espece de chanvre dont la graine sert à faire de l'huile.

meihetou. Anguille. Il y en a de blanches qu'on appelle *changuien meihetou.* Il y en a de jaunes qu'on appelle *souaien meihetou.*

meihe kirangui. C'est une espece d'injure qu'on dit à quelqu'un, comme si on l'appelloit, os de serpent.

meihe tchetchike. Nom d'un oiseau dont la tête ressemble à celle d'un serpent; sa langue est fort longue.

meihe chari. Nom d'une plante sauvage d'un goût amer, qu'on appelle en chinois *ngo eulh che.* (*niongniaha i pe.*)

meihere. Ordonner à quelqu'un de porter sur ses épaules quelque chose que ce soit. (Impératif du verbe suivant.)

meiherembi. Porter quelque chose que ce soit sur ses épaules ou sur son dos.

meihereboumbi. Ordonner de porter sur ses épaules.

meiherehepi. Il est allé en portant cela sur ses épaules. Il l'a porté sur ses épaules.

meiren ni tchanguin. Nom d'un mandarinat de guerre qui répond au grade de lieutenant général. (*Fou tou toung* en chinois.)

meiretou. La partie de la cuirasse qui couvre le dessus de l'épaule.

meiren kirangui. L'os de l'épaule.

meifen pouktakapi. Avoir le torticolis, ou le cou plié, pour avoir dormi dans une posture gênée.

meifen tabali niamniambi. Tirer de la fleche du côté de l'épaule; comme lorsqu'on est à cheval, et que l'ennemi ou la bête se présente de côté.

meifehe. Le penchant d'une colline, d'une montagne.

ᠮᡝᡵ. *meiren.* L'épaule. Ce mot désigne aussi les mandarins de côté ou assesseurs, les petits drapeaux qui sont à côté des grandes bannieres, les deux bouts de l'arc, les deux parties du chapelet des mandarins qui sont sur les épaules.

ᠮᡝᡵ ᠰᡝᡵᡝ ᡥᡝᡵᡤᡠᡝᠨ, *mer sere herguen.*

mersen. Petites taches qui viennent sur le visage.

merguen. Vertueux. Sage. Habile. Qui surpasse les autres en vertu, en habileté, en adresse. Un chasseur qui tue plus de gibier que les autres.

mersenehepi. Cela se dit des étoffes de soie qui, ayant pris l'humidité, se chargent de taches de différentes couleurs. Prétérit de *mersenembi.* Avoir de petites taches sur le visage. Cela se dit aussi des instruments de fer qui se chargent de rouille, qui prennent de petites taches de différentes couleurs.

merguese. Sages. Vertueux. Qui surpassent les autres. (Pluriel de *merguen.*)

merguetembi. Cela se dit des chasseurs qui surpassent les autres, des pêcheurs et autres personnes qui surpassent les autres.

merguen tchetchike. Nom d'un oiseau de proie. Espece d'épervier qu'on appelle autrement *kiahoun tchetchike;* il est un peu plus gros que celui qu'on appelle *souaien kiahoun tchetchike.*

merhe. Petit peigne. Peigne fin à ôter les poux.

merhembi. Peigner.

merkimbi. Se rappeller, ou chercher à se rappeller une chose qu'on auroit oubliée ; l'avoir, comme on dit, sur le bout de la langue.

merheboumbi. Ordonner de peigner.

merkihe seme paharakou. Quoiqu'on l'ait cherché par-tout, on ne l'a pas pu trouver. Je cherche en vain à me le rappeller.

men sere herguen.

mende. A nous. Par nous. De nous. (Datif et ablatif de *pe,* nous.)

mentehe. Édenté; celui à qui les dents de devant manquent. On l'appelle également *moumouri mentehe,* et *sentehe.*

menderekepi. Il a parlé en homme décrépit. Cela se dit des vieillards qui radotent, et qui disent ce qu'il ne faudroit pas.

mentou. Espece de gâteau qu'on fait après avoir fait fermenter la farine ou la pâte.

mentouhoun. Sot, qui n'a point de talent.

mentouhoutembi. Devenir hébété, sot, etc.

mentouhourembi. Parler mal à propos, sans savoir ce qu'on dit.

MEK

mentchi. Plus que nous. Par nous. De nous, etc. (Ablatif de ⚬. *pe,* nous.)

mentchi. Nom d'une espece de plante qu'on mange salée : ses feuilles sont grandes ; sa racine est un peu ronde. (*Man tsing* en chinois.)

meng sere herguen.

mengse. Couverture ou enveloppe sous laquelle on met les habits qui servent pour l'évocation des esprits. Rideaux de soie ou de toile.

mengte. Fenêtres ou chassis immobiles qu'on ne sauroit ouvrir.

mengtelembi. Attacher quelque manche que ce soit avec force. Qui est bien attaché, bien uni avec le reste, qui ne sauroit branler. Quelque chose que ce soit qui est bien solide.

mengoun. Argent. (*Yn* en chinois.)

mengoun nigeha. Poisson d'argent. (*Yn yu* en chinois.)

mek sere herguen.

mekte. Ordonner de mettre sur jeu.

metembi. Mettre sur jeu une gageure, par exemple, etc.

mekteboumbi. Ordonner de mettre sur le jeu la somme dont on est convenu.

mektcherefi. Il est devenu voûté. Il est resté courbé.

mektcherefi ilihapi. Il est demeuré courbé, voûté, etc.

〜〜〜. *mel sere herguen.*

〜〜〜. *melbikou.* Rames dont le manche est court et le reste long : un seul homme s'en sert à deux mains.

〜〜〜. *melbimbi.* Ramer dans une barque.

〜〜〜. *melmen.* Sang extravasé, comme il arrive après avoir reçu quelque coup, etc.

〜〜〜. *melmenehepi.* Le sang, ou quelqu'autre chose que ce soit, qui est figé, arrêté, qui ne sauroit plus couler.

〜〜〜. *meltchembi.* Être témoin d'un combat. Disputer à qui l'emportera, se débattre, tâcher de vaincre.

〜〜〜. *meltcheboumbi.* Ordonner d'être témoin d'un combat, d'une dispute, d'être attentif à qui l'emportera.

〜〜〜. *melken.* Vapeurs qui s'élevent de la terre, et qu'on croit être comme une espece de riviere en l'air.

〜〜〜. *melkechembi.* Cela se dit des vapeurs qui s'élevent de la terre dans les airs, et de celles qui s'élevent de la mer.

〜〜〜. *mem sere herguen.*

〜〜〜. *membe.* L'accusatif de 〜〜, *mouse*, nous.

〜〜〜. *mi sere herguen.*

〜〜〜. *mini.* De moi.

〜〜〜. *miningue.* De moi. Appartenant à moi.

mihan. Cochon de lait. Petit cochon.

mihatchan. Petit sanglier. Sanglier de lait.

mihatambi. Criailler. Se chamailler. Se battre. S'entredire des injures à voix forte. Cela se dit aussi des chevaux qui se débattent pour n'être pas montés ou attachés.

mise. Arc débandé, comme lorsque la corde est lâche.

misen. Grande jarre dont l'ouverture est très grande.

misoun. Espece de moutarde chinoise, ou composition pour mettre dans les ragoûts en guise d'assaisonnement. (*Kiang* en chin.)

misoun potcho. Couleur brune, comme celle de l'assaisonnement chinois appellé *kiang*. On l'appelle aussi *eihen potcho;* comme qui diroit, couleur d'âne.

misou hougeha. Nom d'un fruit qui vient dans les forêts ; sa couleur est rouge ; son goût est âpre ou aigre ; il a de l'odeur : il vient par grappes comme le raisin.

mita. Les clous de fer, où les boucles qui tiennent la croupiere des chevaux. Faire débander l'arc.

mitambi. Débander l'arc.

mitaboumbi. Ordonner de débander l'arc.

mita ouche. La courroie qui est sous la queue des bêtes de charge.

mita tchafou. La courroie, ou telle autre chose semblable qu'on met sous la queue des chevaux.

mitata. Nom d'une plante sauvage qui ressemble à la chicorrée; sa racine est bonne à manger; elle est un peu douce

milarambi. Faire l'ouverture. Ouvrir les deux battants d'une porte. Ouvrir quelque chose que ce soit. Faire place à quelqu'un, par exemple, sur le chemin duquel on se trouveroit, se ranger pour le laisser passer, se séparer, si l'on est plusieurs ensemble, etc.

mitaltchambi. Aller en zigzag. Aller en serpentant. Cela se dit aussi des enchanteurs qui, en évoquant les esprits, remuent leurs corps en mille façons différentes.

mitaha. Nom d'un insecte d'eau.

mila, (impératif de *milarambi.*) Ordonner d'ouvrir, de faire place, de laisser passer, d'ouvrir la porte. On dit aussi *milata.* Quelque chose que ce soit qui est ouvert, etc. On dit alors *mila neihe.* Myrrhe. (*Mi la* en chinois.)

milaraka. Le cheval s'est détourné du droit chemin et a pris de côté. Ils se sont séparés pour laisser passer quelqu'un. Quelque chose que ce soit qu'on a séparé.

milaraboumbi. Lorsqu'on est à la chasse, ordonner à quelqu'un de revenir à la queue. Séparer quelque chose qui seroit trop serré.

MITCHOU

⸻. *milahoun.* Ouverture de quelque chose que ce soit. L'ouverture d'un instrument quel qu'il soit.

⸻. *mimimbi.* Couvrir, mettre une couverture à quelque chose. Fermer la bouche. Boucher l'ouverture de quelque chose.

⸻. *mimi,* (impératif du verbe précédent.) Ordonner de fermer quelque chose, de fermer la bouche. Nom d'un insecte qui ressemble à la mouche, il est un peu plus gros.

⸻. *mitcheou.* Nom d'une espece de piece de soie.

⸻. *mitchihien.* Homme qui a le cœur étroit, qui ne sait se mettre au-dessus de rien, que tout embarrasse. Superficiel.

⸻. *mitchoumbi.* Se concentrer de crainte. Marcher à quatre pattes, comme les petits enfants, par exemple.

⸻. *mitchouboumbi.* Cela se dit de ceux qui, à force d'avoir été battus, ne sauroient se relever, et se traînent seulement. Ordonner de marcher à quatre pattes.

⸻. *mitchoutambi.* Se concentrer de crainte. Marcher à quatre pattes.

⸻. *mitchourambi.* Marcher en traînant les pieds et lentement. Revenir sur ses pas pour se placer moins avant que l'on n'étoit. Retourner à sa vraie place.

⸻. *mitchouraboumbi.* Cela se dit de ceux qui, à force d'avoir été battus, ne peuvent plus se remuer, sont très foibles, etc. On dit aussi ⟨⟩. *mitchireboumbi.*

⟨⟩. *miang.* Cris des petits enfants lorsqu'ils pleurent.

⟨⟩. *miang ming.* Pleurs de plusieurs petits enfants. Bélements des agneaux, brebis, etc.

⟨⟩. *miagerilambi.* Larmoyer. Avoir la larme à l'œil.

⟨⟩. *miagetambi.* Marcher de guingois, en se laissant aller. Cela se dit d'une fleche qu'on a lancée, et qui va en brandillant, c'est-à-dire qui ne va point roide, etc.

⟨⟩. *miagehitambi.* Marcher courbé et en se brandillant par foiblesse des reins. On dit aussi ⟨⟩. *miagetambi,* et ⟨⟩. *miagehi miagehi.*

⟨⟩. *miamiaha.* Nom d'un ornement de tête à l'usage des femmes. C'est une piece d'argent ou d'autre métal qui est sur le devant de la tête, qui sert à contenir les cheveux.

⟨⟩. *miahou.* Nom d'une bête fauve qui ressemble au daim; son corps est un peu plus petit; sa couleur tire sur le noir : il porte le musc. C'est la civette.

⟨⟩. *miamichakou.* Musqué, attifé, qui aime à être paré. Freluquet, qui veut paroître beau et joli, etc.

⟨⟩. *mialiboumbi.* Ordonner de mesurer.

MIE 397

. *mialimbi.* Mesurer les quantités et les dimensions. Mesurer avec un pied, par exemple, des cordes, etc. Mesurer avec un boisseau, etc.

. *miamiboumbi.* Ordonner de s'attifer, de s'ajuster, de se parer, de se farder.

. *miamimbi.* Se parer, s'ajuster, se farder, user de déguisement, couvrir ses défauts sous un bel extérieur.

. *miar mir.* Criaillement de plusieurs petits enfants qui pleurent à la fois.

. *mialin.* Mesures dont on se sert pour mesurer les grains. Il y en a de cinq sortes; le *hou*, le *teou*, le *cheng*, le *ho* et le *tchao*; la premiere contient 10 fois la seconde; celle-ci 10 fois la troisieme, ainsi des autres, en proportion décuple.

. *miar miar.* Cris des petits enfants à la mamelle lorsqu'ils pleurent. Cris des agneaux, des de biches, pour appeller leurs meres.

. *miekou efen.* Nom d'une espece de pâtisserie faite avec de la farine de millet; on met cette farine dans de l'eau, et on fait cuire le tout au bain marie: on exprime la trop grande quantité d'eau dont cette farine est imbibée, etc.

. *miehounehe.* Pellicule qui se forme sur le *hi fan*. Cela se dit aussi des vieillards décrépits qui ne sont plus bons à rien.

. *miaotchan.* Fusil. (*Niao tsiang* en chin.)

. *miehounehepi.* Ce vieillard est décrépit, il ne sauroit plus rien faire. Cela se dit aussi de quelque jus, bouillon, et autre chose liquide, sur la surface de laquelle il se forme une pellicule.

miao. Temple. Ce qui n'est pas bien clair. Ce qu'on ne voit qu'à-peu-près. (*Miao* en chinois.)

miaochoroboumbi. Faire faire un bâton, ou telle autre chose en zigzag, en colonne torse, par exemple.

miaotchan ni tchouoha. Fusiliers.

miaotchalambi. Tirer un fufil, etc.

miaotchalaboumbi. Ordonner de tirer un fusil.

miaotchalantoumbi. Lorsque le commun se sert de fufil, tire des coups de fufil. On dit encore *miaotchalanoumbi*.

miaraha. Avoir le cœur troublé. Être jaloux.

min sere herguen.

minte. A moi. De moi. Par moi. (Datif et ablatif de *pi*, je, ou moi.)

mintchi. Plus que moi. Il n'est pas plus fort que moi, *mintchi eberi*. (Ablatif de *pi*, je, ou moi.)

ming sere herguen.

mingan. Mille, 1000. (*Tsien* en chinois.)

mingata. Chaque mille.

MIO

mingatchi. Par mille. Depuis mille.

mingan toumen. Mille *ouan*. Dix millions. (*Tsien ouan* en chinois.)

mingangueri. Mille fois.

mik sere herguen.

miktchan. Musc. On l'appelle aussi *tcharin*. (*Ché hiang* en chinois.)

mis sere herguen.

mishambi. Se ranger, faire place.

mishaboumbi. Ordonner de s'écarter, de se ranger, de faire place.

mishalakou hourka. Attrape qu'on fait avec des cordes pour prendre des bêtes fauves.

mishan. Mesure, corde pour prendre des alignements. Corde qu'on enduit d'encre pour marquer sur le bois, corde à l'usage des menuisiers.

mishalambi. Tirer un alignement avec une corde enduite d'encre, etc. Mesurer. Tracer.

mishalaboumbi. Ordonner de tracer, d'aligner avec une corde enduite d'encre.

mio sere herguen.

miogehoun. Qui a le cœur sans droiture. Doctrine mauvaise, fausse religion. Mauvaise pensée. De travers. Qui n'est pas droit. Qui n'est pas conforme à la nature, etc.

miogehoun tatchin. Mauvaise leçon.

miosgehotombi. Parler de travers. Agir de travers.

miogeri. Sourire; comme lorsqu'on entend quelque chose qui fait plaisir, et qu'on remue les levres, etc.

miogerilambi. Rire sans éclat, en remuant un peu les levres. Sourire.

miogeri miogerilambi. Avoir une physionomie riante.

miochoroko. Cela se dit de quelque chose que ce soit qui s'est déjeté, qui a gauchi, qui s'est mis de travers. On dit de même *miochorombi.*

miotori miotori. Cela se dit de ceux qui, ayant mal aux reins, marchent en se jetant tantôt d'un côté, tantôt de l'autre.

mim sere herguen.

mimbe. Accusatif de *pi*, je, ou moi.

mo sere herguen.

mo. Vaste. Pacifique. Cela se dit aussi de quelqu'un qui, regardant un autre en face, lui dit quelque raillerie. Alors on dit *mo seme hentoumbi.*

moniou. Singe Cet animal n'a point de rate.

mohon. Fin, terme d'une affaire.

꘎꘎꘎. *mohotolo.* Jusqu'à la fin. Jusqu'à l'extrémité de cela, etc.

꘎꘎꘎. *mohombi.* Être fatigué. Être épuisé. N'avoir plus de force. N'avoir plus rien à dire. Cesser de parler. Finir. Se désister. N'avoir plus la force de faire quelque chose. La pauvreté fait faire bien des fautes. ꘎꘎꘎ ꘎꘎꘎ ꘎꘎ ꘎꘎. *mohotchi outhé palai ombi.*

꘎꘎꘎ ꘎꘎꘎. *mohori sohori.* Cavalièrement. Par exemple, lorsqu'on reçoit quelque étranger, et qu'on ne lui offre que des choses viles et ordinaires; ne le recevoir pas avec honneur.

꘎꘎꘎. *moholo.* Bœuf qui n'a point de cornes.

꘎꘎꘎. *mohohopi.* Avoir fini de parler. Avoir épuisé, fini quelque chose que ce soit. N'avoir plus les facultés ni la force de faire quelque chose qu'on voudroit bien, par exemple.

꘎꘎꘎. *moselambi.* Être assis les jambes croisées. Broyer quelque chose.

꘎꘎꘎. *mohoboumbi.* Couper la parole à quelqu'un, le réduire à ne pouvoir rien dire. Réduire quelqu'un aux dernieres extrémités. Ordonner de finir un discours, par exemple, qu'on ne veut plus entendre. Être réduit dans un état à ne pouvoir plus parler, à ne pouvoir se remuer, etc.

꘎꘎꘎ ꘎꘎. *moselame tembi.* Être assis les jambes croisées à la maniere tartare.

moselakou. Pierre à moudre les grains. Moulin.

moselaboumbi. Faire moudre.

motan ilha. Fleur qui est à-peu-près comme les pivoines. On la nomme ici la reine des fleurs. (*Mou tan* en chinois.)

momokon. Interdit, confus. Qui est embarrassé de sa personne et ne sait plus que dire.

moto. Cheval pesant, dur, et qui n'est pas délié. Qui parle et agit pesamment. Qui n'a point d'adresse. Lourdaud, pesant, etc.

molo. Nom d'une espece de bois fort fin; on s'en sert pour faire des moyeux de charrettes. Ce bois est d'une couleur tirant sur le jaune; ses feuilles ont cinq côtés pointus ou trois seulement : on peut les faire bouillir comme le thé. Sa racine sert à faire des roues, et des bouts pour mettre aux fleches dont on se sert pour l'exercice. Le bois est veiné.

molotombi. Coller quelque chose, le rendre solide et ferme.

momorombi. Lieu où l'on est continuellement assis. Être continuellement dans un même lieu. On dit aussi *tehei montchirchambi.*

momohori. Cela se dit lorsqu'un nombre de personnes sont assises en un même lieu sans dire quoi que ce soit. On dit de même *momohori tetchehepi.*

motchikou. De travers. Qui n'est pas droit. (*ouaikou.*)

motchin. Nom d'une espece de toile de couleur noire. (*Mao tsing pou* en chinois.)

motcho. Qui agit, parle, etc., pesamment. Qui a la mâchoire pesante. Cela se dit aussi de ceux qui ne savent rien faire, qui n'ont aucun talent; des femmes qui ne savent ni coudre ni filer, comme on dit.

motchotombi. Agir ou parler d'une maniere pesante.

motcho simhoun. Le deuxieme doigt de la main ou l'index. On l'appelle aussi *tergue simhoun*, et *tchorire simhoun*.

motchihien. Ours qui est de la plus petite espece, et qu'on appelle ours chien. En hiver il fait sa demeure dans des creux d'arbres. C'est aussi le nom d'une autre bête sauvage que les Chinois appellent *pi*.

morin. Cheval. C'est aussi le nom d'une heure chinoise. (*Ma* en chinois.)

moïo. Cela se dit des enfants auxquels il vient des boutons par-tout le corps, comme s'ils avoient la petite vérole. Cela se dit aussi des lames de couteaux, d'épées, de fleches, etc., dont les pointes et les tranchants sont émoussés.

moringa. Cavalier. Qui est à cheval.

morilambi. Monter à cheval. Aller à cheval.

morilaboumbi. Ordonner d'aller à cheval.

morila. Ordonner de monter à cheval. (Impératif de *morilambi.*)

moringa tchouoha. Les cavaliers de la banniere verte.

moringa oukgen. Les cuirassiers. (*Ma kia* en chinois.)

morin katchimbi. Diriger son cheval contre le but où l'on vise.

morin chendambi. Cela se dit des cavaliers qui font partir leurs chevaux, qui donnent le galop au cheval.

morin parguiambi. Après l'exercice de la fleche, arrêter son cheval, ramener son cheval.

morin oueihe. Nom d'un ulcere qui vient à la bouche des petits enfants, et qu'on appelle dent de cheval.

morin oueihe pantchihapi. Il lui est venu l'ulcere appellé dent de cheval.

morin tourguen. Nom d'une plante sauvage dont les fleurs sont jaunes et ressemblent au pied d'un cheval : on s'en sert dans la médecine. On l'appelle *si sin* en chinois.

morin torho. Herbe médicinale appellée *si sin* en chin. C'est la même que la précédente.

morin tchalmin. Nom d'une plante dont la racine ressemble à celle de l'espece de chanvre appellée en chinois *tien ma chou.* On l'appelle aussi *leao hoa,* et *loung houng tsao.* La fleur de cette plante s'appelle *souihe ilha.*

morin chelmen. Espece de poule sauvage dont le mâle est plus gros que la femelle.

moro, (*cheng* en chin.) La dixieme partie d'un boisseau : il faut 10 *ho* pour faire un *cheng,* 10 *cheng* pour faire un boisseau. Tasse. Ecuelle. (*Ouan* en chin.)

morin ni tchalin ouotchembi. Cérémonie par laquelle on offre pour les chevaux au printemps et en automne, après les sacrifices d'usage pour ces deux saisons.

moro hiase. La dixieme partie d'un boisseau, qu'on appelle aussi *moro.*

morohon. Gros yeux ronds. Alors on dit *yasa morohon.*

morohon neimbi. Ouvrir de grands yeux ronds.

morohon touambi. Lorsqu'on est en colere et qu'on ouvre de grands yeux. (*yasa morohon touambi.*)

momorchombi. Lorsqu'on tire de la fleche à cheval, le faire avec grace. Tirer de la fleche avec grace.

mon sere herguen.

⌒. *montchon.* Nœud de soie qu'on met au-dessus des bonnets.

⌒. *montchi.* Ordonner de froisser entre ses mains une peau ou telle autre chose, pour la rendre plus douce et moins roide.

⌒. *montchimbi.* Froisser une chose entre ses mains pour la rendre plus douce ou plus foible. Ramollir une peau en la frottant entre ses mains. Ramollir, froisser, etc. Se frotter les mains l'une contre l'autre, comme lorsqu'on a envie de se battre. Frotter ou froisser quelque chose entre ses mains. Pétrir la farine. Froisser les feuilles de tabac. Fouler aux pieds.

⌒. *montchiboumbi.* Ordonner de froisser entre ses mains, de ramollir, de fouler aux pieds, etc.

⌒. *montchirambi.* Pétrir de la farine avec les mains. Froisser entre ses mains, lorsqu'on se met en colere étant assis et qu'on se leve brusquement.

⌒. *montchirchambi.* Lorsqu'on est assis, et que, de colere, on se leve brusquement. Lorsqu'on est en colere, et qu'on s'en va brusquement pour éviter la rencontre ou la vue de quelqu'un. Lorsqu'à l'exercice de la lutte on ne donne aucun jour à son adversaire, et qu'on le culbute.

⌒. *mong sere herguen.*

⌒. *Mongou.* Mongou ou Tartare occidental.

⌒. *Mongousou.* Mongoux. (Pluriel du mot précédent.)

ᠮᠣᠩ [ᠨᠢ,] *mongourome,* (*mbi.*) Apprendre le mongou. Parler mongou.

ᠮᠣᠩᠣᠷᠣᠮᠢ ᠲᠡᠮᠪᠢ, *mongourome tembi.* S'asseoir à la maniere des Mongoux; c'est-à-dire, mettre le derriere sur les pieds.

ᠮᠣᠩᠣᠷᠣᠮᠪᠢ, *mongourombi.* Jouer au volant comme les Mongoux, en se servant du pied en guise de raquette. S'asseoir sur un pied comme les Mongoux.

ᠮᠣᠩᠣᠷᠣᠪᠣᠮᠪᠢ, *mongouroboumbi.* Ordonner de parler Mongou, de jouer au volant comme les Mongoux.

ᠮᠣᠩᠣ ᠴᠣᠣᡥᠠ, *mongou tchouoha.* Troupes tartares-mongoux.

ᠮᠣᠩᠣ ᠪᠢᠲᡥᡝ, *mongou pithe.* Livre mongou.

ᠮᠣᠩᠣ ᠪᡠᡩᠠ, *mongou pouta.* Mets à la mongou; c'est-à-dire, de la viande cuite avec du riz.

ᠮᠣᠩᠣ ᠪᠣᠣ, *mongou po.* Tente à la mongou. Tente ronde.

ᠮᠣᠩᠣ ᠰᡝᡨᡠ, *mongou setou.* Nom d'une plante sauvage de couleur rouge. On l'appelle aussi ᡶᡠᠯᡤᡳᠶᠠᠨ ᠰᡝᠯᠪᡝᡩᡝ, *foulguien selbede.* Celle qui est blanche s'appelle ᠮᠠᡴᡝᡵ, *maker.* On mange la racine de l'une et de l'autre.

ᠮᠣᠩᠣ ᡨᠠᠯᠠ, *mongou tala.* Pays des Mongoux.

ᠮᠣᠩᠣ ᠪᡠᡵᡝᠨ, *mongou pouren.* Instrument ou espece de trompette à l'usage des lamas; elle ressemble aux trompettes chinoises. Le milieu de cette espece de trompette est de bois et les deux bouts de cuivre.

〰〰〰, *mongourokou.* Manche ajoutée à un habit.

〰〰〰. *mongou tchipin.* Nom d'une espece d'oie dont la couleur tire sur le noir : elle est plus petite que les oies qu'on appelle *tsee yen.* On la trouve au-delà de la grande muraille.

〰〰〰. *mongoutchon.* Vase à contenir les liqueurs : il a le cou menu, et est plus petit que celui qu'on appelle 〰〰. *malou.* Nom d'un vase dont on se sert pour les sacrifices.

〰〰〰 〰〰. *mongourokou sitchikien.* Veste ou habit qui a un collet et des manches d'une couleur différente.

〰〰〰. *mongoulimbi.* Pendre quelque chose à son cou, comme le chapelet, par exemple, etc.

〰〰〰. *mongoulikou.* Collier d'or ou d'argent à l'usage des femmes. Collier qu'on met aux chiens.

〰〰〰. *mongouliboumbi.* Ordonner de suspendre quelque chose, de pendre quelque chose à son cou.

〰〰〰 〰〰. *mongoun housikou.* Casque qui embrasse le cou. Collet qui est attaché à l'habit. Collet que les femmes mettent quand elles ont froid.

〰〰〰. *mongoun.* Le devant du cou.

〰〰〰. *mongniohon.* Sanglot, soupir. Cela arrive lorsqu'on a quelque affliction, et qu'on ne s'exhale point en plaintes. On dit 〰〰〰 〰〰. *mongniohon oho.*

mok sere herguen.

mokso. Quelque chose que ce soit qui est en deux morceaux. Une chose en deux morceaux.

mokso kenehe. Quelque bois, quelque chose que ce soit, qui s'est mis en deux morceaux.

moksolombi. Briser, couper; ou, pour mieux dire, rompre quelque chose.

moktohoho, (*mbi.*) Mettre quelque chose en deux morceaux.

mokto. Quelque chose que ce soit qui a la pointe émoussée, qui n'a point de pointe. Qui n'a pas de force, de valeur, de cruauté, ou de férocité. Qui n'a point de queue.

mo sere herguen.

mo. Nom d'un instrument dont on se sert pour punir les coupables. Arbre. Bois. (*Chou, mou* en chin.)

mo y noran. Amas de bois sec qu'on range par étages. Monceau de bois.

mo karma. Nom d'une espece de fleche dont le bois est ouvragé; il y a quatre plumes qu'on colle aux quatre côtés. On l'appelle la fleche du coq.

mo y hodon. Muraille de bois.

mo ihan. Nom d'une espece de bœuf qui se trouve dans le *Chen-sy* et dans le *See-tchouen* : le poil qu'il a sous le cou et sur le genou est très long; celui qu'il a à la queue est très fin : on s'en sert pour faire des houppes de bonnets, après les avoir teints. On en met aussi au-dessus des étendards, etc.

mo y hache. Espece de fruit auquel on a donné le nom de figue caque; il est un peu plus applati qu'une orange : il est jaune et doux : il y en a de plusieurs especes. On ne peut pas le manger au sortir de l'arbre, il faut le laisser mortifier.

mo y peri. Arc dont on se sert pour travailler le coton.

mo satchire nialma. Bûcheron; celui qui coupe le bois.

mo y tchoun. Bois propre à faire des ouvrages. Matériaux de bois.

mo morin. Cheval de bois dont les enfants s'amusent; ils font en devant une tête de cheval, et par derriere, la queue ou la croupiere d'un cheval.

mo y fouktala. Nom d'une espece d'arbre. C'est aussi le nom d'une plante sauvage. Cet arbre conserve sa verdure en hiver comme en été; ses feuilles sont plates et longues; son fruit est rouge, on le fait cuire ou bouillir pour en nourrir les bœufs. Quand on dit simplement *fouktala,* on veut désigner l'herbe appellée *kiue tsai* en chinois.

mol sere herguen.

molho. Boyau gras des sangliers. Le boyau gras des cochons s'appelle *moua touha.*

mou sere herguen.

�ᠮᠣᡠ MOUHA 411

ᠮᡠ. *mou.* Un *mou* de terre. Un arpent de terre.

ᠮᡠᠨᠠᡥᠣᡠᠨ. *mounahoun.* Cela se dit de ceux qui sont hors d'eux-mêmes de colere. Blême de colere.

ᠮᡠᡥᠠᠴᠠᠨ. *mouhachan.* Taureau, bœuf. Ce mot ne se dit que des mâles qui sont entiers.

ᠮᡠᡥᠠᠯᡳᠶᠠᠮᠪᡳ. *mouhaliambi.* Amonceler, mettre en monceau.

ᠮᡠᡥᠠᠯᡳᠶᠠᠪᡠᠮᠪᡳ. *mouhaliaboumbi.* Ordonner d'amonceler, de mettre en monceau.

ᠮᡠᡥᠠᠯᡳᠶᠠᠨ. *mouhalien.* Grains du chapelet que les mandarins portent pendu à leur cou. Un petit monceau de quelque chose. Balle de fonte, ou de plomb, ou d'argille. On se sert de ces denieres pour tirer avec l'arbalête. Quelque grain que ce soit qui est rond. Fonte ou grains de plomb dont on se sert pour tuer les oiseaux. On appelle ces grains de plomb ou de fonte *tsien leang* en chinois.

ᠮᡠᡥᠠᠷᠴᠠᠮᠪᡳ. *mouharchambi.* Cela se dit du mal qu'on ressent aux yeux lorsqu'il y est entré quelque fétu ou de la poussiere.

ᠮᡠᡥᠠᠨ ᡨᠠᠰᠠ. *mouhan tasha.* Tigre mâle. (*Koung hou* en chinois.)

ᠮᡠᡥᠠᠨ ᠶᠠᡵᡥᠠ. *mouhan yarha.* Autre espece de tigre appellée *pao* en chinois. Mâle dans cette espece.

ᠮᡠᡥᠠᠨᡨᡠᠮᠪᡳ. *mouhantoumbi.* S'accoupler. Ce mot est consacré pour les tigres qui s'accouplent en hiver, pour les chats et pour les taureaux.

⵿. *moukoumbi*. Remplir sa bouche de bouillon sans pouvoir l'avaler. Ne pouvoir ou ne vouloir pas avaler. Garder dans sa bouche de l'eau, du bouillon, etc.

⵿. *mouhan sepsehe*. Nom d'un insecte qui est de couleur de cendre mêlée de noir; il n'a point d'ailes; son ventre est gros et ressemble à celui de la sauterelle: il n'engendre point à la façon des autres, mais du milieu de son ventre il sort comme une espece de soie qui est un ver de la même espece. On l'appelle aussi ⵿. *tongou mitaha*.

⵿. *moukoun falha*. Une famille. Parents de même nom, en ligne droite.

⵿. *moukoun*. Amas de barques qui vont de compagnie. Flotte. Famille. Un village. Un hameau. On dit aussi ⵿. *fenin*.

⵿. *mouhouri*. Une chose ronde. Une maison dont on a coupé les angles pour l'arrondir. Quelque chose dont on a coupé les extrémités qui excédoient, qu'on a égalisé.

⵿. *mouse*. Nous.

⵿. *mousengue*. De nous. Appartenant à nous.

⵿. *mouseingue*. De nous.

⵿. *mousembi*. Cela se dit de ceux qui se désistent d'une bonne affaire qu'ils avoient entreprise, qui reculent mal à propos après s'être avancés. Cela se dit aussi de quelque chose que ce soit qui se déjette comme le bois, et qui se courbe comme le fer, etc.

𑒁𑒁𑒁, *mousemboumbi.* Ordonner à quelqu'un de revenir à soi, de se tranquilliser. Faire déjeter du bois. Faire courber quelque chose.

𑒁𑒁, *mousen.* Arc courbé. Enveloppe de la biere, ou premiere biere dans laquelle on met celle où est le mort.

𑒁𑒁, *mousekepi.* Il a quitté sa premiere idée. Il s'est désisté mal à propos de son premier sentiment. Quelque bois que ce soit qui s'est déjeté.

𑒁𑒁, *mouche.* Bouillie qui se fait avec de la farine délayée dans de l'eau ou dans du bouillon.

𑒁𑒁 𑒁𑒁, *mouche ouehe.* Nom d'une espece de pierre qui vient sur les montagnes appellées *Cheou-chan*, *Tsing-tien* et *Tien-tay*; elle vient aussi dans d'autres endroits : elle est fort unie, et d'un grain fin. Si on racle cette pierre, ses raclures ressemblent, par leur blancheur, à de la fine farine. On l'appelle *tou tchou che*, ou pierre à cachet. Lorsqu'on s'est coupé, on met sur la plaie de la raclure de cette pierre, et on est guéri en peu de temps.

𑒁𑒁, *moujehi.* Instrument à puiser de l'eau, qui a un long manche.

𑒁𑒁 𑒁𑒁, *mouchou alhan.* Filet à prendre les cailles; il est plus petit que celui qu'on appelle 𑒁𑒁 𑒁𑒁. *oulhouma alhan.* Filet à prendre les petits oiseaux.

𑒁𑒁 𑒁𑒁 𑒁𑒁, *mouchou kitara asou.* Filet à

prendre les cailles; un seul homme le tend: il a quatre pieds de long et quatre pieds de large : aux deux côtés il y a deux bâtons ou bamboux. On l'appelle aussi ⟨⟩. *alhan.* Filet à prendre les oiseaux.

⟨⟩. *mouchouhouri.* Ni plus, ni moins. On dit aussi ⟨⟩, *toubeheri.* Je l'ai atteint justement. Il ne s'en est fallu de rien que je ne le manquasse, ⟨⟩ ⟨⟩, *mouchouhouri amtchabouha.*

⟨⟩. *mouchou.* Caille. (*Ngan tchoun* en chin.)

⟨⟩. *mouchourhou.* Nom d'une espece de poisson de mer.

⟨⟩. *mouchouri.* Espece de toile qu'on fait en Corée; elle ressemble aux toiles de chanvre.

⟨⟩. *mouchouhou.* Excrescence qui vient sur les arbres : dans cette excrescence il y a une matiere fort seche, et qui prend feu aisément; on en fait de l'amadou. On l'appelle aussi ⟨⟩. *ipte,* et ⟨⟩. *foushou.* On fait aussi d'autres choses avec cette excrescence, et en particulier des vases à boire et à manger. Alors on l'appelle ou on appelle ces vases ⟨⟩. *fouchouhou*; d'autres les appellent ⟨⟩. *fouksouhou,* et ⟨⟩, *fortchin.* Loupe. Goître.

⟨⟩ ⟨⟩. *moudan arambi.* Aller et revenir, se courber et se redresser comme lorsqu'on pêtrit.

⟨⟩. *moudan ni pa.* Lieu qui va en pente. On dit aussi ⟨⟩. *moudan yoho.*

⟨⟩. *moudan paha.* Il a sué; il a fait une crise. Cela se dit de ceux qui ont la pleurésie ou la fievre maligne.

ܠܘܓܢ ܠܘܓܢ, *moutan moutan.* Par fois. Une fois. Deux fois.

ܠܘܓܬܠܢ, *moudalime.* Par détours, aller par détours.

ܠܘܓܢ, *moudan.* Chemin tortueux, qui n'est pas droit. Morceau ou piece de bois oblique qui est sur l'instrument dont on se sert pour tirer les petits oiseaux. Qui est incliné, qui va en talut. Ton de voix. Une fois, deux fois. Maniere de parler de quelqu'un. Pâtisserie faite avec de la farine de millet, grand ou petit, qu'on fait cuire avec de l'huile. Accent, etc.

ܠܘܓܢ ܚܪܟܢ, *moudan tari.* Chaque fois, à chaque fois. On dit aussi ܠܘܓܢ ܚܘܠܢ, *moudan tome.* Toutes les fois.

ܠܘܓܢ ܓܢ, *moudan ouai.* Lieu de la montagne qui est en talut, en ribe taillade.

ܠܘܓܪܟܢ, *moudari.* Sans interruption. Aller et revenir sans cesse, sans prendre de repos. On dit de même ܠܘܓܪܠܢ, *moudali.*

ܠܘܓܬܠܒܢ, *moudalimbi.* Aller par le chemin le plus long. Aller par de longs détours.

ܠܘܓܢܚܪܒܢ, *moudakiembi.* Aller par détours.

ܠܘܓܢܓܢ, *moutanga.* Quelque endroit que ce soit qui n'est en droite ligne, qui va par détours. Quelque arbre, etc., qui est tortu.

ܠܘܓܢܓܢ ܚܘܗܢ, *moutanga tchouhon.* Chemin tortueux, qui n'est pas droit.

ܠܘܓܒܢ, *moutembi.* Qui peut. Qui a de la capacité pour les affaires, etc.

mouteri teile. Suivant ses forces et sa capacité.

mouteboumbi. Ordonner de faire les choses suivant sa capacité, de tout son pouvoir.

mouden. Pouvoir, capacité, puissance. Art. Les six arts.

mouden akou. Qui n'a point de capacité. Qui ne sauroit rien faire.

moutoumbi. Croître. Cela se dit des enfants qui croissent, et des arbres, plantes, etc.

moutouhapi. Quelque chose que ce soit qui a crû, qui est devenu grand.

moutoun. Ce qui est de surplus en long, en large, dans quelque chose que ce soit. On dit de même *oufouhi.*

moutouri. Dragon, animal dont les yeux sont ronds, qui a des cornes comme celles du cerf, des écailles de poisson, des oreilles de bœuf, la tête d'un chameau, le cou d'un serpent, les pieds d'un tigre, et les serres d'un épervier. C'est aussi le nom d'une heure chinoise, depuis sept heures du matin jusqu'à neuf heures.

moutouri sorin te ouogembi. Monter sur le trône.

moudoun fouta. Instrument à battre les *che ly soun* pour en rendre la peau meilleure. On dit aussi *cheben.* Alors c'est le filet avec lequel on prend ces animaux.

MOUMOU

moutouri mouiame tasha mourame. Cri du dragon. Hurlement du tigre.

moulan. Escabeau pour monter à cheval : il y en a de ronds et de quarrés. Fer dont on se sert pour repasser le linge, les habits.

moutoumbi. Limer de la corne, du bois, etc. Polir. Polir, limer l'arc, le dehors de l'arc, le bout de l'arc. Limer quelque chose que ce soit.

moudoun. Le sommet de la montagne où l'on trouve des pierres qui sont faites en limes ; elles sont plus épaisses que les limes ordinaires, mais elles liment mieux. Lime à bois. Lime à limer la corne, les os ; elles sont plus épaisses ou plus grossieres que les limes à fer, mais elles vont plus vîte. (*hoara.*)

moulien. L'endroit de la joue qui est sous l'oreille, c'est-à-dire le contour de la mâchoire. Le creux de la joue. Le contour de l'aile. Le bout de l'aile des oiseaux.

moulounoumbi. Élever une poutre. Placer l'arête du toit.

moulien chakchaha. Les joues.

moulou. L'épine du dos. Le milieu d'une peau dont les poils sont plus longs, etc. La maîtresse poutre. La poutre qui soutient le toit. L'arête du toit.

moumouri mentehe. Édenté, à

qui il manque les dents de devant. On dit de même *mentehe*, et *sentehe*.

moumanambi. Cela se dit des faons de biche qui, s'étant veautrés dans des lieux humides, se sont couverts de boue.

moumouri. Émoussé. Cela se dit aussi d'une chose quarrée ou triangulaire qui, se détruisant peu à peu, a les angles usés. Cela se dit encore d'un vieillard qui a perdu ses dents.

moumoukou. Ballon à jouer.

moumourembi. Regimber. Les bêtes qui se cabrent, qui regimbent. Cheval qui s'abat des deux pieds de devant.

moutchakou. Excellent. Très bon. Véritablement. Sincèrement. On dit aussi *tembei*.

moumouri oho. Cela se dit des choses qui, à la longue, se sont émoussées; comme les coins ou les angles de quelque chose, etc. Cela se dit encore d'un vieillard qui a perdu ses dents.

moutchen. Marmite. Vase à faire cuire quelque chose. Vase à contenir le feu, on s'en sert en guise de trépied.

moutchiha. La partie du milieu d'une natte : on a d'autres mots pour exprimer les bords. Les nattes sont faites de bamboux coupés finement, ou de joncs.

moutchan. Menuisier. (*Mou tsiang* en chinois.)

ᠮᡠᠴᠠᠩᡤᠠ. *moutchanga.* Véritablement. Certainement. Assurément.

ᠮᡠᠴᠠᠩᡤᠣ. *moutchangou?* Cela est-il bien vrai? bien certain? L'assurez-vous?

ᠮᡠᠴᡳ. *moutchi.* Espece de bled plus gros que le bled ordinaire. Froment. (*Ta mai* en chinois.)

ᠮᡠᠴᡳᠯᡝᠨ. *moutchilen.* Le cœur. (*Sin* en chin.)

ᠮᡠᠴᡳᠯᡝᠩᡤᡝ. *moutchilengue.* Homme de cœur.

ᠮᡠᠴᡠ. *moutchou.* Raisin. (*Pou tao* en chinois.)

ᠮᡠᠴᡳᠮᠪᡳ. *moutchimbi.* Cela se dit de ceux qui, étant grièvement malades, ne peuvent plus parler, et ne font que sangloter. Il se dit aussi de ceux qui, dans une grande affliction, ont la parole coupée par les sanglots, etc.; et de ceux qui, étant malades, ne peuvent pas s'exprimer par la force de la douleur.

ᠮᡠᠴᡠ ᡦᠣᠴᠣᡳ ᠴᡳᠶᠣᠣ ᡦᡳᠩ. *moutchou potchoi tchiao ping.* Espece de pâtisserie faite avec du sucre, du jus de raisin, et de la farine, qu'on fait cuire ensemble.

ᠮᡠᠴᡠ ᡥᠠᠯᡠ ᠶ ᠰᠠᠴᡳᠮᠠ *moutchou halou y satchima.* Espece de pâtisserie faite avec du jus de raisin, de l'huile de chanvre, de la farine de haricot, et du sucre blanc.

ᠮᡠᠴᡠᡥᡡ. *moutchouhou.* Espece de carpe. Carpe. On l'appelle aussi ᡥᠠᡵᡨᠠᡥᡡ. *hartahou.* Ce poisson n'a jamais plus de trois pieds de long; les écailles qui sont le long de son ventre sont au nombre de 36. Les petits de cette espece de poisson s'appellent ᠰᡳᡵᡳ. *siri.*

mouia. La paille, ou les épis vuides de grains qui restent après qu'on a battu le bled.

mouiambi. Cela se dit des cris que fait le dragon; et de ceux qui, étant en colere, se démenent, ou sautent de côté et d'autre sans parler.

mouke. Eau. Un des cinq éléments.

mouiahoun akou. Qui n'est pas entièrement fini. Qui n'est pas achevé.

mouiahoun. Quelque chose que ce soit qui n'a aucunes raies. Ouvrage achevé, fini, parfait. On dit aussi *koulhoun.*

mouke iptan. Nom d'un arbre dont l'écorce ressemble à celle de l'ormeau.

mouke edoun de chajehalabouha. Eau emportée par le vent.

mouke orho te adaboufi kengkehepi. L'eau qui est bue avec avidité par les bêtes, se mêle avec les herbes qu'elles viennent de manger, et les fait tousser.

moukei ihan. Buffle. Cet animal a le corps gros, les cornes longues, et le poil court.

mouke tasha. Nom d'une espece de poisson qu'on appelle aussi *eteng.*

mouke faisé. Brique qui n'est pas cuite, ou matiere dont on fait la brique.

mouke y hache. Nom d'une espece de mélongene.

mouke tasahari. Nom d'un oiseau aquatique qui est fort gros ; ses plumes ne sont point cheres. Il vient dans les lieux où il y a beaucoup d'eau. C'est aussi le nom d'un oiseau aquatique dont la tête et le cou sont sans plumes, qui a les yeux rouges et le cou long : il mange les poissons et les serpents.

mouhelieken. Un peu rond.

mouhelin. Rond comme la lune dans son plein. Quelque chose que ce soit de figure ronde.

mouhelin mo. Nom d'une espece d'anneau qui est sur le derriere des bêtes de charge.

mouheren. Roues de charrette. On dit aussi *tohoro.* Anneaux que les femmes portent aux oreilles. Anneaux qu'on porte dans les chapelets à l'usage des mandarins, bonzes, etc. Piece de bois qui est sur le derriere des charrettes.

moukin. Fin. Extinction, etc.

mouhechembi. Cela se dit des hirondelles qui font leurs nids. On dit aussi *poihoun be mouhechembi.*

mouheren tchan. Nom d'une espece de fleche plus longue que celle qu'on appelle *siche tchan :* elle a trois trous.

moukie. Ordonner de cesser, de finir, d'atteindre. (Impératif du verbe suivant.)

moukiembi. Éteindre, *extinguere*, finir, cesser. Quelque chose que ce soit qui se refroidit.

moukieboumbi. Détruire un endroit, une ville, les ennemis. Éteindre le feu. Éteindre quelque chose. Éteindre une lampe en la soufflant. Faire refroidir une chose chaude.

☽☉ඬ. *mouhi*. Especes de jabots qu'on met aux habits de peau, et qui sont faits avec une peau plus précieuse que celle de l'habit même, comme de queue de zibeline, etc. Nom d'un bois en demi-cercle qu'on met sur les charrettes, par derrière, pour serrer les cordes qui tiennent la charge. Espece de crochet de bois par le moyen duquel on suspend une balançoire dont les enfants se servent pour se divertir.

☽☉ⵝ⚋ⵝ. *mourakou*. Espece de sifflet pour appeller le cerf lorsqu'on est à la chasse. Il se nomme aussi ⴰⵝⵓⵝ ☽☉ⵝ⚋ⵝ. *houloun mourakou*.

☽☉ඬ. *mouhou*. Élévation de terre. Monceau de terre qu'on met au-dessus des sépultures.

☽☉ⴰⵝ☉. *mouhourou*. Nom d'un poisson de mer; c'est la femelle de celui qu'on appelle ⵝⵝ. *tchime*.

☽☉ⵝⴼ⚋. *mourambi*. Crier, bramer, meugler, etc., comme les cerfs, les bœufs, etc. Hurler comme les tigres. Braire comme les ânes, les chameaux. Siffler pour appeller les cerfs.

☽☉ⵝⵝ. *mouran*. Sifflet à appeller les cerfs.

☽☉ⵝ☉. *mouri*. Ordonner de tordre une corde, une ficelle, un cordon, etc. (Impératif du verbe suivant.)

☽☉ⵝⴼ⚋. *mourimbi*. S'opiniâtrer à quelque chose, le vouloir absolument, ne pas en démordre. Aller droit à son but. Tordre quelque chose pour en exprimer l'eau. Vouloir traiter les affaires des autres à sa fantaisie. Tendre une corde, etc. Lorsqu'à l'exercice de la lutte on se prend les mains avec force, et qu'on les tord à son adversaire.

ꚛꚛꚛꚛ, *mourikou*. Nom de l'instrument avec lequel on tend les cordes de l'espece de vielle dont jouent les aveugles. Homme opiniâtre. Cheval ou mulet qui n'a point de bouche, qui est indocile au frein.

ꚛꚛꚛꚛ ꚛꚛ, *mourikou mo*. Nom du morceau de bois ou de la cheville par le moyen de laquelle on tord les cordes qui tiennent la charge sur un chariot.

ꚛꚛꚛ ꚛ ꚛꚛ. *mouran y aba*. Cercle qu'on fait en chassant le cerf.

ꚛꚛꚛꚛ, *mouritai*. Opiniâtrément. Bon gré, malgré. Malgré vents et marées, s'en tenir à ce qu'on veut.

ꚛꚛꚛꚛꚛ. *mourishoun*. Inflexible. Confus. Qui a reçu de la confusion sans y avoir donné sujet. Opiniâtre. Jugement injuste, inique.

ꚛꚛꚛꚛ. *mourihan*. Chemin qui n'est pas droit. Chemin tortueux.

ꚛꚛꚛꚛꚛ, *mouriboumbi*. Ordonner de tordre une corde, etc. Ordonner de calomnier quelqu'un. Être calomnié. On dit aussi ꚛꚛꚛꚛꚛ, *mouribouhapi*.

ꚛꚛꚛꚛꚛ. *mourintchambi*. N'être pas d'accord avec les autres. S'opiniâtrer à son sentiment.

ꚛꚛꚛ ꚛꚛꚛ, *mourin tarin*. Par ruse. Par finesse. D'une maniere discordante, sans union.

mourou. Apparence. Qui a une figure. Modele. A-peu-près.

mourou toutchike. Il commence à avoir quelque apparence. Cela se dit de ce que l'on fait, quand il commence à avoir sa perfection ou à être fini. Maniere de parler pour dire : Il y a quelque apparence de cela ; il y a quelque ombre de cela.

mourou akou. Lorsqu'on fait quelque chose, et qu'il n'a pas la forme qu'il faut. Homme qui n'a aucune politesse, aucune conduite. Lorsqu'on parle de quelqu'un et qu'on blâme sa conduite, en disant qu'il n'a pas l'apparence d'un homme, par exemple.

mourouchembi. Lorsqu'on apprend une chose, et qu'on commence à la savoir à-peu-près. Quelque chose qui a de la ressemblance avec une autre. Lorsqu'on se souvient de quelque chose confusément, qu'on n'en a qu'une idée confuse.

mourounga. Qui a quelque ressemblance, quelque apparence. Lorsqu'on agit ou qu'on parle à propos.

mouroung. Nom d'une bête fauve plus petite que le *che li soun*, et plus grosse que le lievre ou le chat sauvage.

moua. Épais, grossier, gros.

moua ouohe. Pierre grossiere. Pierre à gros grains qu'on ne sauroit polir.

mouachambi. Agir grossièrement, pesamment. Qui est empaqueté. Faire grossièrement un bois de fleche, par exemple, et quelque chose que ce soit.

mouakan. Un peu épais. Un peu grossier, etc.

moua touha. Le gros intestin dans les hommes. Le boyau gras des cochons, des moutons, des chevaux, des mulets, des ânes, etc. On dit alors *matcha touha*.

moua hontchi. Peau de mouton.

moufouin. Grossier dans ses manieres. Grossier. Qui a l'esprit pesant et obtus. Qui est embarrassé de tout. On le dit aussi de quelque chose que ce soit qui est gâté, qui est passé, usé, etc.

moua edoun touambi. Faire ses nécessités. On dit aussi *toule kenembi*, et *hamtambi*.

moufouin moto. Hébété, qui est presque stupide.

moutchilen tchantchouhoun. Qui n'a rien à se reprocher. Qui a le cœur net.

mour sere herguen.

mour mar seme. A l'étourdie, comme un sot. On dit aussi *mouk mak seme*.

moursa. Plaque de cuivre, etc., gravée. Grosses raves dont il y a de deux especes, des rouges et des blanches.

൲൲൲൲. *mourtashoun*. Homme brouillon, qui ne s'accorde pas avec les autres, qui est de mauvais accord, qui fait tout selon qu'il lui plaît. Chose quarrée qu'on a arrondie. Cela se dit aussi des interrogatoires que fait un juge qui a été gagné, et qui veut épargner le coupable.

൲൲൲൲. *mourtcha*. Cheville de bois par le moyen de laquelle on serre la corde qui lie une charge sur une charrette. Tourniquet.

൲൲൲൲. *mourkimbi*. Arrondir une chose qui avoit des angles ou qui étoit quarrée.

൲൲൲൲. *mourkiboumbi*. Ordonner d'abattre ou de couper les angles de quelque chose pour l'arrondir.

൲൲൲൲ ൲൲൲൲. *mourhou farhoun*. Qui ne connoît pas clairement quelque chose. Qui ne voit ou ne sait que confusément une chose. Obscur, confus. Être en suspens sur quelque chose, indécis, tantôt d'une façon, tantôt d'une autre. On dit aussi ൲൲൲ ൲൲൲, *keri fari*.

൲൲൲൲ ൲൲൲ ൲൲൲൲. *moung sere herguen*.

൲൲൲൲. *mounga*. Lieu fait en rond et un peu élevé. Sépulture des empereurs. La cour. Le lieu de la cour. Lieu où l'on met les morts en terre, qui va en montant. Élévation, etc.

൲൲൲ ൲൲൲. *moung mang*. Cri des cerfs, des bœufs, etc. Bruit d'un cerf qui brame, ou d'un bœuf qui meugle.

൲൲൲ ൲൲൲ ൲൲൲. *moung mang seme*. Cri du cerf. Bruit qu'on fait lorsqu'on nous ferme la bouche pour nous empêcher de parler.

MOUK 427

⟨⟩. *moungou*. Poisson d'argent qui est gelé au milieu de la glace. On l'appelle aussi ⟨⟩. *honokta*, et ⟨⟩. *hongotcho*.

⟨⟩. *mouk sere herguen*.

⟨⟩. *mouk mak seme*. Agir en sot, en stupide, en étourdi. On dit aussi ⟨⟩. *mour mar seme*.

⟨⟩. *moukchan*. Perche. Bâton. Baguette.

⟨⟩. *moukchalambi*. Donner du bâton. Frapper avec un bâton.

⟨⟩. *moukchalaboumbi*. Ordonner de frapper avec un bâton, de donner du bâton.

⟨⟩. *moukchan fou*. Nom d'une espece de poisson qui ressemble à celui qu'on appelle *toun yn*, mais il est un peu plus rond, plus petit, et nage avec rapidité.

⟨⟩. *mouktembouhe*. Il a donné dans le but. Cela se dit des cavaliers qui tirent de la fleche contre un but fait de peau, de la figure d'un bonnet. Renverser. Faire lever. S'élever.

⟨⟩. *mouktembi*. S'élever. Augmenter en honneurs et en richesses. Cela se dit de quelque chose que ce soit qui s'éleve, qui croît, qui augmente; du soleil qui est haut, qui est élevé, qui monte; des oiseaux qui volent fort haut. Croître, augmenter, abonder.

⟨⟩. *moukteke*. Il s'est élevé. Il a augmenté en biens et en honneurs. Le soleil s'est élevé. Cette plante, cet arbre, etc., a crû. Il s'est enrichi. Cela a crû, s'est élevé, etc. Cet oiseau a pris son vol fort haut.

mouktehen. Racine d'arbre qui est seche et morte. Mort-bois, c'est-à-dire arbre qui n'est bon que pour brûler. Terre préparée pour la premiere fois. Terre nouvelle. Arbre qui n'a ni feuilles ni tiges. Tronc d'arbre.

moukden. La cour, le lieu où sont les empereurs. Lieu de l'origine des Mantchoux. C'est *Foung Tien.* S'élever. Croître. Crue. Élévation. Opulence. Vers. Composition en vers. Action de se lever.

mouktchouri mouktchouri. Lentement; comme un petit homme, une petite bête qui va très lentement.

mouktchouhoun. Homme voûté, qui va en avant. On dit aussi *koumtchouhoun.* Quelque chose que ce soit qui est courbé, qui va en avant.

mouktchouri maktchari. Cela se dit de ceux qui parlent toujours d'une maniere à rebuter les gens, *ab hoc et ab hac.*

moukdoun. Espece de rat de campagne. Rat de terre qui ressemble à la belette, ou, pour mieux dire, à la taupe : il a les yeux petits, les jambes courtes, les griffes longues ; il s'en sert à creuser la terre.

moul sere herguen.

moulhouri. Vache qui n'a point de cornes.

MOUL

ꕉꕮꕌꘋ. *moultoule.* Nœud qui se défait de lui-même.

ꕉꕮꕌꘋꗂꘋ. *moultoulembi.* Cela se dit du mors de la bride qui revient, qui est trop lâche et qui tombe. Cela se dit aussi des nœuds qu'on fait de maniere qu'ils se défont d'eux-mêmes.

ꕉꕮꕌꘋꗂꘋ. *moultoutchembi.* Cela se dit de quelque chose que ce soit dont on se dépouille, dont on se défait. Cela se dit encore des fleches qui sont sorties de la partie de la corde où elles appuient; ou, pour mieux dire, lorsque la corde de l'arc est sortie de la petite échancrure dans laquelle appuie le bout de la fleche.

TCHA

sere herguen.

tcha. Soutien de la tente et d'autres choses semblables. Nerfs. On dit aussi *soube*, et *soube tcha.* Nerfs du cou. Bâton dont on se sert pour soutenir les fenêtres. Monter un arc. On dit de même *tabou.*

tchanangui. Avant-hier. Le jour d'auparavant.

tchahan. Livre. On dit aussi *pithe*, et *pithe tchahan.*

tchahara. Espece de baril qu'on porte en voyage, dans lequel il y a une petite provision d'eau. Vase à contenir de l'eau, espece de coco.

tchaharanahapi. Cela se dit des chevaux qui ont la morve.

tchakou. Chien qui a le cou blanc. Espece de corbeau ou de corneille qui a le cou blanc.

tchahou. Femme méchante, qui a mauvaise langue.

tchakouran. Nom d'une espece de bois qu'on appelle en chin. *tan mou;* on en prend les branches fourchues dont on fait des manches de couteaux. On en fait aussi des selles de chevaux, des charrettes, des manches de fleches, etc. Cet arbre est de deux sortes, la premiere a des fleurs noires, la seconde des fleurs rouges. L'écorce de cet arbre est par couches.

TCHALA

𐒄𐒐𐒓𐒉𐒌𐒐𐒌𐒑, *tchahouchambi.* Cela se dit des femmes qui parlent *ab hoc et ab hac,* et qui ont mauvaise langue.

𐒉𐒌, *tchapi.* La peau qui est entre les cuisses des animaux, ou entre les jambes de devant.

𐒉𐒌𐒑, *tchaboumbi.* Ordonner de dresser, de soutenir quelque chose, de mettre la corde sur les deux bouts de l'arc.

𐒉𐒌𐒉, *tchabiha.* Morceau de bois que l'on met à la corde dont on se sert pour la pêche des poissons; ce morceau de bois est à quelque distance de l'hameçon, et sert de signal pour avertir quand le poisson est pris.

𐒉𐒌, *tchache.* De côté. Un peu plus haut. Un peu de ce côté. On dit alors 𐒉𐒌 𐒐𐒉𐒌, *tchache oso.* Allez un peu comme cela, 𐒉𐒌 𐒐𐒉, *tchache kene.* Descendez un peu comme cela, 𐒉𐒌 𐒐𐒌, *tchache obou.*

𐒉𐒌 𐒐𐒓𐒌, *tchache foro.* Ordonner à quelqu'un de se tourner d'un côté, de tourner la face.

𐒉𐒐, *tchala.* L'autre côté. Quelques années auparavant. On dit aussi 𐒉𐒓𐒌, *tchargui.*

𐒉𐒐𐒓𐒐, *tchajekan.* Un peu de côté. On dit alors 𐒉𐒐𐒓𐒐 𐒐𐒌, *tchajekan oso,* et 𐒐𐒓𐒐𐒉𐒐 𐒐𐒌, *toutouche oso.*

𐒉𐒐𐒑, *tchalambi.* Errer, se tromper.

𐒉𐒐𐒌𐒑, *tchalaboumbi.* Être trompé. Être induit en erreur.

𐎀𐎀𐎀. *tchalabouha.* Il a erré. Il s'est trompé.

𐎀𐎀𐎀. *tchalabourakou.* Il ne sauroit errer.

𐎀𐎀𐎀. *tchalaboun.* Erreur, faute.

𐎀𐎀𐎀. *tchalihapi.* Il a pris la chaleur, et est tombé en pamoison.

𐎀𐎀𐎀. *tchalihoun.* Nom d'un oiseau qu'on appelle rouge-tête : il ressemble au moineau, avec la différence que ses plumes sont rousseâtres, et sa tête est rouge.

𐎀𐎀𐎀. *tchatchari.* Espece de tente faite avec des nattes.

𐎀𐎀𐎀. *tchalimbi.* Cela se dit des hommes et des animaux qui, étant très fatigués d'avoir couru, cherchent à se retirer dans leurs maisons, ou dans leurs tanieres. Cela se dit aussi de ceux qui sont pris de la chaleur et qui tombent en pamoison. Fatigué. Être fatigué. Cela se dit proprement des chevaux qui sont prêts à tomber de lassitude.

𐎀𐎀𐎀 𐎀𐎀𐎀. *tchame ketchehe.* La riviere est gelée de tous côtés. Tout est pris. Tout a gelé dans la nuit.

𐎀𐎀𐎀 𐎀𐎀𐎀. *tchatchari po.* Nom d'une espece de tente qui a quatre côtés; au-dessus, ce sont des nattes; aux quatre côtés il y a de la toile.

𐎀𐎀𐎀. *tchatcharakou.* Nom d'un insecte qui est de couleur de cendre ; le dedans de ses ailes est rouge : il chante en volant. On l'appelle aussi 𐎀𐎀𐎀 𐎀𐎀𐎀, *oujen pochokou.*

𐎀𐎀𐎀. *tchata.* Ordonner de mettre un peu de ficelle

TCHAKI 433

au bout du fouet. Ordonner d'attacher avec une ficelle. (Impératif de ⲧⲭⲁⲙⲃⲓ. *tchatambi*.)

ⲧⲭⲟⲩⲙⲃⲓ. *tchatchoumbi*. Faire des libations aux idoles. Verser du vin en l'honneur des idoles ou des esprits. Verser goutte à goutte. Cela se dit aussi de la cérémonie que font les nouveaux mariés, qui consiste à jeter quelques morceaux de viande en l'honneur de l'esprit, après les avoir offerts, et à répandre quelques gouttes de vin avant de faire manger les convives.

ⲧⲭⲟⲩⲃⲟⲩⲙⲃⲓ. *tchatchouboumbi*. Ordonner à quelqu'un de verser du vin. Ordonner de répandre quelques gouttes de sang. Ordonner de faire des libations, de répandre du vin et des mets en l'honneur des esprits lorsqu'on se marie, etc.

ⲧⲭⲁⲙⲃⲓ. *tchatambi*. Cela se dit des arcs qu'on colle ou qu'on lie avec une ficelle ou un cordonnet de soie, quand ils sont décollés ou fendus quelque part. Mettre une ficelle au bout du fouet. Faire les barreaux des cages des oiseaux. Employer des morceaux de bambou pour faire des barreaux de cages. Lier un arc avec des cordons de soie. Alors on dit ⲑⲧⲭ ⲟ ⲧⲭⲁⲙⲉ, *peri y tchatame*.

ⲧⲭⲁⲃⲟⲩⲙⲃⲓ. *tchataboumbi*. Ordonner de lier quelque chose avec un cordon de soie. Ordonner de mettre une ficelle au bout du fouet.

ⲧⲭⲁⲕⲓⲣⲓ. *tchakiri*. A moitié crud. Cela se dit de quelque chose que ce soit dont une partie est cuite, tandis que l'autre est encore crue. Peau quelle qu'elle soit sur laquelle il y a quelques poils blancs.

𐌕𐌀𐌓. *tchahin.* Grenier, ou, pour mieux dire, caisses rangées par ordre dans lesquelles on met le riz dans les greniers. Caisses. Planches de caisse. Séparations qui sont dans les caisses, dans les greniers. Morceau de bois qu'on met dans les rivieres pour prendre les poissons dans les filets. Greniers pleins. Salle d'armes. Lieu où l'on tient les armes. On dit alors 𐌕𐌀𐌓𐌀 𐌕𐌀𐌓, *tsang tchahin.*

𐌕𐌀𐌓 𐌏 𐌖𐌀𐌓, *tchahin ni ougen.* Terrain que huit personnes cultivoient anciennement en commun.

𐌕𐌀𐌓 𐌖𐌀𐌓, *tchara ania.* L'année d'auparavant. Il y a deux ans.

𐌕𐌀𐌓. *tchara.* Espece de plat, d'assiette ou de bassin d'or, d'argent ou d'autre métal, qui a des pieds, et qui n'a point de couvercle. Cheval blanc, qui a la bouche et les yeux blancs. On l'appelle également 𐌕𐌀𐌓𐌀, *tchanga.*

𐌕𐌀𐌓 𐌖𐌀𐌓, *tchara ihan.* Bœuf dont la peau est de différentes couleurs.

𐌕𐌀𐌓. *tcharou.* Faire mettre dans l'huile. Faire cuire. (Impératif du verbe suivant.)

𐌕𐌀𐌓𐌖𐌁𐌉, *tcharoumbi.* Faire cuire quelque chose que ce soit dans l'huile. Faire cuire quelque chose.

𐌕𐌀𐌓𐌀𐌍𐌀𐌇𐌀𐌐𐌉, *tcharanahapi.* La peau des mains et du visage est pleine de taches blanches. Il lui est venu des taches blanches sur les ongles. On appelle communément ces taches du nom de *hoei ki hing* en chinois. Cela se dit aussi de ceux dont les cheveux deviennent blancs lorsqu'ils sont encore fort jeunes. (*Lembinehepi*,)

. *tcharouboumbi*. Ordonner de mettre dans l'huile, de faire cuire.

. *tchafour tchafour seme*. Cela se dit de ceux qui mâchent goulument.

. *tchache akou epche akou*. Ne pas aller. Ne pas venir.

. *tcha manga*. Qui s'accorde difficilement avec les autres. Qui pense différemment.

. *tchai sere herguen*.

. *tchai*, (*tcha* en chinois.) Thé, boisson.

. *tchai aptaha*. Feuilles de thé.

. *tchaisé*, (*tchai tsee* en chinois.) Grattoire, instrument destiné à se gratter, à l'usage des femmes : il est plat par un bout et fourchu par l'autre.

. *tchar sere herguen*.

. *tchar seme*. Avec précipitation, par exemple. Courir à perte d'haleine. Douleur très vive, comme celle que l'on ressent lorsqu'on reçoit sur le corps de l'eau bouillante. (. *tchar seme nimembi*.

. *tchartchinahapi*. L'eau ne fait que de geler. Nom d'une espèce de maladie qui consiste en plusieurs boutons qui rendent une eau rousseâtre. Cela se dit aussi de l'eau qui a gelé par parties, ici un peu, là un peu.

𐌕𐌓𐌗𐌏𐌏, *tcharki*. Nom d'un instrument qui a quelque rapport avec nos castagnettes; on s'en sert dans les musiques chinoises et à la comédie.

𐌕𐌓𐌗𐌏𐌓𐌕𐌅𐌏, *tcharkitambi*. Jouer des castagnettes.

𐌕𐌓𐌗𐌏𐌏 𐌕𐌏𐌅𐌏, *tcharki toumbi*. Accorder le bruit des castagnettes avec le son de la voix.

𐌕𐌓𐌗𐌏𐌕𐌅𐌏, *tcharkimbi*. Cela se dit du bruit que font les pierres précieuses qui pendent au bout de la ceinture, lorsqu'elles frappent l'une contre l'autre. On dit aussi 𐌕𐌓𐌗𐌏𐌕𐌅 𐌕𐌕𐌅𐌏, *tcharkime kouombi*. Parler sur deux sons de voix différents.

𐌕𐌓𐌗𐌏, *tchargui*. Auparavant. De l'autre côté. Avant l'amnistie. Ordonner de tirer des petards.

𐌕𐌓𐌗𐌏 𐌏𐌕𐌅, *tchargui pia*. La lune passée, ou, pour mieux dire, la lune qui étoit avant celle qui vient de finir.

𐌕𐌓𐌗𐌏 𐌕𐌅 𐌏𐌏, *tchargui te pi*. Cette chose est aussi longue d'un côté que de l'autre. Mesurez un côté, vous saurez la longueur de l'autre.

𐌕𐌓𐌗𐌏𐌕𐌕𐌕𐌏𐌅, *tcharguilakou*. Petard, fusée.

𐌕𐌓𐌗𐌕, 𐌕𐌓𐌗𐌕, *tchar tchir*. Bruit de la chair qu'on fait cuire sur la braise. Bruit des coups qu'on reçoit, comme lorsque quelque pierre, ou quelque morceau de fer, tombe sur quelqu'un.

𐌕𐌓𐌕 𐌏𐌕𐌕𐌅 𐌕𐌏𐌕𐌅, *tchan sere herguen*.

𐌕𐌓𐌕, *tchan*. Nom d'un instrument qui ressemble à un bassin; au milieu il y a une élévation. Il y en a de

TCHANG

gros et de petits. Tasse de porcelaine, dont le haut est large, et le bas étroit.

tchantchoura. Ordonner de saluer à la maniere chinoise. (Impératif du verbe suivant.)

tchantchourambi. Saluer à la chinoise.

tchantchouraboumbi. Ordonner de saluer à la maniere chinoise.

tchan nimahan. Nom d'une espece de poisson qu'on appelle en chinois *loung kan yu.* On l'appelle aussi en tartare *chankan nimaha.* Le foie de ce poisson est très cher.

tchang sere herguen.

tchang tchang. Bruit que fait une cloche qu'on sonne ou sur laquelle on frappe.

tchanka. Il a manqué le but, comme lorsqu'en lançant une fleche, on va au-delà du but sans le toucher. C'est le nom qu'on donne aussi aux chevaux blancs, qui ont les yeux, le museau et la bouche rouges. (*tchara.*)

tchangambi. Prendre une pierre et la jeter avec force contre les petites pierres qui sont au fond d'un ruisseau peu profond, et tuer ainsi les poissons qui sont cachés sous ces pierres. On dit aussi *tangambi,*.

tchangai. S'en tenir à ses premieres paroles, à ses premieres actions. Dire et faire comme auparavant. (*tchangai toutou.*)

tchangali. Très foible. Qui se fatigue d'abord et aisément.

tchangalimbi. Épuiser ses forces. Être très fatigué.

tchang seme. Arc fort et dur, qui fait un bruit assez fort en se débandant. Quelque chose qui est dur.

tchang seme manga. Très fort. Très difficile.

tchang seme ketchehe. Il a gelé très dur, très fort.

tchang tching. Bruit que fait une cloche sur laquelle on frappe.

tchangui. Seulement. De cette maniere seulement. C'est le même. Il est ainsi seulement. Cela se dit aussi de toutes les choses dont il y a un grand nombre qui sont de même. Ce mot a quelque rapport avec *teile*.

tchanguir nioungniaha. Nom d'une espece d'oie qui se trouve parmi les sept especes ordinaires : elles viennent du côté de l'ouest, dans le *Houhou nour*.

tchak sere herguen.

tchak seme. Quelque chose que ce soit dont on ne se sert pas, et qu'on enferme avec soin. On dit aussi *tchak seme ouhoumbi*. Qui a la mine d'avoir grand froid. Avec force. Quelque chose que ce soit qui est attaché avec force. Cela se dit encore de ceux qui sont à la chasse, et qui, après avoir pris la bête, se rassemblent tous au même lieu.

༘་. *tchaksame kouomboumbi.* Frapper les deux especes de bassin l'un contre l'autre. C'est un instrument de musique.

༘་. *tchak sere peikoun.* Très grand froid. Froid violent.

༘་. *tchakjembi.* Cela se dit de ceux qui jouent aux osselets; chacun choisit un lieu propre : on met sur le jeu ce dont on est convenu ; on jette l'osselet, ou on frappe sur l'osselet. Témoigner son admiration lorsqu'on voit quelque chose de beau ou qui plaît. Ce mot se dit aussi en parlant du cri des pies. Cela se dit encore lorsqu'on sent des douleurs aux os.

༘་. *tchaktchahoun.* Effort inutile; comme lorsque l'on veut tendre un arc dont la corde est trop courte. Effort inutile pour bander un arc.

༘་. *tchaktchame ketchembi.* Faire des efforts inutiles.

༘་. *tchas sere herguen.*

༘་. *tchas seme.* Par hasard. Je l'ai entendu par hasard. ༘་. *tchas seme tontchiha.* Bruit qu'on entend lorsqu'on déchire de la toile, etc.

༘་. *tchashoun edoun.* Vent en pouppe. Vent qui souffle par derriere.

༘་. *tchas seme tontchiha.* J'en ai entendu quelque chose. Je viens de l'apprendre.

tchashoulambi. Aller contre la droite raison. Tourner le dos à quelqu'un. Payer d'ingratitude un bienfait reçu.

tchashoulaboumbi. Être payé d'ingratitude. Faire payer d'ingratitude. Faire tourner le dos à quelqu'un. Se tourner mutuellement le dos.

tchashoun. Le dos. Par derriere. En cachette.

tchashoulame tembi. Être assis dos contre dos.

tchap sere herguen.

tchaptara. Cheval rouge, qui a la criniere et la queue blanches. Cheval bai, qui a la queue et la criniere blanches. (*tchaptara morin.*)

tchao sere herguen.

tchao seme. Tout droit. Se sauver tout droit. Prendre le droit chemin en courant, en se sauvant.

tchal sere herguen.

tchalhari. Paresseux, fainéant, qui fait les choses nonchalamment. Éloigné des affaires. Éloignement. Séparation.

tchaltchin. Eau qui coule sur la glace lorsque dans le printemps il commence à dégeler.

tchalguin. Éclaboussement de l'eau que le vent, qui souffle violemment, emporte de côté et d'autre. Glace profonde. Glace sur glace ; comme lorsqu'une riviere gele à différentes reprises. Embouchure d'une riviere.

tchalguimbi. Cela se dit de l'eau qui, poussée par un vent fort, éclabousse de côté et d'autre. Cela se dit aussi du vent qui pousse l'eau avec violence. Cela se dit encore de quelque eau que ce soit qu'on verse, qu'on renverse, ou qu'on répand.

tchalguiboumbi. Être poussé par le vent. Cela se dit de l'eau d'une riviere qui est poussée par le vent. Faire renverser, faire répandre l'eau, etc., qui seroit dans un vase.

tchalfa. Nom de l'écorce de l'arbre appellé *hoa pi* en chin. Cette écorce est rouge. On l'appelle aussi *foulguien alan.* Quelque chose qui n'est pas encore sec.

tcham sere herguen.

tchambi. Cela se dit des chevaux qui n'ont point de bouche, qu'on ne peut faire arrêter lorsqu'il en est besoin, et qui vont toujours leur train quoiqu'on leur tire la bride avec force. Cela se dit aussi de la fleche qui, ayant atteint le but, va au-delà. Faire tenir quelque chose droit. Soutenir quelque chose, comme une fenêtre, avec un bâton qu'on met dessous. Élever un poids hors de terre. Dresser les tentes. Monter un arc. Bander un arc. Ne pouvoir faire arrêter un cheval qui court, qui galope.

tchamnambi. Cela se dit des éperviers et oiseaux de proie qui prennent pour la seconde fois le gibier qui leur étoit d'abord échappé, et qui le serrent fort de peur qu'il ne leur échappe encore.

tchamhata. Ce mot se dit des bêtes fauves, des poissons, et de toute autre chose dont l'extérieur est tacheté.

tchamtchi. Nom d'un habillement intérieur qui tient lieu de veste ou de robe piquée, à l'usage des hommes et des femmes. Celui des hommes s'appelle en chin. *tchang mien ngao*, et celui des femmes *tchen y*.

tchamta. C'est le nom de cette vapeur qui s'élève de la terre lorsque le soleil est assez fort pour l'attirer, et qui ressemble à l'eau. Caisse faite de peau de bœuf ou de tel autre animal.

tche sere herguen.

tche. Eux, ils. Registre, ou le livre couvert de papier jaune, sur lequel on écrit le nom des tribus.

tcheni. D'eux.

tcheningue. Appartenant à eux.

tchene. Nom de la pivoine dans la langue des Mongoux. On appelle cette fleur en mantchou *chotan ilha.*

tchele. Ordonner de carreler, de mettre des carreaux quelque part, de paver. (Impératif du verbe suivant.)

tchelembi. Carreler, mettre des carreaux. Paver. Mesurer avec le pied, la toise, etc. Cela se dit aussi de ceux qui, ayant fait un long trajet, se trouvent très fatigués.

𐰴𐰤𐰜𐰀𐰢𐰉. *tcheleboumbi.* Ordonner de carreler, de paver. Ordonner de mesurer avec le pied, etc. Après avoir fait un long trajet, être très fatigué à son retour.

𐰴𐰤𐰜𐰀𐰤. *tchelehen.* Pavé. Lieu pavé de briques ou de pierres.

𐰴𐰤𐰜𐰀 𐰲𐰆𐰤. *tchelehe tchouhoun.* Chemin pavé; c'est celui qui, en particulier, est dans le milieu des cours du palais, et par lequel l'empereur passe.

𐰴𐰤𐰜𐰆. *tchelekou.* Mesure dont on se sert pour savoir si un homme est de taille pour la guerre; c'est une espece de perche avec laquelle on mesure ceux qu'on veut admettre. Pied à prendre les dimensions.

𐰴𐰲𐰴𐰀𐰢𐰉. *tchetcherembi.* Faire effort pour bander un arc qui est fort dur. Tirer à soi quelque chose que ce soit avec force. Après avoir été quelque temps sans voir quelqu'un, le serrer entre ses bras lorsqu'on vient à le rencontrer.

𐰴𐰜𐰢𐰆. *tchekemou.* Nom d'une espece de soie. (*Ouo toan* en chinois.)

𐰴𐰲𐰴𐰲𐰀𐰢𐰉. *tchetcherchembi.* Bander un arc difficilement parcequ'il est dur. Trembler de colere, comme lorsque l'on est fâché, et que les mains et les jambes tremblent. Se conduire d'une maniere ridicule et extraordinaire.

𐰴𐰲𐰴𐰲𐰆𐰤. *tchetchertchouke.* Haine qui se manifeste toutes les fois qu'on voit la personne qui en est l'objet.

tchetchike. Oiseau. Nom générique des petits oiseaux.

tchetchike tatara asou. Nom d'une espece de filet à prendre les oiseaux ; il a dix palmes de long. Les trous du filet sont fort petits, le milieu est par replis qu'on met sur une cheville ; les deux côtés touchent à terre : on arrête le tout par le moyen d'une cheville, à laquelle on met un long fil d'archal qu'on tire lorsque l'oiseau est dessus le bâtonnet.

tchetchike mimi. Nom d'une plante sauvage qui rampe et s'attache aux autres ; elle est couverte de petits poils : on en mange les feuilles toutes crues.

tchekou. Croupiere, machine sur laquelle on se balance pour se divertir.

tchetchike be foulguiere sihan. Sarbacane dont on se sert pour tuer les oiseaux.

tchetchike be latouboure tarhouan. Long bâton ou perche au bout de laquelle on met de la glu pour prendre les petits oiseaux.

tchetcheri. Nom d'une espece de toile faite de soie.

tchelin. Jarretieres qui lient les bottes à la culotte. On les appelle aussi *tchelin ouche.*

tchetchen. Le haut de la poitrine.

tchetchen aname iaboumbi.

TCHEN 445

Aller la poitrine élevée comme les orgueilleux.

𐌀𐌀𐌀𐌀. *tchetchen teleboumbi.* Lorsque toute la poitrine fait mal.

𐌀𐌀𐌀. *tchekoutembi.* Se balancer sur une croupiere.

𐌀𐌀. *tcheke.* Le côté de l'osselet qui a un trou. Petit *koa tse* de peau de cerf, de tigre ou d'autre animal.

𐌀𐌀. *tchehoun.* Avoir la poitrine oppressée ou pleine lorsqu'on a beaucoup mangé, et qu'on n'a point digéré.

𐌀𐌀𐌀. *tcher sere herguen.*

𐌀𐌀. *tchergoue.* OEufs de poisson ou d'autres animaux. On les appelle aussi 𐌀𐌀. *tcherhoue.*

𐌀𐌀 𐌀𐌀. *tchergoue oualiambi.* Pondre ses œufs, comme les poissons, etc.

𐌀𐌀. *tcherhouonehepi.* Le panaris est formé; c'est lorsqu'il fait de grandes douleurs.

𐌀𐌀 𐌀𐌀 𐌀𐌀. *tchen sere herguen.*

𐌀𐌀. *tchen*, (tchen en chinois.) Poussiere accumulée. Grande poussiere qui s'élève dans les chemins.

𐌀𐌀. *tchende.* Le datif de 𐌀𐌀. *tché*, qui signifie *eux*.

𐌀𐌀. *tchentembi.* Éprouver quelque chose. Essayer. Examiner si une chose est bonne ou mauvaise. Voir si une chose est bonne ou non.

𐌀𐌀. *tchenteboumbi.* Ordonner d'essayer, d'éprouver.

𐌸𐌹𐌽𐌴𐌷𐌴 𐍄𐌴 𐍃𐌰𐌼𐌱𐌹, *tchentehe te sambi.* En éprouvant, en essayant, on sait de quoi il s'agit. On dit aussi 𐌴𐌽𐍄𐌴𐍂𐌰𐌺𐍉𐌿 𐍃𐌰𐌼𐌱𐌹, *enterakou sambi.*

𐍄𐌹𐍃𐌴𐌽𐍄𐌴𐌼𐌴 𐍄𐍉𐌿𐌰𐍄𐌹𐌰𐌽𐌰, *tchenteme touatchana.* Essayez pour voir.

𐍄𐌹𐍃𐌴𐌽𐍄𐌴𐌺𐍉𐌿𐌹𐌴𐌼𐌱𐌹, *tchentekouchembi.* Quoiqu'on sache bien une chose, la demander encore, comme si on l'ignoroit.

𐍄𐌹𐍃𐌴𐌽𐍄𐌴𐌽𐍉𐌿𐌼𐌱𐌹, *tchentenoumbi.* Essayer. Éprouver en commun. On dit de même 𐍄𐌹𐍃𐌴𐌽𐌳𐌴𐌽𐌳𐍉𐌿𐌼𐌱𐌹, *tchendendoumbi.*

𐍄𐌹𐍃𐌴𐌽𐍄𐌹𐌹, *tchentchi.* Plus qu'eux. Par eux. (Ablatif de 𐍄𐌹𐍃𐌴, *tché*, eux.)

𐍄𐌹𐍃𐌴𐌽𐌲 𐍃𐌴𐍂𐌴 𐌷𐌴𐍂𐌲𐌿𐌴𐌽, *tcheng sere herguen.*

𐍄𐌹𐍃𐌴𐌽𐌲𐌼𐌴, *tchengme.* Nom d'une espèce d'étoffe de laine. On l'appelle aussi 𐍀𐍉𐌿𐍂𐍉𐌿, *pourou.* (Pou lou en chinois.)

𐍄𐌹𐍃𐌴𐌺 𐍃𐌴𐍂𐌴 𐌷𐌴𐍂𐌲𐌿𐌴𐌽, *tchek sere herguen.*

𐍄𐌹𐍃𐌴𐌺𐍄𐌹𐍃𐌴𐍂𐌹, *tchektcheri.* Petite marmite. Vase de cuivre à faire la cuisine.

𐍄𐌹𐍃𐌴𐌺𐍄𐌹𐍃𐌰𐌺𐍉𐌿𐌽, *tchektchakoun.* Homme qui porte, qui a la poitrine haute, élevée.

𐍄𐌹𐍃𐌴𐍀 𐍃𐌴𐍂𐌴 𐌷𐌴𐍂𐌲𐌿𐌴𐌽, *tchep sere herguen.*

𐍄𐌹𐍃𐌴𐍀𐌺𐌴 𐍄𐌹𐍃𐌰𐍀𐌺𐌰, *tchepke tchapka.* Trier. Chose qu'on a triée en ôtant le mauvais.

𐍄𐌹𐍃𐌴𐌻 𐍃𐌴𐍂𐌴 𐌷𐌴𐍂𐌲𐌿𐌴𐌽, *tchel sere herguen.*

𐍄𐌹𐍃𐌴𐌻𐌼𐌴𐍂𐌹, *tchelmeri.* Propreté sur son corps, c'est-à-dire sur sa personne et dans ses habillements.

ⴰⵉⴼⵉ ⵀⵉⴽⵉ ⵀⵅⵀⵉ. *tchem sere herguen.*

ⴰⵉⴼⴱ. *tchembe.* L'accusatif du pluriel ⴰⵉ, *tche*, eux.

ⴰⵉ ⵀⵉⴽⵉ ⵀⵅⵀⵉ. *tchi sere herguen.*

ⴰⵉ. *tchi.* (Marque de l'ablatif) de, du, par. Préposition qui exprime la comparaison. Numérique qu'on met après les nombres ordinaux, comme le premier, le deuxieme, etc. Vernis. Comparaison : Il est plus mauvais que toi. ⵀⵉⴰⵉ ⵖⴱⵅⴰⵉ, *sintchi eberi.* Élégamment. Rang de soldats composé de cinq hommes. On l'appelle aussi ⵀⴰ, *si.* Armée rangée en bataille, bien rangée par ordre. ⵀⴰ ⵀⵉⴳⵉⴼⵉ ⵙⵖⴱⴼⴱ. *si chendame yaboumbi.* Vous allez par ordre. Vous allez à votre rang. On dit de même ⴰⵉ ⵀⵉⴳⵉⴼⵉ ⵙⵖⴱⴼⴱ. *tchi chendame iaboumbi.*

ⴰⵢⴱⵉⵓⵉ. *tchinouhoun.* Vermillon. (*Yn tchou* en chinois.)

ⴰⵢⴱⵉⵓⵉⴼⴱ. *tchinouhoulambi.* Mettre, appliquer le vermillon. Teindre en rouge.

ⴰⵉⴼⵉ. *tchiha.* Volontiers. Volontairement. A sa volonté. On dit aussi ⴰⵉⴼⵉ. *tchihan.* Aller à sa volonté. Faire à sa volonté, ⵎⵓⵓⵉ ⴰ ⴰⵉⴼⴱ ⵙⵖⴱⴼⴱ, *kounin ni tchihai yaboumbi.*

ⴰⵉⴼⴱ. *tchihai.* A sa volonté. Comme il voudra, etc.

ⴰⵉⴼⵉⴼⴱ. *tchihalambi.* Faire à sa volonté. Chercher les défauts de quelque chose. Chercher, examiner les fentes, les ouvertures, les crevasses de quelque chose.

𐒁𐒁𐒁. *tchihalachambi.* Dire des injures à quelqu'un et lui reprocher ses défauts. Faire à sa volonté. Chercher à se procurer ce qu'on aime.

𐒁𐒁𐒁. *tchihalan.* Concupiscence. Amour excessif de quelque chose. Gourmandise. On dit aussi 𐒁𐒁𐒁 𐒁𐒁𐒁, *pouin tchihalan.*

𐒁𐒁𐒁. *tchihakou.* Avec quelque sorte d'inquiétude. Involontairement, contre son gré, etc.

𐒁𐒁𐒁. *tchihanga.* De sa propre volonté. De son propre mouvement.

𐒁𐒁𐒁. *tchipahatchi.* Religieuse de l'ordre des *lama.*

𐒁𐒁𐒁. *tchiboumbi.* Être empêché. Ne pouvoir passer outre à cause de l'embarras ou du peu de largeur de l'endroit. On dit aussi 𐒁𐒁𐒁, *tchoboumbi.*

𐒁𐒁𐒁. *tchipin.* Nom d'une espece d'oie qui a sur la queue quelques taches rouges.

𐒁𐒁𐒁. *tchisoui.* En particulier. De soi-même. Certainement. Sans doute. On dit alors 𐒁𐒁𐒁 𐒁𐒁𐒁, *ini tchisoui.*

𐒁𐒁𐒁 𐒁𐒁𐒁. *tchisou peita.* Affaire particuliere. On dit aussi 𐒁𐒁𐒁 𐒁𐒁𐒁. *tchisoui peita.*

𐒁𐒁𐒁 𐒁𐒁𐒁. *tchisou akou.* Qui n'a rien de particulier.

𐒁𐒁𐒁. *tchisoulembi.* Agir particulièrement. Agir en particulier. Faire en son particulier, suivant son inclination et sa volonté.

TCHIME

𐌕𐌋. *tchise.* Terre propre au jardinage, à y planter des herbes.

𐌕𐌋. *tchile.* Ordonner de vernisser, de mettre du vernis. (Impératif du verbe suivant.)

𐌕𐌋𐌉𐌁. *tchilembi.* Mettre du vernis sur quelque chose. Vernisser, etc.

𐌕𐌋𐌉𐌁. *tchileboumbi.* Ordonner de vernisser, de mettre du vernis.

𐌕𐌋𐌉𐌁. *tchilimbi.* Avoir difficulté d'avaler. Ne pouvoir pas avaler.

𐌕𐌋𐌉𐌊. *tchilikou.* Difficulté d'avaler; comme lorsqu'on est blasé et qu'on ne sauroit rien avaler. On dit aussi 𐌕𐌋𐌉𐌊 𐌍𐌌𐌊. *tchilikou nimekou.*

𐌕𐌌𐌓. *tchimari.* Demain. Le jour de demain.

𐌕𐌌𐌇. *tchimaha.* Demain.

𐌕𐌌𐌓𐌋𐌌. *tchimarilame.* S'assembler le matin. Le matin. A la pointe du jour.

𐌕𐌌𐌊 𐌊𐌓𐌂. *tchimeke kirangui.* Osselet qui est aux pieds des cochons; les jeunes filles s'en servent pour jouer, en l'enveloppant de morceaux de soie de différentes couleurs. Le petit os de la jambe de quelque bête que ce soit.

𐌕𐌌. *tchime.* Nom d'une espece de poisson qui vient dans les mers d'Orient; il ressemble à celui qu'on appelle 𐌏𐌊𐌓. *oukouri.* Le mâle s'appelle 𐌕𐌅𐌇. *tafaha*, et la femelle 𐌍𐌊𐌔. *nieketche.* (𐌌𐌇𐌓. *mouhourou.*)

tchimilan. Nom d'une espece de sifflet dont on se sert en aspirant l'air.

tchialiboumbi. Ordonner à quelqu'un de tirer par les cheveux, de traîner quelqu'un par les cheveux en se battant, etc.

tchitchi kotchi. Ne savoir à quoi se déterminer. Ne pouvoir ni avancer ni reculer.

tchialindoumbi. Se battre mutuellement. S'entre-battre.

tchialimbi. Lorsque les hommes, en se battant, se prennent aux cheveux. Pour les femmes, lorsqu'elles se prennent aux cheveux, on se sert de *founiehelembi.*

tsianliang. Paiement ou solde qu'on donne aux troupes tant de pied que de cheval. (*Tsien leang* en chinois.)

tchikekou. Nom d'une espece de nattes qu'on appelle communément *hi mi tsee*, parcequ'elles ont des especes d'épines.

tchikechembi. Boiter un peu. Cela se dit des chevaux, etc. Ce terme exprime moins que *nikechembi,*

tchihetei. Mulet sauvage. (*Ye lo tsee* en chinois.)

tchikiri niehe. Nom d'une espece de canard sauvage ; au-dessus du bec les plumes sont blanches : son corps ressemble à celui du *toutou niehe.*

𖾓𖾔. *tchikiri*. Raclure du bois blanc dont on fait les bâtons des fleches. Petits poils qui sont sous les longs poils, poils follets ou duvet. Nom d'une espece de chiens qui ont les yeux gris. Chevaux aux yeux gris, etc.

𖾓𖾔 𖾕𖾖. *tchikiri topihi*. Renard, ou peau de renard qui est très bien fournie. Duvet de la peau du renard.

𖾗. *tchikiha*. Quelque chose qui est juste, qui s'adapte bien à la place où il doit être, etc., comme une cheville, etc.

𖾘. *tchikirakou*. Cheville qui ne sauroit entrer dans son trou. Quelque chose que ce soit qui n'est pas juste, etc.

𖾙. *tchikin*. Les bords d'une riviere. Le courant d'une riviere. Les bords de quelque chose que ce soit.

𖾚. *tchikirame*. Les bords de la semelle des bottes et des pantoufles. Suivre les bords de la riviere. On dit alors 𖾛 𖾜. *tchikirame yaboumbi*.

𖾝. *tchihe*. Pou. *Pulex*. (*Che tsee* en chinois.)

𖾞. *tchikirchambi*. Cela se dit des femmes qui, par respect pour leurs supérieurs, comme pere, grand-pere, etc., rougissent en leur présence.

𖾟. *tchira feherekepi*. La colere lui a passé, son visage s'est remis.

𖾠. *tchira*. Cela se dit des chevaux qui ont la bouche dure. Couleur. Couleur du visage. Honneur. Visage. Qui est tendu ou serré de près. Sans relâche au jeu de la lutte. Cheval fort et robuste. Rigide, sévere, etc.

ⵜⵉⵔⴰ ⵎⴰⵏⴳⴰ. *tchira manga.* Personne dont la couleur dénote la tristesse, etc.

ⵜⵉⵔⴰ ⵛⴻⵏⴷⴰⵀⴰ. *tchira chendaha.* Il a pris des couleurs. Cela se dit de ceux qui sont dans l'embonpoint.

ⵜⵉⵔⴰⵍⴰⴱⵓⵎⴱⵉ. *tchiralaboumbi.* Ordonner de prendre un air sévere, d'examiner de près.

ⵜⵉⵔⴰ ⴻⵍⵀⴻⴽⴻⵏ ⵓⵀⵓ. *tchira elheken oho.* Il a pris peu-à-peu ses couleurs.

ⵜⵉⵔⴰ ⵜⴰⴽⴰⵔⴰ ⵏⵉⴰⵍⵎⴰ. *tchira takara nialma.* Homme qui se connoît aux physionomies. Devin.

ⵜⵉⵔⴰ ⴰⵍⵜⵛⵀⴰⵀⴰ. *tchira altchaha.* Il a changé de couleur. On dit cela lorsque la colere ou la peur se manifeste par la couleur.

ⵜⵉⵔⴰⵍⴰⵎⴱⵉ. *tchiralambi.* Examiner de près, s'enquêter, s'informer exactement.

ⵜⵉⵔⴰⵏⴳⴰ. *tchiranga.* Couleur. Qui a de la couleur. Couleur noire, ⵙⴰⵀⴰⵍⵉⴻⵏ ⵜⵉⵔⴰⵏⴳⴰ. *sahalien tchiranga.* Couleur blanche, ⵛⵀⴰⵏⴳⵓⵉⴻⵏ ⵜⵉⵔⴰⵏⴳⴰ. *changuien tchiranga.*

ⵜⵛⵀⵉⵔⵓⵎⴱⵉ. *tchiroumbi.* Être couché; c'est lorsqu'on est étendu, et qu'on appuie la tête sur le chevet ou sur toute autre chose.

ⵜⵛⵀⵉⵔⵓⴱⵓⵎⴱⵉ. *tchirouboumbi.* Être couché. Ordonner à quelqu'un de se coucher.

ⵜⵛⵀⵉⴼⴰⵀⴰⵏ. *tchifahan.* Plein ou enduit de boue. On dit aussi ⵜⵛⵀⵉⴼⴰⵀⴰ. *tchifaha.*

𖼀𖼀𖼀. *tchifaha.* Enduit de boue. Cette muraille, par exemple, est enduite de boue.

𖼀𖼀𖼀. *tchifambi.* Enduire de boue, de chaux, ou de plâtre, une muraille en pierre ou en brique.

𖼀𖼀𖼀. *tchifaboumbi.* Faire enduire de boue, de chaux, de plâtre, etc.

𖼀𖼀𖼀. *tchifengou.* Salive, crachat.

𖼀𖼀𖼀. *tchifelembi.* Cracher.

𖼀𖼀𖼀 𖼀𖼀𖼀. *tchifoun kaimbi.* Recevoir les droits de la douane.

𖼀𖼀𖼀. *tchifoun.* Douane, droit sur les marchandises.

𖼀𖼀𖼀 𖼀𖼀𖼀. *tchihai tchihai.* Avec plaisir. Volontairement.

𖼀𖼀𖼀 𖼀𖼀𖼀. *tchimari erde.* Demain matin.

𖼀. *tche,* (*tche* en chinois.) Nom d'un instrument à vent. Pied. Mesure. Nom d'une espece de bâton dont on punit certains coupables : ce bâton est de bois de rotin ; le gros bout a deux *fen* sept *ly* de diametre, et le petit bout un *fen* sept *ly*. Il est long de trois pieds cinq pouces. C'est pour des fautes asez légeres qu'on emploie cet instrument.

𖼀𖼀𖼀. *tchelembi.* Donner du bâton appellé *tche.* Donner du rotin.

𖼀𖼀𖼀. *tcheleboumbi.* Ordonner de donner des coups de rotin. Recevoir des coups de rotin.

𖼀𖼀𖼀. *tcheming,* (*tche ming* en chinois.) Nom d'une espece de mandarinat qui est au-dessous du sixieme ordre. Le mot *tche ming* signifie, à la lettre, ordre de l'empereur par écrit.

ⵝⵛⵔ ⵀⵔⴾⵏ ⵙⵔⵀⵔⴾⵏ. *tchir sere herguen.*

ⵝⵛⵔⵀⵛⵏ. *tchirhashoun.* Qui a le corps roide. Quelque chose qui est ramassé, qui n'est pas large.

ⵝⵛⵔⵀⴱⵎⴱⵉ. *tchirhaboumbi.* Avoir l'haleine coupée, ne pouvoir pas respirer. Empêcher l'eau de couler, l'arrêter, en arrêter le cours.

ⵝⵛⵔⵀⵎⴱⵉ. *tchirhoumbi.* Lorsqu'on est sur le point de lancer une fleche, ne pas la lancer, et laisser doucement détendre l'arc. Parler.

ⵝⵛⵔⵀⴱⵎⴱⵉ. *tchirhouboumbi.* Lorsqu'après avoir bandé l'arc, quelqu'un est sur le point de lancer la fleche, l'en empêcher, et lui dire de détendre tout doucement l'arc. Parler.

ⵝⵛⵔ ⵙⵎ. *tchir seme.* Cela se dit de l'eau qui coule sans discontinuer d'un petit trou ou d'une fente, et qui fait comme un filet. Uniment et sans discontinuer, et très vite. Alors on dit ⵝⵛⵔ ⵙⵎ ⵀⴷⵏ. *tchir seme houdoun.* Constamment vite.

ⵝⵛⵔ ⵙⵎ ⵀⴷⵏ. *tchir seme houdoun.* Aller constamment vite.

ⵝⵛⵔⴳ. *tchirgue.* Ordonner de battre les fondements d'une muraille, etc., avec la demoiselle. (Impératif du verbe suivant.)

ⵝⵛⵔⴳⵎⴱⵉ. *tchirguembi.* Débander l'arc. Détendre l'arc. Battre le pavé, etc., avec la demoiselle. Battre la terre avec la demoiselle.

𖼖𖽢𖾈𖾏𖾃𖼞𖽻. *tchirgueboumbi.* Ordonner de battre le pavé, la terre, avec la demoiselle. Ordonner de détendre, de débander l'arc.

𖼖𖽢𖾈𖼢. *tchirguekou.* Demoiselle. Instrument de bois dont on se sert pour battre la terre ou les fondements d'une muraille.

𖼖𖼢. *tchirkou.* Chevet, oreiller. On l'appelle aussi 𖾈𖽺𖾁𖽼 𖼖𖼢. *changa tchirkou.*

𖼖𖼢 𖾈𖽺𖼢𖽻. *tchirkou hengue.* Courge qu'on mange en hiver. (*Toung koa* en chinois.)

𖼖𖼢 𖽶𖾁. *tchirkou mo.* Nom d'une piece de bois qui est à côté du seuil de la porte, il y en a une à chaque côté : on met quelquefois une pierre de chaque côté. Le trou dans lequel appuie le fer sur lequel la porte tourne s'appelle 𖽻𖾈𖽺𖽼𖽻𖽻. *sihiakou.*

𖼖𖼢 𖾃𖾏𖽻. *tchirkou ouohe.* Pierres qu'on place à chaque côté du seuil de la porte.

𖼖𖽼 𖽺𖾂𖽺𖽼 𖾈𖽢𖾂𖽼. *tsin sere herguen.*

𖼖𖽼. *tsin.* Nom d'une espece d'oiseau qui ressemble au cygne, mais qui a le corps plus petit; il se tient dans l'eau, et se nourrit de poissons. Appartemens d'honneur; ceux qui sont au nord, et dont la porte est au midi. Vers le midi.

𖼖𖽼 𖽺 𖽻𖾈𖾂𖽼. *tsin ni touka.* Porte du milieu, porte d'honneur.

𖼖𖽼 𖽺 𖼠𖽶. *tsin ni po.* Appartement d'honneur, appartement tourné au midi.

𖼖𖽼𖾈𖽺𖾂𖽼 𖼖𖾏. *tsintahan tchapi.* Nom de la peau

que les vieux lievres ont entre les cuisses et sous le ventre.

𝖙𝖘𝖎𝖓𝖙𝖘𝖎𝖑𝖆. *tsintsila.* Ordonner de voir, d'examiner avec attention. (Impératif de 𝖙𝖘𝖎𝖓𝖙𝖘𝖎𝖑𝖆𝖒𝖇𝖎. *tsintsilambi.*)

𝖙𝖘𝖎𝖓𝖙𝖆𝖍𝖆𝖓. *tsintahan.* Nom qu'on donne aux vieux lievres blancs; leur peau est fort d'usage; elle devient blanche en hiver, et est grise dans les autres saisons : cette espece de lievre se tient dans les forêts.

𝖙𝖘𝖎𝖓𝖙𝖘𝖎𝖑𝖆𝖒𝖇𝖎. *tsintsilambi.* Regarder scrupuleusement. Voir avec attention. Examiner soigneusement.

𝖙𝖘𝖎𝖓𝖙𝖘𝖎𝖑𝖆𝖇𝖔𝖚𝖒𝖇𝖎. *tsintsilaboumbi.* Ordonner de voir avec attention, d'examiner avec soin, etc.

𝖙𝖘𝖎𝖓𝖌 𝖘𝖊𝖗𝖊 𝖍𝖊𝖗𝖌𝖚𝖊𝖓. *tsing sere herguen.*

𝖙𝖘𝖎𝖓𝖌𝖓𝖊𝖒𝖇𝖎. *tsingnembi.* Armer un bois. Mettre au bout d'un bâton ou d'une verge de bois, une pointe de fer. Armer une fleche.

𝖙𝖘𝖎𝖓𝖌𝖆𝖓𝖙𝖆𝖑𝖆. *tsingantala.* Plein et bourré. Vase ou caisse pleine et bourrée, etc.

𝖙𝖘𝖎𝖓𝖌𝖆𝖓𝖈𝖍𝖆𝖒𝖊. *tsinganchame.* Remplir un instrument, un ustensile jusqu'à ce qu'il ne puisse rien contenir. On dit alors 𝖙𝖘𝖎𝖓𝖌𝖆𝖓𝖈𝖍𝖆𝖒𝖊 𝖙𝖔𝖇𝖔𝖚𝖒𝖇𝖎. *tsinganchame toboumbi.*

𝖙𝖘𝖎𝖓𝖌𝖆𝖓𝖇𝖔𝖚𝖒𝖇𝖎. *tsinganboumbi.* Être rempli jusqu'au bout, d'un bout à l'autre.

𝖙𝖘𝖎𝖓𝖌𝖆𝖒𝖇𝖎. *tsingambi.* Remplir une peau de renard, de rat, ou de tel autre animal, avec de la paille, etc. Manger jusqu'à être rassasié. Alors on dit 𝖙𝖘𝖎𝖓𝖌𝖆𝖒𝖊 𝖙𝖈𝖍𝖊𝖐𝖊. *tsingame tcheke.*

tsingai. De très loin. Profondément. Plus profond que les autres. Très différent des autres. On dit alors *tsingai entchou.* Cela se prend en bonne part, comme lorsque l'on veut dire qu'un homme l'emporte sur les autres par sa bonne façon de penser.

tsing tsang. Bruit qu'on fait en cassant la glace, en s'agitant, ou en agitant quelque chose.

tsing seme. Sur-le-champ, tout-à-coup, comme lorsque le feu a pris quelque part. Alors on dit *tsing seme tambi.*

tsing seme pantchimbi. Cette maison s'est enrichie tout-à-coup.

tsing seme taha. Le feu a pris tout-à-coup.

tsing kou moutchi. Nom d'une espece de grain qui vient du côté de l'ouest, et dont il y a une grande quantité aujourd'hui en Chine. C'est l'orge.

tsinguia. Court. Trop court. Homme qui a le cœur petit et étroit. Chemin étroit. Étroit. Serré.

tsinguiakan. Un peu étroit. Un peu serré.

tsinguialakou. Nom d'un instrument de musique. C'est une espece de petite cloche dans laquelle il y a un petit battant qu'on fait agir avec la main. Cette cloche est de cuivre. Concorde. Harmonie. Cloche qui est dans les *miao* chez les bonzes. Cloche qu'on met dans les lieux élevés.

tsik sere herguen.

tsik. Un point (.). Marque qu'on met pour distinguer une phrase d'avec une autre. On dit aussi *si.*

tsik seme. Tout-à-coup, etc. Lorsqu'une pensée vient tout-à-coup.

tsik seme kouniha. Il s'en ressouvint tout-à-coup. Tout-à-coup la pensée me vint.

tsiksin. Robuste. Fort comme un homme de trente à quarante ans.

tsikgekan. Homme qui est parvenu à l'âge de trente à quarante ans, qui a toute sa crue, toute sa force. On dit aussi *tsikgekapi.* Lorsque les nerfs et les os ont pris toute leur consistance. Lorsque les grains ont acquis toute leur dureté ou leur maturité.

tsikjembi. Lorsque les grains ont acquis leur degré de maturité, de dureté. Lorsque les hommes ont toute leur crue, et toute leur force.

tsiktaraka. Il a pris toute sa crue. Il s'est remplumé. Il s'est enrichi. Il a tout ce qu'il faut chez lui. Il ne manque de rien.

tsiktan. Nom général des cinq devoirs capitaux de l'homme, le *jin*, l'*y*, le *li*, le *tche*, le *sin*, (*kien*; *tchiktan kien.*)

tsikten. Kan en chinois, c'est-à-dire les dix caracteres qu'ils combinent avec les deux *tche* pour former leur cycle. Tronc des arbres, des plantes, etc.

tsik tsak seme. En chuchotant, tout bas.

𛰀. *tsiktchalahapi.* Il a germé. Cela se dit lorsque le germe n'est pas encore sorti de terre. On dit aussi 𛰀. *soutchanaha.*

𛰀. *tsik tsik seme kounimbi.* Penser continuellement à quelque chose. Lorsqu'on ne voudroit pas penser à une chose, et qu'elle se présente continuellement à l'esprit.

𛰀. *tsik tsik seme.* Sans discontinuer. Continuellement. Habituellement.

𛰀. *tsip sere herguen.*

𛰀. *tsip seme.* Comme un trait d'arbalête qu'on n'apperçoit pas quand il est lancé avec force. En silence, comme lorsque plusieurs personnes sont dans un même endroit, et qu'on n'entend aucun bruit.

𛰀. *tsipchetambi.* Penser habituellement à quelque chose. Avoir toujours une même chose dans l'esprit.

𛰀. [𛰀.] *tsipcheme, (mbi.)* S'entretenir à part-soi de quelque chose. Penser habituellement à quelque chose. Être enfoncé dans une idée, ne pas l'abandonner, s'en occuper continuellement. Revenir sur ses premieres idées. S'en tenir à la même chose.

𛰀. *tsipchendoumbi.* Lorsque le commun s'occupe continuellement d'une même chose. On dit encore 𛰀. *tsipchenoumbi.*

𛰀. *tsiptoui.* Alternativement, sans discontinuer, toujours, etc. On dit aussi 𛰀. *ouroui.*

𛰀. *tsip tchap.* Respectueusement. Proprement. Avec propreté. En silence. On dit encore 𖾓𖾔, *tsip tsap seme*.

𖾕 𖾖 𖾗, *tsil sere herguen*.

𖾘, *tchilba*. De même nom. Lorsque deux personnes portent un même nom. On dit aussi 𖾙, *silba*.

𖾚, *tchilbouri*. Courroie qu'on attache au cou des bêtes de somme. On l'appelle encore 𖾛, *yarfoun*.

𖾜, *tchiltchin*. Avives, maladie des chevaux. Nom qu'on donne aussi aux boutons qui viennent sur les épaules ou sur d'autres parties du corps humain. On dit en chinois *sien kou*.

𖾝, *tchiltchinahapi*. Il a des boutons. Ce cheval a les avives, etc.

𖾞, *tchiltchika*. Flux et reflux de la mer, marée qui revient régulièrement chaque jour.

𖾟 𖾠, *tchiltchin akou*. Paroles claires et exactes qui n'ont aucun défaut. Qui parle sa langue avec pureté. Qui tire proprement de la fleche. Qui fait ou traite les affaires avec grace et honneur. Qui fait bien tout ce qu'il fait. Qui fait bien et promptement une piece d'éloquence, etc.

𖾡 𖾢 𖾣, *tchim sere herguen*.

𖾤, *tchimkichame*. Sans goût. Manger sans goût. On dit alors 𖾥 𖾦, *tchimkichame tchembi*.

𖾧 𖾨 𖾩, *tchou sere herguen*.

TCHOHO

ᡐᠴᠣᡴᠣ. *tchoko.* Nom d'une heure chinoise. Poule ou coq. Cet animal a cinq sortes de vertus : il a de la voix, de la fierté, du courage, de l'amour pour les siens, de la fidélité.

ᡐᠴᠣᡴᠣ ᡳᠯᡥᠠ. *tchoko ilha.* Nom d'une espèce de fleur dont la tige est basse, velue et de couleur pourpre. C'est un poison pour les poules.

ᡐᠴᠣᡴᠣ ᠨᠠᡴᠠᠮᠪᡳ. *tchoko nakambi.* Les poules se couchent, c'est-à-dire le soleil est prêt à tomber.

ᡐᠴᠣᡴᠣ ᠮᡝᡤᡠ. *tchoko megou.* Nom d'une espèce de champignon dont la tige est blanche et le chapiteau noir ; il vient dans une terre où il y a beaucoup de fumier et de bois pourri.

ᡐᠴᠣᡴᠣ ᠣᡠᠮᡥᠠᠨ ᠨᡳ ᡨᠣᡥᠣᠯᡳᠶᠣᡠ. *tchoko oumhan ni toholieou.* Espèce de gâteau fait avec des œufs, du sucre, de la farine, et des amandes d'abricots ou de pêches.

ᡐᠴᠣᡥᠣᠮᡝ. *tchohome.* Pour cela. Pour cette raison. En droiture. Aller à côté de quelqu'un. ᡐᠴᠣᡥᠣᠮᡝ ᠠᡨᠠᠪᠣᡠᠮᡝ. *tchohome ataboume.* En chef et en second. (ᡐᠴᠣᡥᠣᠮᠪᡳ. *tchohombi.*)

ᡐᠴᠣᡥᠣᠯᠣᡳ. *tchoholoi.* Pour cette seule raison. Pour cela. En chef. Principalement.

ᡐᠴᠣᡥᠣᡵᠣ. *tchohoro.* Nom qu'on donne aux chevaux qui ont le crin de différentes couleurs comme le tigre. Cheval tigré, que nous nommons ordinairement cheval pie. On dit aussi ᡨᠣᡦᡨᠣᡴᠣ. *toptoko.*

ᡐᠴᠣᡥᠣᡨᠣ. *tchohoto.* Nom d'une espèce de fourche

faite de cuivre ou d'étain, avec laquelle on joue à l'osselet : cette fourche a deux branches. Elle s'appelle aussi ⟨⟩, *chourdekou.*

⟨⟩. *tchobalambi.* Lever avec un levier de fer ou de bois ; ou, pour mieux dire, soulever avec un levier quelque poids que ce soit pour en faciliter le maniement.

⟨⟩. *tchobalaboumbi.* Ordonner de se servir du levier, de soulever avec un levier.

⟨⟩. *tchoban.* Levier, instrument de bois ou de fer dont on se sert pour soulever les gros fardeaux.

⟨⟩. *tchola.* Ordonner de fricasser de la viande ou toute autre chose, de faire un ragoût, etc. (Impératif du verbe suivant.)

⟨⟩. *tcholambi.* Faire un ragoût. Fricasser.

⟨⟩. *tcholaboumbi.* Ordonner de fricasser, de faire un ragoût.

⟨⟩. *tcholiboumbi.* Ordonner de graver, de creuser quelque chose, etc.; de percer à jour quelques gravures.

⟨⟩. *tcholimbi.* Graver. Percer à jour. Graver des fleurs en filigrane. Graver une pierre précieuse, de l'argent, du fer, etc. Cette gravure est à jour. Graver à jour. Ciseler.

⟨⟩. *tcholo.* Nom honorifique. Donner un nom honorifique, ⟨⟩. *tcholo boumbi.*

⟨⟩. *tchotoli.* Homme fûté, adroit, spirituel,

mais vain, et qui fait parade de ses talents. Cheval qui est bon et vîte, mais qui n'obéit pas aisément, etc.

𖼀𖼀. *tchoman.* Nom qu'on donne à une espece de vase ou de tasse de porcelaine dont l'ouverture n'est pas évasée, et qui est profonde. Vase cylindrique.

𖼀𖼀. *tchoki.* Homme qui a le front pointu et le cou long, etc.; comme qui diroit, cou de grue.

𖼀𖼀. *tchotcharambi.* Avoir mal pris ses mesures; comme lorsque, dans une affaire que l'on avoit conclue, la réussite ne répond pas à ce qu'on s'étoit promis. Cela se dit aussi des troupes qui vont toujours en avant sans attendre les ordres, qui avancent mal à propos.

𖼀𖼀. *tchotcho.* La verge, etc. (*Yang ou* en chin.)

𖼀𖼀. *tchokimbi.* Planter la pique ou l'esponton dans la terre.

𖼀𖼀. *tchoro.* Après demain.

𖼀𖼀. *tchoron.* Nom d'une espece d'instrument de musique à l'usage des Tartares. C'est une espece de trompette à quatre trous.

𖼀𖼀 𖼀𖼀. *tchoron kotchika.* Qui a le ventre rétréci; comme les chevaux, etc., qui n'ont pas mangé depuis long-temps.

𖼀𖼀 𖼀𖼀. *tchoron tatan.* Espece de tente qui sert de maison, qui est faite en chevalet, et dont tous les côtés touchent à terre, à l'exception de l'ouverture qui sert de porte.

𖼀𖼀 𖼀𖼀 𖼀𖼀. *tchor sere herguen.*

tchorho. Espece de canal de bois dont on se sert quand on distille l'eau-de-vie. Plaque ronde de fer qui est au-dessus du casque. Entonnoir.

tchor seme. Avec rapidité, comme une eau qui coule rapidement et constamment.

tchortombi. Faire la musique à la mongou, c'est-à-dire jouer d'une espece de bombarde, d'un cornet à bouquin, et autres instruments semblables qui s'accordent.

tchon sere herguen.

tchontoho. Cela se dit des murailles qui se sont un peu ouvertes ou éboulées par le haut.

tchontohotchombi. S'ouvrir. S'ébouler. Cela se dit des murailles qui s'ouvrent ou s'éboulent par le haut.

tchoun tcha, (*tchoan cha* en chin.) Nom d'une étoffe légere qui a des fleurs, et qui ressemble à celle qu'on appelle *tchoun tcheou* ; on s'en habille l'été.

tchoun mo, (*tchoun chou* en chinois.) Nom d'une espece d'arbre dont les feuilles ressemblent à celles du pêcher; elles sont également longues et larges. On colle contre l'arc la peau tendre de cette espece d'arbre. On s'en sert aussi pour coller contre les manches des couteaux, les gardes des sabres, etc. Cette espece d'arbre est appellé le roi de ses semblables : il differe de celui que l'on appelle *hiang tchoun* en chinois, en ce que celui-ci a des feuilles que l'on mange.

TCHOK

𐐺𐐺𐐺 𐐺𐐺𐐺 𐐺𐐺𐐺, *tchong sere herguen.*

𐐺𐐺𐐺, *tchongkai.* Nom d'une espece d'oiseau qui ressemble à celui qu'on appelle 𐐺𐐺𐐺, *yaksarhan;* ses œufs sont aussi gros que ceux des canes, et son corps est un peu plus gros.

𐐺𐐺𐐺, *tchonguiboumbi.* Faire battre des cailles. Piler le riz dans un mortier.

𐐺𐐺𐐺, *tchonguichakou.* Pilon, instrument avec lequel on pile dans un mortier, du riz, par exemple, etc. Mortier.

𐐺𐐺𐐺, *tchonguichambi.* Béqueter. Cela se dit des oiseaux qui piquent avec le bec les grains, etc., qu'ils veulent manger. Piler au mortier.

𐐺𐐺𐐺, *tchonguimbi.* Cela se dit des oiseaux qui béquetent, qui prennent avec le bec ce qu'ils veulent manger. Cela se dit aussi des combats des cailles, des coqs, etc. Piler au mortier.

𐐺𐐺𐐺 𐐺𐐺𐐺 𐐺𐐺𐐺, *tchok sere herguen.*

𐐺𐐺𐐺, *tchokto.* Fier, orgueilleux.

𐐺𐐺𐐺, *tchoktolombi.* Être orgueilleux. Faire l'orgueilleux.

𐐺𐐺𐐺, *tchoktchihien.* Pic, lieu élevé sur le sommet des montagnes.

𐐺𐐺𐐺, *tchoktchohon.* Qui va en montant. Lieu qui va en montant.

𐐺𐐺𐐺 𐐺𐐺𐐺, *tchoktchohon kotohon.* Montagne escarpée et fort haute.

ᡷᡠᠣ ᠰᡝᡵᡝ ᡥᡝᡵᡤᡠᠨ. *tchouo sere herguen.*

ᡷᡠᠣ. *tcho.* Espece de pelle de fer dont on se sert pour remuer la boue.

ᡷᡠᠣᡥᠠ. *tchouoha.* Troupes. La guerre. (*Ping. Ku. Ou* en chin.)

ᡷᡠᠣᡥᠠᠯᠠᠮᠪᡳ. *tchouohalambi.* Employer les troupes. Faire la guerre. Lever des troupes.

ᡷᡠᠣᡥᠠᡳ ᠨᡳᠶᠠᠯᠮᠠ. *tchouohai nialma.* Guerrier. Homme de guerre. (*Ou che. Kun che* en chin.)

ᡷᡠᠣᡥᠠᡳ ᡥᠠᡶᠠᠨ. *tchouohai hafan.* Mandarin de guerre. (*Ou koan* en chin.)

ᡷᡠᠣᡥᠠᡳ ᠠᠮᠪᠠᠨ. *tchouohai amban.* Officier général. (*Ou ta tchan* en chin.)

ᡷᡠᠣᡥᠠᡳ ᡨᠴᡥᠣᡠᡵᡥᠠᠨ. *tchouohai tchourhan.* Tribunal de la guerre. (*Ping pou* en chin.)

ᡷᡠᠣᡥᠠᡳ ᡨᠠᡳᠨ. *tchouohai tain.* Régiment de cinq cents hommes. (*Kun lu* en chinois.)

ᡷᡠᠣᡥᠠᡳ ᡶᡳᡝᠨ. *tchouohai fien.* Contenance des troupes. Campement.

ᡷᡠᠣᡥᠠᡳ ᠨᠠᠰᡥᠣᡠᠨ. *tchouohai nashoun.* Troupes de réserve. Troupes secretes. (*Kun ki* en chin.)

ᡷᡠᠣᡥᠠ ᡦᡝᡨᡝᡵᡝᡥᡝ. *tchouoha peterehe.* Les troupes sont de retour.

ᡷᡠᠣᡥᠠᡳ ᡶᠠᡶᠣᡠᠨ. *tchouohai fafoun.* Punition militaire. Code militaire. (*Kun fa. Kun ki* en chin.)

ᡷᡠᠣᡥᠠ ᠣᠪᠣᡵᡝ ᠣᡠᡝᡳᠯᡝ. *tchouoha oboure oueile.* Faute qui mérite un exil perpétuel.

tchouoha ohoumbi. Être exilé aux confins de l'empire pour y servir en qualité de soldat.

tchouoha kotchimbi. Licencier les troupes. Rappeller les troupes.

tchouoha parguiambi. Ramasser ses troupes. Faire une levée de troupes.

tchouohan. Nom d'une espece d'oiseau qui ressemble à celui qu'on appelle *lou see* en chin. ; son corps est petit : il se tient dans les lieux aquatiques.

tchotchiali. Nom d'un oiseau qui a quelque ressemblance avec celui qu'on appelle *yaksarhan*, il a le bec long, la queue courte, et les jambes hautes.

Tchohien. La Corée, qu'on appelle aussi *Solho.* (*Tchao sien* en chin.)

tchop sere herguen.

tchop. Le pic de la montagne. Le lieu de la montagne qui est le plus élevé. Quand il n'y a pas long-temps que quelqu'un a quitté la compagnie, les autres peuvent dire *tchop seme toutchike.* Il est sorti à l'instant. On emploie la même phrase en parlant de quelque chose qui est tombé dans l'eau, et qui revient tout-à-coup au-dessus.

tchopto. Lorsqu'on met la main sur quelqu'un pour se saisir de lui, et qu'il s'échappe tout-à-coup. On dit alors *tchopto soutchouhe.*

tchoptotchombi. Accrocher. S'accrocher; comme lorsqu'un habit, ou telle autre chose, s'est accrochée quelque part.

tchopto tchopto. Tout criblé. Tout percé; comme lorsqu'un habit est tout percé. On dit alors *tchopto tchopto houa-tchaka*.

tchol sere herguen.

tcholkon. Les flots de la mer, les vagues, etc. *poltchon tcholkon*.

tcholhon. Le pic d'une montagne. Le lieu le plus haut de la cime. C'est une pointe qui s'éleve au-dessus de la montagne, etc.

tcholhoroko. Qui l'emporte sur les autres. Qui surpasse les autres. Qui est plus élevé que tout autre lieu. Endroit qui, parmi les lieux élevés, l'est plus que tout autre. Cela se dit des hommes, des animaux, et des choses qui sont au-dessus des autres, qui sont plus élevés, etc. (On dit aussi *tcholhorokopi*, *tcholhoroko*, et *tcholhorombi*.

tcholhorokongue. Qui surpasse ceux de son espece. Qui est plus haut, au-dessus, etc.

tcholkon tchetchike. Nom d'une espece d'oiseau dont le dos est noir, le bec long. Il se nourrit des graines qui viennent sur le genevrier et autres arbres semblables.

tchos sere herguen.

tchos. Bruit de quelque chose qui, étant resserré, parvient à s'échapper.

… *tchosho.* Le bout de fer qui est au bas du bâton de la pique. Sonnette. Crochet de fer par où les chevaux, etc., traînent la charrette; ou, pour mieux dire, crochet, ou boucle de fer qui accroche les courroies ou cordes qui traînent la charrette.

… *tchom sere herguen.*

… *tchomboli.* Les côtes foibles. Cheval qui a les reins foibles, qui a les côtes foibles.

… *tchou sere herguen.*

… *tchou.* Bruit qu'on fait pour chasser un chien ou pour lui faire faire quelque chose. Bruit qu'on fait pour chasser un chat, etc. On dit aussi … *tchou seme.*

… *tchou tcha.* Chuchoter. Bruit de plusieurs personnes qui parlent bas.

… *tchou nirou.* Fleche de feu. Signal de feu.

… *tchoukoulou.* Myope, qui a la vue courte. Cela se dit de ceux qui ont les yeux de façon qu'ils ne voient plus sur le soir. Alors on dit … *kenguin tchoukoulou.* Cheval qui a le train de devant court et qui marche tête baissée.

… *tchoukoufi tontchifi.* Écouter avec une très grande attention et d'une maniere modeste.

… *tchoukoumbi.* Méditer profondément. Demander avec humilité. Baisser la tête. S'humilier en baissant la tête jusqu'à terre.

…, [\-/.] *tchoukouchambi,* (*me.*) Aller

son train sans s'embarrasser des inconvénients qui peuvent arriver, etc.

𖼧. *tchoupa*. Nom d'une espece de manteau de cérémonie à l'usage des femmes, sur lequel il y a des dragons en broderie; il n'a point de manches.

𖼧 𖼧. *tchoupa sitchihien.* Nom d'un habillement à l'usage des mandarins, il ressemble à des ailes de chauves-souris: on le met par-dessus les autres habillements.

𖼧. *tchouboumbi.* Fendre la presse; comme lorsque, dans un chemin étroit, il y a beaucoup de monde, et qu'on ne sauroit aller en avant. On dit aussi 𖼧. *tchiboumbi.*

𖼧. *tchoubouhe.* Il a fendu la presse. Il a enfin passé, etc. On dit encore 𖼧. *tchibouhe.*

𖼧. *tchouse.* Cuisinier, (*tchou tsee* en chin.) Nom d'une espece d'étoffe de soie inférieure au satin et au damas. (*Tchéou tsee* en chinois.)

𖼧 𖼧. *tchouse mo.* Bambou. (*Tchou tsee* en chinois.)

𖼧 𖼧 𖼧. *tchouse mo y ytou.* Coq de bruyere. (*Tchou ki* en chinois.)

𖼧 𖼧 𖼧. *tchouse mo y ouentehen.* Bambou, ou bâton dont on bat les coupables.

𖼧. *tchoukoumbi.* Faire nonchalamment. Agir nonchalamment. Dormir de fatigue, ou s'endormir de fatigue.

𖼧 𖼧 𖼧. *tchouse mo y arsoun.* Rejetons

de bamboux qu'on mange en ragoût. (*Tchou soun* en chinois.)

tchoutchou tchatcha. En chuchotant, comme si l'on ne vouloit point être entendu.

tchouan. Barque. Vaisseau. (*Tchoan. Tcheou* en chinois.)

tchoukou. Lorsque deux personnes sont assises en un même lieu, et que celle qui veut se lever trouve que l'autre est sur ses habits, elle la fait lever aussi pour se dégager. Nom d'une espece de biscuit fait avec de la farine de millet, etc., (*tchoukou efen.*)

tchoukouhepi. Il est très fatigué. Il n'en peut plus de fatigue. Il tombe de sommeil.

[ ] *tchoukoulembi, (me.)* Semer la zizanie. Animer ou exciter à la discorde. Lancer un chien et l'animer à poursuivre un lievre, etc. Animer un chien contre quelque autre bête.

tchouan fekoumbi. Sauter sur une barque.

tchoungnambi. Ravager les terres, les maisons. Piller, etc.

tchoui sere herguen.

tchouiken. Nom d'une espece d'oiseau qui ressemble à celui qu'on appelle , *tchouo-tchiali*; il est plus gros et ne chante que lorsqu'il doit pleuvoir.

tchour sere herguen.

tchour seme. Bruit d'une fusée qui part. Bruit de ceux qui glissent sur la glace.

tchourhou. Petit du poisson appellé *keouchen*,

tchourhoun. Cela se dit des faisans et autres oiseaux qui, d'une tire d'aile, vont d'un lieu à un autre. Une tire d'aile. Un vol. Alors on dit *emou tchourhoun ni kenehe.* Il est allé là d'un seul vol.

tchour seme kenehe. Il est allé à tire d'aile.

tchourguimbi. Parler plusieurs ensemble, parler tous à la fois : soupirer; lorsque plusieurs oiseaux chantent tous à la fois.

tchourguindoumbi. Lorsqu'un grand nombre de personnes parlent toutes à la fois tumultueusement. Parler confusément, plusieurs ensemble et à voix basse.

tchourguin akou. Ils ne parlent pas tous ensemble. Inégalement.

tchoun sere herguen.

tchoun tchoun ni. Peu-à-peu. Il s'est enrichi peu-à-peu. Il s'est appauvri peu-à-peu. On dit encore *oulhin oulhin ni.*

tchountcheou. Nom d'une espece d'étoffe de soie. (*Tchoun tcheou* en chinois.)

tchoung sere herguen.

tchoung seme. Tête baissée. Aller devant soi tête baissée.

𛰃𛰃𛰃𛰃. [𛰃𛰃.] *tchoungouchame*, (*mbi.*) Aller tête baissée contre quelqu'un. Donner de la tête contre quelqu'un.

𛰃𛰃𛰃. *tchoungourou*. Nombril. On dit aussi 𛰃𛰃𛰃. *oulengou*.

𛰃𛰃𛰃 𛰃𛰃. *tchoungour niehe*. Nom d'une espece de canard sauvage qui se nourrit de poisson. Il a le bec petit et pointu ; sa chair est puante, on ne sauroit la manger.

𛰃𛰃𛰃 𛰃𛰃𛰃. *tchouk sere herguen*.

𛰃𛰃𛰃. *tchouktchouhoun*. Moue; comme lorsque quelqu'un est en colere, et qu'il alonge les levres. On dit alors 𛰃𛰃𛰃 𛰃𛰃𛰃 𛰃𛰃. *anga tchouktchouhoun oho*. Cela se dit aussi des hommes et des chevaux qui ont les oreilles droites.

𛰃𛰃𛰃 𛰃𛰃. *tchouktchaha oueihe*. Surdent, dent qui vient par-dessus une autre.

𛰃𛰃 𛰃𛰃 𛰃𛰃. *tchouk tchak seme*. Comme chien et chat; lorsque deux personnes se disputent et qu'elles sont en querelle.

𛰃𛰃 𛰃𛰃𛰃 𛰃𛰃𛰃. *tchoul sere herguen*.

𛰃𛰃𛰃. *tchoulhan*. Exercice militaire. Exercice. Assemblée. Fidélité qu'on se jure.

𛰃𛰃𛰃 𛰃𛰃𛰃. *tchoulhan atchambi*. S'assembler. Cela se dit des assemblées que les Mongoux font entre eux, lorsqu'il s'agit de traiter quelque grande affaire qui regarde leur horde. Juger les coupables. Exercer les troupes.

𖼀𖼀𖼀. *tchoulhambi.* Exercer les troupes. Faire faire l'exercice aux troupes. On dit de même 𖼀𖼀𖼀 𖼀𖼀𖼀. *tchoulhan atchambi.* Faire la revue générale, tant des troupes, que des armes et bagages.

𖼀𖼀𖼀 𖼀𖼀𖼀 𖼀𖼀𖼀. *tchoum sere herguen.*

𖼀𖼀𖼀𖼀. *tchoumtchoume.* Être assis en se tenant les genoux avec les mains. Être accroupi. On dit alors 𖼀𖼀𖼀𖼀 𖼀𖼀𖼀. *tchoumtchoume tembi.*

𖼀𖼀𖼀𖼀𖼀. *tchoumtchourambi.* Se sauver tête baissée; comme lorsque quelqu'un est en faute, et qu'il voit venir le mandarin. Se sauver à toutes jambes. Cela se dit des bêtes fauves qui, voyant quelqu'un, se sauvent.

TCHA

𐒊𐒊. *sere herguen.*

𐒊. *tcha.* Quelque chose qui est à bonmarché, qui est aisé.

𐒊. *tchanambi.* Nom qu'on donne aux especes de paroles évocatoires que dit l'enchanteur en brûlant des papiers en l'honneur des esprits, etc.

𐒊. *tchaka cholo.* Fente au travers de laquelle on peut voir ce qui se passe au dehors, etc.

𐒊. *tchaka.* Choses. Plusieurs choses ensemble. Venir dans le moment. On dit alors 𐒊. *tchime tchaka.* Fente. Aller dans le moment se dit 𐒊. *keneme tchaka.*

𐒊. *tchakarambi.* Se séparer d'avec ses parents. Mettre les choses chacune à sa place. Quoi que ce soit qui a des fentes, qui est percé à jour. Faire des fentes, des ouvertures à quelque chose.

𐒊. *tchakaraboumbi.* Faire percer à jour. Faire faire des fentes, des ouvertures. Faire mettre les choses en leur place. Séparer plusieurs choses.

𐒊. *tchakaraha.* Cela se dit des intervalles de bien qu'ont les malades, de la cessation de leurs douleurs pour un temps.

𐒊. *tchakambi.* Échancrer la poutre sous laquelle on met la colonne lorsqu'on fait des bâtiments. Faire à la poutre un grand trou dans lequel on ajuste le dessus de la colonne.

ᜲᜲᜲᜲᜲ. *tchakarame.* Côtoyer la mer, une riviere, etc. Faire une bordure, un ourlet aux habits. Côtoyer un lieu, une province, etc.

ᜲᜲᜲᜲ. [ᜲᜲ] *tchakanaha,* (*mbi.*) Il s'est fendu. Il s'y est fait des fentes, des trous, etc.

ᜲᜲᜲ. *tchakade.* Particule qui exprime la compagnie, la raison pourquoi, le temps, etc.

ᜲᜲᜲᜲᜲ. *tchakanaboumbi.* Faire semer la discorde, la division entre plusieurs familles. Faire donner de faux avis pour diviser plusieurs personnes.

ᜲᜲᜲ ᜲᜲ. *tchaka paimbi.* Chercher les défauts de quelqu'un. Chercher des fentes, etc.

ᜲᜲᜲ. *tchakan.* Il n'y a qu'un moment, tout-à-l'heure. Place déterminée. Chaque chose à sa place, en son lieu. On dit aussi ᜲᜲᜲ. *tchaka.* A présent. Présentement.

ᜲᜲᜲᜲ. *tchakatchambi.* S'informer exactement. Demander scrupuleusement l'explication exacte d'un livre, d'un point de doctrine, etc.

ᜲᜲᜲᜲ ᜲᜲᜲ. *tchakantchame fontchimbi.* Demander. S'informer exactement et scrupuleusement de quelque chose.

ᜲᜲᜲ. *tchaha.* Petit bateau qu'on fait avec un couteau pour s'amuser. Nom d'une espece de petit bateau dont le devant est pointu et le derriere plat : il y en a d'un seul tronc d'arbre, et d'autres qui sont faits de plusieurs planches.

TCHAKOU

ᠴᠠᡥᠠᡵᡳ. *tchahari.* Pierres qui se trouvent sur les bords des rivieres. Cailloux.

ᠴᠠᡥᠠᠯᠠ. *tchahala.* Cheval dont la criniere est touffue, dont les crins sont épais et mêlés, n'importe de quelle couleur ils soient.

ᠴᠠᡴᡡᠨ. *tchakoun.* Huit. (*Pa* en chinois.)

ᠴᠠᡴᡡᠨ ᠪᡳᠶᠠ. *tchakoun pia.* Huitieme lune.

ᠴᠠᡴᡡᡨᠠ. *tchakouta.* Chaque huitaine.

ᠴᠠᡴᡡᡨᠴᡳ. *tchakoutchi.* Le huitieme.

ᠴᠠᡴᡡᠨ ᡴᡡᠰᠠ. *tchakoun kousa.* Les huit bannieres sous lesquelles sont les troupes tartares. La premiere est jaune, la seconde jaune chamarrée, la troisieme blanche, la quatrieme blanche chamarrée, la cinquieme rouge, la sixieme rouge chamarrée, la septieme bleue, la huitieme bleue chamarrée.

ᠴᠠᡴᡡᠨᠵᡠ. *tchakountchou.* Quatre-vingt. (*Pa che* en chinois.)

ᠴᠠᡴᡡᠨ ᠮᡠᡩᠠᠨ. *tchakoun moudan.* Les huit sons différents qui sont dans la nature : 1°. le son du métal; 2°. celui de la pierre; 3°. celui des cordes de soie; 4°. celui du bambou; 5°. celui de la courge; 6°. celui de la terre; 7°. celui de la peau; 8°. celui du bois : c'est-à-dire, le son de la cloche, celui du *king*, du *kin* et du *ché*, des flûtes, du *cheng*, du *hiun*, du tambour, et du bois sur lequel on frappe, dont l'instrument s'appelle *tchouo* en chinois.

ᠴᠠᡴᡡᠨ ᡠᠪᡠ ᡨᡝ. *tchakoun oubu te*

togeka koung. Nom d'une espece de comte au-dessous des comtes du premier ordre. (*Pa fen koung* en chin.)

tchakountchoute. Chaque quatre-vingtieme.

tchakountchoutchi. Le quatre-vingtieme.

tchakoun kousa te kamtchibouha oulet. Eleuht dispersés dans les huit bannieres comme les Mongoux. *Eleuht* qu'on emploie à la chasse ou à la guerre. *Eleuth*, nom d'un peuple.

tchakoungueri. Huit fois.

tchabaraha. Bordure ou cercle de fer qu'on met à un instrument ou à un vase quelconque pour le rendre plus solide. Plaque de fer qu'on cloue autour d'un instrument ou d'un vase pour le rendre plus solide.

tchabou. Ordonner de répondre, de donner, de faire une réponse.

tchaboumbi. Répondre. Faire une réponse.

tchaboume. Réponse. Réponse à une demande.

tchabouboumbi. Ordonner de répondre, de faire une réponse.

tchaboun. Réponse.

tchaboun kaimbi. Recevoir une réponse.

tchasé. Limites. Extrémités d'un royaume. Entrée ou bouche d'un endroit. Les bords d'un état, les barrieres.

tchase tchetchen. Frontieres d'un état. Limites.

tchache. Ordonner de porter une assurance, d'aller porter un certificat, des lettres testimoniales.

tchajimbi. Donner une assurance. Assurer quelque chose. Donner ou porter un certificat, des lettres testimoniales.

tchajeha. Il est allé assurer. Il est allé porter une nouvelle assurance, des lettres testimoniales, un certificat.

tchajeboumbi. Ordonner d'assurer, de porter une nouvelle assurance, de certifier, etc.

tchajehan. Certificat. Lettres testimoniales. Lorsqu'on envoie dans les lieux éloignés des certificats, des lettres testimoniales, etc., on se sert du mot *tchajehan;* mais quand c'est assez près, on se sert du mot *pithe*. Quelque chose que ce soit qu'on porte en témoignage, ou comme un signe que cela vient de la personne qui envoie.

tchata. Homme vulgaire, qui n'a rien d'extraordinaire, qui est sans talent. On dit aussi *lata tchata*.

tchataha. Estropié.

tchatahalahapi,(me,mbi.) Il est estropié.

tcha touambi. Voir aisément. S'appercevoir aisément.

tchala. Entremetteur ou entremetteuse. Faiseur de mariage. Muraille basse. Muraille de séparation.

tchalapi. Petit intervalle de repos. Repos d'un moment, etc.

tchalaka. La maladie, la douleur s'est un peu appaisée.

tchalafounga. Homme qui a vécu longtemps. Vieillard.

tchalarakou. La douleur n'a pas cessé d'un moment, n'a point diminué, ne s'est point appaisée. On dit aussi *tchalantarakou.*

tchalafoun. Longue vie. Vieillesse. On dit aussi *tchalahan kolmin.*

tchalan. Le monde. Génération. Race. Un âge. Une branche d'arbre, d'arbrisseau. Un brin d'herbe. C'est aussi un nom qu'on donne aux compagnies des bannieres. Par exemple, dans un *nirou* il y a cinq *tchalan.* La premiere de ces compagnies s'appelle *fere tchalan*, la deuxieme *tashouan ni meiren*, la troisieme *tchepele y meiren*, la quatrieme *tashouan ni toube*, et la cinquieme *tchepele y toube*, etc. Génération. Génération de pere en fils, etc.

tchalan ni tchanguin. Compagnie dans les bannieres.

tchalan tchalan ni. Par étage. Par degrés. De génération en génération.

tchalantarakou. La maladie, la douleur ne s'est point appaisée, etc. (*tchalarakou.*)

tcha te paharakou. Il n'est pas aisé de l'obtenir.

tchalan si. Un rang de soldats composé de cinq. On dit aussi *tchalan.*

tchalan sirara hafan. Mandarinat héréditaire.

tchalaktalambi. Dans la musique, après le repos, reprendre et continuer de jouer. Interrompre ou prendre les repos dans la musique.

tchalaktalahapi. Cela se dit des oiseaux dont le plumage n'est pas entier, dont les plumes sont arrachées, qui n'ont pas toutes leurs plumes.

tchalanga. Degrés. Rang. Génération. Race. Modération. Tempérance, etc.

tchalanga hehe. Femme qui garde la chasteté. Vierge.

tchalin. Pour. A raison. Pour cette affaire. Pour cela, etc.

tchali. Nom d'un fruit rouge qui vient par bouquets : ce fruit n'est pas bon à manger. Débauché. Trompeur. Séducteur.

tchalinga. Mauvais garnement. Méchant homme. Perturbateur. Réfractaire. Turbulent. Inquiet. Séducteur. Brouillon, etc.

tchalinga koueimali. Brouillon. Perturbateur. Homme inquiet et turbulent.

tchalinga choupan. Mauvais *choupan.* Chicaneur, qui entend tous les détours de la chicane.

tchalitambi. Se servir de toutes sortes d'artifices pour tromper, pour séduire, pour nuire à quelqu'un.

tchalou. Plein. Rempli. Quelque chose qui est très abondant.

tchaloumbou. Faire remplir.

tchaloumboumbi. Ordonner de remplir.

tchaloutala. Plein. Rempli.

tchaloumbi. Remplir.

tchalouka. Il est rempli. Quelque vase que ce soit qui est plein. Remplir son temps. Son temps est rempli. Le temps est expiré.

tchaloukia. Ordonner de remplir le nombre. On dit encore *tchaloukiaboumbi.* (Impératif du verbe suivant.)

tchaloukiambi. Remplir le nombre.

tchaloutara. Pleine lune.

tchamarambi. Se quereller. Disputer. Criailler. On dit aussi *tchamarchambi.*

tchamarandoumbi. Lorsque le commun se querelle, criaille, dispute. On dit de même *tchamaranoumbi.*

tchaman. Querelle, dispute, criaillerie.

tchame. Lorsque l'enchanteur, après avoir brûlé du papier pour la guérison du malade, dit la priere qui commence par *tchame.*

tchamou. Nom d'une couleur rouge, comme qui diroit, couleur de pêche, couleur rouge foncée. Nom d'une espèce de fruit de couleur rouge, d'un goût doux, dont les fleurs sont très odoriférantes, et qui est très beau.

tchamou tchalma. Rose, ou rosier qui vient par différentes tiges qui sont couvertes d'épines; les fleurs sont rouges et très odoriférantes.

tchatchi laptou. En très grande quantité.

tchatchi komso. Très peu.

tchatchi. Très souvent. Très fréquemment. C'est presque toujours comme ceci, *tchatchi outou.* C'est presque toujours comme cela, *tchatchi toutou.* Très. Très fort, marque du superlatif.

tchatchi ohode. Presque toujours. Continuellement ainsi?

tchatchi elehoun. Être très froid à l'égard de ses parents.

. *tchatchi fahoun amba.* Très mauvais sujet. C'est une phrase ironique, comme qui diroit : Voilà un grand sujet, un très grand homme.

. *tchatchin.* Le second. Le deuxieme fils, . *tchatchin ku.* Le second frere, . *tchatchin teou*, etc.

. *tcha tcha.* Bruit qu'on fait pour faire fuir les petits enfants, pour les chasser ; comme si l'on contrefaisoit quelque bête féroce. Bruit que font les moineaux, etc., quand on les prend avec la main.

. *tchatcha.* Ordonner à quelqu'un de porter un autre sur ses épaules. (Impératif du verbe suivant.)

. *tchatchambi.* Porter quelqu'un sur ses épaules. Porter un enfant sur ses épaules.

. *tchatchaboumbi.* Ordonner de porter sur ses épaules. Être porté sur les épaules de quelqu'un.

. *tchatchahapi.* Il a porté sur son dos.

. *tchatchanahapi.* Il l'est allé porter. Cela se dit aussi de la grande quantité de monde, de choses, etc. Tout est plein. Tout est plein de fourmis, d'insectes, etc. Prétérit de . *tchatchanambi.*

. *tcha tchi.* Bruit confus d'un grand nombre de personnes qui sont ensemble, etc.

. *tchatchi.* Parole de caresse ou de douceur qu'on dit aux enfants pour les empêcher de pleurer.

, [.] *tchatchilambi, (me).* Faire un treillis de roseaux, d'herbes, etc. Entrelacer plusieurs choses les unes avec les autres.

~~~. *tchatchilaboumbi*. Ordonner d'entrelacer plusieurs choses les unes avec les autres.

~~~, *tchatchiki*. Nom d'une espece de poisson dont la mâchoire est recourbée en haut; il est blanc, ses écailles sont fines : c'est un poisson fort précieux.

~~~ *tchatchin*. Treillis d'herbes, etc.; herbes qu'on a fait monter par étages en les soutenant, etc.

~~~, *tchatchin iali*. Chair qui est entre le cou et la mâchoire du cochon; il y a du gras et du maigre.

~~~, *tchatchouri*. Forêt épaisse où il y a une grande quantité d'arbres de toutes grandeurs, etc.

~~~. *tchaia*. Nom qu'on donne à une espece de petit bateau dont la proue et la pouppe ont la pointe recourbée en dedans. On l'appelle aussi ~~~ ~~~, *tolhoun oueihou*, ~~~ ~~~. *alan oueihou*.

~~~, *tchaiambi*. Fendre avec un couteau la gueule d'une bête qu'on vient de tuer.

~~~, *tchaiaboumbi*. Ordonner de couper ou de fendre avec un couteau la gueule d'une bête qu'on vient de tuer.

~~~. *tchaian*. Les deux côtés de la mâchoire où finissent les dents, où il n'y a plus de dent.

~~~, *tcharin*. Civette. On l'appelle aussi ~~~, *miktchan*. C'est proprement le musc; car la civette a un autre nom.

tcharimbi. Chanter. C'est le chant de l'enchanteur lorsqu'il prie l'esprit.

tchafambi. Conduire un char. Prendre ; comme lorsqu'un épervier a pris sa proie. Prendre une bête. Prendre les cendres d'un mort qu'on a brûlé. Prendre de l'argent. Lier avec des cordes un criminel. Se saisir d'un criminel. Prendre avec la main. Se saisir d'un lieu commode lorsqu'on s'exerce à la lutte. Prendre les droits de la douane. Prendre ; comme qui diroit, l'eau est prise, lorsqu'il commence à geler. Prendre en général. (*pouloun tchafambi,* amonceler.)

tchafaboumbi. Ordonner de prendre, de prendre les droits de la douane, de prendre les cendres d'un mort qu'on a brûlé.

tchafounou. Ordonner de s'exercer à la lutte. Ordonner de lutter.

tchafounoumbi. S'exercer à la lutte. Lutter. Lorsque deux hommes éprouvent leurs forces.

tchafounouboumbi. Ordonner de s'exercer à la lutte, de lutter. Ordonner à deux personnes d'éprouver leurs forces.

tchafatambi. Rappeler quelqu'un à son devoir, lorsqu'on craint qu'il ne s'égare.

tchafata. Nom d'une espece d'épervier qui ressemble à celui qu'on appelle *yao tsee*. [Je crois qu'on n'appelle ainsi cet oiseau que lorsqu'il sort de son nid pour la premiere fois.]

◡ TCHA 487

〰. *tchafakou*. Manche de quelque chose que ce soit. L'endroit de l'arc qu'on tient à la main.

〰 〰. *tchafakou hatambi*. Ajouter un manche, ou, pour mieux dire, armer un arc de pieces de corne qui le tiennent par le milieu, afin de le rendre plus élastique. Emmancher.

〰. *tchafan*. Argent que la maison de celui qui doit se marier donne à la maison de la fille qu'il doit épouser : c'est l'opposé de ce que nous appellons dot.

〰 〰. *tchafan akou*. Il n'a point donné d'argent à la famille de la fille qu'il a épousée.

〰. *tchafanga*. Chose prise.

〰. *tchafachambi*. Tenir entre ses mains sans lâcher prise. Ne pas se désister d'une affaire. Tenir *mordicus* pour un point de doctrine, etc. On dit alors 〰 〰. *kemouni tchafachambi*.

〰. *tchakatchi*. Du lieu de sa demeure.

〰. *tchafou*. Feutre qu'on met sous les coussins. Espece de drap ou de feutre fait avec du poil de bœuf ou de la laine.

〰. *tchafounahapi*. La laine est mise en œuvre. Le poil est uni comme dans le feutre.

〰. *tchafoukounga*. Qui sait faire usage de ses biens sans trop dépenser.

〰 〰. *tcha akou*. Maniere de parler pour exprimer la difficulté de quelque chose; cela n'est pas facile, etc.

ᡷᠠᡴᡡᠨ ᡶᠠᡳᡨᠠᠨ. *tchakoun faitan.* Les huit arrangements des musiciens ou des danseurs. Les huit rangs, etc.

ᡷᠠᡶᠠᠨᡷᡳᡥᠠ. *tchafantchiha.* Venir offrir à l'empereur. Venir offrir. Cela se dit d'un inférieur envers son supérieur.

ᡷᠠᡳ ᠰᡝᡵᡝ ᡥᡝᡵᡤᡠᡝᠨ. *tchai sere herguen.*

ᡷᠠᡳ. *tchai.* Derechef. De nouveau. De plus. En second lieu. Deux. (*Eulh* en chinois.)

ᡷᠠᡳ ᡷᡝᡵᡤᡳ. *tchai tchergui.* Second rang. Second ordre.

ᡷᠠᡳ ᡳᠨᡝᠩᡤᡳ. *tchai inengui.* Le jour d'après. Le second jour. Demain. On dit aussi ᡷᡳᠮᠠᡵᡳ; *tchimari.*

ᡷᠠᡳ ᡷᠣᡵᠣ. *tchai tchoro.* Le troisieme jour. Le surlendemain.

ᡷᠠᡳ ᡷᡳᡨᡝᡵᡝ ᠠᠨᡳᠶᠠ. *tchai tchitere ania.* Dans deux ans.

ᡷᠠᡳᡷᡳ. *tchaitchi.* Le deuxieme.

ᡷᠠᡳ ᡷᠠᠯᠠᠨ ᠨᡳ ᠣᠮᠣᠯᠣ. *tchai tchalan ni omolo.* Descendant à la deuxieme génération. Arriere-petit-fils.

ᡷᠠᡳᡨᠠ. *tchaita.* Couteau de cuisine. Couteau à hacher les herbes.

ᡷᠠᡳᡨᠠᡴᡠ. *tchaitakou.* Bassins de cuivre qu'on frappe l'un contre l'autre dans les musiques chinoises.

ᡷᠠᡳᠯᠠᠮᠪᡳ. *tchailambi.* Éviter quelqu'un. Éviter la présence de quelqu'un. Ne vouloir pas se présenter, ni être vu, etc.

ᡷᠠᡳᠯᠠᠪᡠᠮᠪᡳ. *tchailaboumbi.* Ordonner d'éviter quelqu'un, de se cacher. Cacher quelque chose, le dérober à la vue des autres.

~~~. *tchailatambi.* Cacher, tantôt d'un côté, tantôt de l'autre, quelque chose qu'on veut dérober à la vue des autres. On dit aussi ~~~. *tchailarame.*

~~~ ~~~. *tchailaboume palhambi.* Lorsque les enfants sont menacés de la petite vérole, sacrifier un cochon, des biscuits, pour obtenir des esprits que la petite vérole ne sorte point. On dit aussi ~~~. *palhambi.*

~~~. *tchaila.* (Impératif de ~~~. *tchailambi.*) Ordonner à quelqu'un d'éviter la présence d'un autre, de cacher, etc. On dit aussi ~~~. *pa ara.*

~~~. *tchailandoumbi.* Lorsque le commun évite. Éviter en commun quelque chose, la présence de quelqu'un. On dit aussi ~~~. *tchailanoumbi.*

~~~. *tchaira.* Petite ourse, c'est-à-dire ourse chienne. Nom d'une espece de bête féroce qui ressemble à l'ours.

~~~. *tchaifan.* Amas d'eau. Lieu où s'amassent les eaux de plusieurs rivieres. Confluent de plusieurs rivieres.

~~~ ~~~ ~~~. *tchar sere herguen.*

~~~. *tchar.* Son de voix de ceux qui font quelque effort pour tirer quelque chose. Cri des sauterelles et d'autres insectes semblables. Bruit de l'os qu'on met

quelquefois au bout des fleches lorsqu'on fait l'exercice.

☰☰, *tchar tchar.* Cri des insectes et des sauterelles. Bruit que font les vers.

☰☰, *tchar tchir.* Bruit confus des oiseaux quand ils chantent le matin à leur réveil.

☰☰, *tcharhou.* Nom d'une bête sauvage dont la couleur est jaune, et qui ressemble au chien : c'est le loup.

☰☰, *tcharguima.* Sauterelles qui chantent. Cet insecte a le corps tirant sur le noir, les ailes longues, mais il ne peut pas voler bien loin ; son cri ne vient pas de sa bouche, et c'est en battant des ailes comme la cigale, qu'il produit le son qu'il fait entendre.

☰☰☰, *tchan sere herguen.*

☰, *tchan.* Nom du bout d'une fleche ou du bouton d'os qu'on met au bout des fleches qui servent à l'exercice.

☰, *tchantchouhoun.* Doux. D'un goût très doux. Ce goût est comparé à l'élément terre.

☰☰, *tchantchouhoun hengue.* Melon. (*Tien koa* en chinois.)

☰☰, *tchantchouhoun ousha.* Châtaigne. (*Ly tsee* en chinois.)

☰☰, *tchantchouhoun yo.* Nom d'un ulcere d'où il coule une eau rousseâtre.

☰☰, *tchantchouhoun silengui.* Rosée fertile. Rosée favorable qui vient à propos. Lorsque cette rosée tombe, l'herbe de la félicité (c'est une espece de champignon incorruptible) croît en abondance. ᠴᠠᠨᠴᡠᡥᡡᠨ ᠰᡳᠯᠩᡤᡳ ᠣᠠᠵᡝᡴᠠ ᠯᡳᠩ ᡨᡝ ᠣᡵᡥᠣ ᡦᠠᠨᠴᡳᡥᠠ. *tchantchouhoun silengui ouajeka ling tche orho pantchiha.*

ᠴᠠᠩ ᠰᡝᡵᡝ ᡥᡝᡵᡤᡠᡝᠨ. *tchang sere herguen.*

ᠴᠠᠩ. *tchang*, (*tchang* en chinois.) Nom d'une mesure chinoise. Nom d'une espece de bâton dont on punit les criminels ; le gros bout a trois lignes $\frac{2}{10}$ de large, et le petit bout deux lignes $\frac{2}{10}$ de large. Il est long de trois pieds cinq pouces.

ᠴᠠᠩᡤᠠ ᠨᡳᡵᡠ. *tchanga nirou.* Nom d'une espece de bouton qu'on met au bout du fer des fleches.

ᠴᠠᠩᡤᠠᠯᡳᠮᠪᡳ. *tchangalimbi.* Réduire quelqu'un aux dernieres extrémités, le serrer de tous côtés, de sorte qu'il ne puisse pas échapper.

ᠴᠠᠩᡤᠠᠯᡳᠪᡠᠮᠪᡳ. *tchangaliboumbi.* Être réduit aux dernieres extrémités. Être pressé de tous côtés sans pouvoir se sauver.

ᠴᠠᠩᡤᠠᠯᡨᠴᠠᠮᠪᡳ. *tchangaltchambi.* Cela se dit des chevaux agiles et robustes qui marchent bien et ont bonne grace. Faire bien et d'une maniere agréable tout ce qu'on fait.

ᠴᠠᠩᡤᡠ. *tchangou.* Nom d'une espece de faux à l'usage des soldats. Sabre à long manche.

ᠴᠠᠩᡴᠣᠠᠨ. *tchangkoan.* Herbes salées. Herbes assaisonnées. Nom général qu'on donne à toutes les herbes salées.

ᡷᠠᠩ TCHANG

ᡷᠠᠩᡨᡠᡵᡳ, *tchangtouri.* Coq de village. Le chef d'un village.

ᡷᠠᠩᠯᠠᠮᠪᡳ, *tchanglambi.* Donner du bâton appellé *tchang.*

ᡷᠠᠩᠯᠠᠪᡠᠮᠪᡳ, *tchanglaboumbi.* Ordonner de donner à quelqu'un du bâton appellé *tchang.* Recevoir des coups de bâton.

ᡷᠠᠩᡭᡳ, *tchangtchi.* Espece de manteau qu'on met par dessus ses habits ordinaires lorsqu'il pleut ou qu'il tombe de la neige. Habits de laine ou d'autre poil.

ᡷᠠᠩ ᡷᡳᠩ, *tchang tching.* Cri ou chant des oiseaux quand ils veulent appeller leurs compagnons. Concert des oiseaux lorsque plusieurs chantent ensemble.

ᡷᠠᠩᡤᡳᠨ, *tchanguin.* Nom d'une espece de mandarinat qui a inspection sur quelques personnes, tant dans les armes que dans les lettres.

ᡷᠠᠩᡤᡳᠰᠠ, *tchanguisa.* Le pluriel de ᡷᠠᠩᡤᡳᠨ, *tchanguin.* Mandarins qui ont inspection sur quelques personnes, tels sont les *lang tchoung;* comme qui diroit les conseillers d'un tribunal, les *yuen ouai,* qui sont aussi des especes de conseillers, mais au-dessous des premiers, les *tsang ling,* les *tsou ling,* etc., qui sont des especes de lieutenants de compagnie, etc.

ᡷᠠᠩᡤᡳᠨ ᡥᠠᡨᠠᡥᠠᠨ, *tchanguin hatahan.* Nom de la clavette qui retient les roues de la charrette dans leur aissieu.

ᡷᠠᠩᡯᡳ, *tchangtsee.* Nom qu'on donne aux fils des régulos du deuxieme ordre.

TCHAP

𑀎𑀎𑀎. *tchak sere herguen.*

𑀎𑀎𑀎. *tchaksaka.* Lorsque les nuages couleur de feu ont couvert le ciel du côté de l'horizon.

𑀎𑀎𑀎. *tchaksakapi.* Lorsque les fleurs ont tout le rouge qu'elles doivent avoir, et qu'elles sont parfaitement épanouies.

𑀎𑀎𑀎. *tchaksame.* Quelque chose que ce soit qui est d'un rouge foncé et beau.

𑀎𑀎𑀎. *tchaktan.* Pin, ou espece de pin.

𑀎𑀎𑀎. *tchak mo.* Nom d'une espece d'arbre qui vient dans les lieux sablonneux ou parmi des rochers; à le voir d'un peu loin, on croiroit qu'il est mort: il s'éleve à la hauteur de deux *tchang* ou de vingt pieds : il est de couleur obscure : il brûle, même étant encore fort verd, comme si c'étoit du charbon. Ses feuilles ressemblent à celles de la plante appellée 𑀎𑀎𑀎. *poutourhouna.*

𑀎𑀎𑀎. *tchaktchahoun.* Fente, ouverture qui se fait à quelque chose, à quelque meuble. On se sert de ce mot lorsque l'ouverture ou la fente est considérable.

𑀎𑀎𑀎. *tchak tchik.* Cri ou chant d'une troupe d'oiseaux qui volent ensemble.

𑀎𑀎𑀎. *tchap sere herguen.*

𑀎𑀎𑀎. *tchapkou.* Carquois, instrument à contenir des fleches; il est plus petit que celui qu'on appelle 𑀎𑀎𑀎. *latou,* et n'est que pour les petites fleches.

tchapchan. Heureux événement. Bonheur. Avantage.

tchapchan paimbi. Souhaiter du bonheur, quelque heureux événement. Chercher ou espérer de grands avantages. Faire des châteaux en Espagne.

tchapchambi. Recevoir de l'avantage. Avoir du bonheur. Recouvrer quelque chose qu'on a perdu. Lorsqu'on achete quelque chose, l'acheter avec profit, avec avantage.

tchapchaboumbi. Ordonner à quelqu'un de faire son profit, son avantage, lui souhaiter ou lui procurer du bonheur.

tchapchaki. Très avantageux, très heureux événement. On dit alors *apche tchapchaki.*

tchaptchan. Espece de gros serpent.

tchaptouboumbi. Ordonner d'employer, de se servir avec avantage de quelque chose. Ordonner de faire son profit, de profiter, etc., d'avoir du repos.

tchaptouhakou. Il a manqué son coup; comme lorsque le cheval court à toute bride, et que le cavalier n'a pas pu tirer la fleche. Qui n'est pas tranquille, qui a des inquiétudes. On dit de même *tchaptouhan akou.*

tchaptourakou. Sans avantage. Sans profit. Avec inquiétude. Sans tranquillité.

, *tchaptoubourakou.* Ordonner à quelqu'un de laisser son profit. Faire perdre à quelqu'un son avantage et sa tranquillité.

, *tchaptouhan.* Repos. Tranquillité, etc.

, *tchaptchatchoun.* Admirable. Repentir d'une faute.

, *tchaptchandoumbi.* Lorsque le commun se repent d'une faute, se plaint de quelque chose. On dit encore , *tchaptchanoumbi.* Se plaindre mutuellement.

, *tchaptchambi.* Admirer. Trouver extraordinaire. Se repentir. Lorsqu'on a passé les bornes du devoir, avoir du regret de s'être ainsi conduit. Cela se dit aussi des mouches, fourmis et autres insectes qui sont attroupés sur quelque chose qu'ils veulent manger. On dit au prétérit , *tchaptchahapi.* Se plaindre, etc.

, *tchaptoumbi.* Avoir du loisir. Ne pas manquer son coup en tirant de la fleche. Avoir à la main ce qu'on souhaite.

, *tchal sere herguen.*

, *tchalhan.* Vie. Destinée. Destin. *Fatum.*

, *tchalhan kolmin.* Longue vie. Longue destinée.

, *tchalhambi.* Rajuster plusieurs morceaux de fer ou de bois, etc., d'une piece qui seroit rompue. Rejoindre deux ou plusieurs morceaux d'une piece de fer ou de bois. Recoller ou coller le bois de la fleche lorsqu'il s'est rompu. On dit aussi ᠴᠠᠯᡥᠠᠮᠪᡳ, *tchalhambi*.

ᠴᠠᠯᣉᠠᠷᡳ. *tchalbari*. Ordonner de prier, de supplier. (Impératif du verbe suivant.)

ᠴᠠᠯᠪᠠᠷᡳᠮᠪᡳ. *tchalbarimbi*. Prier. Supplier. Demander avec instance.

ᠴᠠᠯᡨᠠᠮᠪᡳ. *tchaltambi*. Attraper quelqu'un. Tromper quelqu'un. Duper quelqu'un.

ᠴᠠᠯᠮᡳᠨ, *tchalmin*. Nom d'une espece d'herbe qui n'a point de feuilles, elle n'a que des especes de germes. Cette herbe est le symbole du malheur chez les Chinois.

ᠴᠠᠯᡤᡳᠶᠠᠮᠪᡳ. *tchalguiambi*. Ajouter à la petite portion ce qu'on ôte de la plus grande pour les rendre égales. Ajouter quelque chose de plus pour faire un prix juste, lorsque l'on achete. Augmenter.

ᠴᠠᠯᡤᡳᠶᠠᠪᡠᠮᠪᡳ. *tchalguiaboumbi*. Ordonner d'ajouter quelque chose pour rendre le prix raisonnable. Ordonner d'ajouter à la plus petite portion pour égaliser les deux ou plusieurs, etc. Ordonner d'augmenter.

ᠴᠠᠯᡤᡳᠶᠠᠨᠴᠠᠮᠪᡳ. *tchalguiantchambi*. Rendre égal. Égaliser plusieurs choses. S'accommoder mutuellement.

ᠴᠠᠯᡤᡳᠶᠠᠨᠴᠠᠪᡠᠮᠪᡳ. *tchalguiantchaboumbi*. Ordonner de rendre égal, d'égaliser plusieurs choses, de s'accommoder mutullement.

ᠴᠠᠯᠮᡳᠨ ᠣᡵᡥᠣ. *tchalmin orho*. Herbe qui est le symbole du malheur. (*Leao* en chinois). On l'appelle aussi l'herbe des chevaux. ᠮᠣᡵᡳᠨ ᠴᠠᠯᠮᡳᠨ, *morin tchalmin*.

TCHELE

⵿⵿⵿ ⵿⵿⵿ ⵿⵿⵿, *tcham sere herguen.*

⵿⵿⵿. [⵿⵿, ⵿⵿.] *tchambi*, (*me, fi.*) Lorsque l'enchanteur offre du papier et prie pour le malade.

⵿⵿⵿, *tchampan.* Rideaux. Tour de lit.

⵿⵿ ⵿⵿⵿ ⵿⵿⵿, *tche sere herguen.*

⵿⵿, *tché.* Manière honnête dont les inférieurs répondent quand leurs supérieurs les appellent. Manière honorable de répondre. Nom du petit millet qu'on donne aux chevaux pour les engraisser, en le mêlant avec l'herbe seche ou le foin. .

⵿⵿⵿, *tchenoumbi.* Lorsque le commun mange. Manger en commun.

⵿⵿⵿, *tchebele.* Carquois. Aile droite. Qui est à la droite.

⵿⵿⵿ ⵿⵿⵿, *tchepele kala.* La droite. La main droite. Qui est à la droite dans les bannieres, c'est-à-dire dans les quatre suivantes ; la banniere jaune, la rouge, la rouge chamarrée, et la bleue chamarrée.

⵿⵿⵿ ⵿⵿⵿, *tchepele meiren.* La troisieme banniere.

⵿⵿⵿ ⵿⵿⵿, *tchetere ouende.* Il n'a pas encore mangé.

⵿⵿⵿, *tcheseri.* Nom d'une espece de fleche à tirer les oiseaux : on adapte un fer au bout d'un morceau de bois ; à l'endroit où sont les plumes on met de la bourre de soie qu'on attache avec de la colle.

⵿⵿⵿, *tchelen.* N'être pas encore déterminé. Être dans le doute. Être en suspens. Douteux.

498 TCHÉIN

 ⸺. *tchetere fiantchihien nialma.* Homme qui mange peu. On dit aussi ⸺, *hitchan.*

⸺. *tcheteboule.* Nom d'une espece de chanson à l'usage des Mantchoux.

⸺. *tcheleme tchetchike.* Moineaux domestiques. On les appelle aussi ⸺. *fiasha tchetchike;* ⸺, *pountchiha:* et ⸺, *tchingtchara.*

⸺. *tchetchen.* Frontieres, l'entre-deux de deux provinces, de deux royaumes, etc.

⸺. *tchélou.* Nom d'une espece de poisson qui a le ventre blanc, les écailles fines, le dos et les flancs parsemés de rouge, la bouche garnie de dents : il vient dans les eaux vives et très claires. C'est un excellent poisson. Les petits de ce poisson s'appellent ⸺. *tchelbe.*

⸺. *tchetchen talin.* Les bords d'un ruisseau, d'une riviere, etc.

⸺. *tchetchouhouri.* Être en suspens, dans le doute. N'être pas déterminé.

⸺. *tchetchouhouri fehouhe.* Marcher à côté du chemin, sur les bords du chemin.

⸺. *tchetchouhountchembi.* Douter. Être en suspens. Ne pouvoir se déterminer.

⸺. *tchetche.* Pere. On dit aussi ⸺, *ama.*

⸺. *tchein.* Le taillant, le coupant d'un couteau, d'une hache, etc.

TCHEKE

tché tcha seme. Parler à haute voix, à tue-tête. Bruit de plusieurs personnes qui travaillent ensemble avec effort. Ton de voix de plusieurs personnes qui se querellent. Ton de voix colere, etc.

tchelahan. Commencement de la cessation de la pluie. On dit alors *aha tchelahan.*

tcheïn ni toube. Tranchant d'un couteau, d'un sabre, etc.

tcheiengue. Qui a un tranchant.

tcheke. Qui a mangé. Il a mangé.

tchekekou. Qui n'a pas encore mangé.

tchekene. Ordonner à quelqu'un d'aller manger. (Impératif du verbe suivant.)

tchekenembi. Aller manger.

tchekentchimbi. Venir manger.

tchekentchou. Appeler quelqu'un pour venir manger. (Viens manger.)

tcheke yataha. Altercation de plusieurs personnes qui se disputent quelque chose.

tcheki. Prier quelqu'un, inviter quelqu'un à manger.

tcheke yataha kenehe. Se séparer des autres en faisant voyage, ou en allant quelque part.

tcheke yataha y pouroulaha. Se séparer des autres pour arriver le premier. Il est arrivé le premier.

tcheke peri. Nom d'une espece d'arc dont la corne qui est au milieu ne peut toucher les bouts.

tchekou. Les grains. *Panicum*, sorte de grain semblable au millet.

tchekou hara. Nom d'une plante qui a un épi comme le bled. Ses grains sont petits et durs.

tchekou tekjelehe. Lorsque les épis du bled sont mûrs, et qu'ils commencent à pencher.

tchekounehepi. Cela se dit de tous les boutons, pustules, etc., qui commencent à mûrir, ou à montrer qu'ils renferment du pus.

tchekou be faringuiaha. Mettre par monceaux les gerbes qu'on n'a pas encore liées, immédiatement après la coupe des grains.

tcheren. Nom d'une espece de chevre beaucoup plus grosse que le cerf; sa couleur tire sur le blanc.

tcherin. Le bord, le tour d'un instrument, de quelque chose que ce soit. Enclume. Le bord, le tour de la table, du lit, etc.

tche falan. Aire, lieu où l'on bat le bled.

tchefou. Faire manger quelqu'un. Dire à quelqu'un de manger. (Mange.)

tchekou aha. Nom d'un *tsie kia*.

tcher sere herguen.

tcherbe. Nom d'un ulcere qui vient sur la levre. On l'appelle aussi *erbe*.

TCHER 501

ⲧⲭⲫ̄ⲩ. *tcherte.* Cheval roux foncé. Cheval tirant sur le rouge. On dit alors ⲧⲭⲫ̄ⲩ ⳏⲟⲭⲛⲩ. *tcherte morin.*

ⲧⲭⲔϩⲓϥⲉⲛ. *tcherkichembi.* Éblouir ; comme les rayons du soleil éblouissent ceux qui les regardent. Blesser les yeux. Cela se dit de tout ce qui est contraire à la vue, et qu'on ne sauroit regarder sans qu'on en soit ébloui.

ⲧⲭⲛ̂ ⲟⲧⲭⲛ̂. *tchergui ilhi.* Ordre. Disposition bien ordonnée.

ⲧⲭⲛ̂. *tchergui.* Une fois. Deux fois, etc. Un rang. Un ordre, etc. Quand on veut exprimer, et le reste, et les autres, *et cœtera*, on dit aussi ⲧⲭⲛ̂. *tchergui.*

ⲧⲭⲛ̂ⲓϥⲉⲛ. *tcherguilembi.* Ranger, mettre en ordre. Être dans le même ordre, de la même catégorie.

ⲧⲭⲛ̂ⲓⲉⲱϥⲉⲛ. *tcherguileboumbi.* Ordonner de mettre en ordre, de ranger, de mettre dans le même rang, etc. Être mis dans l'ordre, de la catégorie, etc.

ⲧⲭⲛ̂ ⲉⲃⲧⲭⲓⲉⲱϥⲉⲛ. *tchergui eberemboumbi.* Diminuer la peine ou la punition d'un coupable. Imposer au criminel une punition moindre que celle qu'il a méritée.

ⲧⲭⲛ̂ⲛⲛ̂ⲕ̄. *tcherguingue.* De même ordre.

ⲧⲭⲇ̈ⲓⲓϥⲉⲛ. *tchergouolembi.* Faire une balustrade, une barriere.

ⲧⲭⲇ̈ⲓⲓⲉⲱϥⲉⲛ. *tcherguoleboumbi.* Faire faire une balustrade, une barriere.

ⲧⲭⲇ̈ⲓⲩ. *tchergoun.* Bois transversal qui regne au

haut des balustrades de pierre ou de bois. Les pieux de la balustrade ou de la barriere se nomment *hoaksaha*,. Le nom général des balustrades ou barrieres est *tchergoun*. On appelle aussi de ce nom les longues pierres qui sont au-dessus des escaliers des appartements impériaux.

tchen sere herguen.

tchenterakou. Impatiemment. Sans patience. On dit encore *teptchirakou*.

tchentou. En cachette, furtivement, etc.

tchentou kisourembi. Parler à voix basse. Parler très bas.

tchentou alhoutambi. Imiter en secret quelqu'un. Contrefaire en cachette quelqu'un. S'exercer en cachette à imiter quelqu'un.

tchentouken. En cachette. Furtivement. A part soi, etc.

tcheng sere herguen.

tchengke. Avec patience, sans s'impatienter.

tchengue. Repas. Choses à manger. Mets. Comestibles.

tchenguekou. Qui n'a point de patience. Qui est impatient.

tchek sere herguen.

tchekse. Lieu où il y avoit des herbes auxquelles on a mis le feu. Terrain vuide, où il n'y a rien.

Lieu sec, au milieu de plusieurs lieux humides et aquatiques. Lieu aquatique, au milieu de plusieurs endroits secs.

༑༑༑. *tchekjembi.* Être continuellement occupé d'une même chose, d'une même crainte, etc. Supporter avec peine. Ne pouvoir souffrir.

༑༑༑. *tchekchoun.* Haïssable. Homme qu'on souffre avec peine à cause de sa mauvaise langue.

༑༑༑. *tchekte mo.* Nom d'une espèce d'arbre dont les feuilles ressemblent à celles du poirier; sa peau ou son écorce est noire et un peu rougeâtre; elle est fine : on s'en sert pour coller contre les arcs et autres choses semblables.

༑༑༑. *tcheou sere herguen.*

༑༑༑. *tcheoufi.* Maison couverte avec l'écorce de l'arbre appelé *hoa chou* en chinois. Chaumiere. On dit aussi ༑༑༑. *touksa po.*

༑༑༑. *tchel sere herguen.*

༑༑༑. *tchelbe.* Nom des petits de ces sortes de poissons qui ont le ventre blanc et les écailles fines.

༑༑༑. *tchelguin.* Cordon du bonnet; il est attaché aux deux côtés du bonnet et passe sous le menton. Flocon de soie, ou houppe de bonnet.

༑༑༑. *tchelken.* Nom d'une espèce de fouine : cet animal est rousseâtre, et a quelques taches blanches. On l'appelle alors ༑༑༑ ༑༑༑. *aïen tchelken.* Cette espèce de civette est inférieure à l'autre appellée *ngai hou tsee* en chinois, et a le corps plus petit.

𐰴𐰺𐰃 𐱃𐱁𐰼 𐰵𐰼𐰏𐰤. *tchem sere herguen.*

𐰴𐰺𐰋𐰃. *tchembi.* Manger.

𐰴𐰺𐰋𐰃. *tchembi.* Avoir de mauvaises inclinations, et ne pas les produire au-dehors. Ronger tout doucement son frein. Prendre patience.

𐰴𐰺𐱅𐰋𐰃. *tchemtelembi.* Faire en cachette de mauvaises actions. Faire des actions méprisables.

𐰴𐰺𐰋𐰤. *tchembin.* Espece de bouillie faite avec de la farine de bled sarrasin ou bled noir : on la mange avec de la viande séparément, ou bien on met la viande dedans en petits morceaux.

𐰴𐰺𐰤. *tchemten.* Vil, abject, méprisable.

𐰴𐰃 𐱃𐱁𐰼 𐰵𐰼𐰏𐰤. *tchi sere herguen.*

𐰴𐰃 𐰃𐰞𐰀. *tchi ilha.* Nom d'une espece de fleur sauvage; sa couleur est rouge; au-dessus de la fleur il y a une espece de bouton qu'on emploie pour teindre en rouge.

𐰴𐰀. *tchiha.* Monnoie, piece de cuivre appellée *cache.* La dixieme partie d'une once d'argent.

𐰴𐰀 𐰃𐰞𐰀. *tchiha ilha.* Nom d'une espece de fleur qui ressemble à la rose.

𐰴𐰀𐰣𐰀. *tchihanaha.* Les grains ont fleuri.

𐰴𐰀𐰣𐰋𐰃. *tchihanambi.* Fleurir.

𐰴𐰀 𐰯𐰀. *tchiha fila.* Petite assiette, espece de soucoupe.

𐰴𐰀 𐱅𐰚𐱁𐰉𐰋𐰃. *tchiha tekteboumbi.* Suspendre des monnoies de papier en l'honneur de l'esprit; après la cérémonie on les brûle.

TCHIJË

tchibehoun. Couverture de lit.

tchiha feshelekou. Volant qu'on fait avec une cache, des plumes et du crin. On l'appelle aussi *tchiha feskou*. On joue avec ce volant comme avec l'osselet.

tchiboumbi. Ordonner de venir. Faire venir.

tchiberekepi. Regarder quelque chose en faisant les petits yeux. (*tchiberembi*.)

tchibekoun. Qui a les yeux petits, à demi fermés.

tchibin asou. Espece de filet très délié. Espece de filet que nous appellons épervier.

tchibin. Espece de filet très délié, dont les trous sont très petits.

tsisé. Brouillon d'un ouvrage, d'un écrit.

tchiselembi. Faire le brouillon d'un ouvrage. Débrouiller un ouvrage pour l'achever ensuite et le perfectionner.

tchisoumbi. Ouvrir, partager quelque chose avec un couteau ou tel autre instrument.

tchisouboumbi. Ordonner d'ouvrir, de fendre quelque chose avec un couteau, etc.

tchisouha. Il l'a ouvert, partagé, fendu avec un couteau, etc.

tchijeha. Arbre qui porte des noisettes. Noisettier. Avelinier.

tchitere ania. L'année prochaine. On dit aussi *ishoun ania.*

tchitere pia. La lune prochaine. On dit aussi *ishoun pia.*

tchitoutchi. Assurément. Certainement. Enfin. A la fin, etc.

tchitere. Qui vient. Prochain.

tchilambi. Avoir de la compassion, de la pitié, de la bénignité.

tchidoun. Le derriere de la montagne. Le haut de la montagne. La cime de la montagne. Montagne qui a de la terre, etc. On dit aussi *tchoudoun.*

tchilakan. Compassion, affection qu'un homme a pour un enfant. On dit de même *tchilaka.*

tchilahapi. Cela se dit lorsque la petite vérole est foible. La petite vérole est petite et foible.

tchilan. Lieu de la riviere où l'eau coule si rapidement, qu'elle ne gele point en hiver. On dit encore *tchoulan.* Compassion. Tendresse naturelle.

tchilanga. Homme qui est naturellement compatissant, qui a de la bonté, etc.

tchilehoun. Surprise, ou feinte de ne pas savoir une chose qui nous fait déshonneur. Rougeur qui se montre sur le visage. Pudeur. Honte. Étonnement.

TCHIMA

⵰⵰⵰, *tchili*. Colere. Mouvement d'impatience. La racine des cornes des animaux.

⵰⵰⵰, *tchilerchembi*. Montrer de la surprise, de l'étonnement. Être surpris, étonné. Faire semblant de ne pas s'appercevoir de quelqu'un pour ne pas lui faire honnêteté. On dit aussi ⵰⵰⵰, *kilerchembi*.

⵰⵰⵰, *tchilitambi*. Se mettre en colere. S'impatienter.

⵰⵰⵰ ⵰⵰⵰, *tchilitame fatchihiachambi*. S'emporter violemment. Se mettre dans une grosse colere.

⵰⵰⵰ ⵰⵰⵰, *tchili pantchimbi*. S'impatienter. Se mettre en colere. Se fâcher.

⵰⵰⵰, *tchilaboumbi*. Être l'objet de la tendresse, de la compassion de quelqu'un.

⵰⵰⵰, *tchilatchouka*. Digne de compassion, etc.

⵰⵰⵰, *tchilihanga*. Homme très vertueux. Femme vertueuse, chaste. Femme forte. Veuve qui ne se remarie pas.

⵰⵰⵰, *tchiloun*. Quel dommage! Je lui porte compassion. Compassion. (⵰⵰⵰, *tchilakan*.)

⵰⵰⵰, *tchimalambi*. Clouer le fer d'une lance contre le manche, ou mettre un clou qui passe dans le fer et dans le bois de la lance, ou d'autres instruments de guerre, ou armes. On dit aussi ⵰⵰⵰, *tchoumalambi*.

⵰⵰⵰ ⵰⵰⵰, *tchima chopin*. Espece de pâtisserie

faite avec de la farine, de l'huile, et au-dessus desquelles il y a d'autres ingrédients.

〰〰. *tchima malangou.* Sésame blanc.

〰. *tchitchoun.* Imitation. Ligne. Tirer une ligne.

〰. *tchitchoumbi.* Tirer une ligne. Écrire. On dit aussi 〰, *arambi.*

〰. *tchitchouboumbi.* Ordonner de tirer une ligne, d'écrire.

〰. *tchitchiri.* Nom d'une espece de natte dont on se sert en été pour coucher plus au frais.

〰. *tsiankiun.* Général d'armée. Officier général. (*Tsiang kun* en chin.)

〰. *tchitchirhan.* Nom d'une espece d'oie qui fait son nid sur les bords des rivieres. On l'appelle aussi 〰, *kelterhen.*

〰. *tsienjoung.* Velours, ou espece de panne ou de velours. (*Tsien joung* en chin.)

〰. *tchihe.* Il est venu. Il est arrivé.

〰. *tsien ouang asou.* Nom d'une espece de filet dont on se sert dans les eaux qui ne sont pas courantes (dans les étangs); deux bateaux auxquels est attaché le filet font une espece de circuit, et se rapprochent ensuite pour prendre les poissons enfermés dans le filet.

〰. *tchiei.* Espece de signal ou d'étendard, précédé de deux magistrats. On s'en sert lorsque l'empereur, ayant fait quelque régulo, lui envoie ses patentes, etc.

TCHIFOU

tchikin. Qui est sourd et peu éclairé. Cela se dit des vieillards, etc. Embarrassé et lent dans tout ce qu'il fait.

tchira. Cela se dit des enfants qui, après la petite vérole, n'ont pas un seul endroit du visage qui ne soit gravé ou criblé. Cela se dit aussi des endroits où il y a tant d'herbe ou de bois qu'il n'y a pas un pouce de vuide. Cela se dit encore des femmes qui font sans discontinuer un enfant chaque année. On dit alors *tchouse tchira.*

tchiramin. Épais, opposé à mince.

tchiramilambi. Traiter quelqu'un très bien. Épaissir. Rendre épais.

tchiramilaboumbi. Ordonner de rendre épais. Être très bien traité par quelqu'un.

tchiramikan. Un peu épais.

tchifembi. Calfater un bateau, un vaisseau ou telle autre chose.

tchifeboumbi. Ordonner de calfater un vaisseau, de boucher les fentes de quelques meubles.

tchifou nounguele. Nom d'une espèce d'arbre dont l'écorce ressemble à celle du tremble ou du peuplier blanc. Cet arbre a un fruit rond et petit.

tchifouboumbi. Être serré. Être arrêté. Cela se dit des planches et autres choses semblables qu'on arrête sur un établi quand on veut les scier ou les percer, etc.

ᡧᡳᡶᡠᠨᡠᡵᡝ ᠰᡠᡴᡩᡠᠨ. *tchifounoure soukdoun.* Vapeur qui s'éleve de la mer, et qui forme toutes sortes de figures. On dit aussi ᠮᡝᡨᡝᡵᡳ ᠮᡝᠯᡤᡠᠴᡝᠮᠪᡳ, *meteri melguechembi.*

ᡧᡳᡶᡠᠨ. *tchifoun.* Quelque chose que ce soit qui est flexible et qu'on ne peut casser. Quelque chose qu'on ne peut ni percer ni couper, par exemple.

ᡧᡝᡥᡳᠶᡝᠨ. *tchehien.* Gouverneur d'une ville du troisieme ordre. (*Tche hien* en chin.)

ᡧᡝᡶᡠ. *tchefou.* Gouverneur d'une ville du premier ordre. (*Tche fou* en chinois.)

ᡧᡝ ᠵᡝᡠ. *tche tcheou.* Gouverneur d'une ville du second ordre. (*Tche tcheou* en chin.)

ᡧᡝᠯᡳ ᡴᡝᡵᡝᠨ ᡴᠣᠯᠣ. *tchely keren kolo.* La province de Petchely. Les provinces de l'empire. (*Tche ly ko cheng* en chin.)

ᡧᡝ ᡴᡳ. *tche ki.* Nom d'une espece de poule sauvage qui est une espece de faisant; elle se tient dans les forêts épaisses : sa queue est fort longue. On l'appelle aussi ᠨᡳᡴᠠᠨ ᡠᠯᡥᡠᠮᠠ, *nikan oulhouma.* (*Tche ki* en chin.)

ᡧᡝ ᡨᡧᠣᠸᠠᠩ. *tche tchouang.* Hémorrhoïdes. (*Tche tchoang* en chin.)

ᡨᡧᡳᡵ ᠰᡝᡵᡝ ᡥᡝᡵᡤᡠᡝᠨ, *tchir sere herguen.*

ᡨᡧᡳᡵ ᡨᡧᡳᡵ ᠰᡝᠮᡝ, *tchir tchir seme.* Cela se dit des bouillonnements de l'eau qui jaillit en sortant de sa source. Cri d'une espece d'insecte.

ᡨᡧᡳᡵᡥᠠᠮᠪᡳ, *tchirhambi.* Être tranquille. Être à l'aise.

Être dans une assiette exempte de toute incommodité.

ᠴᡳᡵᡥᠠᠪᡠᠮᠪᡳ. *tchirhaboumbi.* Ordonner de prendre ses aises, ses commodités, d'être tranquille et sans inquiétude.

ᠴᡳᡵᡥᠠᡥᠠ. *tchirhaha.* On dit ce mot pour exprimer que l'empereur dort, repose. On dit aussi *tchirhahapi,* ᠴᡳᡵᡥᠠᡥᠠᠪᡳ.

ᠴᡳᡵᡥᠠᡧᡠᠨ. *tchirhatchoun.* Aisances. Commodités. De quoi passer agréablement la vie.

ᠴᡳᡤᡠᡝᠮᠪᡳ. *tchirguembi.* Cela se dit du chant de l'oiseau appellé téte-rouge.

ᠴᡳᠨ ᠰᡝᡵᡝ ᡥᡝᡵᡤᡠᡝᠨ. *tchin sere herguen.*

ᠴᡳᠨᠴᠠᡥᠠ. *tchintchaha.* Testicules des hommes, des chevaux. (*Loan tsee* en chin.)

ᠴᡳᠨᠴᡳᠮᠠ. *tchintchima.* Nom d'une espece de pois plus petits que les pois ordinaires: si on les met cuire avec d'autres, ceux-ci cuisent bien, et ceux-là restent durs.

ᠴᡳᠨᠴᡳᡵᡳ ᠴᠠᠨᠴᠠᡵᡳ. *tchintchiri tchantchari.* Plusieurs enfants ensemble.

ᠴᡳᠨᠴᡳᡦᠠ. *tchintchipa.* Nom d'une espece d'oiseau dont le plumage est verd et le corps très petit.

ᠴᡳᠩ ᠰᡝᡵᡝ ᡥᡝᡵᡤᡠᡝᠨ. *tching sere herguen.*

ᠴᡳᠩ. *tching.* Toujours. Sans cesse. Continuellement. On dit aussi ᡝᠮᡨᠣᠪᡝᡳ, *emtoubei,* et ᡠᡵᡤᡠᠴᡳ, *ourgoutchi.* Au temps qu'il faut. En son temps. Droit au but. Véritablement. Je veux aller. Assurément. Je veux, etc.

⸺, *tchingnembi*. Verser du vin devant le corps du mort chacun à son tour. On dit de même ⸺, *kilembi*.

⸺, *tchingsé oumiesoun pigerengue*. Qui porte le bouton au-dessus du bonnet : c'est une marque de mandarinat.

⸺, *tchingse*. Bouton que les mandarins portent sur leurs bonnets. (*Mao tsing tsee* en chinois.)

⸺, *tchingsé kiamanambi*. Mettre le bouton sur le bonnet de cérémonie des mandarins.

⸺, *tchingtchan*. Très petit. Qui n'a aucune couleur.

⸺, *tchingtchi*. Pesant, opposé à léger. On dit aussi ⸺, *outchen*. On dit également ce mot pour exprimer que le fils d'un mandarin ou d'un homme d'honneur est pesant et se porte bien. On ne peut pas dire honnêtement ni le mot ⸺, *outchen*, ni le mot ⸺, *chourou*, mais on dit ⸺, *tchingtchi*.

⸺, *tching tchiang*. Bruit de plusieurs instruments, comme celui des flûtes et des *king* qu'on joue en même temps.

⸺, *tchingtching tchangtchang*. Bruit d'une troupe d'oiseaux qui chantent en même temps, sur-tout au printemps. Bruit des flûtes et hautbois qu'on joue en même temps.

tchingtchanahapi. Cela se dit de ceux qui n'ont pas crû beaucoup, qui sont de petite taille.

tchingtchara. Nom qu'on donne aux moineaux domestiques. On les appelle également *fiasha tchetchike,* et *pountchiha;* ou bien *tchaleme tchetchike.*

tchingueri. Le pied du champignon. Nom qu'on donne aux especes de clous qui sont sur la cuirasse.

tchingueri fangkambi. Planter un clou perpendiculairement de haut en bas, de manière qu'il ait la figure d'un champignon.

tchingkia. Rougeur qui vient dans les yeux. Quand on a volé une aiguille, il vient des rougeurs dans l'œil. (C'est une superstition.)

tchinkini hafan. Mandarin qui a un district. (*Tching ki ni ha fan, Che tche* en chin.)

tchinkini tchifoun. Véritable passeport, etc. Véritable droit. Droit qu'il faut payer. Ni plus ni moins.

tchingkini. Véritablement. Certainement. Assurément, etc.

tchingkini ilhi. Véritablement en second, c'est-à-dire le mandarin en second qui est d'office.

tchingkini outchou tchergui. Du premier ordre en office. Véritablement du premier ordre.

𛲔𛲔𛲔𛲔 𛲔𛲔. *tchingkini peie.* Soi-même. Lui-même. Faire quelque chose soi-même. Aller en personne, etc.

𛲔𛲔 𛲔𛲔 𛲔𛲔. *tchip sere herguen.*

𛲔𛲔𛲔𛲔. *tchipchembi.* Mettre un habit par dessus un autre. Ajouter un habit à un autre. Mettre deux choses l'une sur l'autre. Coller une fleur ou toute autre chose sur une autre.

𛲔𛲔𛲔𛲔. *tchipcheboumbi.* Mettre plusieurs choses l'une sur l'autre. Ordonner de mettre plusieurs habits les uns sur les autres, de se vêtir de plusieurs sortes d'habits l'un sur l'autre.

𛲔𛲔𛲔𛲔. *tchipkecherakou.* Sans prendre haleine. A perte d'haleine. Très vite. Sans perdre de temps. Scrupuleusement. Sans rien perdre.

𛲔𛲔𛲔𛲔. *tchiptchalambi.* Mettre un *pi ngao,* ou mettre une robe de peau.

𛲔𛲔𛲔. *tchiptchi.* Étui à aiguilles à l'usage des femmes.

𛲔𛲔𛲔𛲔. *tchipkechembi.* Faire quelque chose que ce soit très attentivement, sans perdre un moment de temps. Ne rien perdre par sa faute. Faire avec une exactitude scrupuleuse.

𛲔𛲔𛲔. *tchipke.* Homme très épargnant. Homme qui fait tout avec une exactitude scrupuleuse. Agir, marcher, etc., avec attention.

𛲔𛲔𛲔. *tchiptcha.* Robe de peau. (*Pi ngao* en chin.)

𛲔𛲔 𛲔𛲔 𛲔𛲔. *tchiou sere herguen.*

TCHO

tchiou. Appeller quelqu'un. Mot dont on se sert quand on appelle quelqu'un.

tsil sere herguen.

tchilhan. Son que rend quelque chose. Son de voix.

tchilhambi. Chanter. Cela se dit des oiseaux.

tchilhandoumbi. Lorsque le commun parle, fait du bruit.

tchilha. Le cœur d'une fleur.

tchilpin. Bords ou bien ourlet d'un habit. L'ourlet d'un tablier. Les bords des bas.

tchilpimbi. Border. Faire un ourlet. Border un habit, un tablier, etc., avec des fils de soie mêlés d'or, etc.

tchilkimbi. Oter le poil d'une peau de cerf, de brebis, etc. Racler une peau pour en ôter les poils.

tchilkin. Une poignée de cheveux. Un paquet de fils de soie. Une poignée de barbe, etc. Un écheveau. Un paquet.

tchilguiboumbi. Faire racler une peau de cerf, de brebis, etc., pour en ôter le poil.

tchim sere herguen.

tchimbi. Venir. Réponse qu'on donne quand on veut dire qu'un tel est venu.

tcho sere herguen.

tcho. Mesure qui se nomme *chao* en chinois; dix

chao font un *ho*. C'est aussi le nom d'une mesure qui contient 1200 grains de bled. Ordonner à quelqu'un de couper. (Impératif de ⟨⟩, *tchombi*.)

⟨⟩, *tchoko*. Couteau à couper de la paille.

⟨⟩, *tchohombi*. Rotter, c'est-à-dire, faire sortir par la bouche des vents qu'on avoit dans l'estomac.

⟨⟩, *tcho pantchimbi*. Avoir sur l'estomac des aigreurs qui causent des renvois.

⟨⟩, *tchoholikapi*. Cela se dit des hommes fort gras dont la chair tremblote lorsqu'ils marchent. On dit aussi ⟨⟩, *louktou lakta*. Lorsque les chevaux, etc., sont fort gras, et que leur graisse tremblote quand ils marchent.

⟨⟩, *tchobolon*. Maladie qui n'est pas de conséquence. Infirmité. Dommage. Temps du deuil. Choses qui regardent le deuil. Chagrin. Sujet de peines et d'inquiétudes. Troubles. On dit de même ⟨⟩, *tchobolon kashan*.

⟨⟩, *tchobotchoun*. Sujet de chagrin et d'inquiétude. Peine. Chagrin. Infirmité. Quelque sujet que ce soit qui trouble et inquiete, etc.

⟨⟩, *tchobombi*. Avoir de l'inquiétude, du chagrin, de la misere, des sujets de peine, etc.

⟨⟩, *tchoboro souilara*. Avoir du chagrin, de la peine, de l'inquiétude. Avoir de la peine à vivre, etc.

⟨⟩, *tchobotchouka*. Qui mérite d'avoir du chagrin. Chagrinant. Inquiétant.

TCHOLO

☱☰, *tchoboshoun.* Chagrin. Peine. Inquiétude.

☱☰, *tchobochombi.* Chagriner. Inquiéter. Faire de la peine.

☱☰, *tchoboboumbi.* Laisser des sujets de chagrin, de peine, à ses descendants. Ordonner de causer du chagrin, de l'inquiétude. Causer de la peine; etc., à quelqu'un. Être inquiété, chagriné, etc.

☱☰, *tchotombi.* Aller et venir.

☱☰, *tchotombi.* Ourdir une toile. Faire de la toile de lin, de l'étoffe de soie, etc.

☱☰, *tchotoboumbi.* Ordonner d'ourdir une toile.

☱☰, *tchoton.* Espece d'étoffe de soie dont on se fait des habits d'été. (*Ko pou* en chinois.)

☱☰, *tcholatchambi.* Se courber, comme pour aider quelqu'un à se relever. Se courber par respect pour faire honneur à quelqu'un.

☱☰, *tcholikou.* Rames de bateau, etc.

☱☰, *tcholimbi.* Ramer. Aller à la rame.

☱☰, *tcholiboumbi.* Ordonner de ramer.

☱☰, *tcholi.* Espece de crible d'osier, de bambou, ou de fer. (*Tchao ly* en chinois.)

☱☰, *tcholo.* La femelle du cerf. La biche. On emploie encore ce mot pour exprimer que quelqu'un a mauvaise physionomie. Alors on dit ☱☰, *ektchin tcholo i atali.*

. *tcholo pouhou.* Biche qu'on appelle aussi . *enin pouhou.*

. *tchotchimbi.* Être réduit à une extrême misere. N'avoir ni feu ni lieu. Tomber dans la pauvreté.

. *tchotchiboumbi.* Réduire quelqu'un dans un état de misere, de chagrin, etc. Être chagriné, molesté par quelqu'un.

. *tchoman atchaboumbi.* Faire un pli à un habit. Coudre un pli, etc. On dit aussi . *tchoman atchaboume oufimbi.*

. *tchotchin.* Mors de la bride.

. *tchotchin be soutamimbi.* Oter la bride. Laisser tomber la bride.

. *tchohimbi.* Se retirer. Se dissiper, comme un bouton, une enflure, etc.

. *tchohihabi.* L'enflure, le bouton s'est dissipé. On dit alors . *anga tchohihapi.*

. *tchoran.* Amble, ou pas vite d'un cheval ou d'une mule, etc.

. *tchoran morin.* Cheval qui va l'amble, qui va un très bon pas.

. *tchoriboumbi.* Faire montrer au doigt.

. *tchorire simhoun.* L'index, le second doigt de la main. On l'appelle aussi . *motcho simhoun,* et . *tergue simhoun.*

tchorin. La mire où l'on vise en tirant de la fleche. Ce qui sert de mire sur l'arc.

tchorimbi. Montrer au doigt. Lorsque les cavaliers tirent de la fleche contre le bonnet qui sert de but. Faire signe du doigt. Faire savoir par signes à quelqu'un une chose qu'il ne sait pas. Indiquer.

tchorichambi. Déclarer. Faire savoir. Montrer. Instruire. Redresser. Montrer avec la main ce qu'il faut faire. Faire signe du doigt ou de la main.

tchorin sain. Qui mire bien. Qui vise au but en tirant de la fleche.

tchoro. Nom d'une espece de fleche faite d'os.

tchoron. Nom d'une espece de grain dont les feuilles sont plus grandes que celles du *king tiao;* ses fleurs sont comme celles des haricots : on en nourrit les chevaux.

tchovoho. Corne. Angle. Coin. Pointe. Quelque chose qui a des angles, des pointes.

tchovoho atchaboumbi. Assembler les angles, les côtés, les joindre les uns aux autres.

tchovohongou. Pointe. Qui est à pointe, à angle. On dit aussi *tchovohongue*. Lieu qui est en angle. Espece de hallebarde triangulaire.

tchor sere herguen.

tchor. Bruit confus de plusieurs personnes qui travaillent ensemble. Bruit de plusieurs chiens qui aboient ensemble, de plusieurs poules, etc., qui criaillent.

tchor tchar. Obscurément. Bruit de plusieurs personnes qui se querellent. Bruit de plusieurs oiseaux qui chantent tous à la fois.

tohor seme. Bruit de plusieurs hommes, chevaux, oiseaux, bêtes qui sont dans un même lieu. Bruit de plusieurs personnes qui parlent à la fois, et de plusieurs poules, etc., qui piolent sans discontinuer.

tchorho. Nom d'un bouton de fleche à pointe. Nom d'une espece de coq qui chante plus que les coqs ordinaires C'est aussi le nom d'un d'un petit bouton de fleche à tirer les lievres, etc.

tchorhoun pia. Douzieme lune.

tchorho singueri. Nom d'une espece de rat sauvage. Rat de campagne. On dit aussi *pihan singueri.*

tchorho fotoho. Nom d'une espece d'arbre dont l'écorce ressemble à celle du *toan mou*, dont le bois est blanc, les branches ou rameaux sont rouges; on s'en sert pour faire le bois des fleches.

tchortai. En dissimulant. Sans faire semblant de rien. En faisant semblant d'ignorer.

tchortangui. En faisant semblant de rien. En dissimulant, faisant l'étonné, l'ignorant sur

TCHONG

une chose qu'on sait très bien. On dit aussi ⟨⟩, *tchortai.*

⟨⟩. *tchorguimbi.* Cela se dit de plusieurs oiseaux qui crient ou chantent à la fois, et du bruit que font quantité d'insectes attroupés lorsqu'ils chantent ou crient tous à la fois.

⟨⟩. *tchortambi.* Aller le grand pas. Cela se dit des chevaux, des mulets, etc.

⟨⟩. *tchortaboumbi.* Faire aller le grand pas à son cheval, etc.

⟨⟩. *tchorguindoumbi.* Cela se dit de quantité d'insectes qui criaillent ou chantent tous à la fois, des oiseaux attroupés qui chantent ensemble, etc.

⟨⟩. *tchon sere herguen.*

⟨⟩. *tchontombi.* Revenir souvent sur une affaire déja finie. Parler continuellement d'une affaire passée, la rappeller sans cesse, etc. Soutenir quelqu'un dans ses projets, en lui rappellant le souvenir du passé.

⟨⟩. *tchontoboumbi.* Ordonner de revenir sur une affaire déja finie, de la rappeller, de soutenir quelqu'un dans ses projets, en lui rappellant le souvenir des choses passées.

⟨⟩. *tchontchi.* Parole de souvenir, par laquelle on rappelle une chose passée, une affaire finie. Paroles par lesquelles on soutient quelqu'un dans ses projets, dans ses entreprises, etc.

⟨⟩. *tchong sere herguen.*

tchong tchong seme. En murmurant. En grommelant. En s'emportant contre quelqu'un.

tchong tchong seme kasambi. Murmurer. S'emporter. Faire en murmurant, en se plaignant.

tchongko. Souvenir qu'on rappelle d'une chose passée. Ce mot exprime encore les mouvements d'un enfant dans le ventre de sa mere.

tchonkton. Nom d'une espece d'étoffe de soie. (*tchouangtouan.*)

tchongki seme. En rappellant le souvenir d'une chose passée.

tchonguinahapi. Il a des rides sur son front. Les chagrins lui ont fait venir des rides.

tchok sere herguen.

tchok seme. Tout-à-coup; comme lorsqu'un cheval marche ou galope, et que tout-à-coup il s'arrête. Alors on dit *tchok seme iliha.*

tchokche. Nom d'une espece d'ustensile à prendre de l'eau dans un bassin, comme une grande tasse : cet instrument n'a point de manche.

tchokjekou. Nom d'une espece de hache dont le taillant va en rentrant.

tchokjelambi. Reprocher à quelqu'un sa gourmandise. Se moquer de quelqu'un à cause de sa gourmandise.

TCHAO

tchokjenahapi. Reproche, raillerie qu'on fait à quelqu'un pour lui reprocher sa graisse.

tchokson. Le terme antérieur d'une affaire. Le commencement d'une affaire. On dit aussi ce mot d'un cheval qui est un peu maigre. *yenli tchokson*.

tchokson de manga. Cette affaire est de difficile entreprise, les commencements en sont difficiles.

tchoktota. Nom d'une plante médicinale qu'on appelle aussi *pousoumta*; sa tige et ses feuilles sont vertes, et bonnes à manger cuites; ses fleurs sont rouges.

tchoktcha. Ordonner d'opprimer quelqu'un, de lui causer du dommage.

tchoktchambi. Opprimer quelqu'un, lui faire du mal, en le frappant, par exemple, etc.

tchoktchaboumbi. Être opprimé par quelqu'un. Faire opprimer quelqu'un.

tchao sere herguen.

tchao, (tchao en chin.) Avertissement par écrit. Ordre par écrit. Cela suffit. Soit.

tchao pai. Cela suffit. Soit.

tchaolambi. Étendre les bras par respect. Joindre les deux mains par respect, pour saluer, etc. Mettre quelqu'un au fait d'un emploi qu'il va prendre.

tchao elen oho kai. C'est à-peu-près comme il falloit. Peu s'en faut que cela ne soit ainsi. On dit aussi ⟨...⟩, *elen de isha kai.*

⟨...⟩, *tchaolinambi.* Aller racheter. Aller reprendre les choses mises en gage, en rendant l'argent prêté dessus.

⟨...⟩, *tchaolaboumbi.* Lorsqu'on est sur le point de finir le temps de sa garde, ou de sa semaine, ou de son sémestre, avertir celui qui doit prendre la place, et le mettre au fait de l'état où sont les choses.

⟨...⟩, *tchaolimbi.* Racheter, reprendre les meubles, etc., qu'on avoit mis en gage, en rendant l'argent prêté dessus.

⟨...⟩, *tchaoliboumbi.* Ordonner de racheter. Être racheté.

⟨...⟩, *tchaolihan.* Prix du rachat : c'est l'argent que donne un criminel pour se racheter de la peine due à son crime.

⟨...⟩, *tchaoman.* La racine de l'ongle ; c'est l'endroit de l'ongle qui entre dans la chair.

⟨...⟩, *tchaolintchimbi.* Venir racheter.

⟨...⟩, *tchol sere herguen.*

⟨...⟩, *tcholhombi.* Jaillir en haut. Cela se dit des eaux qui jaillissent en haut.

⟨...⟩, *tcholhotchombi.* Aller contre son adversaire lorsqu'on est en colere. Aller tête baissée sur celui contre lequel on s'est mis en colere. Cela se dit aussi des chevaux auxquels on tire la bride, mais qui, indociles au frein, vont toujours en avant.

TCHOUHOUN

tcholhotchome toushouteme. Avoir un air colere. Avoir la colere peinte sur le visage. Couler rapidement.

tcholtombi. Revenir de racheter les choses qu'on avoit mises en gage, en rendant l'argent donné sur cela.

tchom sere herguen.

tchombi. Hacher la paille, etc.

tchompi. Cela se dit de l'enfant qui remue dans le ventre de sa mere. Rappeller le souvenir d'une chose passée.

tchombou. Ordonner à quelqu'un de nous rappeller le souvenir, de nous faire souvenir, etc. Faire savoir. (Impératif du verbe suivant.)

tchomboumbi. Faire souvenir d'une chose qu'on auroit oubliée. Donner des marques pour faire souvenir de quelque chose. Faire savoir.

tchou sere herguen.

tchou. Nom d'un instrument de musique qui ressemble à un boisseau : avant que de commencer la musique on frappe sur cet instrument, les autres suivent. (On dit aussi *tchou yu.*)

tchouhoun. Chemin.

tchouhoun ni ountouri. Grand chemin.

tchouhoun ni andala La moitié du chemin.

⟨...⟩ *tchouhoun iaboure andala.* Avoir fait la moitié du chemin. Faire la moitié du chemin.

⟨...⟩ *tchouhoun malhoun.* Chemin dont on ne voit pas la fin, quoiqu'il semble qu'on doive être bientôt au bout.

⟨...⟩ *tchouhoun tchinguia.* Chemin qui, quoique long, a un terme auquel on arrive aisément.

⟨...⟩ *tchouhoun neimbi.* Ouvrir un chemin. Se servir des troupes pour faire, pour ouvrir un grand chemin.

⟨...⟩ *tchoubeche.* Diseur de vieilles histoires. Diseur de vieux apophthegmes. (⟨...⟩ *tchoulen alara nialma.*)

⟨...⟩ *tchoubechembi.* Dire du mal de quelqu'un. Calomnier quelqu'un en secret.

⟨...⟩ *tchouben.* Conte. Vieille histoire.

⟨...⟩ *tchousé.* Enfants. Fils. On dit de même ⟨...⟩ *tchousé tasou.*

⟨...⟩ *tchousé payen.* Qui a beaucoup d'enfants.

⟨...⟩ *tchousé tchira.* Femme qui fait un enfant chaque année.

⟨...⟩ *tchousé teoude.* Enfants, freres.

⟨...⟩ *tchousé omoche.* Enfants, petits enfants.

⟨...⟩ *tchousoukou.* Tire-ligne, instrument à tirer des lignes sur du papier.

ᡒᡠᡧᡠᠮᠪᡳ. *tchousoumbi.* Tirer des lignes sur du papier, etc.

ᡒᡠᡧᡠᠪᡠᠮᠪᡳ. *tchousouboumbi.* Ordonner de tirer des lignes sur du papier.

ᡒᡠᡧᡝᠨ. *tchouchen.* Esclaves des Mantchoux qu'on appelle aussi ᡒᡠᡧᡝᠨ ᡥᠠᠯᠠᠩᡤᠠ ᠨᡳᠶᠠᠯᠮᠠ. *tchouchen halanga nialma.*

ᡒᡠᡧᡝᠮᠪᡝ. *tchouchembe.* Nom d'une plante sauvage d'un goût piquant, qui monte à la hauteur de quatre à cinq pieds dans le temps de sa maturité. Sa graine ressemble au bled sarrasin.

ᡒᡠᡧᡝᠮᠪᡠᠮᠪᡳ. *tchouchemboumbi.* Faire aigrir quelque chose. Confire des herbes dans le vinaigre.

ᡒᡠᡧᡝᠨ ᠪᠣᠣ. *tchouchen po.* Appartements qui n'ont pas la porte au midi, qui ont la porte vis-à-vis de la poutre.

ᡒᡠᡧᡠᡥᡡᠨ. *tchouchouhoun.* Aigre; goût qui s'accorde avec l'élément eau.

ᡒᡠᡧᡠᡥᡡᡴᡝᠨ. *tchouchouhouken.* Aigrelet.

ᡒᡠᡧᡝᡴᡝᡦᡳ. *tchouchekepi.* Cela se dit de quelque chose qu'on a mangé et qui cause des aigreurs sur l'estomac, et des renvois. Quelque chose qui s'est aigri. C'est le prétérit de ᡒᡠᡧᡝᠮᠪᡳ. *tchouchembi.*

ᡒᡠᡧᡠᠨ ᠮᡠᡴᡝ. *tchouchoun mouke.* Espece de liqueur ou d'eau acide faite avec des herbes, des courges et du bouillon.

ᡒᡠᠯᡝᡧᡝ. *tchouleche.* En avant. Devant, etc.

tchoulergui. Avant. Le midi.

tchouleri. Devant moi. Sous mes yeux.

tchoulergui nahan. Le lit placé au midi. (*Nan kang* en chinois.)

tchouleche boumbi. Accomplir un vœu à l'esprit, en lui sacrifiant une bête, etc., s'il est arrivé qu'on ait obtenu ce qu'on souhaitoit. Accomplir un vœu. On dit aussi *metembi.*

tchoulan. Lieu de la riviere qui coule très rapidement, et qui ne gele point en hiver. On dit aussi *tchilan.*

tchoulen. Affaires ou choses de l'antiquité. On dit encore *tchouben.* Conte. Histoire.

tchoulen alambi. Parler des choses de l'antiquité. Parler des livres des anciens. On dit aussi *tchouben alambi.*

tchoutoura. Espece de cochon dont les soies ressemblent à celles des sangliers.

tchoutoura ihan. Bœuf qui a les poils de l'épine du dos blancs.

tchoutouran. Ligne blanche, noire, rouge, etc. Quelque ligne que ce soit.

tchoutoun. Montagne élevée. Montagne. La croupe de la montagne. On dit aussi *tchitoun.*

tchoutourame. Marcher sur la croupe de la montagne. Côtoyer la montagne.

tchouman. L'endroit du fourneau qui est

TCHOUTCHE 529

au-dessus de la porte par où l'on met le feu. L'endroit du foyer qui est au-dessus de la porte ou de l'ouverture.

ⴰⴷⴰ. *tchoumara.* Nom d'une espece de rat ou de fouine dont la couleur est rousse, la queue plate, le poil fin et peu long.

tchoumangui. Sachet. Petit sac. On l'appelle aussi *soumala.*

tchoulibouhapi. Qui a les yeux et le visage enflés. Les yeux et le visage lui ont enflé.

tchoumalambi. Faire un petit trou dans le côté du manche d'une hallebarde, etc., pour y enfoncer un clou qui tienne le fer de la lance ou de la hallebarde, de façon qu'il ne puisse s'échapper. On dit aussi *tchimalambi.*

tchoutche tembi. Faire la garde. Être en sentinelle.

tchoulounga. Homme qui se conduit en tout selon la droite raison, qui remplit avec honneur et probité tous ses emplois. Cheval très docile au frein, dont on fait tout ce qu'on veut.

tchoutche. Lieu où sont ceux qui font la garde. Corps-de-garde. Eaux claires et très profondes qui font peur à voir.

tchoutchelembi. Faire la garde. Faire sentinelle. Mettre une ou plusieurs sentinelles pour garder un chemin.

tchoutcheleboumbi. Ordonner de faire la garde. Mettre en sentinelle, etc.

tchoutcherhen. Courroies qu'on met sur la selle du cheval, et qui servent à attacher ce qu'on veut porter.

tchoutchipa. Nom d'une espece d'insecte qui brille pendant la nuit.

tchoutchourambi. Qui parle et agit d'une maniere basse et peu honorable.

tchouliambi. Rejeter ce qu'on a mâché quand cela est trop dur, ou qu'on ne sauroit l'avaler.

tchoutchoume. Se couvrir tout le visage, ne laissant que le nez et les yeux dehors, afin de se garantir des cousins pendant le sommeil.

tchoutchou tchatcha. En lambinant. D'une maniere lente. D'une maniere fastidieuse.

tchouiekepi. Cela se dit des malades qui sont à l'extrémité, et qui ne sauroient presque plus ouvrir la bouche.

tchouin. Corset piqué. Camisole piquée.

tchouiehen yenli. Le filet, ou la chair des deux côtés de l'épine du dos.

tchouken. Quelque chose de très commun, qui n'est pas de grand usage. Affaire très commune. Chose qui convient parfaitement avec une autre. Homme très commun. Vie qui n'est ni bonne ni mauvaise, etc.

tchouke efen. Nom d'une espece de pâtisserie qu'on fait en broyant du pain avec d'autres choses, dont on forme une espece de gâteau qu'on appelle encore *toholieou*.

tchouken saïn. Cela va très bien là. Cela convient parfaitement à cet endroit.

tchouken igeka. Quelque chose qui suffit à peine. Il n'y en a ni plus ni moins. C'est tout ce qu'il falloit.

tchoukembi. Superstition par laquelle on sacrifie aux sept étoiles de la petite Ourse. On dit de même *amache boumbi.*

tchouhe. Glace qui se forme par l'*yngki*, qui se mêle avec l'eau.

tchouhe sitchahapi. La glace s'est fendue, s'est rompue, s'est entre-ouverte.

tchouhe tchafaha. L'eau a pris dé tous côtés. Tout est gelé.

tchouhe touktourekepi. La glace s'est élevée. Cela arrive lorsque la glace est très épaisse; il se fait alors une élévation.

tchouhe ekiahapi. La glace a disparu. La neige a disparu. Cela se dit de la petite glace qui se trouve sur un terrain, etc.

tchouhe orome ketchehepi. Il y a une petite superficie de glace, comme la petite pellicule qui se forme sur le lait. On dit encore *tchouhe orokopi.*

ᡒᡠᡥᡝ ᡠᠸᠠᠩᡤᡝ. *tchouhe ouongue.* Dégel. Il a dégelé.

tchouhenche. Il y a de la glace. Il gele. Il a gelé. Prétérit de ᡒᡠᡥᡝᠨᡝᠮᠪᡳ, *tchouhenembi.*

ᡒᡠᡥᡝ ᠰᡠᠯᡥᡠᠮᠪᡳ, *tchouhe soulhoumbi.* La glace commence à fondre, à mollir; elle n'a plus de force.

ᡒᡠᡥᡝ ᡶᡠᠰᡝᡒᡝᡥᡝ, *tchouhe fousetchehe.* On enfonce dans la glace. La glace est très foible et se brise aisément. Les pieds des hommes et des chevaux font des trous.

ᡒᡠᡥᡝ ᡥᠣᡒᠣᡠᡵᡝᠮᠪᡳ, *tchouhe houtchourembi.* Les quartiers de glace s'entre-choquent en roulant dans la riviere. Cela arrive au printemps lorsque la glace se rompt par quartiers.

ᡒᡠᡥᡝ ᡨᡠᡥᡝᡴᡝ, *tchouhe touheke.* La glace est toute fondue, le dégel est général. Tout a fondu. Cela s'entend lorsque toute la glace fond pendant le printemps.

ᡒᡠᡥᡝ ᠴᠠᡨᠠᠨ, *tchouhe chatan.* Sucre candi. (*Ping tang* en chinois.)

ᡒᡠᡴᡳ, *tchouki.* Faire applanir un terrain. Faire substituer une chose qui manque. Faire réparer. On dit alors ᡝᡩᡝᠨ ᡒᡠᡴᡳᠪᡠᠮᠪᡳ, *eden tchoukiboumbi.* Faire remplir ce qui manque d'un nombre déterminé.

ᡒᡠᡴᡳᠮᠪᡳ, *tchoukimbi.* Boucher une fente. Boucher, fermer un trou, une ouverture. Applanir un terrain, en boucher les cavités. Réparer une ouverture. Mettre de la terre dans les ornieres des chemins, etc.

TCHOUROU

tchoukiboumbi. Ordonner de boucher une fente, de fermer, de boucher une ouverture, d'applanir un terrain, d'en boucher les cavités, etc.

tchoura. Ordonner de partir.

tchourambi. Partir pour un lieu.

tchouraka. Il est allé. Il est parti.

tchouramboumbi. Ordonner d'aller, de partir.

tchouran. Lieu du départ. Lieu d'où l'on est parti. On dit alors *tchouran ni pa*.

tchourou. Double, pair.

tchourou karhan. Double, simple. Pair, impair.

tchourou pia. Lune paire.

tchourou holbon. Pairement. Par paire.

tchourou niaman. Les parents, c'est-à-dire le pere et la mere.

tchourou sirha. Nom des étoiles doubles, et en particulier des deux étoiles des roues du Chariot ou de l'Ourse.

tchouroume ilimbi. Cela se dit d'un cheval qui, ayant bronché en courant, se releve de lui-même, ou lorsqu'on lui tire la bride.

tchouroulembi. Appareiller. Rendre pair. Mettre deux ou plusieurs choses de sorte qu'elles soient paires.

tchourouleboumbi. Faire appareiller. Faire mettre les choses de façon qu'elles se trouvent paires.

tchouali. Nom d'une espece d'insecte. Petite grenouille verte.

tchouari. L'été. (*Hia* en chinois.)

tchourouken. Pair. Qui est pair. Pairement.

tchouroun. Gîte d'un lievre. Gîte ou trou d'un animal, d'un rat, etc.

tchoua. Ordonner d'ouvrir la bouche, de faire une ouverture, d'ouvrir, etc.

tchouambi. Ouvrir la bouche. Faire une ouverture.

tchouambi. Ouvrir la bouche. Faire une ouverture quelque part.

tchouaboumbi. Ordonner d'ouvrir la bouche, de faire une ouverture.

tchouan. Dix, nombre. (*Che* en chinois.)

tchouroumbi. Rejeter. Vomir ce qu'on a mangé ou bu lorsque cela ne s'accorde pas avec l'estomac.

tchouari tojembi. Commencement de l'été. (*Ly hia* en chin.)

tchouari ten. Solstice d'été. (*Hia tche* en chinois.)

tchouata. Chaque fois dix. Chaque dixaine.

tchouantchi. Le dixieme.

tchouangueri. La dixieme fois.

tchouan tchikten. Les dix troncs, ou les dix *kan*, lesquels, combinés avec les douze *tché*, forment le cycle de soixante.

tchouan tchouo karhan. Les douze *tché*, ou les douze branches. Les douze heures chinoises, etc.

tchouan toumen, (*ché ouan* en chin.) Cent mille ou dix *ouan*; chaque *ouan* vaut dix mille.

tchouanga. Bouche ouverte. Gueule béante.

tchouan ni ta. Nom d'un mandarinat de guerre; celui qui en est revêtu porte la plume de coq.

tchouangtouan. Nom d'une espece de soierie qu'on appelle aussi *tchouang-toun.* (*Tchouang toan* en chin.)

tchoufelin. Espece de biscuits secs qu'on porte en voyage, et qu'on mange en chemin, sur-tout dans les lieux où il n'y a rien à acheter. Aliments secs. Choses qu'on mange le long du chemin. On dit aussi *kounesoun.*

tchoufelie. Ordonner de préparer des aliments secs, du biscuit pour porter en voyage.

tchoufeliembi. Préparer des aliments secs, du biscuit pour manger en voyage.

tchouo. Deux, nombre. (*Eulh* en chin.)

tchouo pia. La deuxieme lune. Deux lunes.

tchouote. Chaque deuxieme. Chaque second. De deux en deux.

tchouotchi. Le second.

tchouo nofi. Les deux hommes. Tous les deux.

tchouo outchan. Les deux côtés. Les deux choses différentes.

tchouongueri. Deux fois.

tchouo chedende. L'entre-deux d'une ou de plusieurs choses.

tchouo toube cholongueou. Les deux bouts, les deux pointes d'une chose.

tchouo outchan cholongueou. Les deux pointes. Les deux bouts.

tchouoteme ilatame kounimbi. Deux cœurs et trois volontés.

tchouoteme ilatame kisourembi. Dire trois quand il faut dire deux. Ne parler pas conformément à sa pensée.

tchouoterakou. Il ne biaise point. Il ne parle pas contre sa pensée. Il agit, pense et parle avec droiture, sans finesse, sans duplicité.

tchouan kaimbi. Emprunter de l'argent, etc.

ᠴᠣᠣ ᠣᡵᡥᠣᠨ. *tchouo ourhoun.* Deux fois cinq lignes, c'est-à-dire un pouce.

ᠴᠣᠣᠮᠪᡳ. *tchouombi.* Transporter, transférer d'un lieu à un autre les denrées, etc.

ᠴᠣᠣᠪᠣᠮᠪᡳ. *tchouoboumbi.* Ordonner de transporter les denrées, etc.; de transférer d'un lieu en un autre.

ᠴᠣᠣ ᠴᡝᡳᠩᡤᡝ ᠰᠣᡥᡝ. *tchouo tcheiengue souhe.* Nom des haches à deux tranchants, dont l'un est le tranchant de la hache, et l'autre est un tranchant à plat.

ᠴᠣᡠᠨ ᠴᡝᠨᡩᠠᠮᠪᡳ. *tchouen chendambi.* Prêter de l'argent, etc., à intérêt.

ᠴᠣᡠᠨ ᠣᡠᠰᡝᠨ. *tchouen ousen.* Emprunt. Chose, argent, etc., emprunté. Dette. On dit de même ᠫᡝᡴᡨᠣᡠᠨ ᡴᠠᡴᡨᠣᡠᠨ. *pektoun kaktoun.*

ᠴᠣᡠᠨ ᠪᠣᠮᠪᡳ. *tchouen boumbi.* Prêter de l'argent sans intérêt.

ᡴᡳᡠ ᠰᡝᡵᡝ ᡥᡝᡵᡤᡠᡝᠨ. *kiu sere herguen.*

ᡴᡳᡠ. *kiu.* Fils, enfant.

ᡴᡳᡠ ᠪᡝ ᡨᠣᡠᡵᡳ. *kiu be touri.* Bercer un enfant pour l'endormir.

ᡴᡳᡠ ᠪᠠᠨᠵᡳᡥᠠ. *kiu pantchiha.* Il a eu un fils. Elle est accouchée d'un fils.

ᡴᡳᡠ ᡨᠠᡴᡤᡝᡥᠠ. *kiu takgeha.* Elle a conçu.

ᡴᡳᡠ ᡨᠴᠠᠯᠠᠨ. *kiu tchalan.* Descendants.

ᡴᡳᡠ ᡨᠴᠣᠨᡴᠣ. *kiu tchonko.* Avant-coureur de l'enfantement, des couches, etc.; comme lorsque l'enfant remue dans le ventre de la mere, etc. On dit encore ᡴᡳᠣ ᡨᠴᠣᠮᠪᡳ. *kiu tchombi.*

ᡨᠴᠣᡠᠷ ᠰᡝᠷᡝ ᡥᡝᠷᡤᡠᡝᠨ. *tchour sere herguen.*

ᡨᠴᠣᡠᠷᡥᠠᠨ. *tchourhan.* Une bande. Quelque chose qui est en ligne droite. La vertu de justice. Nom des grands tribunaux.

ᡨᠴᠣᡠᠷᡥᠠᠨ ᡨᠴᠣᡠᠷᡥᠠᠨ. *tchourhan tchourhan.* Par rangs. Par lignes. Par bandes, etc.

ᡨᠴᠣᡠᠷᡥᠠᠨᡤᠠ. *tchourhanga.* Qui a de la modération, de la justice.

ᡨᠴᠣᡠᠷᡥᠠᠯᠠᠮᡝ. *tchourhalame.* Par étages. Par rangs. Par lignes. Par bandes. Faire des bandes, des lignes, des rangs. On dit aussi ᡨᠴᠣᡠᠷᡥᠠᠨ ᡴᠣᡨᠴᡳ. *tchourhan kotchi.*

ᡨᠴᠣᡠᠷᠰᠠᠨ ᡴᡳᠣ. *tchoursan kio.* Daim d'une année.

ᡨᠴᠣᡠᠷᠰᠣᡠ ᠣᡳᠣ. *tchoursou oïo.* La couverture blanche qui est au-dessus de la tente, et qui forme, avec les soupentes, des especes de nuages, parceque ces soupentes sont de toile bleue.

ᡨᠴᠣᡠᠷᡥᠠᠨ ᡨᠴᠣᡵᡳᠮᠪᡳ. *tchourhan tchorimbi.* Montrer avec le fouet, lorsqu'on est à cheval, l'endroit où l'on veut que les troupes aillent.

ᡨᠴᠣᡠᠷᠰᠣᡠ. *tchoursou.* Doublé. Qui a une doublure. Habit doublé, qui est double. Quelque chose qui a une doublure.

ᡨᠴᠣᡠᠷᠰᠣᡠ ᠣᡥᠣ. *tchoursou oho.* Elle est enceinte. Vous

êtes enceinte. On dit alors 〰〰 〰〰 〰〰 〰〰, *sini peie tchoursou oho.*

〰〰, *tchoursou etoukou.* Habit doublé, où il n'y a point de coton entre la doublure et le dessus.

〰〰, *tchoursou sitchihien.* Pao tsee doublé.

〰〰, *tchoursoulembi.* Double. Mettre une doublure.

〰〰, *tchourtchen.* Révolte, rébellion. Alors on dit 〰〰 〰〰, *tchourtchen foutaran.*

〰〰, *tchoursouleboumbi.* Mettre l'un sur l'autre. Ajouter une chose à une autre. Ordonner de mettre une doublure, de doubler.

〰〰, *tchourtchembi.* Se révolter. Contredire. Contrarier quelqu'un dans ses paroles, etc.

〰〰, *tchourtcheboumbi.* Ordonner de se révolter, de contredire, etc.

〰〰, *tchourtcherakou.* Sans contradiction. Sans répugnance. Sans révolte.

〰〰, [〰〰.] *tchourtchentcheme, (mbi.)* Se révolter ensemble. Suivre quelqu'un dans sa révolte.

〰〰, *tchourkimbi.* Couper par morceaux avec la hache du bois qui seroit trop gros.

〰〰, *tchourhou.* Espece de soierie fine qu'on met en été; il y en a de toutes les couleurs.

〰〰 〰〰, *tchourhou foungou.* Mouchoir blanc ou bleu.

tchourhan tondo. Course en droite ligne que font les cavaliers pendant l'exercice.

tchoun sere herguen.

tchoun, (*tsao* en chin.) Foyer. Bois à brûler.

tchoun ni etchen. L'esprit du foyer. (*Tsao chen* en chin.)

tchoun ni nouhalien. Bouche du fourneau ou du foyer à la chinoise.

tchounda. Chemin ou sentier des bêtes fauves.

tchoun tongkeou. Cordelette, ou cordon un peu gros.

tchoung sere herguen.

tchoung. Cloche; c'est un instrument de musique qui donne un des huit sons de la nature, c'est le son du métal. (*Tchoung* en chinois.)

tchoungala. Le dedans du fourneau à faire la cuisine.

tchoungkin. Nom d'une espèce de soierie à fleurs de toutes sortes de couleurs.

tchoungchoun. Vin ou toute autre liqueur qu'on verse dans l'oreille du cochon qu'on doit sacrifier à l'esprit.

tchoungke. Cela se dit de ceux qui, dans la maladie, ont les dents serrées de sorte qu'ils ne sauroient les ouvrir. On dit aussi *oueihe tchoumbi.*

TCHOUS

◌. *tchounguembi.* Voler quelque chose dans la maison de quelqu'un et l'emporter ailleurs. Prendre furtivement quelque chose et l'emporter. Enlever furtivement quelque chose de sa maison, et l'emporter, etc.

◌. *tchoungueboumbi.* Ordonner à quelqu'un d'emporter furtivement quelque chose de sa maison, de prendre, de voler dans sa maison pour l'emporter ailleurs.

◌. *tchouk sere herguen.*

◌. *tchoukten.* Sacrifice. On dit pour exprimer les sacrifices du premier et du second ordre ◌. *tchoukten ouotchen.*

◌. *tchouktembi.* Sacrifier.

◌. *tchoukteleboumbi.* Ordonner de couper en petits morceaux.

◌. *tchouktelembi.* Couper de la viande, etc., en petits morceaux.

◌. *tchoukden.* Nom d'une espèce d'arbre qui ressemble à la vigne sauvage; son fruit sert pour la teinture en rouge après l'avoir fait bouillir.

◌. *tchouktouri.* Ours de deux années.

◌. *tchouktchouhou niehe.* Nom d'une espèce de canard sauvage qui a le plumage du corps mêlé de noir; il se tient presque toujours dans l'eau: il ressemble à celui qu'on appelle ◌. *tchikiri niehe.*

◌. *tchous sere herguen.*

tchoustan. Une bande de nuages noirs, de nuages blancs. Une bande s'exprime par ᗧᖕᖑ ᑐᐧᐁᑕᐣ, *emou tchoustan.*

tchoustalambi. Faire des bandes. Mettre en bandes.

tchoustalaboumbi. Faire faire des bandes. Faire mettre en bandes.

tchoushe. Les harpons, les serres des oiseaux de proie et autres.

tchoup sere herguen.

tchoupki. Gravier, ce qui est au fond de la mer, des rivieres et des ruisseaux. Petite isle. Langue de terre au milieu des eaux. Embouchure d'une riviere. Rivages.

tchoul sere herguen.

tchoulhou. La bride du cheval. Flocons de fil rouge.

tchoulhoumbi. Frotter avec un linge ou telle autre chose le bois des fleches après l'avoir raclé.

tchoulgue. Anciennement.

tchoulguei tchalan. Les anciens. L'antiquité.

tchoulguen saïn. Cela se dit de ceux qui ont fait un long voyage en bonne santé, et qui ont été long-temps dehors sans souffrir aucune incommodité.

ⵞⵓⵍ, *tchoulhoun.* L'endroit creux qui est au-dessus de la poitrine, immédiatement après le cou. Soupirail, ou trou destiné à laisser passer librement l'air. Le creux qui est au-dessus du poitrail, etc.

ⵞⵓⵍⵎ, *tchoulhoume.* Especes de bottes qui ne vont qu'à mi-jambes, et qui sont à l'usage des femmes.

ⵞⵓⵎ ⵙⵔ ⵀⵔⴳⵏ. *tchoum sere herguen.*

ⵞⵓⵎⵒⵍⵉ. *tchoumpali.* Précipitamment. Il est entré avec précipitation. Alors on dit ⵞⵓⵎⵒⵍⵉ ⵜⵊⴽⴰ. *tchoumpali tojeka.*

ⵞⵓⵎⵒⵉ. *tchoumpi.* Qui a les dents serrées. On dit alors ⵓⵉⵀ ⵞⵓⵎⵒⵉ. *oueihe tchoumbi.* (ⵞⵓⵏⴳⴽ. *tchoungke.*)

𝓎𝒶   YA

𝓎𝒶 𝓎𝒶, *sere herguen.*

𝓎𝒶. *ya.* Particule d'interrogation, comme si l'on disoit : Est-ce cela? est-ce lui? est-ce celui-ci? est-ce celui-là ? 𝓎𝒶 𝓎𝒶. *ereou, tereou.* Qui est-ce? 𝓎𝒶 𝓎𝒶. *ouo ya.* Qui? Qui est-ce? Laquelle de ces choses? Nom d'une espèce d'exhalaison qui s'élève sur le soir.

𝓎𝒶 𝓎𝒶. *ya akou.* Il n'y a plus d'exhalaison lorsque le vent a soufflé et qu'il a chassé les nuages.

𝓎𝒶, *yaka.* C'est cela. Cela.

𝓎𝒶 𝓎𝒶. *yaka pieou.* Cela est-il dans cet endroit? Maniere de demander à des personnes inférieures.

𝓎𝒶 𝓎𝒶. *yaka keneheou.* Cet homme s'en est-il allé?

𝓎𝒶, *yaha.* Charbon de bois. Braise. On dit aussi 𝓎𝒶 𝓎𝒶. *toua yaha.*

𝓎𝒶 𝓎𝒶. *ya hatchin.* Cette espèce.

𝓎𝒶. *yahanahapi.* Cela se dit des épis de bled qui sont gâtés, qui sont brûlés ou par le vent ou par l'ardeur du soleil.

𝓎𝒶. *yakounga.* De quelle espèce? Homme singulier dans son genre.

𝓎𝒶 𝓎𝒶. *ya pa.* Quel endroit?

𝓎𝒶 𝓎𝒶. *yakounga moudan.* Voix discordante, qui n'est pas comme les autres. Homme qui parle différemment des autres.

YABOU

yabilambi. Mettre sous l'avant-toit les planches qui sont immédiatement sous les tuiles.

yapi. Où est cela ? Lequel est-ce ? Planches qui sont au-dessous des tuiles de l'avant-toit.

yabilaboumbi. Ordonner de mettre sous l'avant-toit les planches qui sont immédiatement sous les tuiles.

yabou. Ordonner à quelqu'un de s'en aller.

yaboubou. Faites suivant qu'il est ordonné. C'est une formule de tribunal, pour dire qu'on doit se conformer aux ordres donnés, etc.

yaboumbi. Aller, marcher, faire chemin.

yabouboumbi. Faire suivant qu'il est ordonné. Ordonner d'aller, de marcher. Ordonner de porter des nouvelles, de porter cet arrêt, par exemple, etc.

yabouboureou. Prier d'aller, de marcher. Inviter de marcher. Céder le pas.

yabourelame. Aller d'un pas interrompu en s'arrêtant de temps en temps.

yaboulan. Nom d'un oiseau de proie qui ressemble à celui qu'on appelle *elben kouara.*

yaboundoumbi. Aller en commun. Aller et venir, etc. On dit aussi *yabounoumbi.*

yaboun. Allée. Marche. Conduite.

yaboun fatchouhoun. Mauvaise conduite.

yaboun halai foutache. Conduite pleine de toutes sortes de désordres.

yasa. OEil. Les yeux. Les trous des filets. (*Yen* en chinois.)

yasa tatambi. Faire les gros yeux. Ouvrir les yeux.

yasa haptalaha cheden te igentchiha. Il est arrivé dans un clin d'œil.

yasa ketehoun. Les yeux fixés sur quelque chose.

yasa haptalaha cheden de ouatchiha. Cela a passé en un clin d'œil.

yasa pourouhoun. Qui n'a pas les yeux clairs. On dit encore *yasa toushoun.*

yasa ketehoun neihepi. Il a ouvert les yeux qu'il a fixés sur cela, par exemple.

yasa tourahoun. Avoir les yeux fixés sur quelque chose.

yasa sele. Les clous qui sont sur le carquois, ou les trois clous qui sont près des trous du carquois.

yasa poultahoun. Qui a la prunelle qui semble sortir des yeux. Les yeux à fleur de tête.

ᡳᠠᠰᠠ ᠶᠠᠰᠠ. *yasa katahoun.* Les yeux ouverts comme des salieres.

ᡳᠠᠰᠠᠯᠠᠮᠪᡳ. *yasalambi.* Voir d'un coup-d'œil tout ce qui se passe.

ᡳᠠᠰᠠᠯᠠᠪᡠᠮᠪᡳ. *yasalaboumbi.* Voir malgré soi quelque chose. Voir sans le vouloir.

ᡳᠠᠰᠠ ᠶᠠᠰᠠ ᠨᡝᡳᠮᠪᡳ. *yasa katahoun neimbi.* Ouvrir de grands yeux, des yeux ronds.

ᡳᠠᠰᠠ ᡴᡝᡥᡠᠨ ᠣᡥᠣ. *yasa kehoun oho.* Il a les yeux tout étonnés; comme lorsqu'on dit à quelqu'un quelque chose qui le surprend, etc.

ᡳᠠᠰᠠ ᠮᠣᡵᠣᡥᠣᠨ. *yasa morohon.* Grands yeux ronds.

ᡳᠠᠰᠠ ᡶᠠᡥᠠ. *yasa faha.* La prunelle.

ᡳᠠᠰᠠᡨᠠᠪᡠᠮᠪᡳ. *yasataboumbi.* Empêcher les éperviers dressés pour la chasse de fermer les yeux pendant la nuit.

ᡳᠠᠰᠠ ᡴᡝᡥᡠᠨ ᡥᠣᠯᡨᠣᠮᠪᡳ. *yasa kehoun holtombi.* Dire des inutilités, des choses de rien avec des yeux étonnés.

ᡳᠠᠰᠠ ᡳ ᠮᡠᡴᡝ. *yasa y mouke.* Larmes, pleurs. (*Yen lei* en chinois.)

ᡳᠠᠰᠠ ᠮᠣᡵᠣᡥᠣᠨ ᠨᡝᡳᠮᠪᡳ. *yasa morohon neimbi.* Ouvrir de grands yeux ronds.

ᡳᠠᠰᠠ ᠮᠣᡵᠣᡥᠣᠨ ᡨᡠᠸᠠᠮᠪᡳ. *yasa morohon touambi.* Voir, regarder avec de gros yeux comme si on se fâchoit.

yasa hocho. Le coin de l'œil du côté de la tempe.

yasa sohiha. Avoir les yeux offusqués par la poussiere, etc.

yasa fetembi. Faire des ouvertures, des trous au bouton qui est au bout des fleches dont on se sert pour l'exercice.

yasa nimembi. Avoir mal aux yeux.

yasa niouanguien. Yeux de convoitise, de concupiscence.

yasa y hountahan. Le tour des yeux.

yasa chahoun. Yeux étonnés. Yeux pleins d'étonnement ou de crainte. On dit alors *yasa chahoun koloho*.

yasa tepsehoun oho. Il a les yeux appesantis par le sommeil.

yasa ilhanambi. Ses yeux se sont troublés. Il ne voit plus clair.

yabe. Cela. Prends cela. L'accusatif de *ya*.

yatarambi. Battre le briquet. Faire du feu.

yataraboumbi. Faire battre le briquet.

yatarakou. Briquet à faire du feu.

yatarakou fatou. La partie du briquet où l'on serre l'amadou.

YATE 549

yataha. Il est devenu pauvre. L'arc s'est courbé, s'est affoibli, etc.

yatambi. S'appauvrir. Cela se dit aussi des arcs qui s'affoiblissent, etc.

yatahoun. Pauvre. Cela se dit aussi lorsque la petite vérole est très clair-semée.

yatahoun foushoun. Pauvre et méprisable.

yatarahou. Craindre de devenir pauvre.

yatahouchambi. Avoir le ventre vuide. Mourir de faim. Être affamé.

yatana. Cicogne. On l'appelle aussi *changuien poulehen*, Cet oiseau peut vivre jusqu'à l'âge de mille ans. Cygne qui chante à sa mort.

yatalingou. Foible. Qui a le corps foible, sans force. Qui a de la foiblesse dans les nerfs. Qui n'a presque point de force.

yatarakou. Je ne puis assurer si cela est comme ceci ou comme cela. (*outou toutou ome yatarakou.*) Ce n'est pas certain. On dit encore *poltchotchi otchorakou.*

yatan tchetchike. Nom d'un oiseau dont le plumage est de couleur de canelle obscure. On dit aussi *fiapkou.*

yate. Dans quel endroit? Sur quel endroit est

cela ? Auquel ? A qui ? C'est le datif et l'ablatif de 𝕐. ya.

𝕐. yatouhan. Nom d'un instrument de musique qui est monté de quatorze cordes.

𝕐. yala. Certainement. En vérité. Assurément, etc.

𝕐 𝕐. yate pi. Où est-il ? Où est cela ?

𝕐 𝕐. yala oho. Cela est assurément ainsi. On dit de même 𝕐 𝕐. yarguien oho.

𝕐. yalake. Oui. Lorsque l'on dit soi-même avec les autres qu'une chose est comme cela. On dit encore 𝕐 𝕐. inou kai.

𝕐. yenli. Chair. Viande.

𝕐 𝕐 𝕐. yenli tchoun narhoun. Bois qui a le tissu fin. On dit alors 𝕐 𝕐 𝕐 𝕐. mo y yenli tchoun narhoun.

𝕐. yenlihanga. Gras. Masse de chair.

𝕐. yenlinga. Homme gras. Homme qui a beaucoup de chair.

𝕐 𝕐. yenli mongoun. Le gosier. L'avaloire. Le gosier ou le conduit des choses qu'on mange.

𝕐 𝕐. yenli kouachchambi. Palpitation de la chair.

𝕐 𝕐. yenli hafirakou. La trompe, ou, pour mieux dire, la pointe de la trompe d'un éléphant.

𝕐. Yalou. Nom d'un fleuve du *Koan toung*. Les bornes qui sont entre deux terrains, entre deux en-

YAMOU

droits. Traverse. Qui traverse, etc. On dit alors *ou-tchen yalou*, 〰〰. Ordonner de monter à cheval. (Impératif de 〰. *yaloumbi*.)

〰. *yenli kouatchihiachambi.* Palpiter. Palpitation de la chair.

〰. *yaloumbi.* Monter à cheval, sur une mule, etc.

〰. *yalouboumbi.* Ordonner de monter à cheval, etc.

〰. [〰.] *yaloume eteme,* (*mbi.*) Qu'on peut monter facilement. Cheval ou mule qui a de la force, qu'on peut monter sans crainte, etc.

〰. *yalounambi.* Aller monter à cheval.

〰. *yalountchimbi.* Venir monter à cheval.

〰. *yalounaboumbi.* Ordonner d'aller monter à cheval.

〰. *yaloundoumbi.* Lorsqu'on monte ensemble à cheval. On dit de même 〰. *yalounoumbi.*

〰. *yamoun.* Tribunal. (*Ya men* en chin.)

〰. *yamoulambi.* Aller au tribunal. Aller au palais.

〰. *yamoulaboumbi.* Ordonner d'aller au tribunal.

〰. *yamoulantchimbi.* Venir au tribunal. Lorsque les ambassadeurs des différents royaumes viennent à la cour, etc.

yatchi tchaka. Laquelle de ces choses dois-je apporter, par exemple, etc.?

yatchin. Nom d'une couleur tirant sur le noir.

yatchin oueitchoun. Nom d'une espece d'oiseau dont le plumage est tout noir; c'est une espece de corbeau.

yatchikan. Tirant sur le noir. Tirant sur le minime.

yatchin oulhou. Le petit-gris. Nom d'une espece de rat.

yatchin poulehen. Nom d'une espece d'oiseau; on se sert de ses plumes pour mettre sur les bois des fleches.

yatchihiambi. Éternuer.

yatchihiaboumbi. Faire éternuer.

ya tchaka. Quelle chose?

yaya. Tout en général. On dit aussi *eiten.* Quoi que ce soit. Quelque chose que ce soit.

yaya hatchin. Quelque chose que ce soit. Quoi que ce soit.

yaya temoun ni otchi okini. Faites comme il vous plaira, tout comme vous voudrez. On dit encore *ainatchi ainakini.*

yayatambi. Bégayer.

yaki. Espece de couverture qu'on met sur les fleches.

YAROU

𛰀𛰁𛰂𛰃, *yakilambi.* Couvrir les fleches.

𛰀𛰁 𛰂𛰃. *yaki fatou.* Espece de sac dont on se sert pour couvrir les fleches.

𛰀𛰁. *yahi.* Reste des matériaux qu'on a employés pour le service de quelqu'un, et qu'on s'approprie.

𛰀𛰁𛰂𛰃, *yahilambi.* Garder les restes des matériaux qu'on a employés pour le service de quelqu'un; comme les tailleurs, par exemple, qui gardent le reste des étoffes.

𛰀𛰁 𛰂𛰃 𛰄𛰅, *yara koli akou.* Il n'y a dans l'air que des vapeurs qui viennent des montagnes. Cela arrive lorsqu'il fait un grand vent.

𛰀𛰁. *yarou.* Ordonner de montrer le vrai chemin, de conduire, de diriger. Faire des bouillons d'une espece d'insecte appellé *la kou* en chinois. Nom d'une espece de poisson; sa longueur ne va pas à un pied. Il se tient dans les eaux courantes.

𛰀𛰁𛰂𛰃. *yaroumbi.* Conduire, diriger, montrer le chemin à quelqu'un, etc. Redresser quelqu'un, etc. Aller l'un après l'autre dans un sentier étroit.

𛰀𛰁𛰂𛰃. *yarouboumbi.* Ordonner de montrer le chemin. Être conduit, redressé, etc.

𛰀𛰁𛰂𛰃 𛰄𛰅. *yaroukou asou.* Nom d'une espece de filet à prendre les poissons.

𛰀𛰁𛰂𛰃 𛰄 𛰅𛰆. *yarouhan ni fangsé.* Espece de banniere ou d'étendard qu'on porte aux enterrements, et sur lequel on met le nom et les qualités du mort.

ᠶᠠᡨᠴᡥᡳ, *yatchi.* Par comparaison à quelque chose.

ᠶᠠᡵᠣᡠᠮᡝ ᠣᡴᡨᠣᡵᠣ ᡴᠣᡠᠮᠣᡠᠨ, *yaroume oktoro koumoun.* Musique qu'on joue lorsque l'empereur revient du sacrifice fait au *Tien Tan* ou au *Ty Tan*, et qu'il arrive au palais.

ᠶᠠᡶᠠᠨ, *yafan.* Jardin. Jardin potager. Verger, etc.

ᠶᠠᡶᠠᠨ ᠨᡳ ᡨᠠ, *yafan ni ta.* Jardinier.

ᠶᠠᡶᠠᡥᠠᠨ ᡨᠴᡥᠣᡠᡥᠠ, *yafahan tchouoha.* Infanterie. Soldats de pied.

ᠶᠠᡶᠠᡥᠠᠨ ᠣᡠᡴᡤᡝᠨ, *yafahan oukgen.* Cuirasse des fantassins.

ᠶᠠᡶᠠᡥᠠᠨ ᡨᠴᡥᠠᠩᡤᡠᡳᠨ, *yafahan tchanguin.* Espèce de caporal ou de sergent d'infanterie. Officier d'infanterie.

ᠶᠠᡶᠠᡥᠠᠨ ᡴᠣᡠᠰᠠᡳ ᡨᠠ, *yafahan kousai ta.* Espèce de lieutenant-général qui commande toute l'infanterie d'une bannière.

ᠶᠠᡶᠠᡥᠠᠯᠠᠮᠪᡳ, *yafahalambi.* Aller à pied. Marcher à pied.

ᠶᠠᡶᠠᡥᠠᠯᠠᠪᠣᡠᠮᠪᡳ, *yafahalaboumbi.* Ordonner d'aller à pied.

ᠶᠠᠰᠠ ᡳ ᡨᠴᡥᠠᡵᡳᠨ, *yasa y tcharin.* Les bords de l'œil.

ᠶᠠᠰᠠ ᡨᠴᡥᡝᡵᡴᡳᠴᡥᡝᠮᠪᡳ, *yasa tcherkichembi.* Voir double. Voir trouble; comme lorsqu'on est à cheval et qu'on galope, on ne voit les objets qu'à demi, etc.

ᠶᠠᡶᠠᡥᠠᠨ, *yafahan.* Piéton, fantassin.

ᠶᠠᡨᠴᡥᡳᠨ ᡶᡝᡴᠴᡥᠣᡠᠨ, *yatchin fekchoun.* Alun romain. (ᡥᠣᡳᡶᠠᠨ, *hoifan.*)

ᠶᠠᠰᠠ ᡦᠣᡥᠣᠨ. *yasa pohon.* Prunelle de l'œil qui est gâtée, viciée.

ᠶᠠᡵᡳᠪᠣᠮᠪᡳ. *yariboumbi.* Cela se dit lorsqu'en hiver les oreilles et les joues gelent un peu.

ᠶᠠᡳ ᠰᡝᡵᡝ ᡥᡝᡵᡤᡠᡝᠨ. *yai sere herguen.*

ᠶᠠᡳ. *yai.* Poussiere. Ordures d'une chambre, par exemple, qu'on n'auroit balayée de long-temps. (*Yai* en chinois.)

ᠶᠠᡵ ᠰᡝᡵᡝ ᡥᡝᡵᡤᡠᡝᠨ. *yar sere herguen.*

ᠶᠠᡵ ᠰᡝᠮᡝ. *yar seme.* Cela se dit d'un filet d'eau qui coule. Par filet; comme un filet d'eau qui coule sans cesse. Cela se dit aussi d'un homme qui parle sans cesse. Coulamment.

ᠶᠠᡵᡥᠠ. *yarha.* Nom d'une bête sauvage dont la peau sert à faire des chemisettes. Cette peau est de plusieurs couleurs; il y a des taches blanches, noires, rousseâtres, etc. C'est le léopard.

ᠶᠠᡵᡥᠣᡠᡨᠠᠮᠪᡳ, *yarhoutambi.* Porter quelqu'un à faire du bien. Induire quelqu'un à faire une chose. Conduire quelqu'un dans le bon chemin. Montrer le chemin à quelqu'un. Suivre les pas de quelqu'un. Conduire un cheval par la bride, etc. Lorsqu'on est à cheval, et qu'on marche devant quelques autres pour les conduire.

ᠶᠠᡵᡥᠣᡠᡨᠠᠪᠣᠮᠪᡳ. *yarhoutaboumbi.* Ordonner de conduire, de frayer ou de montrer le chemin.

ᠶᠠᡵᡶᠣᡠᠨ ᡨᡝᠮᠪᡳ. *yarfoun tembi.* Cela se dit lorsque les chevaux ne veulent pas s'arrêter, et qu'on leur tient la bride de fort court pour les faire reculer.

yarkiambi. Tenter quelqu'un, le séduire. Induire quelqu'un à faire du mal. Se servir de stratagême pour prendre un voleur, par exemple. Penser aux moyens de séduire quelqu'un.

yarkiara tchouoha. Troupes qui se servent de stratagême pour vaincre, ou pour prendre les ennemis. Troupes en embuscade.

yarkiaboumbi. Être séduit. Être tenté. Ordonner de séduire, etc.

yarguiantoumbi. Se séduire, se tenter mutuellement.

yarguien. Véritable. Certain. Véritablement. Certainement., etc.

yarguiala. Ordonner de chercher le vrai, etc.

yarguialambi. Chercher le vrai. S'informer de la vérité. Voir exactement si une chose est vraie, etc.

yarguialahapi. Il s'est informé exactement de la vérité. Il a trouvé le vrai. Lorsque dans une bataille quelqu'un a reçu quelque blessure, on ne dit pas *feie paha*, mais *yarguialahapi*.

yarguialaboumbi. Ordonner de chercher la vérité d'une chose, de chercher le vrai, etc.

yarguialabouhapi. Il a été blessé. Il a reçu une blessure.

yarfoun. Le licou d'un cheval. On dit aussi *tchilabouri.*

YANG 557

〰〰, *yarguien tachan.* Vrai, faux. Qui est, qui n'est pas.

〰〰, *yarguitchan niehe.* Nom d'une espece de canard sauvage qui ressemble à celui qu'on appelle 〰〰, *porin niehe*, mais qui est un peu plus petit.

〰〰, *yen sere herguen.*

〰, *yen.* Un taël. Une once d'argent.

〰, *yen ho.* Feu d'artifice. (*Yen ho* en chin.)

〰, *yentatchi.* Les petits d'une espece de cochon sauvage, ou de renard.

〰, *yentoumbi.* Charger quelqu'un d'une affaire, d'une chose qu'on devroit faire soi-même. Se servir de quelqu'un pour quelque chose. Se décharger sur quelqu'un d'une chose qu'on devroit faire soi-même.

〰, *yentouboumbi.* Ordonner à quelqu'un de charger un autre d'une affaire, d'une chose, etc.; d'employer un autre pour quelque chose, etc.

〰, *yang sere herguen.*

〰, *yang,* (*yang* en chinois.) La matiere en mouvement. Ce qu'il y a de plus parfait dans les êtres.

〰, *yang yng seme.* Bruit confus de plusieurs insectes.

〰, *yang yang seme.* Bruit des cloches.

〰, *yangkambi.* Renverser son adversaire au jeu de la lutte. On dit aussi 〰, *fangkambi.*

ᡠᠶᠠᠩᠰᠠᠨᠠᠮᠪᡳ, *yangsanambi.* Oter les mauvaises herbes d'un champ.

ᡠᠶᠠᠩᡤᠠ, *yanga.* Espece de résine. On allume des branches de l'espece de pin dont on tire cette résine, et elles éclairent comme une torche.

ᡠᠶᠠᠩᠰᠠᠮᠪᡳ, *yangsambi.* Oter les mauvaises herbes d'un champ. Oter avec une espece de bêche les herbes nuisibles. Purger les bleds, etc., des mauvaises herbes qui les étouffent, en les coupant avec quelque instrument. Sarcler les bleds.

ᡠᠶᠠᠩᠰᠠᠪᡠᠮᠪᡳ, *yangsaboumbi.* Ordonner d'ôter les mauvaises herbes d'un champ, de purger les bleds des herbes nuisibles, etc. Ordonner de sarcler. Faire sarcler les bleds.

ᡠᠶᠠᠩᠰᠠᠨᡠᠮᠪᡳ, *yangsanoumbi.* Lorsqu'on ôte en commun les mauvaises herbes. Lorsqu'on sarcle en commun.

ᡠᠶᠠᠩᠰᡝ, *yangse,* (*yang tsee* en chinois.) Beau modele, qui fait plaisir à voir. Jolie figure. Forme, morceau de bois en demi-cercle qu'on met entre les cornes des bœufs qui traînent la charrue. Joug.

ᡠᠶᠠᠩᠰᡝᠯᠠᠮᠪᡳ, *yangselambi.* Cela se dit des chevaux qu'on harnache proprement. Avoir belle apparence. Se vêtir proprement.

ᡠᠶᠠᠩᠰᠠᠩᡤᠠ, *yangsanga.* Qui a belle apparence. De belle prestance. Qui est vêtu proprement. Qui est beau à voir.

ᡠᠶᠠᠩᠰᡝᠯᠠᠪᡠᠮᠪᡳ, *yangselaboumbi.* Faire bien harnacher un cheval. Ordonner à quelqu'un de s'habiller proprement, d'avoir une belle contenance, etc.

yangjemou niehe. Nom d'une espece de canard sauvage dont le plumage est de différentes couleurs; il a sur la tête quelques raies de chair blanche.

yangchan. Maladif. Enfant sujet à toutes sortes de maladies. Qui parle beaucoup et impertinemment jusqu'à ennuyer. Parleur impitoyable.

yangcharambi. Cela se dit des enfants qui sont toujours malades, et toujours inquiets. Parler jusqu'à ennuyer tout le monde, etc.

yangcharaha. Cela se dit des enfants qui, étant toujours malades, pleurent ou crient.

yangchanga. Parleur impitoyable. Très impertinent parleur. On dit aussi *apche yangchanga.*

yangtouan. Espece de soierie qui se nomme encore *pengtouan.* (*Yang toan* en chin.)

yanguilambi. Tenter quelqu'un. Induire quelqu'un à faire du mal. Engager quelqu'un par caresses ou par jeux à faire du mal.

yangar seme. D'une très vaste étendue; comme une grande mer.

yanguilandoumbi. S'induire mutuellement au mal par caresses, par jeux, etc. Se tenter mutuellement.

yanguir niman. Nom d'une espece de mouton dont les cornes ressemblent à celles de la brebis. Cette espece de mouton vient dans le *Chan sy ;* il est très laid.

yak sere herguen.

yak. Bruit du fouet, lorsqu'on frappe un cheval avec force.

yaksa. Terrain creusé au bord des rivieres, parceque la terre est tombée peu-à-peu dans l'eau.

yak seme. Avec force. Très douloureusement, etc.

yak seme sibouha. Son gosier est fermé; il ne sauroit plus dire une parole.

yak seme choujehalaha. Il frappe le cheval avec beaucoup de force.

yaksarhan. Nom d'une espece d'oiseau qui ressemble à celui qu'on appelle *tchotchiali ;* il a le bec long, les jambes courtes : son plumage est de couleur brune, et la racine de la queue est blanche.

yahjehan. Barreaux ou linteaux qui sont sur la porte.

yahjembi. Fermer la porte, une armoire, une caisse, etc.

yahjeboumbi. Ordonner de fermer, etc.

yahjekou. Barre qui sert à fermer la porte.

yakjetai. Parler sans s'embarasser de faire rougir quelqu'un, de lui faire honte, etc. On dit alors 〰️, *yakjetai kisourembi.*

yas sere herguen.

yasha. Espece de lacet avec lequel on prend les oiseaux dans leurs nids. Ce lacet se fait avec du crin de cheval qu'on accommode en forme de filet: on le met à l'ouverture du nid; l'oiseau en voulant se sauver s'embarrasse avec ce crin. Espece de jalousie de soie qu'on met devant les fenêtres des appartements de l'empereur pour empêcher que les oiseaux n'aillent nicher près de là.

yasha fa. Fenêtres triangulaires, héxagones, etc.

yashalambi. Faire des filets. Faire des ouvrages en filets. Mettre des bords, des franges aux lanternes. Mettre quelque chose dans les filets.

yashalaboumbi. Faire mettre quelque chose dans les filets. Faire faire des filets.

yap sere herguen.

yapsa. Nom d'une espece de poisson un peu plus gros que celui qu'on appelle *pe souo yn* en chinois; il est blanc et fort beau.

yapche palai yabouha. Il s'est prodigieusement égaré.

yapche. Très fort. Très. On dit aussi 〰️, *apche yapche.* Ce mot sert pour exprimer comment quelqu'un s'égare dans ses discours, ses actions, etc.; comme si l'on disoit : Il s'est très fort mépris; il s'est très fort égaré, etc.

⟨⟩, *yal sere herguen*.

⟨⟩. *yalhou*. Espece de gamelle à quatre anses, faite toute d'une piece de bois. Gamelle, gros plat de bois à quatre pieds et à quatre anses.

⟨⟩. *yalmangui*. Suie qui se forme dans les canaux des *kang*, etc.

⟨⟩, *yam sere herguen*.

⟨⟩. *yamka*. Peut-être que cela est. Peut-être non. On dit aussi ⟨⟩, *aimaka*. Cela pourroit être.

⟨⟩, *yamka ynengui*. Il y a peut-être un jour déterminé.

⟨⟩, *yamtchi*. Le soir.

⟨⟩, *yamtoun*. Apoplexie. Maladie des phlegmes. Lorsqu'on tousse continuellement, et qu'on a de la peine à respirer. Asthme.

⟨⟩, *yamtounga*. Apoplectique. Qui est sujet à l'apoplexie. Asthmatique.

⟨⟩, *yamtchi tome*. Chaque soir. On dit de même ⟨⟩, *yamtchitari*.

⟨⟩ *yamtchiha*. Il s'est fait tard. Il est nuit.

⟨⟩, *yamtchitala*. Jusqu'au soir.

⟨⟩, *yamtchishoun*. Sur le soir. A l'entrée de la nuit.

⟨⟩, *ye sere herguen*.

ⵢⴻ, *ye.* Soliveaux qu'on met au-dessus des planchers ou sous les toits. Petite piece de bois qui traverse d'une poutre à l'autre.

yebe. Un peu mieux. Un peu moins mal.

yebe oho. Sa maladie est guérie. Il est un peu mieux. Il est moins mal.

yebelerakou. C'est un proverbe qui signifie, qu'on ne voit pas volontiers quelqu'un. On dit aussi *yebecherakou.*

yebetchoungue. D'un homme qui se porte mieux.

yebeou. Cela va-t-il un peu mieux?

yeïe pele. Espece de riz dont on se sert sur-tout pour faire du vin. On l'appelle *yeïe hantou pele.*

yeïe hantou. Riz mondé : on en fait du pain, etc.

yeïe poihon. Espece de terre de toutes sortes de couleurs. Argille.

yeïe seshoun. Homme d'un caractere dangereux, qu'on n'aime point, qu'on évite, etc.; qui parle à tort et à travers contre qui que ce soit.

yeïe chouchou. Espece de grain dont on fait du pain lorsqu'il est encore blanc; quand il est devenu rouge, on en fait du vin.

yeïe ira. Autre espece de grain dont on fait du pain.

yeïe. Espece de terre glutineuse. Glutineux. Qui parle à bâton rompu. Nom de vers qui s'engendrent sur les meubles.

yedoun. Nom de la figure de tête de cerf qu'on met lorsqu'on est à la chasse pour tromper les cerfs.

yeïetembi. Parler à bâton rompu.

yetche. Nom qu'on donne aux cadavres qui, après avoir été enterrés, ont poussé des poils blancs, et dont il est sorti du sang, après qu'on leur a coupé quelque partie du corps. Ces especes de cadavres, dit-on, sont incorruptibles.

yetche houtou. Esprit de la sécheresse. (*Han pa* en chinois.)

yelou. Verrat, gros cochon entier.

yetchouhe. Espece de mouche noire, plus petite que la mouche ordinaire. Fourmi volante.

yelou paimbi. Cela se dit des truies qui cherchent le mâle.

yekembi. Chanter des chansons lascives.

yekerakou. Homme qui fait toutes sortes de mauvaises actions. On l'appelle aussi *yekerakou nialma*.

yekerchembi. Aller chercher querelle. Aller insulter. Parler à mots couverts contre quelqu'un, de sorte qu'il le comprenne, et qu'il en soit choqué.

yekerchemepetchounouki. Aller provoquer quelqu'un aux querelles; aller l'insulter, etc.

ᠶᡝᡥᡝ. *yehe.* Petit tuyau de cuivre qui est au-dessus des casques, dans lequel on met une espece d'aigrette. Chanvre qu'on a fait blanchir dans l'eau. Les deux pointes latérales d'une hallebarde, ou d'une fleche faite en hallebarde.

ᠶᡝᡥᡝᡳ ᡶᡝᠩᠰᡝ. *yehere fengse.* Pot de porcelaine. Vase de porcelaine. (*Tsee pen tsee* en chinois.)

ᠶᡝᡥᡝᡳ. *yehere.* Porcelaine. (*Tsee* en chinois.)

ᠶᡝᡥᡝᡳᠩᡤᡝ. *yeherengue.* Qui est de porcelaine.

ᠶᡝᡵᡠ. *yerou.* Antre, caverne où se retirent les tigres, les renards, etc. Caverne d'une montagne.

ᠶᡝᡵ ᠰᡝᡵᡝ ᡥᡝᡵᡤᡠᡝᠨ. *yer sere herguen.*

ᠶᡝᡵᡨᡝᠮᠪᡳ. *yertembi.* Rougir, changer de couleur lorsqu'on voit quelqu'un qu'on ne voudroit pas voir. Avoir honte.

ᠶᡝᡵᡨᡝᠪᡠᠮᠪᡳ. *yerteboumbi.* Faire rougir quelqu'un. Être confus, honteux, etc.

ᠶᡝᡵᡨᡝᠴᡝᠮᠪᡳ. *yertechembi.* Éviter la présence de quelqu'un dont on craint de recevoir de la confusion ou de la honte.

ᠶᡝᡵᡨᡝᡥᡝ. *yertehe.* Il a rougi. Il a eu de la confusion, etc. On dit aussi ᡴᡳᡵᡠᡥᠠ. *kirouha.*

ᠶᡝᡵᡨᡝᠴᡠᠨ. *yertetchoun.* Rougeur, vergogne, honte, confusion, ignominie. Sujet de honte qu'on a dans le cœur.

ᠶᡝᡵᡨᡝᠴᡠᠨ ᡴᡳᡵᡠᠴᡠᠨ. *yertetchoun kiroutchoun.* Honte, confusion, etc.

yertetchouke. Chose honteuse, dont on doit rougir.

yertetchoun kiroutchoun altanga ombi. Il faut éviter les choses honteuses dont on doit rougir.

yerhoue. Fourmi. (*Ma y* en chinois.)

yen sere herguen. [*Nota.* Cet *yen*, et les suivants, se prononcent en *yn*.]

yen. Chemin scabreux à côté d'une montagne. Chemin difficile, etc. On dit aussi *yen tchouhoun*, et *yentchou.*

yenden ni pa. Lieu fortuné. Lieu où il vient de bonnes choses. Lieu abondant, fertile, etc.

yendembi. Abonder. Prospérer. Avoir de la prospérité. Profiter dans ses études; avancer à grands pas, et s'appliquer d'affection pour avancer davantage. Cela se dit encore d'un incendie qui a augmenté, etc. S'élever. On dit au prétérit *yentehe.*

yenteboumbi. Faire abonder. Ordonner de mettre en abondance, de faire abonder.

yenmangui. Suie qui s'attache aux marmites et autres vases qui sont souvent sur le feu.

yentou. Ceinture plus petite que la ceinture ordinaire. Les petites plumes des ailes des oiseaux, c'est-à-dire celles qui sont après les quatre ou cinq premieres dans le même rang.

༄༅། །ཡེང་སེར་ཧེར་གུན་. *yeng sere herguen.*

༄༅། *yengue.* Raisin sauvage ; il vient sur une espece d'arbrisseau : son goût est âpre, sa couleur noire ; il est bon pour les dyssenteries et autres maladies semblables. On l'appelle *tcheou ly tsee* en chinois, c'est-à-dire prune puante.

༄༅། *yengche,* (*yen si* en chin.) Invitation que l'on fait de boire du vin lorsqu'on a prié quelqu'un, ou bien lorsque l'on fait le repas des noces.

༄༅། *yengkouhe.* Nom d'une espece de perroquet : il y en a de verds et de blancs. On leur apprend à parler. (*Yng ou* en chinois.)

༄༅། *yek sere herguen.*

༄༅། *yèkse.* Nom d'une espece de bonnet à l'usage des enchanteurs.

༄༅། *yekserguen.* Petit lésard, qu'on appelle vulgairement larmise ; ceux qui vivent dans les maisons sont plus petits que ceux qui sont à la campagne. Les deux lettres chinoises *sie hou*, signifient le tigre des scorpions, parceque ces petits lésards mangent les scorpions.

༄༅། *yep sere herguen.*

༄༅། *yeptchoungue.* Aimable, beau à voir.

༄༅། *yepken.* Homme entendu et expéditif, qui surpasse les autres en savoir, etc. ; qui a du mérite, du savoir-faire, de l'habileté.

༄༅། *yepken haha.* Habile homme. Homme vaillant, puissant en œuvres et en paroles.

yepken morin. Beau et grand cheval qui est fort doux.

yepkelembi. Pouvoir faire quelque chose comme il faut. Aimer les belles choses.

yem sere herguen.

yemtchi. Espece d'esprit follet. Monstre de mauvais augure. *Tche mei* en chinois. Esprit follet des montagnes. *houtou*, *ibahan*, *pouchoukou*, *yemtchi. Oung leang* en chin. Esprit aérien qui est de la forme d'un enfant de trois ans, de couleur rubiconde; ses oreilles sont fort longues, ses yeux rouges, et ses cheveux fort beaux. Il se tient sur les montagnes.

yo sere herguen.

yo. Ordonner de marcher. On dit aussi *yabou.* Douze cents grains de bled font un *yo*, dix *yo* font un *kou*, (*emou kou*), dix *kou* font un *moro*. (*emou moro.*) En chinois un *yo*, s'appelle un *chao*, c'est-à-dire une poignée.

yohan. Nom d'une espece de filoselle ou de coton qui vient dans le *Hou koang.* On l'appelle le coton *see mien* parcequ'il ressemble à la soie.

yoho. Le jaune de l'œuf.

yohoron. Canal entre des montagnes. Canal pour faire écouler les eaux.

yohoron hotchika. Cela se dit des chevaux qui ont engraissé, et qui ont la croupe si relevée qu'il semble qu'il y a un canal entre les deux hanches.

YOLO

yohoronome. Il y a des raies comme sur la peau ou l'écorce des sapins.

yobo. Badin, qui aime à badiner, à polissonner, moqueur.

yobo nialma. Badin, moqueur, etc.

yobotombi. Se moquer de quelqu'un, dire des paroles de raillerie, de badinage, de bouffonnerie. Badiner. Faire le polisson.

yobotoboumbi. Ordonner de se moquer de quelqu'un.

yotan. Habit de pluie.

yobo maktambi. Savoir faire rire les autres. Avoir le talent de badiner, de se moquer, de railler, de faire rire.

yoso. Fondements, principes fondamentaux. Doctrine. On dit aussi *toro.* Les principes de la politesse, *toro yoso.*

yolo. Benêt, sot.

yolo yokto akou oho. Qui a de la confusion. Qui rougit. Qui n'ose se montrer. On dit encore *yertehe.* Il a rougi.

yolo. Nom d'une espece d'oiseau plus gros que les autres ; son plumage est couleur de cendre, sa tête blanche. Les plumes de ses ailes servent à mettre au bâton des fleches. C'est aussi le nom d'une espece de chien qui a la queue et le museau fort épais. On dit alors *yolo intahoun.*

᯲. *yolokto.* Nom d'une espece d'oiseau qui se nourrit des insectes qui sont sur les Arbres. C'est le pivert.

yolongui. Cendres qui s'élevent du milieu d'un grand feu.

yotchambi. Démangeaison; comme lorsqu'on est mordu par des insectes, par des poux, etc.

yotchohochombi. Démanger très fort, d'une maniere insupportable, etc.

yoïo. Maniere de parler pour se moquer de quelqu'un qui n'est bon à rien. On dit aussi *liolio.*

yoiohopi. Il est réduit à la plus extrême pauvreté.

yoiokopi. Dire de quelqu'un : Il est réduit à la derniere misere, *tere oumeche yoïokopi.*

yohi. Cela se dit d'un ouvrage qui est complet, qu'on a depuis le commencement jusqu'à la fin. Ce mot se dit aussi de ceux qui, ayant bien vécu, deviennent esprits ou immortels après leur mort. Quelque chose qui est complet.

yohitarakou. Qui n'a point de ressemblance avec les autres. Qui se distingue des autres par sa singularité. Arrogant, peu serviable. Plein d'estime pour lui-même, et de mépris pour les autres.

yohinga. Complet, à qui il ne manque rien. Ouvrage fini, qui a toutes ses parties.

▱. *yoro.* Bouton percé de deux ou trois trous qu'on met au bout des fleches pour faire l'exercice.

▱ ▱. *yoro kisoun.* Bruit public, qui répand une chose fausse.

▱ ▱ ▱. *yor sere herguen.*

▱ ▱. *yor seme.* D'une seule file, de suite, dans la même ligne, etc.

▱. *yortombi.* Lancer la fleche qui a un bouton au bout.

▱. *yortoboumbi.* Avoir été atteint par la fleche qui a un bouton au bout. Ordonner de lancer cette espece de fleche contre le but.

▱ ▱ ▱. *yon sere herguen.*

▱. [▱.] *yontombi, (me.)* Être tellement joint à une autre chose, qu'on ne sauroit mettre un cheveu entre deux. On dit encore ▱. *youmbi.*

▱. *yontorakou.* Cela se dit des habits qui ne vont pas au corps, qu'on ne sauroit mettre, etc.

▱ ▱ ▱. *yong sere herguen.*

▱ ▱. *yong seme.* En benêt, sottement.

▱. *yongan.* Sable ou gravier qui est dans la boue.

▱ ▱. *yongan tchipin.* Martinet, oiseau de passage. (Il se nomme encore ▱. *koultarhan.* M. Amyot écrit aussi ▱. *koultaraha*, voyez la page 482 du tome premier de ce dictionnaire.)

yongan fetekou. Nom d'une espece de poisson qui a la tête plate ; il ressemble à celui qu'on appelle ⟨⟩, *kourchin.*

yongan aigen. Or de mauvais aloi.

yongor seme. Comme une eau qui coule sans cesse. Coulamment, etc.

yongjekou. Paroles extravagantes. Bétises, simplicités.

yongkien. Complet, à qui il ne manque rien.

yongsoho. Avoir gagné tout l'argent de son concurrent; comme lorsqu'on joue aux osselets, etc. On dit aussi ⟨⟩, *foushaha.*

yongkiambi. Achever un ouvrage, le finir.

yongkiaboumbi. Ordonner de finir un ouvrage, de l'accomplir dans toutes ses parties.

yok serc herguen.

yokto akou. Il n'oseroit lever les yeux. Il est plein de confusion. Avec honte, vergogne, etc. Sans gloire, etc. On dit aussi ⟨⟩, *kitchouke.*

yoktchin akou. Homme de petite taille et sans couleur. Homme et choses de peu de valeur.

yokto akou oho. Cela ne vaut

rien qu'à causer de la honte. J'ai honte, il a honte, etc. Comment pourroit-il ne pas avoir de honte, de confusion à cela?

yoktchinga. Homme qui a quelque apparence, quelque peu de dehors. Quelque chose qui est bon et qui ne coûte pas beaucoup. Qui fait les choses bien et à peu de frais. (*malhoun yoktchinga.*)

yo sere herguen.

yo. Ulcere, furoncle. Fourneau à faire les briques, etc.

yonambi. Avoir des ulceres, des furoncles, etc.

yoni. Complet, assemblage de tout ce qui concerne une même chose. On dit aussi *kemou.*

yoni peie. Un corps complet, la nature.

yose. Cadenas.

yoselembi. Fermer au cadenas. Cadenasser.

yoseleboumbi. Faire cadenasser.

yoselakou oumiesoun. Boucle de ceinture, ou, pour mieux dire, ceinture bouclée.

yo te hatame tetchimbi. Chauffer le fourneau. Faire du feu pour chauffer le four.

yom sere herguen.

yombi. Aller, marcher.

you sere herguen.

youïoun, [on prononce] *yuyun.* Mauvaise année, année stérile. Ventre creux.

youïoumbi. N'avoir plus rien à manger. Avoir tout mangé. Être réduit à la mendicité.

youbourchembi. Cela se dit des insectes qui marchent. Ramper, comme les vers. Cela se dit aussi des insectes qui se replient, s'alongent, ou se raccourcissent à leur gré.

youen aihouma. Tortue, (*yuen* en chin.) : il y en a dans le fleuve *Kiang.*

yuen. Pierre à broyer l'encre. (*Yien* en chin.) Espece de singe (nommé *yuen* en chin.); il y en a de blancs, de noirs, de roux, et de toutes sortes de couleurs.

yuyure peiere. Misere extrême, pauvreté.

yuemboou. Pain d'argent. Lingot. (*Yuen pao* en chinois.)

yuenchoai. Général d'armée. (*Yuen choai* en chinois.)

your sere herguen.

your seme. Cela se dit des eaux qui coulent très doucement. Doucement. Lentement, etc.

youn sere herguen.

youn. Ornieres que font les roues des charrettes. Vestiges que laissent les roues des charrettes. Aissieu d'une charrette.

young sere herguen.

youngkepi. Cela se dit de ceux qui veulent faire séparément quelque chose à leur fantaisie. Cela se dit aussi des choses qui ont pris une couleur forte dans la teinture.

youm sere herguen.

youmbi. Faire à sa fantaisie. Vouloir faire à son gré. Ne vouloir céder en rien. On dit de même *yondombi.*

youmbi. Chercher à faire à sa volonté. Agir à sa fantaisie. On dit alors *youmbi yaboumbi.*

youmbou seme. D'un cours tranquille et lent. Cela se dit des grandes eaux qui coulent tranquillement.

youmboumbi. Induire quelqu'un à faire le bien ou le mal. Délayer dans l'eau quelque chose qui s'étoit durci. Humecter une chose seche.

Fin du tome second.

www.ingramcontent.com/pod-product-compliance
Lightning Source LLC
Chambersburg PA
CBHW070407230426
43665CB00012B/1279